O CLERO CATÓLICO NA FRONTEIRA OCIDENTAL DA AMÉRICA PORTUGUESA
MATO GROSSO COLONIAL, 1720-1808

Editora Appris Ltda.
1.ª Edição - Copyright© 2023 do autor
Direitos de Edição Reservados à Editora Appris Ltda.

Nenhuma parte desta obra poderá ser utilizada indevidamente, sem estar de acordo com a Lei nº 9.610/98. Se incorreções forem encontradas, serão de exclusiva responsabilidade de seus organizadores. Foi realizado o Depósito Legal na Fundação Biblioteca Nacional, de acordo com as Leis nos 10.994, de 14/12/2004, e 12.192, de 14/01/2010.

Catalogação na Fonte
Elaborado por: Josefina A. S. Guedes
Bibliotecária CRB 9/870

C789c
2023
	Corbalan, Kleber Roberto Lopes
	   O clero católico na fronteira ocidental da América portuguesa (Mato Grosso colonial, 1720-1808) / Kleber Roberto Lopes Corbalan.
	   1. ed. – Curitiba : Appris, 2023.
	   342 p. ; 23 cm. – (Ciências sociais. Seção história).
	
	   Inclui referências.
	   ISBN 978-65-250-5407-0
	
	   1. Clero – Mato Grosso (MT). 2. Igreja Católica – História. 3. Padroado eclesiástico. I. Título. II. Série.
	
	                                                                      CDD – 253

Livro de acordo com a normalização técnica da ABNT

O presente trabalho foi realizado com apoio da Coordenação de Aperfeiçoamento de Pessoal de Nível Superior - Brasil (CAPES) - Código de Financiamento 001.

Appris
editora

Editora e Livraria Appris Ltda.
Av. Manoel Ribas, 2265 – Mercês
Curitiba/PR – CEP: 80810-002
Tel. (41) 3156 - 4731
www.editoraappris.com.br

Printed in Brazil
Impresso no Brasil

Kleber Roberto Lopes Corbalan

O CLERO CATÓLICO NA FRONTEIRA OCIDENTAL DA AMÉRICA PORTUGUESA
MATO GROSSO COLONIAL, 1720-1808

FICHA TÉCNICA

EDITORIAL	Augusto Coelho
	Sara C. de Andrade Coelho
COMITÊ EDITORIAL	Marli Caetano
	Andréa Barbosa Gouveia - UFPR
	Edmeire C. Pereira - UFPR
	Iraneide da Silva - UFC
	Jacques de Lima Ferreira - UP
SUPERVISOR DA PRODUÇÃO	Renata Cristina Lopes Miccelli
ASSESSORIA EDITORIAL	Miriam Gomes
REVISÃO	Camila Dias Manoel
PRODUÇÃO EDITORIAL	Miriam Gomes de Freitas
DIAGRAMAÇÃO	Jhonny Alves dos Reis
CAPA	Carlos Pereira
REVISÃO DE PROVA	Stephanie Ferreira Lima

COMITÊ CIENTÍFICO DA COLEÇÃO CIÊNCIAS SOCIAIS

DIREÇÃO CIENTÍFICA Fabiano Santos (UERJ-IESP)

CONSULTORES
- Alícia Ferreira Gonçalves (UFPB)
- Artur Perrusi (UFPB)
- Carlos Xavier de Azevedo Netto (UFPB)
- Charles Pessanha (UFRJ)
- Flávio Munhoz Sofiati (UFG)
- Elisandro Pires Frigo (UFPR-Palotina)
- Gabriel Augusto Miranda Setti (UnB)
- Helcimara de Souza Telles (UFMG)
- Iraneide Soares da Silva (UFC-UFPI)
- João Feres Junior (Uerj)
- Jordão Horta Nunes (UFG)
- José Henrique Artigas de Godoy (UFPB)
- Josilene Pinheiro Mariz (UFCG)
- Leticia Andrade (UEMS)
- Luiz Gonzaga Teixeira (USP)
- Marcelo Almeida Peloggio (UFC)
- Maurício Novaes Souza (IF Sudeste-MG)
- Michelle Sato Frigo (UFPR-Palotina)
- Revalino Freitas (UFG)
- Simone Wolff (UEL)

*Ao meu pai,
Milton Zana Corbalan (in memoriam),
e à minha mãe,
Maria Clarete Lopes Corbalan.*

*Aos meus amores,
Neusa, Cauê, Carina,
e à minha querida
vó, Cida.*

AGRADECIMENTOS

Quando concluímos uma jornada de trabalho e paramos para lembrar o percurso, percebemos que, mesmo no silêncio dos arquivos e bibliotecas, não estávamos sozinhos. Foram muitas pessoas que, de alguma maneira, deram sua contribuição durante o percurso da pesquisa que serviram de base para realização deste trabalho e que agora merecem ser lembradas:

Agradeço à professora Iris Kantor, do Programa de Pós-Graduação em História da Universidade de São Paulo (USP), a confiança e o apoio durante o período de meu doutoramento. Como também à professora Fernanda Olival, que gentilmente me recebeu e me orientou durante o estágio de pesquisa nos arquivos portugueses no ano de 2017.

Agradeço aos professores Maria de Fátima Costa, Pablo Dinner, Otávio Canavarros, Leny Casely Anzai, Maria Leda Oliveira, Aloir Pacini e Paulo Assunção as contribuições preciosas.

No caminhar por arquivos e bibliotecas, setas sempre vão surgindo, graças às dicas e às orientações de pessoas dedicadas ao seu ofício, como Jair Mogelli Jr., do Arquivo da Cúria Metropolitana de São Paulo.

Aos colegas de trabalho do Instituto Federal de Mato Grosso e aos amigos do "Turíbulo", em especial à Nice e Felipe, pelas acolhidas generosas no Rio de Janeiro; e aos compadres Herman e Dora, pelo apoio durante as idas e vindas.

Na pessoa da irmã Maria do Socorro Jerônimo, estendo meus agradecimentos a todos os amigos da Comunidade São Judas Tadeu, assim como aos padrinhos e às madrinhas Loro, Fatinha, Ivo, Ivoneide, Beatriz e Luiz.

A todos os meus familiares, pelo apoio e torcida, desde primos e primas, cunhados e cunhadas, sobrinhos e sobrinhas (João Paulo, Vanessa e Cida Parandiuc), tios e tias, paternos e maternos. Às minhas irmãs (Deise e Angelita) e, especialmente, à minha avó querida, Aparecida Zana Corbalan.

Por fim, pela parceria, agradeço à minha esposa e companheira, Neusa de Brito, e aos meus amados filhos, Cauê e Carina.

APRESENTAÇÃO

O livro explora o papel do clero regular e secular que atuou em Mato Grosso colonial no interstício de 1720 a 1808, prestando assistência religiosa (mas não somente) na fronteira ocidental da América portuguesa. A análise foca a implantação da instituição eclesiástica nessa região, marcada por desafios específicos de uma área de fronteira e mineração, na qual os clérigos agiram e reagiram às ações da Coroa portuguesa. Os que conseguiram emprego ou alguma função oficial se adaptaram a um sistema eclesiástico como párocos encomendados, diferentemente de outras regiões onde o clero colado predominava.

A obra também examina como a monarquia portuguesa administrou os direitos e deveres do padroado régio na estrutura eclesiástica de Mato Grosso, investigando como isso moldou os comportamentos clericais e a sociedade em geral. A presença dos eclesiásticos e a conexão da Igreja Católica com o desenvolvimento da mineração na fronteira oeste são analisadas por uma perspectiva sociológica, considerando a instabilidade das instituições em formação na época.

O livro destaca as relações sociais, as atitudes e os comportamentos dos clérigos em relação às demandas locais, além de investigar padrões entre os eclesiásticos que atuaram na região no período de nove décadas. A expansão da estrutura diocesana no século XVIII é abordada, assim como as mudanças impactantes causadas pela exploração aurífera e a influência dos sertanistas na expansão da rede eclesiástica colonial.

O trabalho também faz um paralelo com outras capitanias de mineração, onde os clérigos seculares e leigos predominavam devido à restrição da presença de Ordens religiosas impostas pela Coroa. Destaca-se que, diferentemente das regiões litorâneas, Mato Grosso enfrentava desafios como a ameaça do contrabando e a presença dos missionários castelhanos, contribuindo para um contexto de mudanças na vida eclesiástica.

Em uma análise abrangente da interação entre a Igreja, os clérigos e o contexto histórico específico da região, observa-se que a localização geográfica da territorialidade que compôs a capitania de Mato Grosso também contribuiu para suas peculiaridades. Situada longe do litoral, no interior do continente e de difícil acessibilidade, a região era considerada "fim do mundo". O distanciamento geográfico influenciou muitas decisões tomadas em relação à administração eclesiástica na região.

A prelazia de Cuiabá, criada em 1745, exemplifica a relação entre a Coroa portuguesa e a Igreja Católica na América portuguesa por meio do sistema do padroado. Porém, a sustentação da instituição eclesiástica na região da fronteira oeste foi principalmente iniciativa dos fiéis e dos bispos do Rio de Janeiro, que, por vezes, levaram alguns clérigos a se envolverem em atividades fora de seu ofício ordinário para sobreviverem, como a mineração, por exemplo.

A presença da Igreja nas regiões de mineração também provocava descontentamento entre os eclesiásticos devido à falta de suporte financeiro da Coroa para a sustentação dos clérigos e a construção de igrejas. Isso levava muitas vezes a insubmissão, rebeldia e práticas próximas à simonia entre o clero.

O recorte temporal do trabalho abrange desde a instalação dos primeiros eclesiásticos na região até a chegada do bispo prelado D. Luís de Castro Pereira em Cuiabá e sua posse em 1808. Esse período engloba a primeira metade do século XVIII até o fim do mesmo século. O marco inicial é o ano de 1720, quando os primeiros clérigos chegaram à região e as primeiras capelas foram construídas. O encerramento do período abordado dá-se com a chegada do bispo prelado em 1808, marcando uma nova fase na condução da circunscrição eclesiástica local.

No geral, a obra aborda as complexidades das relações entre a Igreja Católica, os clérigos e a Coroa portuguesa por meio de seus representantes nas regiões de mineração, destacando as particularidades da capitania de Mato Grosso como um exemplo dessa dinâmica, como a construção da imagem negativa do clero colonial ao longo do século XVIII. Uma forma de politização do julgamento da conduta do clero em regiões de mineração. Nota-se que as fronteiras entre as esferas civil e eclesiástica eram fluidas nessas áreas, o que gerava competição entre diferentes esferas de poder e causava tensões e conflitos, frequentemente expressos em cerimônias religiosas públicas.

Enfim, apresenta-se um trabalho de pesquisa rigoroso e cuidadoso, desde a metodologia e o levantamento das fontes, com o objetivo de obter insights valiosos sobre a história social, religiosa, política e econômica da região de Mato Grosso durante o período colonial por meio da implantação da Igreja Católica e seu clero.

O autor

LISTA DE SIGLAS

ACBM	–	Arquivo da Casa Barão de Melgaço, Cuiabá
ACMC	–	Arquivo da Cúria Metropolitana de Cuiabá
ACMRJ	–	Arquivo da Cúria Metropolitana do Rio de Janeiro
AHU	–	Arquivo Histórico Ultramarino, Portugal
ANTT	–	Arquivo Nacional da Torre do Tombo
APEMT	–	Arquivo Público do Estado de Mato Grosso
APESP	–	Arquivo Público do Estado de São Paulo
BME	–	Biblioteca Municipal de Évora, Portugal
BMP	–	Biblioteca Municipal do Porto, Portugal
BNP	–	Biblioteca Nacional de Portugal, Portugal
Capes	–	Coordenação de Aperfeiçoamento de Pessoal de Nível Superior
FFLCH	–	Faculdade de Filosofia, Letras e Ciências Humanas
IFMT	–	Instituto Federal de Educação, Ciência e Tecnologia de Mato Grosso
IHGMT	–	Instituto Histórico e Geográfico de Mato Grosso
IPDAC	–	Instituto de Pesquisa Dom Aquino Corrêa
NDIHR	–	Núcleo de Documentação e Informação Histórica Regional
PDSE	–	Programa de Doutorado Sanduíche no Exterior
UC	–	Universidade de Coimbra, Portugal
UE	–	Universidade de Évora, Portugal
UFMT	–	Universidade Federal de Mato Grosso
UFPR	–	Universidade Federal do Paraná
Unesp	–	Universidade Estadual Paulista
USP	–	Universidade de São Paulo

SUMÁRIO

INTRODUÇÃO 15

1
A INSTALAÇÃO DA IGREJA CATÓLICA E O SEU CLERO NA FRONTEIRA OESTE DA AMÉRICA PORTUGUESA 33

1.1 A Igreja Católica na América portuguesa no século XVIII e sua expansão para oeste 40
    1.1.1 A prelazia de Cuiabá 50
1.2 A circunscrição eclesiástica da fronteira oeste da América portuguesa e o regime de padroado régio 57
1.3 A instalação das freguesias 62
    1.3.1 As freguesias móveis nas Minas do Cuiabá e do Mato Grosso 64
    1.3.2 As freguesias de missionação 75

2
A MINERAÇÃO E O ENRAIZAMENTO DA ESTRUTURA ECLESIÁSTICA NA FRONTEIRA OESTE DA AMÉRICA PORTUGUESA 91

2.1 As descobertas auríferas no desenho do Império português 93
2.2 A Igreja Católica colonial no quadro da mineração 99
2.3 Do Sertão dos Cataguases aos sertões mais ocidentais da América portuguesa 103
    2.3.1 A presença dos primeiros clérigos nas Minas do Cuiabá 106
    2.3.2 O poder metropolitano nas Minas do Cuiabá 119
    2.3.3 As Minas do Mato Grosso e a ação do clero 124
2.4 O impulso demográfico e a instituição eclesiástica 128
2.5 O difícil acesso e o abastecimento das minas 132
2.6 Os clérigos entre a missão e o ouro 135

3
OS PERFIS DO CLERO PRESENTE NA FRONTEIRA OESTE DA AMÉRICA PORTUGUESA 143

3.1 Caracterização geral 144
    3.1.1 Clérigos regulares e seculares 144
    3.1.2 Os franciscanos 150
    3.1.3 Os jesuítas 155
    3.1.4 Os carmelitas e demais clérigos regulares 159
3.2 O perfil social 163

  3.2.1 Origens e naturalidade dos clérigos em Mato Grosso colonial............... 164
    3.2.1.1 Os clérigos de origem reinol nas minas do extremo oeste colonial............. 166
    3.2.1.2 Os clérigos naturais da América portuguesa em Mato Grosso colonial......... 168
    3.2.1.3 Os "filhos da terra" 170
  3.2.2 Parentescos... 179
  3.2.3 Origem geográfica e mobilidade clerical 183
  3.2.4 Idade 187
  3.2.5 Formação... 189
 3.3 O perfil ocupacional... 195
  3.3.1 O clero e as ocupações informais ou extra oficiais: proprietários de terra e de escravos, mineradores e negociantes... 197
  3.3.2 O clero "oficial"..203
    3.3.2.1 Capelães e coadjutores..204
    3.3.2.2 Os vigários da vara e párocos 210
    3.3.2.3 Os clérigos visitadores 216
    3.3.2.4 Missões indígenas e as povoações 218
    3.3.2.5 Missionários pregadores e esmoleres 220
 3.4 Outras características do clero da fronteira oeste da América portuguesa.......222

4
AS PRÁTICAS SOCIAIS DO CLERO NA FRONTEIRA OESTE DA AMÉRICA PORTUGUESA 227
 4.1 A ação dos eclesiásticos em fases diferenciadas da construção da instituição eclesiástica na zona fronteiriça, no centro da América do Sul..................... 231
  4.1.1 As Minas do Cuiabá e do Mato Grosso como campo de batalha eclesiástica: os conflitos dos clérigos nas três primeiras décadas da conquista portuguesa (1719-1752) 235
  4.1.2 Os clérigos das Minas do Mato Grosso e as disputas por jurisdições 248
  4.1.3 Os vigários a partir da segunda metade do século XVIII: do primeiro governador da capitania ao primeiro prelado......................... 253
 4.2 Os clérigos e suas práticas econômicas na fronteira oeste da América portuguesa....274
 4.3 Os clérigos "bem falados": virtudes apreciadas 283
 4.4 Os clérigos denunciados: concubinos, nefandos, desertores e degredados na fronteira oeste 289

5
CONSIDERAÇÕES FINAIS 305
FONTES 313

INTRODUÇÃO

> *Como prêmio e remuneração do trabalho, escreve ele [D. Antônio do Desterro], que estimula fortemente a todos, principalmente neste Brasil ondese cuida mais no interesse do que na boa fama e glória do nome, me parecia mais preciso e justo que sua Majestade remunerasse enefectivamente [sic] a estes párocos (aqueles que tivessem servido com índios) com igrejas de Minas, dando a cada um tantos anos de pároco nas ditas igrejas, por serem pingues, quantos tiverem servido nas freguesias dos índios.*[1]

Segundo os dicionários de Raphael Bluteau e de Antônio Morais Silva[2], "pingue" era algo abundante, fértil, gordo, corpulento e forte. No caso das igrejas das regiões de mineração, por essa citação lapidar, podemos entender que o então bispo do Rio de Janeiro, D. Antônio do Desterro, as enxergava como lugares de grande atratividade econômica para os clérigos seculares. O bispo propunha uma forma de administrar melhor a distribuição dos clérigos na ocupação dos empregos paroquiais, que, por sua vez, não parecia ser fácil, devido às desigualdades recorrentes na remuneração dos benefícios eclesiásticos. O excerto *supra* nos conduz à leitura de que, na consideração feita pelo bispo, havia certo ar de descontentamento para com o modo de proceder dos eclesiásticos coloniais, visto que estes não estariam muito preocupados com o que era intrínseco ao múnus pastoral para a época.

Este livro tem como tema central o clero regular e secular que atuou em Mato Grosso durante o período colonial. Esse segmento eclesiástico, por sua vez, prestou assistência religiosa na região que se conformou na fronteira ocidental da América portuguesa, desde os primeiros anos das descobertas auríferas, em 1720, a partir da chegada dos primeiros sertanistas paulistas, até o momento em que o primeiro prelado tomou posse da prelazia de Cuiabá, em 1808. O objetivo central desta obra é analisar o processo de implantação da instituição eclesiástica, onde os eclesiásticos experimentaram as condicionantes específicas, presentes em uma região

---

[1] Correspondência do bispo do Rio de Janeiro (1754-1800) *apud* PRADO JR., Caio. **Formação do Brasil contemporâneo, colônia**. 6. ed. São Paulo: Brasiliense, 1961. p. 339.

[2] BLUTEAU, Raphael. **Vocabulario portuguez & latino**: aulico, anatomico, architectonico... Coimbra: Collegio das Artes da Companhia de Jesu, 1712-1728. 8 v. p. 513; SILVA, Antônio Moraes. **Diccionario da lingua portugueza**: recompilado dos vocabularios impressos ate agora, e nesta segunda edição novamente emendado e muito acrescentado, por Antonio de Moraes Silva. Lisboa: Typographia Lacerdina, 1813. p. 452.

de fronteira mineradora. Como participantes do processo de devassamento e conquista, esses agentes sociais reagiram às ações regalistas da Coroa portuguesa, como também se adaptaram, no caso dos clérigos seculares, a uma malha eclesiástica administrada apenas por párocos encomendados, diferentemente de outras regiões de ocupação mais antiga da América portuguesa, onde havia primazia do clero colado.

Para tanto, colocaremos em análise como a monarquia portuguesa administrou os direitos e deveres de padroado régio em relação à estrutura eclesiástica na região de Mato Grosso, e, consequentemente, serão verificadas as repercussões dessa experiência histórica, tanto no âmbito da modelagem dos comportamentos clericais quanto na formação da sociedade de maneira mais ampla; e como os clérigos seculares eram vistos pelos demais colonizadores e quais eram seus modelos de ação mediante o processo de conquista da fronteira oeste da América portuguesa.

Por sua vez, destacamos que houve semelhanças com outras capitanias de mineração, onde a presença das Ordens religiosas esteve interditada pela Coroa desde 1702. Assim, nestas capitanias, foi predominante a ação de clérigos seculares e a atuação de leigos. Por outro lado, convém lembrar que, no caso da capitania de Mato Grosso, esta também se configurou como uma zona de expansão interimperial, constantemente ameaçada pelo contrabando, ou pela atuação dos missionários castelhanos, e diferentemente das regiões litorâneas da América portuguesa, onde se estabeleceu a produção agrícola para exportação no comércio atlântico, nas quais as instituições civis e eclesiásticas estavam instaladas desde o fim do século XVI[3].

Objetivamos, também, compreender como se deu a presença dos eclesiásticos e o enraizamento social da Igreja Católica atrelado ao desenvolvimento da mineração na fronteira oeste, buscando abordar a atuação do clero em uma perspectiva sociológica. Contexto esse que nos leva a atribuir o comportamento clerical às condições de instabilidade, transitoriedade e precariedade típicas dos aparelhos político-administrativos e das instituições que ainda estavam em processo de instalação[4].

---

[3] *Cf.* ARAUJO, Renata Malcher de. **A urbanização do Mato Grosso no século XVIII**: discurso e método. 2000. Dissertação (Doutoramento em História da Arte) – Universidade Nova de Lisboa, 2000. v. 1-2; REZENDE, Tadeu Valdir Freitas. **A conquista e a ocupação da Amazônia brasileira no período colonial**: a definição das fronteiras. 2006. Tese (Doutorado) – USP, São Paulo, 2006; CARVALHO, Francismar Alex Lopes de. **Lealdades negociadas**: povos indígenas e a expansão dos Impérios nas regiões centrais da América do Sul (segunda metade do século XVIII). 2012. Tese (Doutorado) – USP, São Paulo, 2012. v. 1-2.

[4] NOVAIS, Fernando A. Condições da privacidade na colônia. *In*: MELLO E SOUZA, Laura (org.). **História da vida privada no Brasil**: cotidiano e vida privada na América Portuguesa. São Paulo: Companhia das Letras, 1997. p. 22-23.

No conjunto dos interesses tanto individuais quanto coletivos, apresentamos as relações sociais estabelecidas pelos clérigos, bem como as atitudes e os procedimentos para com as demandas locais no que tange à atuação clerical, que, como na vida humana, se constitui em vínculos de solidariedade, mas também de contradições e conflitos, em maior ou menor intensidade[5].

Embora seja difícil, devido às dificuldades e aos percalços inerentes à coleta de informações nos documentos disponíveis sobre sua origem, idade, nível social, formação acadêmica, trajetória, entre outras, buscamos estabelecer alguns padrões apresentados pelo conjunto dos eclesiásticos encontrados que atuaram durante o período de 1720 a 1808 na circunscrição eclesiástica da fronteira oeste da América portuguesa.

O século XVIII pode ser considerado, então, uma fase de otimismo religioso para o sistema eclesiástico colonial, uma vez que, notadamente, houve uma expansão considerável da estrutura diocesana[6]. Quatro novas circunscrições eclesiásticas tinham sido instituídas no século XVIII: a diocese de Belém, no estado do Maranhão e Grão-Pará (1720); a de Mariana (1745); a de São Paulo (1745); e as prelazias de Goiás e de Cuiabá (1745); assim como muitas novas freguesias. Segundo Arlindo Rubert, a quantidade de paróquias poderia chegar ao número de 550 em todo o território da América portuguesa[7]. Desde então, o clero secular passou a ser a "espinha dorsal" da estrutura eclesiástica na colônia, deslocando a onipresença do clero regular[8].

A exploração aurífera, decorrente da expansão geográfica a partir da primeira metade do século XVIII, ampliou os limites da ocupação portuguesa em regiões que eram ocupadas pelos povos indígenas e por aldeamentos controlados por missões jesuíticas castelhanas[9]. Conforme os sertanistas da região Centro-Sul da América portuguesa adentravam o interior do continente, a rede eclesiástica foi acompanhando os passos dos colonizadores oriundos de outras regiões coloniais e do reino.

---

[5] ELIAS, Norbert. **A sociedade dos indivíduos**. Organização de Michel Schröter. Tradução de Vera Ribeiro. Revisão técnica e notas de Renato Janine Ribeiro. Rio de Janeiro: Jorge Zahar, 1994. p. 42.

[6] RUBERT, Arlindo. **A Igreja no Brasil**: expansão territorial e o absolutismo estatal (1700-1822). Santa Maria: Palloti, 1988. v. 3. p. 9.

[7] *Ibid.*, p. 162.

[8] *Cf.* NEVES, Guilherme Pereira das. O clero secular. *In*: SILVA, Maria Beatriz Nizza da (coord.). **Dicionário da história da colonização portuguesa no Brasil**. Lisboa; São Paulo: Verbo, 1994a.

[9] Conforme o historiador brasilianista Charles R. Boxer, durante a primeira metade do século XVIII há possibilidade de a população colonial ter se elevado a algo aproximado a 1,5 milhão de habitantes, sem levar em consideração as populações indígenas (BOXER, Charles R. **A Igreja e a expansão ibérica**. Rio de Janeiro: Edições 70, 1978. p. 185).

Dessa forma, ocorreram mudanças decisivas que impactaram a vida eclesiástica em diferentes aspectos. Ora, da mesma forma que atraíam levas consideráveis de populações para as minas, atraíam os eclesiásticos que, de maneiras distintas, acompanhavam o progresso da mineração, possibilitando novas frentes e formas de sobrevivência aos clérigos, principalmente aos que não conseguiam um lugar junto ao limitado sistema de distribuição dos empregos eclesiásticos coloniais subsidiados pelo padroado ultramarino[10].

Desse modo, na territorialidade do que viria a se tornar a prelazia de Cuiabá — e, futuramente, o bispado —, foram surgindo as primeiras capelas e as primeiras freguesias, já no início da década de 1720 até o início do século XIX, quando se deu a chegada do primeiro prelado, D. Luís de Castro Pereira (1768-1822), no ano de 1808.

Durante esse período de quase nove décadas, identificamos pelo menos 131 nomes de clérigos que passaram pela região da fronteira oeste. Certamente, outros clérigos podem ter atuado na região sem que tivessem nome registrado na documentação, mas, ainda assim, esse número seria reduzido, se comparado aos de outras capitanias e circunscrições eclesiásticas coloniais, onde geralmente a quantidade era muito superior[11]. No arcebispado da Bahia, no ano de 1744, havia pelo menos 251 sacerdotes; e, na segunda metade do século XVIII, o bispo do Rio de Janeiro conseguiu autorização da Coroa para ordenar, de uma só vez, 50 clérigos[12]. O enraizamento da estrutura eclesiástica colonial na fronteira oeste não foi, portanto, resultado da ação tradicional de evangelização até então observada no território sul-americano[13].

Nos estudos sobre a formação da Igreja na América portuguesa do historiador católico Eduardo Hoornaert, os movimentos missionários coloniais poderiam ser caracterizados em quatro períodos, que detalharemos mais adiante. Para o autor, os movimentos tinham por base o contexto socioeconômico, nos quais a ação missionária foi acontecendo e acompanhando a conquista e a ocupação do território colonial. No litoral, por exemplo, na região Nordeste, com a produção açucareira, e depois com o

---

[10] *Cf.* ANTONIL, André João. **Cultura e opulência do Brasil pelas Minas do Ouro**. São Paulo: Obelisco, 1964.
[11] *Cf.* BOSCHI, Caio César. **Os leigos e o poder**: irmandades leigas e política colonizadora em Minas Gerais. São Paulo: Ática, 1986; KANTOR, Iris. **Pacto festivo em Minas colonial**: a entrada triunfal do primeiro bispo na sé de Mariana. 1996. Dissertação (Mestrado) – USP, São Paulo, 1996.
[12] RUBERT, *op. cit.*, p. 288.
[13] A missionação dos povos nativos de Mato Grosso colonial só veio a ocorrer na segunda metade do século XVIII, controlada pelo Coroa portuguesa, que, na ocasião, instalava suas estruturas de poder e administração visando assegurar a posse do território fronteiriço.

avanço da pecuária para o interior do continente via Rio São Francisco; depois o movimento missionário maranhense, que se desenvolveu pelo Rio Amazonas nas atividades extrativistas na região; por último, para a região Oeste, que acompanhou o desenvolvimento das atividades mineradoras[14].

De fato, em cada região assinalada, podemos observar diretrizes políticas para a ação missionária colonial, em função dos interesses metropolitanos. Para as zonas de mineração de Minas Gerais, Goiás e Mato Grosso, especificamente, houve constante restrição e proibição régia em relação à instalação de ordens regulares, o que acabou propiciando o florescimento de um catolicismo leigo com forte atuação das irmandades e predominância do clero secular[15].

Nessa perspectiva, *grosso modo*, a instalação da instituição eclesiástica na fronteira oeste da América portuguesa poderia enquadrar-se nas características do movimento missionário minerador, como foi classificado por Eduardo Hoornaert[16]. No entanto, há também diferenças entre as capitanias da zona de mineração, como o papel que cada região representava no contexto geopolítico. Também há diferenças quanto à proporcionalidade do número de freguesias coladas e de vigários encomendados, possivelmente decorrente da localização geográfica e das condições de acessibilidade. A estrutura eclesiástica da capitania de Mato Grosso, se comparada com a de Minas Gerais e de Goiás, era muito menor. Devemos considerar, aliás, que não houve estabelecimento de benefícios eclesiásticos colados, nem mesmo nas duas principais freguesias da região, durante todo o período colonial, apesar de uma delas ser a vila-capital e a outra ter sido escolhida como sede da prelazia. Tampouco houve implantação de Ordens Terceiras. No caso de Mato Grosso, existiam irmandades leigas, sem vínculos com Ordens regulares[17].

Desse modo, para além dessas características, faz-se necessário considerar outro ponto diferencial que, conforme a historiadora Nauk Maria de Jesus, a Capitania de Mato Grosso congregou, pois havia pelo menos duas características "que demarcaram sua especificidade no cenário imperial

---

[14] *Cf.* HOORNAERT, Eduardo. **História da Igreja no Brasil**: ensaio de interpretação a partir do povo. São Paulo: Paulinas; Vozes, 1977. t. 2/1. p. 42.

[15] Mesmo com a proibição régia, alguns religiosos também estiveram, eventualmente, na região das minas como missionários pregadores, ermitões ou aventureiros. *Cf.* CARRATO, José Ferreira. **As Minas Gerais e os primórdios do Caraça**. São Paulo: Editora Nacional, 1963. (Brasiliana, v. 317); BOSCHI, *op. cit.*; HOORNAERT, *op. cit.*

[16] HOORNAERT, *op. cit.*, p. 42.

[17] *Cf.* SILVA, Gilian Evaristo França. **Espaço, poder e devoção**: as irmandades religiosas da fronteira oeste da América portuguesa (1745-1803). 2015. Tese (Doutorado) – Universidade Federal do Paraná, Curitiba, 2015.

português [...], era uma *capitania-fronteira-mineira*"[18]. Ou seja, a região foi zona de mineração, como a capitania de Minas Gerais, mas também era área de fronteira, como a capitania de São Pedro do Rio Grande do Sul. Além disso, apesar de a fronteira oeste ser uma região habitada por diversas nações indígenas, não houve, da parte portuguesa, movimento missionário semelhante ao que ocorreu na região da Amazônia[19].

Somando-se às características supracitadas, a capitania de Mato Grosso ainda estava, em termos geográficos, localizada em uma das áreas consideravelmente distantes, nas "raias" dos domínios portugueses do Oeste. Longe do litoral brasileiro, no interior do continente e de difícil acessibilidade, a capitania de Mato Grosso chegava a ser considerada por coevos localizada no "fim do mundo"[20]. Outros lugares dos domínios portugueses também foram considerados geograficamente distantes, mas essa característica não deve ser desconsiderada no caso dos estudos referentes à instituição eclesiástica que se instalou no centro da América do Sul. Bispos do Rio de Janeiro que administravam a região não deixaram de apontar a peculiaridade dessa parte da América portuguesa. Em muitas cartas, pastorais e editais episcopais destinados às comarcas eclesiásticas de Cuiabá e de Mato Grosso, os antístites frisavam e justificavam suas medidas assim: "por atenção à grande distância que há desta cidade à comarca do Matto Grosso a grande impossibilidade a notável incomodo que tem os nossos súditos" [21].

Assim, observamos que muitas decisões foram tomadas em função das dificuldades impostas pela distância que havia das Minas do Cuiabá e do Mato Grosso até a sé fluminense. Devido à impossibilidade alegada para passarem pessoalmente à capitania de Mato Grosso, os bispos concederam muitas faculdades especiais aos vigários e aos visitadores que se deslocavam

---

[18] JESUS, Nauk Maria de. **O governo local na fronteira oeste**: a rivalidade entre Cuiabá e Vila Bela no século XVIII. Dourados: UFGD, 2011. p. 19.

[19] *Cf.* CARVALHO, *op. cit.*; REZENDE, *op. cit.*

[20] CARTA de Marcos Antônio de Azevedo Coutinho a Gomes Freire de Andrade sobre a navegação do rio Madeira. Lisboa, 15 de setembro de 1748. *In*: CÓDICE Gosta Matoso. Coleção das notícias dos primeiros descobrimentos das minas na América quê fez o doutor Caetano da Costa Matoso sendo ouvi dor-geral das do Ouro Preto, cie que tomou posse cm fevereiro de 1749, & vários papéis. Belo Horizonte: Fundação João Pinheiro/Centro de Estudos Históricos e Culturais, 1999. 2 v., il. (Coleção Mineiriana; Série Obras de Referência). p. 860.

[21] PORTARIAS, ordem e editais, Livro 238, f. 53. Registro de huma portaria que Sua Ex.ª Rm.ª mandou passar ao Ver. Vigário da vara de Matto Grosso na qual lhe concede varias faculdades e são as seguintes. Rio de Janeiro, 1755. D. Antonio do Desterro. ACMRJ-RJ; PORTARIAS, ordem e editais. Livro 238, f.76. Registro de hua portaria de Sua Ex.ª Rm.ª em que concede varias faculdades ao R. Vigr° da vara do Cuiabá. Rio de Janeiro, 20 jun. 1758. ACMRJ-RJ; PORTARIAS, ordem e editais. Livro E-239, f. 9. Portaria, porq' S. Exca" Rma" he servido conceder ao Rdo' Vigr° da Vara da Com.ca do Matto Grosso faculdade p.ª chrismar, eoutraz mais das q' tem da S.ta Sé Ap.ca por tempo de três annoz. 12 jun. 1761d. ACMRJ-RJ.

para a região[22]. Entre outros fatores, o distanciamento geográfico com relação aos centros mais importantes da época possivelmente contribuiu para que o primeiro prelado, nomeado em janeiro de 1782, Dom José de Azevedo Coutinho, desistisse de tomar posse da prelazia de Cuiabá[23].

A prelazia de Cuiabá foi criada em dezembro de 1745, pelo Papa Benedicto XIV, por meio da bula *Candor Lucis aeternae* (Esplendor da Luz eterna) e em virtude da solicitação de Dom João V, pois, conforme previsto no padroado ultramarino, os monarcas portugueses, nos seus territórios de além-mar, poderiam apresentar à Santa Sé pedidos de criação de circunscrições eclesiásticas, como também fazer a indicação de nomes para serem confirmados e sagrados bispos[24]. Desse modo, não se pode querer entender o sistema eclesiástico colonial sem considerar o padroado ultramarino no qual ele estava inserido[25].

O regime de padroado régio, *grosso modo*, foi uma combinação de direitos, privilégios e deveres concedidos às monarquias ibéricas pelos pontífices por meio de uma série de bulas e breves papais[26]. No caso lusitano, coube ao rei, como patrono da Ordem de Cristo, administrar os assuntos eclesiásticos nas conquistas do império. O corpo eclesiástico (bispos, párocos, e superiores de ordens religiosas) estava submetido à esfera do poder real, assim como ao papado, cabendo aos primeiros administrar as questões temporais, e à Santa Sé legislar sobre questões dogmáticas e litúrgicas. O

---

[22] PORTARIAS, ordem e editais. Livro E-239, f.53. Portaria pella qual he S. Ex^{cia} Rm^a servido conceder faculdade ao R. Vizitador do Cuyaba e Matto. M^{el} da S^a [Ther] p^a mandar por outro visitar a com^{ca} do Matto Grosso e aesse q mandar conceder S. Ex^{cia} R^{ma} as mesmas faculdades q a elle tem concedido. 1761b. PORTARIAS, ordem e editais. Livro E-239, f. 8. Portaria porq'. S. Exa" Rma" fe servido ampliar ajurisdição do Rdo' Vigr° da Vara da Comarca do Matto Grosso acctual, e [rasurado] q' para aodiante serivem esse emprego, concedendo-lhe vários poderes da sua jurisdicção ordinária como na mesma Portaria secontem. 12 jun. 1761c. ACMRJ-RJ; PORTARIAS, ordem e editais. Livro E-239, f.89. Portaria de faculdadez concedidas por S. Exa Ema ao Rdo Simão de Toledo Rodovalho, vigário da Vara da Comca do Mato Grosso na forma abaixo. Rio de Janeiro, 23 abr. 1767; PORTARIAS, ordem e editais. Livro E-239, f.153v. Portaria de faculd^{es} concedidas ao R. Vigr° da Vara que em qualquer tempo for da comarca do Matto Grosso deste bispado enquanto Sua Exª Rm^a não mandar o contrario na fr^a abaixo. Rio de Janeiro, 27 set. 1770b. ACMRJ-RJ; PORTARIAS, ordem e editais. Livro E-239, f. 200 v. Pastoral de faculdades que S. Exª Rma foi servido m^{dar} passar, e conceder ao P^e José Correa Leitão Vigr° da Vara da Comarca do Cuyabá, passada na forma abaixo. Rio de Janeiro, 25 ago. 1774. ACMRJ-RJ; PORTARIAS, ordem e editais. Livro E-239, f.224. Portaria de licença ao R. Franco Pinto Guedes para usar das suas ordens, pregar, e confessar geralme na jornada que fizer de S. Paulo pa a freguesia de Cuyabá e na fazenda de Camapuam na fra abaixo. Rio de Janeiro, 16 jul. 1779. ACMRJ-RJ.

[23] *Cf.* COMETTI, Pedro. **Apontamentos da história eclesiástica de Mato Grosso**: paróquia e prelazia. Cuiabá: Instituto Histórico e Geográfico de Mato Grosso; Academia Mato-Grossense de Letras, 1996. v. 1.

[24] *Cf.* CORTEZÃO, Jaime Zuzarte. **O Tratado de Madrid**. Brasília: Senado Federal, 2001. 2 v. (Coleção Memoria Brasileira). De. fac-similar; BOXER, *op. cit.*

[25] LIMA, Lana Lage da Gama. O padroado e a sustentação do clero no Brasil colonial. **Saeculum**: Revista de História, João Pessoa, 30, jan./jun. 2014.

[26] BOXER, *op. cit.*, p. 243.

padroado régio nas terras de ultramar constituiu, então, uma forma de poder indireto, e o rei reivindicava para si a cobrança dos dízimos, com o objetivo de sustentar a expansão da estrutura eclesiástica[27].

Os monarcas lusitanos, com o regime de padroado, conseguiram dos papas privilégios especiais para as conquistas ultramarinas, tais como: a permissão para erigir todas as catedrais, as igrejas, os mosteiros, os conventos, os eremitérios dentro dos respectivos patronatos; apresentação à Santa Sé de lista dos candidatos para todos os benefícios eclesiásticos, desde os arcebispados até as dignidades e funções eclesiásticas menores; e, por fim, a administração das jurisdições e receitas eclesiásticas, com a rejeição de bulas e breves papais que não fossem aprovados, primeiramente, pela respectiva chancelaria da Coroa[28].

Diversos estudos importantes analisaram a relação do Estado português com a Igreja Católica na América portuguesa considerando as consequências claras do padroado na modelagem da hierarquia eclesiástica luso-americana[29]. O historiador Sérgio Buarque de Holanda chamou atenção para o fato de que as intervenções ou intromissões constantes das autoridades nas funções da Igreja tendiam a provocar situações de tensões e conflitos por parte do clero contra as administrações[30]. Observa-se que a existência do padroado foi um elemento complicador para a Igreja ultramarina, conforme destacou Eduardo Hoornaert, que qualificou o padroado ultramarino como "expressão prática do colonialismo em termos de instituição religiosa"[31]. Guilherme Pereira das Neves também considera que se adotou, cada vez mais, uma política explicitamente regalista sobre os assuntos eclesiásticos coloniais, principalmente no período pombalino, gerando conflitos e tensões entre os párocos e seus fregueses. A insatisfação do clero secular e as polêmicas foram manifestadas entre a alta hierarquia e a Mesa da Consciência e Ordens[32].

Do ponto de vista da competência, a ação efetiva do padroado régio, durante o século XVIII, em regiões como a da fronteira oeste da América por-

---

[27] ALMEIDA, Cândido Mendes de. **Direito civil ecclesiástico brasileiro**: antigo e moderno em suas relações com o direito canônico. Rio de Janeiro: B. L. Garnier, 1866. t. 1. Ver também: RODRIGUES, Aldair Carlos. **Poder eclesiástico e Inquisição no século XVIII luso-brasileiro**: agentes, carreiras e mecanismos de promoção social. 2012. Tese (Doutorado) – USP, São Paulo, 2012.

[28] BOXER, *op. cit.*, p. 100.

[29] HOLANDA, Sérgio Buarque de. **Raízes do Brasil**. São Paulo: Companhia das Letras, 1995. p. 118.

[30] *Ibid.*, p. 118.

[31] HOORNAERT, *op. cit.*, p. 39.

[32] NEVES, Guilherme Pereira das. Padroado. *In*: SILVA, Maria Beatriz Nizza da (coord.). **Dicionário da história da colonização portuguesa no Brasil**. Lisboa; São Paulo: Verbo, 1994b. p. 606.

tuguesa, também não teria se exercido como se previra. O auxílio financeiro concedido por parte da Coroa portuguesa era, pois, inexpressivo, apesar de sempre haver recebidos os dízimos eclesiásticos da região. Salvo um único caso, com o pagamento de côngrua ao pároco da freguesia de Santana da Chapada em 1760, nenhum pároco foi colado nas freguesias da região, permanecendo, assim, por todo o período colonial[33]. Ou seja, o estabelecimento e a manutenção da instituição eclesiástica na fronteira oeste deram-se, efetivamente, pela iniciativa dos fiéis e dos bispos do Rio de Janeiro.

O historiador José Ferreira Carrato, ao tratar dos clérigos das *Minas Geraes* no século XVIII, considerou que, em sua maioria, estes seriam possuídos de "sede de fortuna", escandalizando "as almas pelas simonias e libertinagens"[34]. Contudo, o autor admite ainda que não se tinha dado ênfase correspondente ao fato de que os padres precisavam sobreviver, ou seja, "via de regra, se os padres não se dessem à mineração, morreriam à mingua"[35].

Eduardo Hoornaert defendeu que, no caso do clero secular colado, os problemas de comportamentos clericais considerados inapropriados deviam-se às necessidades de sustento do estamento eclesiástico, fato que justifica o envolvimento da clerezia com outras atividades fora de seu ofício ordinário[36].

Ao analisar a presença da Igreja na capitania de Minas Gerais, Caio Boschi aponta que as críticas e os descontentamentos, principalmente entre os eclesiásticos, tinham origem no fato de que a Coroa não se responsabilizava pela sustentação das folhas de pagamento dos eclesiásticos, tampouco pela construção das igrejas, alimentando, desta maneira, a insubmissão, a rebeldia e a simonia praticada pela clerezia[37]. No caso da capitania das Minas Gerais, o mesmo autor destaca que o corpo eclesiástico mineiro se configurou como grupo profissional como qualquer outro que compunha a sociedade colonial. Para o autor, os eclesiásticos mineiros, na maioria das vezes, eram levados a se transformarem homens do século e, em sua opinião, isso sedava pela falta do que ele chamou de uma "política religiosa" que estivesse nitidamente configurada, o que afetava diretamente o serviço do sacerdócio[38].

---

[33] CORBALAN, Kleber R. L. **A Igreja Católica na Cuiabá colonial**: da primeira capela à chegada do primeiro bispo (1722-1808). 2006. Dissertação (Mestrado) – Universidade Federal de Mato Grosso, 2006.
[34] CARRATO, *op. cit.*, p. 61.
[35] *Ibid.*, p. 83.
[36] HOORNAERT, *op. cit.*, p. 281 *et seq.*
[37] BOSCHI, *op. cit.*, p. 72-73.
[38] BOSCHI, *op. cit.*, p. 73.

Contudo, é verificável que houve uma "política religiosa" para com a ação do clero das regiões coloniais de mineração, pela qual se buscava proibir e restringir a presenças dos eclesiásticos, principalmente dos regulares que eram considerados, segundo Hoornaert, por demais independentes[39]. No entanto, vale lembrar que esse padrão comportamental do clero colonial não foi um fenômeno exclusivo dos domínios luso-americanos, pois a Igreja Católica Apostólica Romana já o enfrentava desde a Europa e, no século XVI, buscava meios de qualificar os seus quadros com a reforma tridentina. Do mesmo modo, para o sistema eclesiástico colonial, esse desafio constituiu-se em verdadeiro gargalo, aumentando as críticas já proferidas contra os eclesiásticos e suas práticas[40].

Destarte, ao longo do século XVIII, cristalizou-se uma imagem negativa em relação ao clero colonial. De fato, não foram poucos os delitos e os conflitos em que os eclesiásticos se envolveram em diversos pontos da América portuguesa[41]. Para Ronaldo Vainfas, a formação eclesiástica colonial deficiente contribuía para a carga negativa no julgamento do clero colonial, principalmente atribuída aos padres seculares, como também foi a contribuição da crítica moralista feita pelos jesuítas nos séculos XVI ao XVIII, que se caracterizou por uma intolerância moral em relação aos desvios da sociedade colonial e, da mesma forma, extensivo aos eclesiásticos[42].

Fernando Torres-Londoño corrobora esta análise, mas acrescenta que, além dos jesuítas, houve os relatos de viagem europeus que denunciam as amoralidades do clero luso-brasileiro, reforçando a existência de uma construção tão negativa. Para o autor, a imagem de devassidão e desordem do clero colonial vigorou até o século XIX e chegou a ser resgatada por historiadores do século XX[43]. Porém, ainda segundo esse estudioso, esta seria uma percepção descontextualizada da atuação do clero na historiografia, visto pela ótica liberal contemporânea, na qual não se pode reforçar os discursos anticlericalistas do século XIX[44]. O historiador lembra, por exemplo, que

---

[39] HOORNAERT, op. cit., p. 98; MELLO E SOUZA, Laura de. **Desclassificados do ouro**: a pobreza mineira no século XVIII. 2. ed. Rio de Janeiro: Graal, 1986. p. 174.

[40] RUBERT, op. cit., p. 273-280.

[41] TORRES-LONDOÑO, Fernando (org.). **Paróquia e comunidade no Brasil**: perspectiva histórica. São Paulo: Paulus, 1997. p. 85; RUBERT, op. cit., p. 173.

[42] VAINFAS, Ronaldo. **Trópicos dos pecados**: moral, sexualidade e Inquisição no Brasil. Rio de Janeiro: Nova Fronteira, 1997b. p. 40.

[43] TORRES-LONDOÑO, F. **A outra família**: concubinato, Igreja e escândalo na colônia. São Paulo: Loyola, 1999. p. 76.

[44] TORRES-LONDOÑO,1997, p. 86.

nesse momento do Setecentos, o reforço de uma imagem negativa do clero colonial interessava a determinados setores sociais e da própria religião, como aos bispos coloniais, porque desta forma eles fundamentavam as suas ações de controle e disciplinarização do clero[45].

Na mesma perspectiva da construção de um discurso de desqualificação da imagem do clero colonial, mas para além da ação da hierarquia eclesial, em conformidade com Iris Kantor, a construção da imagem negativa do clero colonial da capitania de Minas Gerais, bem como de outras regiões semelhantes, a exemplo de Mato Grosso colonial, permite compreender a existência de um processo de politização no julgamento da conduta do clero enquanto segmento social[46].

A historiadora Iris Kantor, ao estudar as ritualidades públicas na capitania de Minas Gerais, pontua que são principalmente nas memórias históricas dos funcionários da administração, em fins do século XVIII e início do XIX, que estão presentes paradoxos derivados das condições diferentes de vigência do padroado sobre a região[47]. Para a historiadora, havia nessa área de mineração uma fluidez das fronteiras entre as administrações civil e eclesiástica que aguçava a concorrência entre as diferentes esferas de mando, o que ocasionava tensões e conflitos[48]. Ainda segundo a autora, esses conflitos colocavam em xeque os direitos e as prerrogativas de uma sociedade de feição estamental e, em várias ocasiões, eram expressos nas cerimônias públicas e funções religiosas[49].

Desse modo, Damião Rodrigues e Fernanda Olival sugerem que, para que houvesse uma compreensão do clero colonial mais próxima de seu tempo, seria necessário o aprofundamento sobre o seu modo de vida, já que a maioria dos clérigos fez o que estava ao seu alcance para sobreviver. Destaca-se que eles viviam em meio a um cenário de constante instabilidade no mundo colonial[50], que ganha mais evidência em regiões que apresen-

---

[45] *Ibid.*, p. 127.
[46] KANTOR, Iris. Ritualidade pública no processo de implantação do bispado de Mariana (Minas Gerais – 1745-1748). **Projeto História**: festas, ritos, celebrações [Revista do Programa de Estudos Pós-Graduados em História e do Departamento de História da Pontifícia Universidade Católica de São Paulo], São Paulo, p. 1-495, jan./jun. 2004b. CNPq, n. 28. p. 238-239.
[47] *Ibid.*, p. 231.
[48] *Ibid.*, p. 230-231.
[49] *Ibid.*, p. 237.
[50] RODRIGUES, José Damião. Família e clero em Portugal. *In*: CUNHA, Mafalda Soares da; FRANCO, Juan Hernandez (org.). **Sociedade, família e poder na Península Ibérica**: elementos para uma história comparativa. Lisboa: Colibri; CIDEHUS/Universidade de Évora; Universidade de Murcia, 2010. (Biblioteca Estudos & Colóquios; 21). p. 103.

taram conjunturas de mudança político-institucional, como a capitania de Mato Grosso, a qual conjugou características de zona de fronteira e de mineração[51], diferentemente das regiões litorâneas da América portuguesa e ocupadas desde o século XVI[52].

Assim, com base nessa breve contextualização, inserimos o objeto de análise desta obra buscando responder a questões relacionadas às atividades clericais na fronteira oeste da colônia, sem desconsiderar que essa região apresentou características específicas, diferenciando-se das demais regiões coloniais. Também damos maior relevância para a atuação do clero, compreendendo melhor seus ofícios e formas de sobrevivência material. Qual seria a singularidade das relações Estado/Igreja na região? Como os clérigos perceberam as condicionantes impostas pelo padroado régio? Qual seria o perfil social possível para o clero que viveu ou atuou na capitania de Mato Grosso?

Assim, este trabalho quer ser uma contribuição à história social da religião ou, melhor dizendo, à história social do catolicismo colonial[53]. Do ponto de vista teórico-metodológico, o estudo apoiou-se nas reflexões de Michel de Certeau, pois, segundo ele, o objeto religioso deve ser tratado em função de uma sociedade, ou seja, para ele, não há uma história religiosa, mas sim história das sociedades religiosas[54]. Neste sentido, uma prática com aparência religiosa pode ter um teor mais social do que se pressupõe, e vice-versa[55]. Assim, para as questões apresentadas neste livro, buscamos dar respostas respaldadas pela documentação e por bibliografia competente, apresentada a seguir.

O recorte temporal estabelecido tem como base tanto o período da instalação dos primeiros eclesiásticos junto à expansão da exploração aurífera, na primeira metade do século XVIII, quanto o período de consolidação da Igreja Católica junto ao processo de conquista engendrado pela Coroa portuguesa na fronteira oeste da América do Sul. Como marco inicial, elegemos o ano de 1720, em que se registrou a presença dos primeiros clérigos à

---

[51] *Cf.* ARAUJO, 2000; REZENDE, *op. cit.*; CARVALHO, *op. cit.*

[52] RODRIGUES, Aldair Carlos; OLIVAL, Fernanda. Reinóis versus naturais nas disputas pelos lugares eclesiásticos do atlântico português: aspectos sociais e políticos (século XVIII). **Rev. Hist.**, São Paulo, n. 175, p. 25-67, jul./dez. 2016.

[53] *Cf.* HERMANN, Jacqueline. História das religiões e religiosidades. *In*: CARDOSO, C. Flamarion; VAINFAS, Ronaldo (org.). **Domínios da história**: ensaios de teoria e metodologia. Rio de Janeiro: Campus, 1997.

[54] CERTEAU, Michel de. **A escrita da história**. Rio de Janeiro: Forense Universitária, 2002. p. 146.

[55] JULIA, Dominique. A religião: história religiosa. *In*: LE GOFF, J. **História**: novas abordagens. Rio de Janeiro: F. Alves, 1995. p. 112.

região e a edificação das primeiras capelas. E encerra-se na data da chegada do bispo prelado D. Luís de Castro Pereira a Cuiabá, tomando posse da prelazia em 1808. Com a chegada do primeiro prelado, entendemos que se estabeleceu uma nova etapa da Igreja em Mato Grosso, a qual deixa de ser administrada pelos bispos do Rio de Janeiro e passa à condução da circunscrição eclesiástica ao novo bispo, que procurou organizar sua prelatura tomando medidas até então inéditas para essa circunscrição eclesiástica[56].

Em relação ao recorte espacial, estudar-se-á o território que, na época colonial, compreendia a capitania de Mato Grosso e Cuiabá, tendo como subdivisões as repartições que eram formadas pelas espacialidades, sob a influência dos dois centros mais povoados da época; vale dizer, a Vila Real do Senhor Bom Jesus do Cuiabá — ou Vila do Cuiabá — e a Vila Bela da Santíssima Trindade, na repartição das antigas Minas do Mato Grosso.

O termo "Mato Grosso" é posterior às descobertas das Minas do Cuiabá, todavia teve seu uso anteriormente à criação da capitania em 1748. Quando sertanistas descobriram ouro nos afluentes da margem oriental do Rio Guaporé, em 1731, foi essa a denominação que utilizaram para a nova região pertencente ao ecossistema amazônico. No ano de 1748, mesmo sendo aplicada a nomenclatura "Mato Grosso" ao espaço que se atribuía à capitania como um todo, também se referia, em específico, a uma das duas comarcas ou repartições administrativas, sendo chamadas "do Cuiabá" e "do Mato Grosso". Somente após a fundação da vila-capital, em 1752, a repartição do Mato Grosso passou a ser referenciada também como repartição ou comarca de Vila Bela. Dessa forma, no decorrer do trabalho, utilizaremos os termos "Minas do Cuiabá" e "Minas do Mato Grosso" para fazer referência aos dois espaços separadamente. Como a região central da América do sul foi palco de disputa territorial entre as Coroas ibéricas por longa data, e como o estabelecimento dos limites foi progressivamente definido entre os dois impérios, também utilizaremos os termos "fronteira oeste colonial" para designar essa territorialidade que constituiu a capitania de Mato Grosso, na medida em que, no século XVIII, encontrava-se em processo de conquista e consolidação territorial do Brasil-colônia[57].

Para realização da pesquisa, adotamos, na medida do possível, aproximações ao método da microbiografia, intentando, assim, reconstituir as trajetórias de vida dos clérigos por meio do levantamento de fontes

---

[56] RUBERT, *op. cit.*, p. 316.
[57] *Cf.* CANAVARROS, Otávio. **O poder metropolitano em Cuiabá (1727-1752)**. Cuiabá: UFMT, 2004.

inéditas, tais como: "Diálogo entre o Exm° e Rm° Sn' Bispo do Rio de Janr° D. Fr. Ant° do Desterro [...]"; "Mapas estatísticos da prelazia de Cuiabá, MT 1809 – 1826"; "Processo crime: Mato Grosso século XVIII e XIX (Pe. Lourenço de Toledo Taques) [...]1727"; "Sobre a jurisdição dos eclesiásticos na América, de Marcelino Pereira Cleto"; processos de habilitação de *genere et moribus*; portarias, ordens, editais e cartas dos bispos fluminenses; livros de assentos de batismos; entre outros. Também exploramos outras fontes já conhecidas (manuscritas e impressas).

Um desses documentos que não são inéditos, mas é de grande relevância, é o livro da *Devassa da visita geral da comarca eclesiástica de Cuiabá* realizada entre os anos de 1784-1787, pelo padre visitador Manoel Bruno Pina. Essa fonte é o único documento encontrado no Arquivo da Cúria Metropolitana do Rio de Janeiro, ao menos até o momento, referente às visitas eclesiásticas feitas na igreja de Mato Grosso. Trata-se de uma fonte ainda pouco estudada, mas que merece destaque, pois apresenta várias informações que contribuem no entendimento do modo de agir dos eclesiásticos da comarca eclesiástica do Cuiabá, assim como do comportamento da comunidade local.

O conjunto da documentação levantada e consultada, em sua maioria, constitui-se de relatos de cronistas setecentistas e também do século XIX que viveram na região ou passaram como viajantes; de normas canônicas, como as *Constituições do arcebispado da Bahia*; de documentos oficiais de autoridades civis e religiosas, tais como processos-crime, ofícios, cartas, correspondências, editais, relatórios, termos de visitas, provisões, alvarás emitidos pelos governadores e capitães-generais ou por vereadores e outras autoridades, cartas pastorais enviadas pelos bispos do Rio de Janeiro, habilitações sacerdotais e livros de assentos de batismos[58].

Ainda sobre as fontes consultadas, duas delas merecem nota, por sua especificidade, as *Fichas biográficas do clero*, do Arquivo da Cúria Metropolitana de São Paulo (ACMSP); e o *Levantamento bibliográfico referente à igreja de Mato Grosso*[59]. As *Fichas biográficas do clero*, ao todo, formam um conjunto de aproximadamente 3 mil fichas — manuscritas e datilografadas — com nome e outras informações sobre os clérigos que passaram pelas freguesias criadas no espaço centro-sul da América portuguesa. Segundo informações

---

[58] No que se refere à utilização da grafia nas citações de trechos de documentos manuscritos e impressos, optou-se por manter a forma presente nos originais.

[59] LEVANTAMENTO bibliográfico referente à Igreja de Mato Grosso. Anônimo. Cuiabá, s/d. ACBM-IPDAC, Caixa 2, Pasta 9, Doc. 1.951.

colhidas da administração do arquivo, inicialmente as fichas foram escritas e organizadas pelo Bispo Dom Duarte, na década de 1920, e depois continuaram a ser preenchidas pelos sucessivos administradores do arquivo[60].

Das fontes impressas para este estudo, destacamos algumas, como as *Constituições primeiras do arcebispado da Bahia* (1707) e o *Regimento do Auditório Eclesiástico do Arcebispado da Bahia*[61]; a *Notícia do São Gonçalo Velho, Forquilha e Minas do Cuiabá* (1722)[62], as *Correspondências*[63] do capitão-general Antônio Rolim de Moura (1751-1758), e as crônicas mais utilizadas pela historiografia regional: os registros históricos contidos nos *Annaes do Sennado da Câmara do Cuyabá* (1719-1830), os *Anais de Vila Bela* (1734-1789), as crônicas de José Barboza de Sá (1719-1775) e de Joaquim da Costa Siqueira (1719-1782 e 1778-1817).

Os textos cronísticos, importantíssimos registros das memórias da época, foram utilizados com muita frequência neste trabalho, porém, assim como qualquer documento histórico, foi necessário ter cuidado para com as informações coletadas deles. Essas narrativas, por mais que pudessem ser testemunhas de fatos ocorridos na região, são tributárias de visões de mundo parciais e, por isto, correspondem, principalmente, a percepções dos grupos detentores do poder local.

---

[60] O material estava guardado, ainda sem catalogação. As informações que as fichas trazem são desiguais, mas a maioria informa nome, filiação, parentesco, data de nascimento, falecimento, e traz a fonte referente às informações que foram encontradas. As fontes mais utilizadas e indicadas nas fichas foram "Genealogia paulista" e "Documentos interessantes". Assim, depois de conferida a veracidade das informações contidas, algumas delas utilizamos neste estudo. Da mesma forma, procedemos no tangente ao "Levantamento bibliográfico" referente à Igreja de Mato Grosso; apesar de percebermos que, provavelmente, houve a intenção de se fazer a biografia dos clérigos que passaram pela malha eclesiástica de Mato Grosso, desde o período colonial até meados do século XX, não há informação de sua autoria.

[61] Cumpre mencionar que as "Constituições Primeiras do arcebispado da Bahia" e "Regimento do Auditório Eclesiástico do Arcebispado da Bahia" constituíram-se em legislação eclesiástica orientadora do sistema eclesiástico colonial em praticamente toda a América portuguesa.

[62] "Notícia do São Gonçalo Velho, Forquilha e Minas do Cuiabá" (1722) é uma carta na qual seu autor anônimo dá notícias, a seu próprio pai, acerca da viagem que ele fizera do Porto de Araritaguaba até as recém-descobertas Minas do Cuiabá. Conta, nessa carta, as experiências tidas pelos arraiais das novas minas e, depois, narra seu retorno à vila de origem. O texto foi publicado por Paulo Pitaluga Costa e Silva, que apresenta um estudo crítico sobre ele. O relato traz informações únicas sobre os quatro primeiros clérigos que chegaram à região e da edificação da primeira capela no arraial da Forquilha, às margens do Rio Coxipó (ESTUDO crítico de um documento colonial anônimo: notícia do Arraial do São Gonçalo Velho, Forquilha e Minas do Cuiabá. Apresentação e análise de Paulo Pitaluga Costa e Silva. Cuiabá: Carlini & Caniato, 2005).

[63] Em "D. Antônio Rolim de Moura, primeiro conde de Azambuja (correspondências)", encontramos uma compilação de documentos avulsos do AHU e da Coleção Pombalina da Biblioteca de Lisboa, transcritos e publicados em três volumes pelo Núcleo de Documentação e Informação Histórico Regional (NDIHR) da UFMT no ano de 1982, um primoroso trabalho realizado por Ana Mesquita M de Paiva, Antônio da Silva Moraes e Nyl-Iza Valadão F. Geremias. Essa publicação fez parte do projeto que tinha por objetivo oferecer aos pesquisadores várias séries de documentos ibéricos. Nessas "Correspondências", que abrangem o período de 1751 a 1758, encontram-se importantes notícias sobre a atuação dos clérigos, inclusive da breve presença dos jesuítas na recém-criada capitania de Mato Grosso e Cuiabá.

Os *Annaes do Sennado da Câmara do Cuyabá* (1719-1830) são um raro documento da memória histórica de Cuiabá e de Mato Grosso, que já esteve à disposição dos pesquisadores, na sua forma manuscrita original, no Arquivo Público do Estado de Mato Grosso (APEMT). Entretanto, depois de um longo período de trabalho de transcrição realizado pela historiadora Yumiko Takamoto Suzuki, os *Annaes* foram organizados, digitalizados e publicados para consultas. Seu conteúdo consiste em crônicas de acontecimentos registrados e considerados mais relevantes para a Câmara Municipal da Vila Real do Senhor Bom Jesus. Eles também reforçam as informações coletadas por outros cronistas, como José Barbosa de Sá, que serviu de base para o registro das seis primeiras décadas da colonização portuguesa da região.

Os *Anais de Vila Bela* (1734-1789), depois de um considerável trabalho de pesquisa no ano de 2000, realizado pelas historiadoras Janaína Amado, da Universidade de Brasília (UnB), e Leny Caselli Anzai, da Universidade Federal de Mato Grosso (UFMT), foram disponibilizados aos pesquisadores por meio de sua transcrição e da publicação da obra completa[64]. Nos anais vilabelenses, encontram-se registros importantes para o presente estudo, referentes a vários aspectos característicos de uma região de fronteira, assim como dos agentes atuantes, clérigos ou leigos, na configuração do novo espaço da região do Vale do Guaporé, comarca de Vila Bela da Santíssima Trindade.

Quanto às crônicas de Joaquim da Costa Siqueira, asseguramos que são de grande importância, pelo detalhamento apresentado em suas informações, assim como pelo cuidado que têm em alguns momentos na busca da veracidade dos ocorridos indicados em alguns documentos.

Contudo, apesar de todo o mérito dos textos supramencionados, as *Relações das povoações do Cuiabá e do Mato Grosso de seus princípios até os tempos presentes* (1719-1775), de José Barbosa de Sá, merecem destaque, até mesmo pela sua precedência em relação às demais. Foi pelas narrativas de Barbosa de Sá que as demais se estruturaram e continuaram seus registros. Até mesmo os historiadores mais críticos e exigentes da história de Mato Grosso acabaram se rendendo às informações desse texto. Porém, de acordo com Maria Gabriela de Araújo Guimaraes[65], pouco se sabe sobre o cronista setecentista, chegando a ser quase um mistério a origem de José Barbosa

---

[64] Parte substanciosa dos *Anais de Vila Bela* já era conhecida, mas somente publicada em partes desde a década de 1970.

[65] GUIMARAES, Maria Gabriela Araújo. **A América Portuguesa vista de Mato Grosso**: os diálogos de José Barbosa de Sá (2ª metade do século XVIII). 2013. Dissertação (Mestrado) – Universidade Portucalense, Porto, 2013. p. 11-21.

de Sá. Conforme a pesquisadora, até hoje, que se saiba, ninguém conseguiu desvendar-lhe a identidade, nem sequer nos elementos essenciais, como naturalidade, data de nascimento, filiação, formação sociocultural, grupo em que se inseriu enquanto jovem formando[66].

Por fim, o livro está estruturado nos quatro capítulos seguintes:

No primeiro capítulo, "**A instalação da Igreja Católica e o seu clero na fronteira oeste da América portuguesa**", apresentamos como estava configurada a rede eclesiástica na América portuguesa no século XVIII, com suas circunscrições e o enraizamento na fronteira oeste colonial. Analisamos como se deu a criação da prelazia de Cuiabá, considerando os interesses geopolíticos da Coroa portuguesa, e exploramos a questão do exercício do padroado para aquela porção eclesiástica. Procuramos constituir o processo de instalação da estrutura eclesiástica, por intermédio do ritmo de formação das suas freguesias nas Minas do Cuiabá e nas Minas do Mato Grosso, incluindo a instalação das freguesias de missionação indígena e as repercussões das políticas regalistas que levaram à expulsão dos jesuítas.

No segundo capítulo, "**A mineração e o enraizamento das estruturas eclesiásticas na fronteira oeste da América portuguesa**", demonstramos a relação do processo das descobertas auríferas nessa região com a expansão do sistema eclesiástico, como se deu a transferência dos paulistas das Minas Gerais para as Minas do Cuiabá e depois para as do Mato Grosso. Na observação do desenvolvimento da atividade de mineração, identificamos o papel dos primeiros clérigos e a interferência do poder metropolitano nas Minas do Cuiabá e do Mato Grosso. Analisamos como o impulso demográfico contribuiu para o avanço da instituição eclesiástica e porque, mesmo diante do difícil acesso e sobrevivência nas minas, a mineração atraiu os clérigos para essas regiões.

No terceiro capítulo, "**Os perfis do clero em Mato Grosso colonial**", buscamos estabelecer os perfis dos clérigos que passaram e atuaram pela/na região, tanto o clero "avulso", que não tinha um vínculo institucional direto com as freguesias locais, como aquele relacionado diretamente à instituição eclesial na região. Apresentamos o clero regular, que, mesmo proibido, passou por Mato Grosso; e o clero secular, nas suas ocupações de vigários, visitadores, como capelães e coadjutores. Em geral, descrevemos o

---

[66] As *Relações* de José Barbosa de Sá podem ser consultadas em uma edição publicada pela Universidade Federal de Mato Grosso do ano de 1975. Também é possível a consulta no Arquivo Nacional da Torre do Tombo em versão manuscrita, mas provavelmente trata-se de cópia (PAPÉIS do Brasil, Maço 3, n. 10. **Relação das povoaçoens do Cuiabá, e Matto Groço desde os seos princípios até ao pres^te tempo**. José Barboza de Sá. [*S. l.*], s/d.).

grupo dos indivíduos que formavam a clerezia que atuou e viveu em terras da fronteira oeste da América portuguesa, apresentando as suas principais características enquanto segmento social, como origens, trajetórias, inserção social e familiar, formação.

No quarto capítulo, "**As práticas sociais do clero na fronteira oeste da América portuguesa**", analisamos a ação dos eclesiásticos em diferentes momentos da constituição da estrutura eclesiástica na zona fronteiriça no centro da América do Sul e os conflitos e tensões vividos pelos clérigos entre seus pares e também com os leigos. Identificamos as disputas por jurisdições e atuação dos vigários que estiveram à frente das freguesias até a chegada do primeiro prelado. Descrevemos as práticas econômicas estabelecidas pelos eclesiásticos, assim como a opinião e a reputação pública que lhes foram atribuídas. Enfim, apresentamos as diferentes formas de comportamentos dos denunciados pelas autoridades civis e eclesiásticas.

1

A INSTALAÇÃO DA IGREJA CATÓLICA E O SEU CLERO NA FRONTEIRA OESTE DA AMÉRICA PORTUGUESA

As primeiras capelas e a primeira freguesia, no solo que viria a se tornar a capitania de Mato Grosso, foram instaladas logo após os primeiros descobrimentos auríferos na região pelos paulistas, no início da segunda década do século XVIII. O processo de instalação da instituição eclesiástica na fronteira oeste da América portuguesa seguiu ao longo do século e, de certo modo, completou o seu primeiro período no início do século XIX com a chegada do primeiro prelado, D. Luís de Castro Pereira, em 1808. Todavia, paralelamente, o interesse geopolítico da Coroa portuguesa sobre a região constituiu-se em um novo condicionante, que resultou, por exemplo, na criação da capitania, em 1748, como também da prelazia de Cuiabá, em 1745[67].

Desse modo, a instalação da malha eclesiástica na fronteira oeste ocorreu em meio a acontecimentos de grande relevância no mundo colonial e do Império português, como, por exemplo, a expansão geográfica, a descoberta de ouro e o aumento demográfico colonial[68]. Para o historiador católico Arlindo Rubert, naquele período, a Igreja Católica na América portuguesa foi marcada por, pelo menos, duas características principais: a constante expansão territorial e a resistência ao absolutismo estatal[69]. À época, a criação de freguesias com vigários e párocos encomendados foi uma das formas adotadas por alguns bispos coloniais para se colocarem diante do regalismo que havia sobre a estrutura eclesial colonial. Outra forma entendida também como reação foi a elaboração de uma legislação eclesiástica própria para a América portuguesa, como as *Constituições primeiras do arcebispado da Bahia*, em 1707[70].

---

[67] CORTEZÃO, *op. cit.*, p. 175.
[68] *Cf.* BOXER, *op. cit.*, p. 185.
[69] RUBERT, *op. cit.*, p. 9.
[70] *Ibid.*, p. 231-234; *Cf.* TORRES-LONDOÑO, Fernando. Paróquia e comunidade na representação do sagrado na colônia. *In*: TORRES-LONDOÑO, 1997, p. 57-60. Antes das Constituições Primeiras da Bahia, no que se refere às questões de doutrina, dogmas e moral, a Igreja da América portuguesa tinha como parâmetro, além do direito canônico e das normas do Concílio de Trento, as Constituições do Arcebispado de Lisboa (RUBERT, *op. cit.*, p. 231).

De modo geral, podemos concordar com Rubert no que diz respeito ao otimismo social e religioso que houve, durante o século XVIII, na América portuguesa, pois foi nesse período que ocorreu o aumento da riqueza de camadas da população, o enriquecimento da arte sacra, o avanço no ensino e a criação de bispados e freguesias. Todavia, isso não significou ausência de "sintomas de desagregação, de decadência moral e de estreiteza política"[71]. Porém, para pesquisadores católicos, a maior chaga para a Igreja colonial foi o absolutismo estatal. Conforme Arlindo Rubert, esse período foi "uma época de prova difícil, trabalhosa e juncada de pedras e espinhos"[72]. Sua antipatia ao regalismo absolutista, e sua consequente associação à decadência da Igreja ou entrave ao seu desenvolvimento, não é desmotivada[73].

O historiador português Fortunato de Almeida, ao estudar a Igreja em Portugal, classificou a aliança estabelecida entre a Igreja Católica e o Estado português pelo padroado como uma forma de cooperação, pois, para ele, "Nunca a Santa Sé deixou de auxiliar os monarcas portugueses nas empresas de descobrimento e conquista de novas terras"[74]. No entanto, essa "cooperação" gerou certo ônus para a instituição eclesiástica, porque a relação com o Estado teria se caracterizado mais como ingerência do poder temporal do que um auxílio para a esfera espiritual ou, em outros termos, regalismo, principalmente no período pombalino[75].

Outro historiador da Igreja no Brasil, Eduardo Hoornaert, considera que o chamado regalismo teve sua origem, fundamentalmente, no regime de padroado. Porém, o mesmo autor chama atenção para o fato de que, durante o período colonial, o padroado foi uma concessão feita livremente pelos papas aos reis de Portugal, ou seja, configurava-se em uma relação de mão dupla entre as duas instituições[76].

De qualquer forma, entendemos que essa sujeição da Igreja Católica ao poder civil influenciou o catolicismo no ultramar português, particularmente na América portuguesa. Desse modo, não é possível a compreensão do sistema eclesiástico colonial sem considerar o padroado ultramarino,

---

[71] RUBERT, *op. cit.*, p. 10.

[72] *Ibid.*, p. 10.

[73] *Cf.* HOORNAERT, *op. cit.*; VEIGA, Mons. Eugenio de Andrade. **Os párocos no Brasil no período colonial**: 1500-1822. Salvador: UCsal, 1977. (Coleção Cardeal Brandão Vilela).

[74] ALMEIDA, Fortunato de. **História da Igreja em Portugal**. Coimbra: Imprensa Acadêmica, 1910. T. 3, Parte I (1912), Livro 3. p. 615.

[75] RUBERT, *op. cit.*, p. 10.

[76] HOORNAERT, *op. cit.*, p. 164.

ao qual aquele estava submetido[77]. O regime de padroado, *grosso modo*, foi uma combinação de direitos, privilégios e deveres concedidos às monarquias ibéricas pelo papado por meio de uma série de bulas e breves papais[78].

No caso lusitano, em consequência do grão-mestrado da Ordem de Cristo, sobretudo depois de confirmada em 1551 pelo Papa Júlio III na bula *Praeclara carissimi*, coube ao patronato das terras descobertas a administração dos assuntos eclesiásticos[79]. Na maioria das vezes, os reis de Portugal davam ordens ao clero (bispos e párocos) sem nenhuma consulta a Roma, controlando, assim, suas atividades e, algumas vezes, até legislando sobre matérias eclesiásticas[80].

Essa submissão da Igreja Católica ao controle direto e imediato da Coroa de Portugal em seus domínios coloniais foi a forma pela qual a monarquia exerceu a função de protetora da instituição católica, garantindo-lhe o título de religião oficial e única permitida na nação[81]. Em resumo, pelo regime de padroado, os monarcas lusitanos conseguiram dos pontífices os seguintes privilégios para as conquistas ultramarinas:

> Erigir ou permitir a construção de todas as catedrais, igrejas, mosteiros, conventos, eremitérios dentro dos respectivos patronatos;
>
> [...] apresentar à Santa Sé uma curta lista dos candidatos mais convenientes para todos os arcebispados, bispados e abadias coloniais e para as dignidades e funções eclesiásticas menores, aos bispos respectivos;
>
> [...] administrar jurisdições e receitas eclesiásticas e a rejeitar as bulas e breves papais que não fossem primeiro aprovados pela respectiva chancelaria da Coroa.[82]

Dessarte, sob essas prerrogativas, não nos restam dúvidas de que o padroado ultramarino norteou toda a vida religiosa das colônias lusitanas, uma vez que esses eram pontos decisivos para a administração da instituição eclesiástica. No caso brasileiro, o padroado orientou a maior parte da história eclesiástica, pois somente desapareceu nos fins do século XIX,

---

[77] LIMA, *op. cit.*
[78] BOXER, *op. cit.*, p. 243.
[79] HOLANDA, *op. cit.*, p. 118.
[80] ALMEIDA, 1866. Ver também: RODRIGUES, 2012.
[81] AZZI, Riolando. Segundo período: a instituição eclesiástica durante a primeira época colonial. *In*: HOORNAERT, Eduardo. **História da Igreja no Brasil**: ensaio de interpretação a partir do povo. São Paulo: Paulinas; Vozes, 1977. t. 2/1. p. 162.
[82] BOXER, *op. cit.*, p. 100.

quando o Estado se separou oficialmente da Igreja Católica, por ocasião da Proclamação da República[83].

No entanto, apesar das divergências que existiram entre o Estado português e a Igreja Católica, a expansão da fé cristã nas conquistas do ultramar, de acordo Charles R. Boxer, era uma das preocupações comuns de ambos os lados, o que consolidou a aliança estreita e indissolúvel que já havia há tempos "entre a cruz e a Coroa, o trono e o altar, a fé e o império"[84]. Ou seja, a Igreja Católica, instalada na América portuguesa desde o início da ocupação e colonização no século XVI, foi marcada pela união entre a Santa Sé e a Coroa lusitana sob o regime de padroado.

Trabalhos historiográficos importantes, como o de Sérgio Buarque de Holanda, que também observaram a relação do Estado português com a Igreja na América portuguesa consideraram que a instituição eclesiástica colonial foi transformada em um simples braço do poder secular, um departamento da administração leiga. Segundo esse estudioso, os monarcas portugueses teriam exercido um poder praticamente discricionário sobre os assuntos eclesiásticos, com consequências claras na hierarquia eclesiástica[85]. No entanto, trata-se de um olhar voltado para as relações estabelecidas entre as instituições da Coroa e o papado, deixando, assim, espaço para estudos referentes às ações e às relações vinculadas aos segmentos que constituíram a base da estrutura desses poderes.

Neste caso, porém, o próprio Holanda chamou atenção para o fato de que a Igreja poderia ser aliada e até cúmplice fiel do poder civil enquanto corporação, porém, enquanto indivíduo, constatam-se reações de contestação[86]. Para o autor, o comportamento tido como "relaxado" ou desregrado dos eclesiásticos brasileiros, denominado também de "liberalismo", foi outra forma de reação às intervenções ou às intromissões constantes das autoridades nas coisas da Igreja, pois tendiam a provocar situações de tensões e conflitos por parte do clero contra as administrações temporais[87].

De fato, nesta perspectiva, o padroado não facilitava a ação da Igreja. Eduardo Hoornaert qualificou o padroado ultramarino como "expressão prática do colonialismo em termos de instituição religiosa"[88], pois, além de

---

[83] BOSCHI, *op. cit.*, p. 2.
[84] BOXER, *op. cit.*, p. 98.
[85] HOLANDA, *op. cit.*, p. 118.
[86] *Ibid.*, p. 118.
[87] HOLANDA, *op. cit.*, p. 118.
[88] HOORNAERT, *op. cit.*, p. 39.

conferir à Coroa o direito de arrecadar e redistribuir os dízimos devidos à Igreja — fato não acontecido como se esperava em relação ao retorno para a Igreja colonial —, abriu o caminho para o regalismo[89].

Guilherme Pereira das Neves também considera que se adotou, de modo crescente, uma política explicitamente regalista sobre os assuntos eclesiásticos coloniais, principalmente no período pombalino, o que gerou conflitos e tensões entre os párocos e seus fregueses. A insatisfação do clero secular e as polêmicas foram manifestadas entre a alta hierarquia e a Mesa da Consciência e Ordens[90].

Ao analisar a presença da Igreja nas Minas Gerais, Caio C. Boschi aponta que as críticas e os descontentamentos, principalmente entre os eclesiásticos, se deram, pelo menos, por dois desacertos cometidos por parte da Coroa. Primeiro, mesmo que o pagamento de côngruas ao clero fosse o suficiente para a manutenção deste, não seria um impedimento nas cobranças de taxas eclesiásticas; segundo, não foi definida uma política salarial para o clero, que não era contemplado nas folhas de pagamento dos eclesiásticos, resultando em práticas e comportamentos indesejados pelas elites civis e eclesiásticas[91].

As rendas para a manutenção do culto divino nas novas terras provinham, essencialmente, dos dízimos, cabendo, portanto, à Coroa arrecadá-los na América portuguesa. Contudo, segundo Lana L. da G. Lima, os monarcas usaram as despesas da guerra contra os mouros como pretexto para se apropriar e direcionar parte dos rendimentos eclesiásticos para certas instituições de sua predileção no reino. No século XVI, foi prática comum a construção e a reparação de muralhas com o desvio do terço dos dízimos, como também era comum que, mesmo depois da conclusão das obras, se continuasse a receber os recursos eclesiásticos, porém destinando-os para outras finalidades[92].

Enquanto isso, na América portuguesa, a maioria das igrejas era construída pelos próprios fiéis, que também se obrigavam a manter o clero pagando mais taxas e *conhecenças*, porque poucos eram os eclesiásticos colados e que recebiam côngruas da Fazenda Real. Pode-se afirmar que se tratava do estabelecimento de uma dupla tributação eclesiástica ou, como classificou

---

[89] LIMA, *op. cit.*, p. 47.
[90] NEVES, 1994b, p. 606.
[91] BOSCHI, *op. cit.*, p. 72-73.
[92] LIMA, *op. cit.*, p. 48.

Hoornaert, foi um roubo institucionalizado, pois os dízimos coloniais só voltavam à sua origem em forma de favor[93], o que, a seu ver, comprometia "a manutenção de uma estrutura eclesiástica capaz de viabilizar uma ação pastoral eficaz no imenso território ultramarino"[94].

Desse modo, do ponto de vista da competência, verificamos que a ação efetiva do padroado régio em regiões como a da fronteira oeste da América portuguesa, durante o século XVIII, teria ocorrido de modo específico, diferentemente do que seria a forma ideal para a época, previsto nos "acordos" entre a Coroa e a Santa Sé. Em trabalho defendido recentemente sobre as irmandades religiosas constituídas na capitania de Mato Grosso, o historiador Gilian E. F. da Silva concluiu que o auxílio financeiro concedido por parte da Coroa portuguesa foi inexpressivo. De acordo com o pesquisador, a atuação individual dos fregueses e das irmandades religiosas presentes nas Minas do Cuiabá e do Mato Grosso foi determinante para o funcionamento da instituição eclesiástica, fosse na edificação e manutenção dos templos com a aquisição dos aparatos litúrgicos, fosse para a sustentação dos eclesiásticos[95].

Tanto na América portuguesa como na África ou na Ásia, a instituição eclesiástica sofreu limitações devido à negligência monárquica em relação à manutenção da estrutura eclesial. Nas Minas Gerais, por exemplo, que foram zona de mineração, como a região de Mato Grosso, pode-se observar que os habitantes também vivenciaram as mesmas dificuldades para manter a rede eclesiástica, tanto na manutenção dos indivíduos como dos templos. Foi por intermédio de suas irmandades que erigiram e ornaram capelas e igrejas e, muitas vezes, remuneravam os clérigos que prestavam o serviço religioso[96].

Desse modo, observamos que a falta de cumprimento por parte da Coroa portuguesa das responsabilidades previstas pelo regime do padroado para com a estrutura eclesiástica colonial não foi exclusividade da capitania de Mato Grosso. Porém, o que houve de singular foi a permanência desse procedimento por um tempo maior, a ponto de que, em todo o período

---

[93] HOORNAERT, *op. cit.*, p. 39.
[94] LIMA, *op. cit.*, p. 48.
[95] SILVA, G. E. F., *op. cit.*, p. 43.
[96] *Cf.* CARRATO, *op. cit.* BOSCHI, *op. cit.*; FONSECA, Claudia Damasceno. Freguesias e capelas: instituição e provimento de igrejas em Minas Gerais. *In*: FEITLER, Bruno; SOUZA, Evergton Sales (org.). **A Igreja no Brasil**: normas e práticas durante a vigência das Constituições Primeiras do arcebispado da Bahia. São Paulo: Unifesp, 2011. p. 426.

colonial, salvo um caso isolado do pároco da freguesia de Santana da Chapada, em 1760, não houve colação de nenhum clérigo nas freguesias de Mato Grosso, nem mesmo nas duas principais freguesias da região, por exemplo[97].

No período que vai da instalação da primeira freguesia (1722) até a chegada do primeiro prelado (1808), houve pagamento de côngruas apenas aos eclesiásticos que serviram nas freguesias de índios e aos capelães que serviam nas fortificações, porém sem colação. Quanto à destinação de recursos para a edificação, ornamentação e manutenção das igrejas, verificamos que ocorreu uma única vez, já no fim do Setecentos, para se concluir a matriz de Vila Bela, depois de muita persistência[98]. Ou seja, o estabelecimento e a manutenção da instituição eclesiástica na fronteira oeste da América portuguesa deram-se pela iniciativa de seus habitantes e dos bispos do Rio de Janeiro devido a sua subordinação à mitra fluminense.

Contudo, não significa dizer que não havia interesse por parte da Coroa para com a malha eclesiástica na região. Em 1745, Dom João V, depois de consultar o Conselho Ultramarino, criou a prelazia de Cuiabá com a de Goiás. Ademais, também já se fazia a cobrança dos dízimos eclesiásticos desde os primeiros tempos iniciais da mineração nas Minas do Cuiabá[99].

Assim, considerando que a instalação da Igreja Católica na fronteira oeste da América portuguesa aconteceu dentro do período e contexto colonial próprio do regime de padroado, analisaremos neste capítulo como Portugal administrou seus direitos e deveres para com a estrutura eclesiástica e os reflexos sobre o segmento clerical. Em outros termos, pretendemos responder à seguinte questão: como os clérigos se enquadraram no processo de expansão e instalação da instituição eclesiástica junto à conquista e colonização na fronteira oeste da América portuguesa? A hipótese que levantamos é de que, dentro da configuração do sistema eclesiástico colonial, a circunscrição eclesiástica constituída nessa parte central da América do Sul apresentou semelhanças com outras capitanias de mineração, assim como se diferenciou por se configurar em uma zona de expansão interimperial. Ou seja, a capitania de Mato Grosso foi zona de mineração, como Minas

---

[97] CORBALAN, *op. cit.*

[98] CONSULTA do Conselho Ultramarino à rainha d. Maria sobre o pedido de 8 mil cruzados para a construção da Igreja Matriz de Vila Bela. Lisboa, 24 jul. 1794. AHU-MT, Caixa 30, Doc. 1.684(1).

[99] REGISTRO de uma carta escrita [do governador Rodrigo Cesar de Menezes] ao Exmo Sr. V. Rey. São Paulo, 20 de novembro de 1724. *In*: DOCUMENTOS interessantes para a história e costumes de São Paulo. Vol. XX. Correspondências interna do governador Rodrigo Cesar de Menezes. São Paulo: Typographia Aurora, 1896b. p. 136; *Cf.* BARBOSA DE SÁ, José. **Relações das povoações do Cuiabá e do Mato Grosso de seus princípios até os tempos presentes**. Cuiabá: UFMT, 1975. p. 22.

Gerais, por exemplo, mas também área de fronteira, como a capitania de São Pedro do Rio Grande do Sul. Além disso, apesar de ser uma região habitada por diversas nações indígenas, não houve movimento missionário, como na região da Amazônia. Cabe ressaltar ainda que a região estava consideravelmente localizada distante do litoral brasileiro, no interior do continente e de difícil acessibilidade.

1.1 A Igreja Católica na América portuguesa no século XVIII e sua expansão para oeste

Desde o século XVI, a estrutura eclesiástica implantada nos domínios portugueses da América acompanhou e adaptou-se às demandas provenientes em diferentes contextos sociais e econômicos: inicialmente aconteceu no litoral brasileiro, produtor de açúcar; depois pelo Vale do Rio São Francisco, com a criação de gado; na Floresta Amazônica, com a exploração extrativista das drogas do sertão; e, nos séculos seguintes, no Centro-Sul da América portuguesa, com a atividade sertanista e mineradora.

Desse modo, no fim do século XVII e no início do XVIII, em razão das mudanças econômicas que se abriram com a mineração, a Igreja Católica colonial também sofreu transformações indeléveis. Entre essas transformações, a Igreja experimentou um avanço considerável em sua estrutura eclesiástica no que se refere ao número das freguesias, prelazias e dioceses[100], bem como ao ritmo de implantação do clero secular, que acompanhou a criação das paróquias, as quais foram sendo estabelecidas conforme a "aventura da colonização". Assim, verificamos que a rede paroquial se constituiu pela dinâmica do povoamento e da exploração das riquezas da terra, e também sofreu entraves oriundos dos interesses pecuniários impostos pela Coroa portuguesa[101].

Consequentemente, com o avanço dos limites territoriais e o aumento demográfico proporcionado pela mineração nos sertões coloniais, circunscrições eclesiásticas foram criadas para além do litoral, adentrando definitivamente o interior do continente e mudando a configuração do mapa eclesiástico da América portuguesa.

A Igreja Católica no Brasil-colônia chegou ao século XVIII apresentando a seguinte constituição: 1 arcebispado, 6 bispados e 2 prelazias. Na cidade de Salvador, foi instalada a primeira diocese da colônia brasileira, em

---

[100] No século XVIII, foram criadas as dioceses do Pará (1720), Mariana e São Paulo (1745), e as prelazias de Goiás e Cuiabá (1745). *Cf.* RUBERT, *op. cit.*
[101] NEVES, 1994a, p. 171.

1551 (bula *Super Specula Militantes Ecclesias*), tornando-se depois arcebispado. Ou seja, foi a única sé metropolitana da América portuguesa. A diocese do Rio de Janeiro (1676, bula *Romani Pontificis Pastoralis Sollicitudo*), a de Olinda (1676, bula *Ad Sacram Beati Petri Sedem*), e a de São Luiz do Maranhão (1677, bula *Super Universas Orbis Ecclesias*) foram criadas ainda no século XVII. A diocese de Belém, estado do Grão-Pará (1720, bula *Copiosus in Misericordia*), a de Mariana e a de São Paulo, assim como as prelazias de Goiás e de Cuiabá (1745, bula *Candor Lucis Aeternae*), foram criadas no século XVIII[102].

Compreendemos que as quatro últimas circunscrições eclesiásticas criadas no século XVIII, Mariana, São Paulo, Goiás e Cuiabá, além de caracterizarem, especificamente, a expansão eclesiástica presente no Setecentos, constituíram o processo de conquista dos territórios coloniais intensificado por parte da Coroa portuguesa na América do Sul. A instituição desses bispados e das prelazias teve peso considerável nos acordos de limites estabelecidos entre as metrópoles ibéricas em 1750 em Madri[103], reforçando, segundo Iris Kantor, os interesses de natureza geopolítica da metrópole portuguesa com a fundação de circunscrições eclesiásticas. Assim sendo, conseguiria o reconhecimento de Roma para a expansão em direção ao oeste do continente, para onde havia se deslocado a linha limítrofe estabelecida pelo Tratado de Tordesilhas (1494)[104].

Desse modo, a tácita aliança entre a Igreja e a Coroa acabou beneficiando os dois lados. Entretanto, segundo o historiador português José Pedro Paiva, era a favor do rei que "as mais valias" eram "mais pronunciadas"[105]. Contudo, em relação ao plano doutrinal, às práticas pastorais e aos rituais do sistema eclesiástico colonial, Arlindo Rupert destaca nesse contexto a importância de dois de seus arcebispos no século XVIII, D. Sebastião Monteiro da Vide (1702-1722)[106] e D. José Botelho de Matos (1741-1760)[107].

---

[102] RUBERT, *op. cit.*, p. 141, 154, 156.

[103] *Cf.* CORTEZÃO, *op. Cit.*, p. 175.

[104] KANTOR, 1996, p. 32.

[105] PAIVA, José Pedro. **Os bispos de Portugal e do Império, 1495-1777.** Coimbra: Imprensa da Universidade de Coimbra, 2006. p. 183.

[106] D. Sebastião Monteiro da Vide foi o protagonista na elaboração das *Constituições primeiras do arcebispado da Bahia*. Como é lembrando pela maioria dos historiadores estudiosos do tema, essas Constituições nortearam a ação da Igreja na colônia por todo o período colonial. Conforme Monsenhor Camargo, D. Sebastião M. da Vide aumentou o número de paróquias, como também conseguiu aumentar o ordenado do corpo capitular de sua época. Foi também quem levantou o palácio arquiepiscopal. Esse bispo faleceu em 1722. *Cf.* CAMARGO, Mons. Paulo Florêncio da Silveira. **História eclesiástica do Brasil**. Rio de Janeiro; São Paulo: Vozes, 1955. p. 288.

[107] D. José Botelho de Matos teve destaque no período de perseguição e expulsão dos membros da Companhia de Jesus. D. José Botelho recusou-se a suspender os jesuítas e, por esse motivo, foi demitido. Acabou terminando seus dias na freguesia de Nossa Senhora da Penha de Itagipe. *Cf.* CAMARGO, *op. cit.*, p. 288.

Para Rubert, esses antístites contribuíram para atenuar os excessos do padroado e incentivaram a vida religiosa ao fazer refulgir o testemunho da fé de muitos membros do clero, de religiosos, tanto do ramo masculino como do feminino, e também de leigos e leigas[108].

Na conjuntura eclesiástica colonial, depois do arcebispado da Bahia, o bispado do Rio de Janeiro foi o de maior importância. De acordo com Arlindo Rubert, o fato de o bispado fluminense ter se tornado a sede do vice-reino e, mais tarde, da própria Corte portuguesa foi lhe conferido projeção em toda a Igreja do Brasil, e destacou ainda que as qualidades apresentadas de seus bispos também devem ser levadas em consideração, pois, de certo modo, demonstraram um "vigor desconhecido noutras partes"[109].

Durante o século XVIII, identificamos que passaram pelo bispado do Rio de Janeiro cinco bispos, porém de 1721, 1725, 1803 e 1808 foram períodos de sé vacante[110].

Quadro 1 – Bispos do Rio de Janeiro (século XVIII)

Período	Bispo	Qualidade	Naturalidade
1701-1721	D. Francisco de São Jerônimo	Clérigo secular de São João Evangelista	Lisboa (reino)
1725-1740	D. Frei Antônio de Guadalupe	Clérigo regular, franciscano	Amarante, arcebispado de Braga (reino)
1740-1745	D. Fr. João da Cruz	Clérigo regular, carmelita descalço	Lisboa (reino)
1745-1773	D. Fr. Antônio do Desterro Malheiros	Clérigo regular, beneditino	Viana de Lima (reino)
1773-1805	D. José Joaquim Justiniano Mascarenhas Castelo Branco	Clérigo secular	Rio de Janeiro (colônia)

Fonte: Rubert (1988) e Paiva (2006)

---

[108] RUBERT, *op. cit.*, p. 19.
[109] *Ibid.*, p. 41.
[110] *Ibid.*, p. 41-55.

Conforme José Pedro Paiva, aos bispos nas sociedades do Antigo Regime cabia o papel de zelar pela ordem e os bons costumes de suas ovelhas, "ser bispo, era uma função onde se combinava autoridade religiosa, poder político, estima social, rentabilidade econômica e várias formas de *status* e distinção"[111]. Em várias localidades dos domínios ultramarinos, os bispos atuaram como importantes agentes de confiança da monarquia, principalmente no que tange à aplicação das políticas metropolitanas e à defesa dos interesses e da autoridade régia[112]. D. Frei Francisco de S. Jerônimo, por exemplo, ocupou funções temporárias de governador no Rio de Janeiro entre os anos de 1704 e 1709[113].

Na América portuguesa, antes do século XVIII, com número menor de bispos e dioceses, o progresso da instituição eclesiástica dava-se lentamente[114]. Como verificamos, foi no Setecentos que a estrutura eclesiástica ganhou impulso considerável diante das adequações impostas pela expansão territorial e da maior densidade do processo de colonização e também pela maior atuação de seus bispos e da clerezia[115]. Contudo, esse aumento que consideramos um avanço da estrutura da Igreja colonial também acarretou conflitos entre os próprios eclesiásticos por conta das "fronteiras" eclesiásticas e do estabelecimento de seus limites entre as jurisdições. Essa situação observamos como um problema grave à época, pois, em certas circunstâncias, poderia trazer inseguranças e consequências diretas no exercício pastoral e também para a administração eclesiástica[116].

O jesuíta André João Antonil, em seu célebre relato sobre a mineração, não deixou de destacar tal situação conflitante entre os prelados coloniais.

> [...] os mandados de uma, e outra parte, ou como curas, ou como visitadores, se acham bastantemente embaraçados: e não poucos embaraçaram a outros que não acabam de saber a que pastor pertencem aqueles novos rebanhos. E quando se averigue o direito provimento dos párocos, poucos hão de ser temidos e respeitados naquelas freguesias móveis de um lugar para outro como os filhos de Israel no deserto.[117]

---

[111] PAIVA, *op. cit.*, p. 10.

[112] *Ibid.*, p. 191.

[113] RUBERT, *op. cit.*, p. 43. Ver também: BOSCHI, Caio César. As visitas diocesanas e a Inquisição na colônia. **Revista Brasileira de História**, São Paulo, v. 7, n. 14, p. 151-184, 1987.

[114] *Cf.* RUBERT, *op. cit.*; HOORNAERT, *op. cit.*

[115] VAINFAS, 1997b, p. 26.

[116] KANTOR, Iris. **Pacto festivo em Minas colonial**: a entrada triunfal do primeiro bispo na sé de Mariana. 1996. Dissertação (Mestrado) – USP, São Paulo, 1996. p. 28.

[117] ANTONIL, *op. cit.*, p. 22.

O problema a que se refere Antonil acontecia, especificamente, na região das Minas Gerais, por ocasião do provimento das freguesias e de seus párocos ou curas, tanto da parte dos que pertenciam ao arcebispado da Bahia como daqueles que eram do bispado do Rio de Janeiro. Esse problema provocou uma situação de litígio entre as autoridades religiosas das duas circunscrições eclesiásticas, uma vez que os dois diocesanos passaram a disputar a jurisdição sobre a região das minas e, em particular, sobre aquelas que estavam situadas à margem do Rio das Velhas[118].

Anos depois, o então bispo do Rio de Janeiro, D. Antônio do Desterro Malheiros, voltou a se indispor com outro bispo, o de São Paulo, D. Bernardo Rodrigues Nogueira, devido ao problema causado pela indefinição dos limites entre as duas circunscrições eclesiásticas vizinhas. Em documento, que está depositado na seção dos manuscritos da Biblioteca Pública de Évora, encontramos um *Diálogo* entre o bispo do Rio de Janeiro com padres consultores representantes do então recém-criado bispado de São Paulo. Nesse documento, consta que a questão envolvia a definição de limites entre as dioceses do Rio de Janeiro, de São Paulo e de Mariana, na qual havia de se estabelecer jurisdição em específico para cinco igrejas localizadas na área do litígio. D. Antônio do Desterro afirmava o seguinte, em parte do *Diálogo*:

> Agora se entrando por esta porta dos refferidos termos, com a mesma formalidade, ou tal, q faça Opiniam certam[te] probavel, (avista desta) se atrevam amostrar, q' não ao Bisp[do] de S. Paulo, sim ao Marianense, pertencem aquellas sinco Igr[as], (O q' julgo impossível) deve ser já; p[a] assentarmos, q' temos opinião probavel fundada em Dir[to]; p[a] as provermoz; pis na duvida em q' nos deixar a certeza da nossa probabilid[e]; fica prevalecendo anossa posse: esó no tal caso, no tal caso, supre a Igr[a] ajurisdicam, q' pode faltar nos Parochos, por nos providos, naquelas freg[as]; p[a] administrarem os sacramentos: equando isto senão mostre, como atequi se não tem mostrado; tratemos já de restituir oseo, a seo dono; as Igr[as] e cred[o] ao Prelado de S. Paulo; e aos Parochos por ele providos, epor nos suspensos, quanto lhes tem pertencido, como a legitimoz parochos. Emoque respeita ao Espiritual cuidará aquelle Prelado, (como discreto, zeloso, evigilante Pastor) em reparar os damnos, q' a suas ovelhas causamos com a nossa inadvertência; selhe não quisermos chamar ignorância; afectada pelos estímulos de nossa paixam, ébrios de nossa teima.[119]

---

[118] FONSECA, *op. cit.*, p. 427.
[119] DIÁLOGO entre o Exm[o] e Rm[o] Sn[r] Bispo do Rio de Janr[o] D. Fr. Ant[o] do Desterro; Pastor vigilantiss[o]; eos R[dos] PP Ill [ou M.M]. Ill Seos Consultores; sobre aquestam das sico Igr[as] sitas além do Rio-grande, como – Exm[o] e Prim[o] Sn[r] Bispo de S. Paulo; tendo hum mappa, e o[M]otuproprio a vista. S/d. BPE-PT, Manuscriptos, COD. CXVI/2-13, n. 19 (f. 154-157).

Nesse registro, observamos que a preocupação com os possíveis prejuízos para os habitantes da região em litígio fica explícita nas ponderações do epíscopo, pois, sem a jurisdição definida, os atos religiosos dos clérigos não teriam validade. Tal perspectiva confirma as considerações feitas por Rubert, em que as controvérsias dos limites diocesanos não foram suscitadas simplesmente por ambições dos respectivos prelados, bem como por escrúpulo e garantia de jurisdição legítima, principalmente em vista dos sacramentos da penitência e do matrimônio aos fiéis dos territórios controversos[120]. Obviamente, o interesse de arrecadação também havia, pois, quanto maior a área de abrangência geográfica, maior poderia ser o número de fregueses e, consequentemente, maior também seria a arrecadação, o que garantiria uma melhor sobrevivência da freguesia e de seus clérigos[121].

Em geral, na criação das circunscrições eclesiásticas, era estabelecido o chamado *motu proprio*, que por várias vezes foi evocado pelo Bispo D. Antônio do Desterro no *Diálogo*. Em verdade, o que transparece no documento é a falta de consenso em relação às delimitações territoriais entre as próprias capitanias para que chegassem a um possível acordo entre as partes envolvidas. A indefinição de limites das jurisdições não se assentava na falta deles em si, mas sim nas limitações do conhecimento geográfico da época para com o território. Tanto é que, para o bispo, os lugares apontados não correspondiam aos que estavam no "papel":

> Mostrem: não acho nelle [no mapa], nem pelos termos demarcados das duas Capitanias; nem entre eles verificada a capitania do Rio de Janr°; nem algum de seos termos, pªse correr também por eles, até o Riogrande! Oh consciência, quanto te assusta! Oh cred°; ecomo te arriscas! Basta PP. M.M.; q' de terminas o Motuproprio; q' se distingua o Bispado de S. Paulo do Bisp^{do} Marianense, des o Rio Parayba até o Rio grdᵉ; pelos termos Constituidos entre as três Capitanias; de S. Paulo; do Rio de Janr°, e das Minnas Geraes; e por me lizongearem, se empenham apersuadirme, equasi aobrigarme aentender, q' deve ser feita esta divisam, lá pela Serra da Mantiqrª; aondese acham os Marcos da certidão só dividentes das duas Capitanias de S. Paulo; e das Minnas Geraes? E que pelos termos delas, ou por entre eles, se deve correr, até o Rio grdᵉ; e lugar frontr° ademarcaçam da Prelazia de Goazes? Sem q' por nenhum, ou

---

[120] RUBERT, *op. cit.*, p. 336.
[121] Segundo Iris Kantor, por ocasião da criação da diocese de Mariana em 1745, houve um decréscimo significativo na renda recebida pelo bispado do Rio de Janeiro, que até então tinha jurisdição sobre a capitania de Minas (KANTOR, 2004b, p. 233).

> por entre algum desses termos, severifiquem também os termos da Capitania do Rio de Janr°; os quaes necessrª tem se devem verificar, (porq assim o determina o Motu próprio) pª correr por eles, ou por entre eles, e os das duas Capitanias des o Rio Parayba até o Rio grdᵉComo por termo dividente do Bispᵈᵒ de S. Paulo com o Marianense! [...] Entam, construindo com tant perfeicam o motus próprio, o entendem tão mal [...].[122]

O conflito aumentava à medida que o Bispo D. Antônio se sentia enganado ou subestimado em seu conhecimento. Contudo, o que chama atenção no dito *motu próprio* são as proporções territoriais das circunscrições eclesiásticas, que, em alguns casos, eram equivalentes às dimensões das próprias capitanias. Ressaltamos que os territórios das dioceses eram enormes e poderiam abranger distâncias maiores que muitos países europeus à época. A diocese do Rio de Janeiro talvez tenha sido a circunscrição mais problemática no que tangencia limites, considerando a sua enorme espacialidade. Antes de 1745, essa diocese compreendia toda a região do Centro-Sul da América portuguesa, e, mesmo depois do desmembramento e criação das prelazias de Cuiabá e de Goiás, estas continuaram sob sua administração até a chegada dos primeiros prelados no início do século XIX[123].

De fato, observamos que as imensas extensões territoriais das circunscrições eclesiásticas coloniais foram uma das características que implicaram o desempenho da atividade pastoral de bispos e párocos coloniais. Se para os bispos de dioceses menores era difícil acompanhar as demandas exigidas, quanto mais para os bispos do Rio de Janeiro, principalmente em relação ao controle do clero. No ano de 1792, o bispo do Rio de Janeiro dizia que o clero das Minas do Cuiabá era um dos que mais lhe davam trabalho.

> O que posso segurar a V. Exª é, que nenhuma das Igrᵃˢdo extensíssimo território deste bispado me desse tantos cuidados, como as dessa capⁿⁱᵃAs informações, que tem chegado, e chegam aos meus ouvidos, são as mais lastimosas, que se podem considerar. [...]; e por mais que eu pense, não tenho podido aceitar nos meios de aplicar-lhe a providencia, de q' tantose necessita, como V. Exª m ᵐᵒ de mais perto não pode deixar de conhecer.[124]

O problema, segundo o bispo, era a dificuldade de aplicar sanções para a conduta indesejada dos eclesiásticos, reforçando, assim, os entraves

---

[122] DIÁLOGO..., *op. cit.*
[123] RUBERT, *op. cit.*, p. 154.
[124] OFÍCIO do bispo do Rio de Janeiro a João de Albuquerque de M. P. e Cáceres. Rio de Janeiro, 20 mar. 1792. ACBM-IPDAC, Caixa 17, Pasta 57, Doc. 1.999.

provocados pela distância em relação à sé do Rio de Janeiro. Como consequência dessa dificuldade, a região de Mato Grosso, durante o século XVIII, nunca recebeu a visita de um bispo. Era extremamente inviável aos bispos arriscar-se nas longas jornadas, e, para tentar amenizar o problema, eles optavam por enviar visitadores e vigários como seus delegados[125]. A delegação de sacerdotes para fazer visitas eclesiásticas já era uma prática comum entre os prelados e prevista na legislação eclesiástica. Para o próprio recôncavo do Rio de Janeiro, por exemplo, padres foram designados para tal tarefa. Porém, o que parece uma diferença em relação a Mato Grosso é que os bispos fluminenses não tiveram opção[126].

Destarte, a primeira visita eclesiástica às Minas do Cuiabá aconteceu em 1727, com a presença do Padre Lourenço de Toledo Taques, encomendado pelo bispo do Rio de Janeiro, D. Frei Antônio de Guadalupe. Esse clérigo chegou às Minas do Cuiabá em companhia da monção que levou o capitão-general Rodrigo Cesar de Meneses, no fim de 1726[127]. Depois desse visitador, vários outros vigários também exerceram essa função nas Minas do Cuiabá e do Mato Grosso. Em geral, os bispos encaminhavam os clérigos para exercerem as funções de visitadores e vigários da vara e da Igreja ao mesmo tempo[128].

No caso das freguesias da comarca do Cuiabá e da comarca do Mato Grosso, na atuação desses clérigos visitadores verificamos que estava também representada a jurisdição do bispado fluminense sobre a região da fronteira oeste da América portuguesa. Era, de certo modo, a diocese do Rio de Janeiro estendendo-se para os sertões coloniais com a instalação das freguesias nas minas descobertas no interior do continente, sendo esta uma consequência dos acontecimentos desencadeados pela ação dos paulistas nos achados de ouro.

Em verdade, chegamos à conclusão de que houve uma ação quase que conjunta entre os lusos-paulistas e o bispado do Rio de Janeiro. Mesmo depois do desmembramento do território da diocese fluminense com a criação da prelazia de Cuiabá, o que seria uma nova circunscrição eclesiástica conti-

---

[125] *Cf.* BOSCHI, 1987, p. 151-184.

[126] *Id.* "Como os filhos de Israel no deserto"? (Ou: a expulsão de eclesiásticos em Minas Gerais na 1ª metade do século XVIII). **Vária História**, Belo Horizonte, n. 21, 2000.p. 139. É preciso também considerar a idade e as condições de saúde dos epíscopos. Além disso, à época um bispo jamais enfrentaria uma jornada dessa natureza sem ser acompanhado por seus assessores, familiares e serviçais, o que acarretaria enormes dispêndios, como foi, por exemplo, a transferência do primeiro bispo de Marina, D. Frei Manuel da Cruz em 1747, do Maranhão para a capitania de Minas Gerais (KANTOR, 1996, p. 18-31).

[127] BARBOSA DE SÁ, *op. cit.*, p. 21.

[128] RUBERT, *op. cit.*, p. 59.

nuou sob a administração da diocese do Rio de Janeiro e seus respectivos bispos até a data da posse do primeiro prelado, D. Luís de Castro Pereira.

D. Francisco de São Jerônimo (1701-1721)[129], segundo Rupert, era piedoso e de notável zelo apostólico, mas de saúde precária. Ele visitou parte da diocese e mandou visitadores para outras partes, zelou pela correta formação de seu clero e também sofreu muito com a invasão francesa, em 1710. Depois da expulsão dos franceses, em 19 de setembro, introduziu a festa de São Jerônimo, ao qual atribuiu a vitória. D. Francisco de São Jerônimo erigiu várias freguesias nas regiões de mineração, entre elas a das Minas do Cuiabá, e foi ele quem encomendou o Padre Francisco Justo erigir a freguesia do Senhor Bom Jesus do Cuiabá[130].

Dom Frei Antônio de Guadalupe (1724-1740) assumiu como segundo bispo da diocese do Rio de Janeiro[131]. E, conforme Rupert, era um bispo severo e firme na administração da justiça, mas dispensava grande caridade para com todos. Na distribuição de cargos eclesiásticos, prezava pelos clérigos que considerava mais capazes e dignos. Em seu mandato, ele enviou às Minas do Cuiabá pelo menos dois clérigos como visitadores. As visitas às freguesias da região de mineração foram um dos destaques de seu governo, como também o seu esforço para se reformar o clero. De acordo com Boschi, esse bispo representou o melhor do estilo de Trento e foi quem organizou e impôs prestígio e regularidade ao bispado do Rio de Janeiro, que, até então, era marcado por uma aversão dos moradores pelos bispos. Dentre estes, destacam-se aqueles que desistiram ou renunciaram, sofreram deposição e até envenenamento. Somente dois conseguiram passar normalmente o báculo aos seus sucessores[132].

---

[129] Esse bispo era natural de Lisboa, era cônego secular de São João Evangelista, doutor em Teologia, foi professor e reitor, duas vezes geral da congregação de que fazia parte. Ordenado bispo de Malaca, mas não aceitou o cargo (LEVANTAMENTO..., *op. cit.*). Apresentado como bispo do Rio de Janeiro, ele foi confirmado por Clemente XI em 8 de agosto de 1701 e consagrado em 27 de dezembro de 1702. Faleceu aos 83 anos, em 7 de março de 1721, e seu governo durou 19 anos. *Cf.* RUBERT, *op. cit.*, p. 274.

[130] RUBERT, *op. cit.*, p. 274.

[131] Esse bispo era clérigo regular franciscano, nascido no ano de 1672, em Amarante, arquidiocese de Braga. Formado em Leis, ele exerceu a magistratura. Em 1701, ingressou na Ordem dos Franciscanos, ordenou-se em 1705 e dedicou-se fundamentalmente às missões populares. Apresentou-se como bispo do Rio de Janeiro e, em 23/01/1725, foi confirmado por Benedito XIII, e consagrado em 13 de maio em Lisboa pelo cardeal Tomás de Almeida. Foi fundador do Seminário Tridentino de São José do Rio de Janeiro, em 1739, e terminou os seus dias no reino, muito doente, onde faleceu aos 68 anos de idade, em 30/08/1740. D. Frei Antônio esteve à frente do bispado por 15 anos (RUBERT, *op. cit.*, p. 274-275).

[132] BOSCHI, 1987, p. 151-184.

D. Frei João da Cruz (1741-1745), segundo Rupert, mostrou grande zelo apostólico e visitou grande parte da diocese, especialmente a região das Minas Gerais. Por motivo de doença, renunciou em 1745, passando a governança da sede ao Cônego D. Henrique Moreira de Carvalho. Foi ele quem erigiu a freguesia das Minas do Mato Grosso, e mandou apenas um visitador para a região. Seu governo foi o mais breve, durou apenas quatro anos[133].

D. Frei Antônio do Desterro Malheiros (1745-1773), para Rupert, deixando de lado algumas ideias de cunho jansenista e sua atitude em relação à expulsão dos jesuítas, foi sem dúvida um pastor erudito de grande virtude. Trabalhou muito pelo aperfeiçoamento do clero e dos fiéis, erigiu paróquias e curatos em lugares distantes, provendo-os com bons pastores. Praticou muito a caridade para com os mais pobres, era excelente orador e participou do governo civil. Seu governo foi o segundo maior, com 27 anos à frente do episcopado do Rio de Janeiro[134]. Enquanto esteve à frente da diocese do Rio de Janeiro, Frei D. Antônio do Desterro enviou às Minas do Cuiabá quatro visitadores, e também foi em seu governo que ocorreu a criação da prelazia de Cuiabá (1745) e da capitania de Mato Grosso (1748). Dos 25 documentos (provisões, pastorais e ofícios) que foram emitidos para a igreja da comarca do Cuiabá e do Mato Grosso que levantamos no Arquivo da Cúria Metropolitana do Rio de Janeiro, 21 são de autoria de D. Antônio do Desterro[135].

O quinto e último bispo fluminense a administrar a circunscrição eclesiástica da fronteira oeste da América portuguesa foi D. José Joaquim Mascarenhas Castelo Branco, o primeiro natural da colônia a ocupar a cátedra carioca e o segundo do clero secular[136]. Consagrado pelo cardeal arcebispo

---

[133] Esse bispo era carmelita descalço, natural de Lisboa (1649), e foi ordenado em 04/03/1719. Era professor, prior e definidor da Ordem. Confirmado bispo em 19/12/1740, ele recebeu a ordenação episcopal em Lisboa, em 05/02/1741, também pelo cardeal patriarca D. Tomás de Almeida. D. Frei João da Cruz faleceu no bispado de Miranda, em 20/10/1750 (RUBERT, *op. cit.*, p. 275).

[134] Frei Antônio do Desterro era beneditino de Viana de Lima, foi ordenado em 1718, tornou-se doutor em Teologia, foi professor e abade. Em 17/09/1738, foi confirmado pelo bispo de Angola e consagrado em Lisboa em 25/01/1739. Transferiu-se para o Rio de Janeiro em 15/12/1745 e tomou posse solene em 01/01/1747 [1746]. Faleceu em 5 de dezembro de 1773, aos 79 anos (RUBERT, *op. cit.*, p. 275-276).

[135] PORTARIAS, ordem e editais. Livro 238. ACMRJ-RJ; PORTARIAS, ordem e editais. Livro E-239. ACMRJ-RJ; PASTORAIS e editais. Livro 1. 1742-1838. ACMRJ-RJ.

[136] Dom José nasceu no Rio de Janeiro em 23/08/1731, estudou no colégio dos jesuítas e depois se formou em Direito Canônico na Universidade de Coimbra, em 20/11/1756. Foi ordenado em 20/10/1754, também foi deputado da Inquisição de Évora, promotor e inquisidor do Tribunal de Lisboa e, desde 1756, exerceu a função de deão do Cabido do Rio de Janeiro. Foi apresentado como bispo coadjutor do Rio e confirmado por Clemente XIV em 20/12/1773 como bispo titular de Tipasa. Consagrado pelo cardeal arcebispo de Évora D. João da Cunha em 30/01/1774, D. José Joaquim Mascarenhas Castelo Branco tomou posse como bispo diocesano do Rio de Janeiro em 29/05/1774. D. José passou os últimos anos de sua vida enfermo e faleceu em 28/01/1805, aos 75 anos de idade (RUBERT, *op. cit.*, p. 277).

de Évora, D. João da Cunha, em 30/01/1774, D. José Joaquim Mascarenhas Castelo Branco tomou posse como bispo diocesano do Rio de Janeiro em 29/05/1774. Segundo Rupert, por motivos de saúde, o bispo somente visitou paróquias próximas, e mandou visitadores selecionados por ele e de muita capacidade para a circunscrição eclesiástica da região de Mato Grosso. D. José passou os últimos anos de sua vida enfermo e faleceu em 28/01/1805 aos 75 anos de idade. Dos cinco bispos que apresentamos, este foi o que ficou mais tempo à frente da diocese: 30 anos. Depois de sua morte, houve um breve período de sé vacante. Na posse do novo bispo do Rio de Janeiro, a prelazia do Cuiabá já contava com a presença de D. Luís de Castro Pereira.

Uma característica do governo de D. José foi o seu empenho na formação do clero, causando o enfrentamento ou a resistência dos clérigos por submetê-los a exames. Segundo Rubert, o maior mérito desse bispo carioca seria o de buscar reorganizar o seminário diocesano de São José quando acrescentou disciplinas como geografia, cosmologia, história natural, retórica e filosofia[137]. Para o mesmo autor, houve da parte desse bispo um esforço em valorizar o estudo da teologia moral e da liturgia, o que, do seu ponto de vista, teria proporcionado ao clero uma melhor preparação[138]. Apesar de existir o contraditório a este ponto, tendo em vista uma série de fatores, como restrição de recursos e conflitos de nomeações com a Mesa da Consciência e Ordens, por exemplo, no caso dos vigários encomendados às freguesias da comarca do Cuiabá e do Mato Grosso nessa época, foram escolhidos clérigos com boa formação, incluindo alguns que eram doutores.

1.1.1 A prelazia de Cuiabá

Como destacou Iris Kantor, para a metrópole portuguesa, a criação de bispados e freguesias na América portuguesa em 1745 configurava o reforço importante na consolidação de seus interesses de natureza geopolítica na expansão em direção ao oeste do continente[139].

Destarte, compreendemos a dimensão da fronteira, sem dúvida, como uma das características da configuração social da capitania de Mato Grosso a ser considerada no entendimento da instalação da instituição eclesiástica. Também na parte Sul da América portuguesa, no Rio Grande de São Pedro e até em Paranaguá e Curitiba, essa característica teve implicações na formação

---

[137] RUBERT, *op. cit.*, p. 277.
[138] *Ibid.*, p. 277.
[139] KANTOR, 1996, p. 32.

das localidades e das suas dinâmicas sociais, sobretudo demográficas[140]. No caso da capitania de Mato Grosso, vimos que se somava ainda a essa caracterização fronteiriça a exploração mineradora desencadeada pela conquista de sertanistas em terras consideradas zona de litígio entre as Coroas ibéricas.

O estabelecimento de uma circunscrição eclesiástica sobre a região considerada até então de domínio espanhol foi um elemento a mais para que D. João V garantisse o direito de posse. Assim, em 6 de dezembro de 1745, pouco mais de duas décadas da criação da freguesia do Senhor Bom Jesus do Cuiabá e de dois anos da freguesia das Minas do Mato Grosso, a Igreja de Cuiabá foi elevada à condição de sede de prelazia pelo Papa Benedicto XIV, por meio da bula *Candor Lucis aeternae* (Esplendor da Luz eterna)[141].

Como previsto pelo padroado ultramarino, os monarcas portugueses nos territórios de além-mar poderiam apresentar pedidos à Santa Sé para a criação de circunscrições eclesiásticas, como também a indicação de nomes para serem sagrados bispos. Em geral, depois de consultar a Mesa de Consciência e Ordens, a Coroa determinava a criação das dioceses nos domínios coloniais, as quais eram confirmadas pelo papa. Segundo Paiva, desde o reinado de D. Manoel I, mas, principalmente, com D. João V, observamos que a monarquia teve a percepção da importância de que se revestia a Igreja e, em particular, os seus bispos. Ou seja, as dioceses e seus epíscopos eram vistos como instrumentos estratégicos "para a afirmação da ordem e da própria autoridade do poder do rei nos seus domínios"[142]. Assim, a criação de duas prelazias no centro da América do Sul pode ser entendida como o resultado dessa ação da realeza de Portugal para propagar a fé, que era seu dever, como também ampliar seus territórios[143].

O projeto inicial apresentado pelo Conselho Ultramarino previa a criação apenas da prelazia de Goiás, mas com duas catedrais. Nessa iniciativa de incluir

---

[140] SILVA, 2015, p. 80.

[141] *"Esplendor da Luz eterna e imagem da bondade divina, o Filho Unigênito de Deus, Jesus Cristo, Senhor Nosso, iluminando maravilhosamente de suas alturas até os pontos mais remotos da terra, suscitou no coração de nosso ilustríssimo filho João V, rei de Portugal e Algarves o espírito de sabedoria e inteligência [...] voltou sua atenção para a região da América, submetida ao seu poder temporal e vendo na colônia do Brasil a Diocese do Rio de Janeiro, com as bênçãos de Deus tão extensa por obra dos evangelizadores, desde o início da fundação do seu episcopado, que dos pontos mais distantes os pedidos e as queixas dos povos não chegam ao ouvido do Pastor senão à distancia de um ano de tempo; [...] Vista e considerada tal situação mandou que Nos fosse apresentada, uma relação por meio do dileto filho Emanuel Pereira de Sampaio, embaixador junto a nós e da Santa Sé para tratar das coisas referentes a Portugal, relação solicitando se dividisse a imensa diocese do Rio de Janeiro já existente, destacando uma outra em São Paulo e mais uma em Mariana, deixando o restante a fazer para os bispos e pastores, e que da mesma forma na mesma diocese se estabelecesse uma Prelazia em Goiás e outra em Cuiabá, cada qual atendendo sua população, arrancando-a do poder das trevas e levando-a para o reino da graça [...] Roma, Santa Maria, 06. 12.1746 VII do Nosso pontificado"*(Cf. COMETTI, *op. cit.*, p. 59-60).

[142] PAIVA, *op. cit.*, p. 172.

[143] *Ibid.*, p. 172.

a Vila de Cuiabá na proposta de 22 de abril de 1745, apresentada à Santa Sé pelo então ministro português em Roma, Manuel Pereira de Sampaio (1692-1750), o historiador Otávio Canavarros destaca o fato de que D. João V iria além da percepção de seus conselheiros[144]. Pois, mesmo sendo um aumento de gastos para os cofres da Coroa, a criação de mais uma prelazia poderia também significar aos portugueses ganhos incomensuráveis nas negociações futuras com a Espanha pela disputa territorial. Segundo o historiador, um diploma papal daria peso e legitimidade para a conquista territorial, consolidando, assim, as fronteiras de suas terras americanas[145]. Desse modo, concordamos que a dimensão política desse ato, por parte da Coroa, ganha maior evidência ao se verificar a preocupação de que, aos futuros prelados das ditas novas circunscrições, estaria previsto que suas atuações seriam sujeitas à autoridade de outros diocesanos. Conforme Canavarros, a bula papal estabelecia que os prelados de Goiás e de Cuiabá ficariam sujeitos à visitação, à correição, à superioridade e à jurisdição do arcebispado de Salvador em qualquer tempo, no que tocasse à observância dos cânones, mas também sob a órbita do bispado do Rio de Janeiro, como até aquele momento já acontecia de modo mais conveniente aos cofres da Coroa[146].

Para Gilian E. F. Silva, a criação da prelazia de Cuiabá, seguida da fundação da capitania de Mato Grosso, representou a demarcação do poder religioso e civil. De acordo com esse pesquisador, a tomada desse espaço serviu de importante ação geopolítica, principalmente com a instalação da vila-capital em ponto estratégico nos limites da fronteira com os domínios hispano-americanos, paralelo às missões jesuíticas de Moxos e Chiquitos[147].

Nesse sentido, compreendemos que a criação da prelazia teve como importância a serventia para o estabelecimento dos acordos entre as coroas ibéricas e legitimação dos interesses da Coroa portuguesa, sob uma espécie de *uti possidetis religioso*[148]. Contudo, o que parecia ser o marco de uma nova etapa na vida da instituição eclesial da fronteira oeste da América portuguesa, no máximo, pode ser considerado como uma espécie de registro de nascimento, tendo em vista que a elevação da freguesia à condição de prelazia, substancialmente, não se alterou em nada na administração eclesiástica da região. Pois, apesar das limitações presentes na bula papal, a presença de um prelado na circunscrição eclesiástica poderia se tornar mais dinâmico o seu desenvolvimento.

---

[144] CANAVARROS, *op. cit.*, p. 139.
[145] CANAVARROS, *op. cit.*, p. 139.
[146] *Ibid.*, p. 140.
[147] SILVA, 2015, p. 98.
[148] *Cf.* CORTEZÃO, *op. cit.*, p. 175.

Na prática, verificamos que a comarca religiosa continuou sendo regida e administrada pelo bispado do Rio de Janeiro até a primeira década do século XIX e com as mesmas dificuldades. Somente no ano de 1803 ocorreu a nomeação de um prelado: o sacerdote Luiz de Castro Pereira, da Congregação de São João Evangelista, cuja posse se deu em 1808[149].

Dom Luiz de Castro Pereira, intitulado Bispo de Ptolemaida, tomou posse por meio de um procurador, Padre Agostinho Luiz Gulart Pereira, em 1807. O bispo chegou no ano seguinte, no mês de agosto, quando foi recebido com pompa e honrarias pela população da Vila Real do Senhor Bom Jesus. Sua administração durou até o fim do período colonial, em 1822[150].

Antes, porém, da indicação e nomeação de D. Luiz de Castro, em 23 de janeiro de 1782, foi nomeado outro clérigo como prelado para tomar posse da prelazia de Cuiabá, D. José de Azevedo Coutinho. Este foi eleito bispo titular de Zoara pelo Papa Pio VI. De família ilustre, era natural de Lisboa, foi batizado em 30 de março de 1740 e ordenado sacerdote em 30 de outubro de 1763. Pertencia à Ordem Militar de São Bento de Aviz, era licenciado em Direito Canônico pela Universidade de Coimbra. Dom José não tomou posse da prelazia de Cuiabá. Ele chegou a ser transferido para a prelazia de Goiás em 7 de março de 1788, porém também renunciou. Por fim, o prelado acabou nunca saindo do reino[151].

A constituição da nova circunscrição eclesiástica ficou definida em duas comarcas eclesiásticas: a das Minas do Mato Grosso (região do Vale do Rio Guaporé), depois, a partir de 1754, passou a ter como sede Vila Bela da Santíssima Trindade; e a comarca do Cuiabá (região da bacia do Rio Cuiabá), com sede na Vila Real do Senhor Bom Jesus.

A comarca do Mato Grosso ou de Vila Bela da Santíssima Trindade estendia-se desde os limites da capitania pelo lado do Pará (norte) até o Rio Jaurú (sul), e do Rio Arinos (leste) até o Rio Guaporé (oeste). A comarca do Senhor Bom Jesus continuava desde o referido Rio Jaurú e o Rio Arinos (oeste) até o Rio Grande (hoje Rio Araguaia, no sentido leste), que extrema

---

[149] SIQUEIRA, Joaquim da Costa. **Compêndio histórico cronológico das notícias de Cuiabá**. Cuiabá: Instituto Histórico e Geográfico de Mato Grosso, 2002a. p. 59. Segundo Cometti, a vida sacerdotal de d. Luiz foi muito louvada pelas três testemunhas que fizeram parte do processo inquisitorial, bem como o seu zelo e preparo intelectual (COMETTI, *op. cit.*, p. 61).

[150] Quatro anos depois, em 1826, a prelazia foi elevada à condição de diocese e, em 1910, a diocese de Cuiabá foi elevada à categoria de arquidiocese, tendo como sufragâneas as dioceses de Corumbá e de São Luiz de Cáceres, criadas no mesmo ano. *Cf.* KNOB, Frei Pedro. **A missão franciscana do Mato Grosso**. Campo Grande: Custódia Franciscana das Sete alegrias de Nossa Senhora de MT, 1988. p. 16.

[151] *Ibid.*, p. 61.

a mesma capitania com a capitania de Goiás, do limite com o estado do Grão-Pará (norte) até a divisa com a capitania de São Paulo (sul)[152].

Figura 1 – Capitania de Mato Grosso e Cuiabá, prelazia de Cuiabá

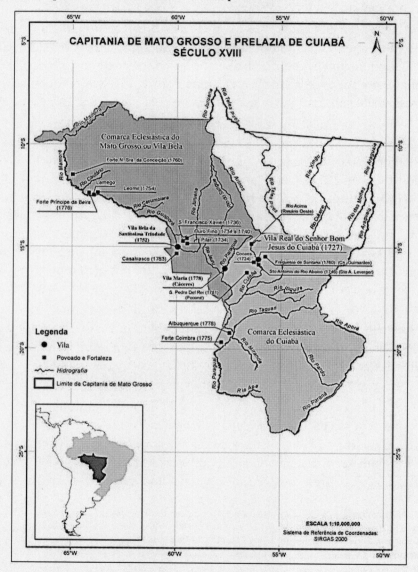

Fonte: o autor. Arte de Rejane Soares Gusmão (2018)

---

[152] ROSA, Carlos Alberto. O urbano colonial na terra da conquista. *In*: ROSA, C. A.; JESUS, Nauk M. de (org.). **Terra da conquista**: história de Mato grosso colonial. Cuiabá: Adriana, 2003. p. 42.

Até o fim do XVIII, a comarca do Senhor Bom Jesus contava com três freguesias: do Senhor Bom Jesus, na Vila Real (1722), de Santana do Santíssimo Sacramento (1760), no arraial de mesmo nome, na serra da Chapada [153], e a de São Luiz, na Vila Maria do Paraguai (1780). Na região da comarca do Mato Grosso, havia a freguesia com sede no Arraial de São Francisco Xavier (1748), que depois foi transferida para Vila Bela da Santíssima Trindade, em 1754, e a freguesia de São José, criada como missão indígena[154].

Se compararmos os números de freguesias entre as prelazias de Goiás e Cuiabá no fim do século XVIII, Cuiabá apresentava um número pouco expressivo. A capitania de Goiás contava com um total de 27 freguesias, com suas respectivas matrizes, e 44 capelas filiais[155]; já a capitania de Mato Grosso somava apenas cinco freguesias. Até o fim do Império, Mato Grosso (província) compreendia, além da capital Cuiabá, mais 14 freguesias eclesiásticas e civis[156].

No entanto, apesar de a prelazia do Cuiabá não ser tão expressiva em número de fiéis e de igrejas, ainda assim era evidente a necessidade de se ter um prelado à frente de sua administração devido a sua localização e diante das dificuldades de acessibilidade, conforme as reclamações frequentes dos bispos do Rio de Janeiro. Todavia, a demora ainda foi considerável para se prover um bispo na igreja da fronteira oeste da América portuguesa, o que corrobora o entendimento de que sua criação significou muito mais uma ação das diretrizes políticas do Estado português sobre a região do que propriamente um ato religioso para atender às necessidades dos fiéis. O intervalo entre a data de sua criação e a primeira nomeação de um prelado foi de 36 anos; e, entre o primeiro bispo nomeado que renunciou e a posse de D. Luís de Castro Pereira, mais 26 anos de espera.

---

[153] Essa freguesia teve início como missão de índios, pelos padres da Companhia de Jesus (os padres Estevão de Castro e Agostinho Lourenço) que vieram na comitiva do capitão-general d. Antônio Rolim de Moura. *Cf.* SIQUEIRA, 2002a, p. 115. Depois da expulsão dos jesuítas, a missão foi elevada à freguesia sob os cuidados do clero secular (PORTARIAS, ordem e editais. Livro 238, f.114v. Portaria da Sua Exª Rmª pela qual erige em Paróquia a Igrª da Aldea de Santa Anna da Chapada da comarca do Cuyabá e nomea em parocho encomendado della o Pe Simão de Toledo Rodovalho por enqto não mandar o contrº. 21 fev. 1760. ACMRJ-RJ).

[154] PORTARIAS, ordem e editais. Livro E-239, f.2v. Portaria por ql S. Exa Rma foi servido erigir em parochia e vigara a Igra da Alda de S. Joseph do Rio abaixo da comca de Matto Grosso, e prover nella por parocho encomdo enqto não mandar o contre ao R. Pe. Domgos Gomes da Costa. 1761a. ACMRJ-RJ.

[155] BOAVENTURA, Deusa Maria Rodrigues. Construção de igrejas e capelas em Vila Boa de Goiás no século XVIII: relações entre condicionantes sociais e institucionais. *In*: FRAGMENTOS de cultura. Goiânia: IFITEG, 1991. v. 1. p. 315.

[156] Essas freguesias eram: Mato Grosso ou Vila Bela, Poconé, Albuquerque, Miranda, Paranaíba, Piqueri, Santo Antônio, Santana da Chapada, Dom Pedro Segundo, Guia, Livramento, Brotas, Rosário e Diamantino. *Cf.* KNOB, *op. cit.*, p. 15.

Por mais difíceis que fossem as condições de sobrevivência na região, acreditamos que provavelmente candidatos não faltaram, considerando-se que foram várias as solicitações de clérigos pedindo para ser colados nas freguesias de Cuiabá, de Mato Grosso e de Goiás[157].

Sobre a ereção da prelazia de Cuiabá, por parte da Coroa portuguesa, o que identificamos é a aplicação do que Jaime Cortezão chamou de *utis possidetis religioso*, ou seja, a utilização da estrutura eclesiástica por parte dos monarcas para respaldarem o direito de posse sobre a região[158], pois a criação de bispados implicava gastos para a Coroa, como foi registrado em carta pelo então ministro português atuante em Roma, Manuel Pereira de Sampaio, destinada ao padre jesuíta italiano João Baptista Carbone (1694-1750). Nessa carta, datada de dezembro de 1745, apresentou-se uma relação das importâncias pagas para as ereções e expedições das bulas dos bispados do Rio de Janeiro, S. Paulo, Maranhão, Mariana e prelatura dos bispados de Goiás e Cuiabá.

Roma, 25 de Dezembro de 1745.

"Ristretto dell'importo delle spedizioni delle Bolle, et altre materie che si consegnano siccome costa dalli loro conti autentici

Erezione del vescovato di Marianna	6798:10
Erezione del vescovato di s. Paolo	6798:10
Erezione della Prelatura dos Goias	2121:82 ½
Erezione della Prelatura do Cuiabá	2121:82 ½
Bolla del Titolo del SSmo Salvatore Para la Basilica Patriarcale	142:60
Bolla del vescovato del Rio de Janeiro	935:05
Bolla del Vescovato di Angola	710:10
Bolla del Vescovato do Maranhão	911:52 ½
Bolla del vescovato di S. Thome	1047:27 ½
Bolla del vesccovato di Marianna	944:25
Bolla del vescovato di S. Paolo	913:
	23443:6.[159]

---

[157] PROVIMENTOS de Igrejas e outros objetos 1801 a 1822. ANTT-PT, Secretaria da Mesa da Consciência e Ordens, Padroados do Brasil, Bispado do Rio de Janeiro, Maço 17; CARTA do padre Francisco Xavier Leite de Almeida ao governador da capitania de São Paulo, Luís Antônio de Sousa Botelho Mourão, pedindo que o nomeasse para vigário da igreja de Mato Grosso. Vila Real do Cuiabá, 17 fev. 1772. 1 p. Original. BN-RJ, Coleção Morgado de Mateus. I-30, 09, 18 n. 5. 1772_Doc 57_5. MS-553 (17).

[158] CORTEZÃO, *op. cit.*, p. 175.

[159] CARTA de Manuel Pereira de Sampaio, Ministro em Roma, a João Baptista Carbone, enviando uma relação das importâncias das ereções e expedições das bulas dos bispados do Rio de Janeiro, S. Paulo, Maranhão, Mariana e Prelatura dos de Goiás e Cuiabá. Roma, 25 dez. 1745. (orig.). BA-PT, 49-VII-34, f. 615.

A relação dos gastos apresentada pelo ministro português na referida data era apenas com a emissão das bulas. Para se instalar um bispo, eram ainda necessários outros gastos, como a construção de catedral e a instalação de seu cabido, palácio episcopal, despesas com traslados etc.[160] O estabelecimento de cabidos criava vários empregos eclesiásticos e de alto custo em relação aos benefícios paroquiais, o que parecia não estar presente nos planos da Coroa. A preocupação com os dispêndios era tal que o projeto apresentado pelo Conselho Ultramarino não dizia respeito à criação de duas prelazias em 1745, mas apenas à de Goiás, com duas catedrais. Segundo Canavarros, a prelazia de Cuiabá somente entrou na proposta porque D. João V talvez enxergasse além de seus conselheiros[161].

1.2 A circunscrição eclesiástica da fronteira oeste da América portuguesa e o regime de padroado régio

O regime de padroado régio ultramarino caracterizava-se por um conjunto de direitos e deveres dos monarcas lusitanos para com a Igreja Católica e que, ao longo dos tempos, foram consentidos pelos pontífices por meio de concordatas com a Santa Sé e ratificados por emissão de bulas papais. Dessa forma, Roma consentia direitos e privilégios aos monarcas portugueses, como, por exemplo, a cobrança do dízimo eclesiástico e a indicação de clérigos para ocupar os empregos eclesiásticos em seus domínios, e, em contrapartida, a Coroa deveria promover a fé cristã, construir templos e remunerar os eclesiásticos em suas funções pastorais nas colônias ultramarinas[162].

A ereção dos benefícios paroquiais não se restringia à simples manutenção do vigário; deveria abranger a construção das matrizes, como destacou Monsenhor Eugenio A. Veiga[163]. Porém, notamos que em todo o mundo colonial esse processo foi marcado pelo descompasso entre a necessidade dos colonos e a resposta dos monarcas, levando os fiéis a fazerem surgir a maioria das matrizes, fosse pela colaboração espontânea, fosse por meio de sodalícios religiosos[164].

---

[160] *Cf.* KANTOR, 1996, p. 35-41; FEITLER, Bruno; SOUZA, Evergton Sales. Estudo introdutório. *In*: VIDE, Sebastião Monteiro da. **Constituições primeiras do arcebispado da Bahia**. Estudo introdutório e edição de Bruno Feitler e Evergton Sales Souza. São Paulo: Universidade de São Paulo, 2010. (Documenta Uspiana; 4). p. 16.

[161] CANAVARROS, *op. cit.*, p. 139; INFORMAÇÃO sobre ser desnecessário um bispado em cabo verde, bastando apenas um prelado, bem como para são Tomé e Príncipe, Goiás, e Cuiabá. Post. maio 1746. AHU. Ultramar, Caixa 3, Doc. 235.

[162] BOXER, *op. cit.*, p. 100; CANAVARROS, *op. cit.*, p. 137.

[163] VEIGA, *op. cit.*, p. 35.

[164] VEIGA, *op. cit.*, p. 35.

No que se refere à edificação das igrejas, foi o caso da capitania de Mato Grosso. Em geral, as igrejas matrizes e as capelas foram construídas por iniciativa dos moradores e de clérigos, bem como a sua ornamentação e manutenção. A igreja matriz da Vila Bela da Santíssima Trindade, sede da capitania de Mato Grosso, chegou a receber esmola para sua edificação, e, mesmo assim, nunca foi concluída[165].

A manutenção dos ministros eclesiásticos também ficou por conta dos moradores da região das Minas do Cuiabá e do Mato Grosso. Quando, em 1733, D. João V ordenou a fundação de uma vigararia na região das Minas do Cuiabá, a qual já havia sido criada havia mais de 11 anos pelo então bispo do Rio de Janeiro, D. Frei Francisco de São Jerônimo. Mas, no ano seguinte a essa ordem régia, o governador da capitania de São Paulo, o Conde de Sarzedas, informou ao rei que, para a vigararia de Cuiabá, não era necessário que sua majestade concorresse com "côngrua alguma"[166], pois a conclusão do governador era de que os párocos haviam saído de lá tão ricos que a igreja poderia se reputar a um bispado pelos seus rendimentos[167]. Podemos concluir que o monarca ficou convencido com a resposta, pois nunca mais se fez nova consulta ou determinou o pagamento de côngruas aos párocos da região. Nem mesmo depois, com a fundação da vila-capital na repartição do Mato Grosso, o pagamento de côngruas voltou a preocupar a Coroa.

A consulta aos governadores e capitães-generais por parte da Coroa era recorrente quando se tratava da liberação de recursos de sua Fazenda Real para o pagamento de côngruas ou para outros fins. As freguesias mantidas pela Coroa tinham a denominação de coladas, ou seja, seus párocos recebiam um ordenado vitalício para a prestação do serviço religioso aos fiéis pertencentes àquela circunscrição religiosa na qual foram colados. Esta era uma das principais diferenças entre as freguesias coloniais. As demais freguesias que não tinham acesso aos benefícios dessa natureza, em geral, eram mantidas pelos bispos e pelos fiéis e recebiam o atendimento de sacerdotes encomendados[168]. O vigário colado, conforme Veiga, era o sacerdote que, após aprovação em concurso, era constituído pela autori-

---

[165] Hoje se encontram somente as ruínas dessa igreja. *Cf.* SILVA, João Bosco da. **Vila Bela à época de Luís de Albuquerque:** (1772-1789). Cuiabá: UFMT, 2017. p. 101-108.

[166] CONSULTA do Conselho Ultramarino ao rei d. João V sobre as respostas que deram o governador do Rio de Janeiro, bispo e governador de São Paulo às ordens que lhes foram sobre as missões para o gentio Pareci e acerca da vigararia da Vila de Cuiabá. Lisboa, 18 nov. 1734b. AHU-MT, Caixa 1, Doc. 52.

[167] CANAVARROS, *op. cit.*, p. 137.

[168] RODRIGUES, 2012, p. 27.

dade diocesana com a apresentação da Coroa, tendo como consequência a perpetuidade do múnus com a dotação régia[169].

Em função das grandes distâncias geográficas, a Coroa permitia, como uma "liberalidade", que os bispos realizassem os concursos por meio de editais, colocando as paróquias vacantes para que os candidatos chamados de "opositores" se apresentassem, e, depois, os resultados eram enviados à Mesa da Consciência, que, na qualidade de assessora do rei em termos de consciência, aprovava ou não o candidato. Seu nome então era enviado ao bispo, que o confirmava. Mas, por vezes, vários clérigos, por mérito ou por apadrinhamento, conseguiam galgar um desses benefícios sem passar por concurso. Conseguir um posto como esse era, para o clérigo, uma garantia de sobrevivência e de um futuro menos incerto do ponto de vista material. Em carta de 6 de janeiro de 1770, o Padre Francisco Xavier Leite de Almeida pedia ao então governador de São Paulo, Luís Antônio de Sousa Botelho Mourão, que lhe concedesse a freguesia de Cuiabá, de Mato Grosso ou de Vila Boa. Assim dizia o padre na carta:

> Illmo e Ex^{cmo} Senhor: como conheço que V^a Ex^{ca} Manda, quando pede, e me pareçe ocasião de eu pedir a Igr^a de Cuyaba, elogo ade Mato Grosso, e ainda desta Villa Boa, Ou-outras desta Com^{ca}: por força da carência, e alturas emque meacho, tomo o a-trevimento de expor a V^a Ex^{ca} o modo da minha acomodação, ejunta^{nte} a creçe abondade do Portador, esua certeza, o q^{l}tem sido meuamparo em Minas, V^a Ex^{ca} me perdoe otanto pedir, poistanto careço, ecomo pesso aquem mando espero ser atendido, efico rogando a D^{os} por V^a Ex^{ca}.[170]

Para o Padre Francisco Xavier Leite, o fator "distância" não importava, pelo fato de já estar trabalhando na região. Mesmo para outros clérigos que nunca estiveram na região, talvez a distância não os preocupasse, pois também outros solicitaram as freguesias do Cuiabá e ainda reclamavam de que os bispos do Rio de Janeiro nunca as colavam em concurso, mesmo sabendo da necessidade de sacerdotes na região[171].

Muitas outras freguesias de diversas partes do Império português tampouco foram coladas. Em Minas Gerais, por exemplo, de um total de 48 freguesias no ano de 1724, apenas 28 eram coladas. Na capitania de São

---

[169] VEIGA, op. cit., p. 37.

[170] CARTA do padre Francisco Xavier Leite de Almeida ao governador da capitania de São Paulo, Luis Antônio de Sousa Botelho Mourão, pedindo que lhe desse posto em qualquer das igrejas daquela capitania, e que amparasse o portador Miguel Alvares Vieira. Anta, GO, 6 jan. 1770. 1 p. Original. BN-RJ, Coleção Morgado de Mateus, I-30, 09, 18, n. 3.

[171] PROVIMENTOS de igrejas e outros objetos = Vista ao Dezor Provor Gl da Ordem C. [Meza]. 26 ago. 1795. ANTT-PT, Secretaria da Mesa da Consciência e Ordens, Padroado do Brasil, Bispado do Rio de Janeiro, Maço 15.

Paulo, em 1756, apenas 11 eram coladas; já as 32 restantes das freguesias eram encomendadas. No Rio de Janeiro, em 1778, de 102 freguesias, apenas 52 eram coladas[172]. Assim, o fato de as duas freguesias mais importantes da capitania de Mato Grosso não terem benefícios colados não foi um fato isolado nem caracteriza uma especificidade. Entretanto, considerando que eram apenas duas igrejas, podemos afirmar que era um número muitíssimo reduzido, se comparado com outras circunscrições eclesiásticas que estavam localizadas em pontos estratégicos e de destaque dentro da configuração territorial colonial no extremo oeste em região de fronteira. Como uma delas havia sido elevada à condição de sede de prelazia, e a outra à sede de capitania, questionamos em que essa região se diferenciou. Mesmo assim, atravessaram praticamente todo o período colonial sendo providas por clérigos encomendados.

Nesse sentido, voltando-se para o processo de instalação da estrutura eclesiástica e, se tomar como referência o processo de edificação dos templos na região, verificamos ainda que, pelo menos na segunda metade do século XVIII, o sentimento de instabilidade já havia sido superado. Isso é o que se pode perceber, por exemplo, pela projeção que se tinha para a fachada da igreja matriz de Vila Bela da Santíssima Trindade.

Mesmo não tendo sido executada toda a obra da igreja matriz, compreendemos que não se tratava de um templo pequeno, pois apresentava proporções consideráveis para a região. Também não ficou atrás a matriz de Cuiabá. Ou seja, esses templos transpareciam a ideia de um projeto duradouro para a região, como de fato foi, pelo menos em Cuiabá. E, mesmo não chegando a ser concluída, a igreja de Vila Bela, pela robustez de seus alicerces, presentes ainda hoje abaixo de suas ruínas, demonstra quão grande era a proposta desse templo.

Conforme o avanço da colonização portuguesa acontecia, os conquistadores iam se estabelecendo e edificando templos que poderiam se tornar sede de futuras freguesias. A Coroa, em geral, demorava anos para reconhecer a importância de certas igrejas, e, portanto, não lhes era concedido provimento. Enquanto isso não acontecia, o custeio do culto divino e a manutenção dos clérigos ficavam a cargo dos fiéis e do provimento dos bispos[173].

Em várias regiões da América portuguesa, os bispos tomaram a iniciativa e criaram freguesias por conta própria. Portanto, essas paróquias não foram exclusividades das Minas do Cuiabá e do Mato Grosso. Porém, de

---

[172] FONSECA, *op. cit.*, p. 434-435.
[173] BOSCHI, 1986, p. 72-73.

acordo com Aldair Rodrigues, essa iniciativa dos bispos coloniais passou a ser compreendida como uma usurpação do direito de padroado da Ordem de Cristo, devido ao domínio exercido pelo poder episcopal sobre esse processo de criação de paróquias[174], como se evidencia nas considerações feitas por um alto funcionário da Coroa, o advogado Marcelino Pereira Cleto (1745-1794), sobre a jurisdição dos eclesiásticos na América. Esse advogado considerava que uma usurpação representava o desempenho dos bispos coloniais e que demonstravam estar querendo para si o que era de direito dos monarcas. Em seu texto, muito bem elaborado com indicativos de documentos que o respaldassem nas suas argumentações, Marcelino Pereira Cleto desenha a sua postura crítica a respeito dos membros da hierarquia eclesiástica na América:

> Hé inquestionavelmente uma das obrigações do lugar que occupo, [obstar] ao continuo ataque, que fazem na América à Jurisidição Real os Prelados e seus Ministros: diferentes Ordens de Sua Magestade assim o recomendam e não menos, que se atenda, a que pelos mesmos se não faça violências aos povos, ou seja, querendo exercitar sobre elles maior jurisdição, do que devem, ou extorquindo lhes individualmente aos seus bens: A prevaricação nesta parte tem chegado a excesso tal, que o Ministro Regio, que quisesse cumprir a este respeito com o seu dever, sacrificar-se hia a hua guerra continua, a a ser necessário diariamente dar conta a S. Magestade destes excessos, e ainda assim não remedearia a desordem, antes, tendo de contender com partes poderosas, poria em risco o seo credito, e a sua reputação, e se ficasse unicamente com a nota de ser de espirito inquieto, poderia dar-se por satisfeito [...].[175]

Embora nesse documento não conste data, provavelmente tenha sido escrito no fim do século XVIII. A explanação de Cleto, em verdade, tem ar de denúncia contra o que ele considerava verdadeiros abusos. Porém, na prática, mesmo com os possíveis excessos cometidos pelos eclesiásticos em relação à usurpação do direito de Sua Majestade erigir paróquias, possivelmente mais agradava do que desagradava. A esse respeito, Veiga ponderou que a criação de freguesias por parte dos bispos parece não ter sido tão ofensiva assim, pois tal praxe não deixava de ser vantajosa para a economia

---

[174] RODRIGUES, 2012, p. 74.
[175] SOBRE A JURISDIÇÃO dos eclesiásticos na América, de Marcelino Pereira Cleto. [século XVIII?]. ANTT-PT, Papéis do Brasil, Mf. 304, Códice 15.

da Metrópole. Depois da edificação e ornamentação dos templos à própria custa e de muito esforço dos bispos, os fiéis conseguiam a intervenção régia com a nomeação dos párocos colados[176].

Segundo Veiga, diante do retardamento do beneplácito régio, para as freguesias que não eram coladas e da dificuldade de prover inúmeras povoações dispersas e sem limites exatos de seus espaços, a encomendação de párocos foi uma estratégia adotada pelos bispos coloniais a fim de garantir o atendimento aos seus diocesanos com um vigário anual, ainda que na condição de "*ad nutum*", até que se alcançasse o consentimento ou, pelo menos, a permissão do monarca[177]. Destarte, as formas diferenciadas de provimento dos párocos coloniais não poderiam deixar de interferir diretamente no modo de agir e no perfil dos eclesiásticos, constituindo categorias entre a clerezia colonial[178].

Como identificamos até aqui, os vigários encomendados eram clérigos providos no emprego de párocos pelos bispos e, necessariamente, não passavam por concursos. Eles eram também titulares de freguesias denominadas de "amovíveis", "temporais", "interinas", "anuais" ou "curatos", e tinham esse caráter porque o tempo de permanência dependia da provisão episcopal, na qual se especificava a sua validade, devendo ser renovadas assim que vencesse o período, ou não[179].

Segundo Rodrigues, tornou-se tradição, nas dioceses ultramarinas, os bispos cuidarem da colocação de curas amovíveis nas vigararias encomendadas, e a Coroa era responsável pela apresentação dos clérigos nas vigararias coladas[180]. Dessa maneira, concluímos que as freguesias da capitania de Mato Grosso e a manutenção dos seus párocos caracterizaram-se pela ausência da ação ideal do que se propunha ser o regime do padroado, tendo em vista que a circunscrição não foi contemplada pelo poder régio com a colação de vigários e o pagamento de côngruas, mas sob a manutenção dos bispos fluminenses por todo o período até a presença do primeiro prelado, em 1808.

1.3 A instalação das freguesias

A instalação da instituição eclesiástica na fronteira oeste da América portuguesa foi marcada por momentos diferenciados ao longo do período

---

[176] VEIGA, *op. cit.*, p. 35.
[177] *Ibid.*, p. 36.
[178] *Ibid.*, p. 36.
[179] RODRIGUES, 2012, p. 27.
[180] *Ibid.*, p. 74.

aqui analisado. Durante o período em que foi constituída, ocorreu a participação de diferentes agentes que contribuíram na sua composição, como os eclesiásticos. Nesse sentido, nos primeiros anos dos descobrimentos auríferos, a atuação do clero e a instalação da malha eclesiástica foram marcadas pelo contexto da mineração aurífera. Assim, considerado o período de euforia, de instabilidade e, depois, a diminuição da exploração do metal precioso, deu-se uma fase de muitos conflitos, dificuldades e muita movimentação dos povos na região[181].

Para a nova circunscrição eclesiástica e seu corpo clerical que se estabelecia na região das minas da fronteira oeste, pelo menos as três décadas iniciais da colonização foram significativamente marcadas pelo processo de conquista e pela definição de jurisdições entre as comarcas eclesiásticas, desde a edificação da primeira capela até a presença do primeiro governador e capitão-general, Antônio Rolim de Moura, em 1751. Nesse período, percebemos que toda a movimentação eclesiástica estaria voltada para o atendimento religioso das populações que se instalavam ou passavam pelos arraiais e vilas da região, atraídas pela mineração, a qual seria, provavelmente, a principal demanda.

Concomitantemente a esse período, a Igreja que estava em formação nas Minas do Cuiabá e do Mato Grosso ganhou status de prelazia. No entanto, os efeitos concretos dessa medida pouco interferiram no caminhar da instituição local, pois não foi dada a posse a nenhum prelado até 1808, e, assim, a circunscrição eclesiástica manteve-se submetida à administração do bispado do Rio de Janeiro[182]. Dessa forma, verificamos que, para a circunscrição eclesiástica da fronteira oeste e seu clero, a criação da capitania de Mato Grosso, em 1748, provocou mudanças mais significativas.

Com criação da capitania de Mato Grosso, percebemos que passam a existir novas diretrizes para o contexto social e político na região. Com isso, surgem interferências nas demandas da instituição eclesiástica, principalmente com preocupações e estratégias geopolíticas do poder metropolitano português para a fronteira oeste de seus domínios[183]. Além disso, são também perceptíveis os reflexos das políticas regalistas, principalmente no período pombalino,

---

[181] *Cf.* CANAVARROS, *op. cit.*; COSTA, Maria de Fátima. **A história de um país inexistente**: Pantanal entre os séculos XVI e XVIII. São Paulo: Estação Liberdade; Kosmos, 1999; VOLPATO, Luiza Rios Ricci. **A conquista da terra no universo da pobreza**: formação da fronteira oeste do Brasil, 1719-1819. São Paulo; Brasília: Hucitec; INL, 1987. (Estudos Históricos).

[182] RUBERT, *op. cit.*, p. 154.

[183] CANAVARROS, *op. cit.*, p. 139-140.

experimentado por todo o sistema eclesiástico na América portuguesa[184]. Os clérigos seculares da região de Mato Grosso, na segunda metade do século XVIII, passaram a atuar na missionação dos povos indígenas e auxiliar nos fortes, presídios e nas novas freguesias criadas na fronteira entre os impérios ibéricos. Nesse período, três novas freguesias foram criadas, consonantes ao regalismo aplicado na região como freguesias de missionação indígena[185].

Com exceção da freguesia de São Luís de Vila Maria do Paraguai, criada em 1779[186], as paróquias de Santa Ana na Chapada e de São José no Vale do Guaporé foram criadas a partir de missões que os jesuítas haviam formado entre 1751 e 1759. Depois da saída desses padres regulares, essas freguesias tiveram que ser assumidas pelos clérigos seculares.

Com a diminuição da mineração, o desenvolvimento de uma economia agropecuária e com a implementação de comércio pela região Norte da América portuguesa, aos poucos, as duas primeiras freguesias criadas na região (a do Senhor Bom Jesus e a da Santíssima Trindade), de certo modo, foram se estabilizando e se tornando pontos referenciais das duas comarcas eclesiásticas que também correspondiam ao mesmo espaço das repartições administrativas da capitania.

1.3.1 As freguesias móveis nas Minas do Cuiabá e do Mato Grosso

As freguesias móveis constituíram-se em uma alternativa utilizada pelos bispos coloniais para contornar situações específicas no atendimento dos fiéis. Mas, com as mudanças do contexto colonial ocasionadas pela atividade mineradora, freguesias dessa natureza tornaram-se mais frequentes, principalmente nas zonas de mineração[187].

A movimentação das populações das zonas mineradoras acabava definindo os primeiros momentos de suas freguesias. Assim, não havia necessariamente uma matriz para a instalação da jurisdição de um vigário ou pároco, e os primeiros clérigos foram se adaptando às condições e às intempéries da região em que estavam e se incorporando à condição de transitoriedade.

---

[184] RUBERT, *op. cit.*, p. 113.
[185] CARVALHO, *op. cit.*, p. 110-118.
[186] A freguesia de São Luís também visava ao atendimento dos indígenas, em razão de a população da Vila Maria ser, predominantemente, formada por famílias de origem chiquitana, oriundas até mesmo do outro lado espanhol da fronteira.
[187] *Cf.* ANTONIL, *op. cit.*

A realidade encontrada na fronteira oeste da América portuguesa pelos eclesiásticos, assim como pelos demais habitantes, foi marcada pelo caráter efêmero e itinerante, característico dos estabelecimentos mineiros. Os clérigos com o emprego de vigários foram chegando às regiões coloniais de mineração por encomendação e providos pelos bispos sem terem locais definidos para o estabelecimento de seus trabalhos, e, quando havia lugar definido, logo poderia ser alterado por conta de descobrimentos auríferos[188].

A primeira freguesia da fronteira oeste da América portuguesa foi erigida em 1722, nas Minas do Cuiabá. Sua instalação, a princípio, seria em um dos arraiais levantados à beira do Rio Coxipó, mas esta acabou sendo erigida um pouco mais distante, no novo arraial do Senhor Bom Jesus do Cuiabá. A segunda freguesia, a das Minas do Mato Grosso, quando foi criada, em 1743, utilizou como sede a capela de São Francisco Xavier na Chapada, até no ano de 1754[189].

Como ocorreu em diferentes partes da colônia, os primeiros templos deram origem à estrutura eclesiástica que foi se formando paulatinamente, "sempre se apoiando nos arraiais e nas ermidas criadas previamente pelos habitantes"[190]. Nas Minas Gerais, as capelas iam sendo levantadas, e algumas delas logo ganharam o status de matriz. Em geral, eram escolhidas as capelas instaladas próximo às lavras com maior aglomeração de habitantes[191].

Conforme observado na capitania de Minas Gerais por Caio C. Boschi, a instalação da Igreja Católica na capitania de Mato Grosso também não se deve exclusivamente aos clérigos[192]. Esse estamento, sem dúvida, desempenhou um papel fundamental até pelo caráter oficial da instituição eclesiástica, mas o destaque deve ser dado à ação dos leigos. Neste caso, como consequência do empreendimento dos luso-paulistas que, desde o século XVII, tornaram-se experts nas entradas pelos *sertões desconhecidos*, fosse pela busca e captura de indígenas para escravizar, fosse pelo desejo de encontrar metais e pedras preciosas[193].

---

[188] FONSECA, *op. cit.*, p. 426.
[189] *Cf.* ANAIS de Vila Bela 1734-1789. Organização de Janaina Amado e Leny Caselli Anzai. Cuiabá: Carlini & Caniato; UFMT, 2006. (Coleção Documentos Preciosos); ANNAES do Senado da Câmara do Cuyabá: 1719-1830. Transcrição e organização de Yumiko Takamoto Suzuki. Cuiabá: Entrelinhas; Arquivo Público de Mato Grosso, 2007.
[190] FONSECA, *op. cit.*, p. 429.
[191] *Ibid.*, p. 429.
[192] *Cf.* BOSCHI, 1986.
[193] Ver: CORREA FILHO, Virgílio. **História de Mato Grosso**. Várzea Grande: Fundação Júlio Campos, 1994.

A atividade exploratória pelo interior do continente sul-americano configurou-se no movimento das bandeiras e no sertanismo. As primeiras grandes descobertas auríferas dos paulistas aconteceram na região das "minas gerais" ainda no século XVII. Contudo, os conflitos ocorridos por lá com os chamados "emboabas", no limiar do Setecentos, fizeram com que mudassem a direção geográfica de seus objetivos, lançando-se para o oeste da América portuguesa[194].

Desse modo, nessas terras pertencentes até então aos domínios de Espanha, e em meio a dezenas de nações indígenas, os paulistas encontraram ouro em um dos afluentes da margem oriental do Rio Cuiabá no ano de 1719, o que deu origem às Minas do Cuiabá[195]. Porém, não consta que, entre a comitiva dos sertanistas descobridores dessas minas, havia a presença de um clérigo, como em outras regiões e em outros tempos. Contudo, os atos da vida cotidiana dentro das bandeiras realizavam-se "cristãmente"[196]. Para José Ferreira Carrato, os bandeirantes paulistas estão como "os verdadeiros arautos da fé", pois, segundo este, "desde o principio de suas andanças, pelas Minas portavam seus oratórios de cedro ou de cabiúna e as imagens padroeiras"[197].

A presença de clérigos entre os sertanistas nas suas movimentações foi corriqueira, pois os capelães poderiam ajudar os sertanistas a descarregar a consciência nos momentos difíceis. Conforme Ricardo, o catolicismo foi também uma condição para que essas expedições acontecessem; assim, o sertanista sentia-se encorajado ao saber que seria amparado, espiritualmente, no momento da angústia da morte[198].

Em verdade, o universo existencial das pessoas na América portuguesa no século XVIII passava, necessariamente, pela crença religiosa, e, no caso dos paulistas sertanistas, mesmo que de modo mais rude, não seria diferente. Holanda, que se aprofundou no estudo desses homens aventureiros, destacou que, ao se embrenharem pelos sertões, os sertanistas e monçoeiros eram marcados por um duro e tosco realismo, no qual o "céu era [...] simples dependência da terra, disposto sempre a amparar os homens na perseguição de seus apetites mais terrenos"[199].

---

[194] *Cf.* CARRATO, *op. cit.*; AFONSO, Eduardo José. **A Guerra dos Emboabas**. São Paulo: Ática, 1998.
[195] VOLPATO, *op. cit.*, p. 30.
[196] RICARDO, Cassiano. **Marcha para oeste**. Rio de Janeiro: Universidade de São Paulo, 1970. v. 1. p. 206.
[197] CARRATO, *op. cit.*, p. 55.
[198] RICARDO, *op. cit.*, p. 206.
[199] HOLANDA, Sérgio Buarque de. **Monções e capítulos de expansão paulista**. Organização de Laura de Mello e Souza e André Sekkel Cerqueira. 4. ed. São Paulo: Companhia das Letras, 2014. p. 104-105.

Evidentemente que, vivendo em condições de extrema necessidade em um ambiente hostil com poucas condições de sobrevivência, não seria possível realizar os rituais religiosos como o costume à época. Para tanto, sertanistas e depois também monçoeiros, para enfrentarem as adversidades de suas empreitadas, fosse nas entradas, fosse pelos rios, principalmente durante o percurso do caminho para Cuiabá, lançavam mão de um arsenal a ser utilizado como rezas, bentinhos, feitiçarias e invocação dos santos[200].

Segundo Carrato, a fé desses homens e dessas mulheres era um hábito, ou seja, "uma velha herança nacional e familiar, não uma imposição de consciência ou um critério moral"[201]. A seu ver, o *colono* era bruto, ambicioso e recalcitrante no pecado, mas, mesmo nessa condição, era, antes de tudo, sentimentalista e ignorante, não podia fugir ao religiosismo popular, sincretista e primitivo[202].

Carrato observa ainda que, ao se tratar da região das zonas de mineração além da Serra da Mantiqueira, "os aventureiros que tinham subido as montanhas tinham uma religião muito ao seu próprio modo"[203]. Assim, uma vez que se descobria o tão desejado metal, os paulistas montavam seus acampamentos e, em meio ao "frenesi" da mineração, tentavam manter a sua religiosidade, nem que fosse levantando algum barraco para ser usado como capela ou oratório, sem contar que alguns clérigos também foram descobridores, como ocorreu nas Minas Gerais[204].

Nas Minas do Cuiabá, no ano seguinte às primeiras descobertas de ouro (1720), já estavam presentes entre a população mineira pelo menos quatro clérigos, que fizeram vez de capelães e prestaram a manutenção ao Ofício Divino. Eram dois padres seculares, Jerônimo Botelho e André dos Santos Queiroz, que, antes de partir para as Minas do Cuiabá, trabalhavam na freguesia da Vila de Itú, na capitania de São Paulo[205]; e dois regulares, Pacífico dos Anjos e Florêncio dos Anjos[206]. Os dois padres seculares, antes de partir para as Minas do Cuiabá, trabalhavam na freguesia da Vila de Itú,

---

[200] *Ibid.*, p. 104-105. Holanda informa ainda que todas as partidas de Araritaguaba rumo às *Minas* pelos rios eram marcadas por cerimônia religiosa com bênção específica. Era o momento em que o padre implorava aos navegantes a mesma proteção divina que fora dada a Noé sobre as águas do Dilúvio ou a São Pedro sobre as do mar.

[201] CARRATO, *op. cit.*, p. 67.

[202] *Ibid.*, p. 68.

[203] *Ibid.*, p. 67.

[204] *Ibid.*, p. 61.

[205] FAMILY SEARCH. *Registros da Igreja Católica, 1640-2012, paróquias católicas, Itu, São Paulo – BR*. Freguesia de Nossa Senhora da Candelária, Livro de Batismos 1712-1730, Imagem 1 de 202.

[206] *Cf.* BARBOSA DE SÁ, *op. cit.*; ANNAES..., *op. cit.*

na capitania de São Paulo. Contudo, não demorou muito para que chegasse o primeiro clérigo oficialmente encaminhado por uma autoridade eclesiástica.

Com a terceira monção que saiu do povoado (São Paulo) em direção às novas jazidas do Cuiabá, em 1722, chegou o clérigo secular Padre Francisco Justo. Esse clérigo foi enviado como vigário curado e da vara das novas minas do Cuiabá, encomendado pelo então bispo do Rio de Janeiro, D. Francisco de S. Jerônimo[207]. Conforme as crônicas de José Barbosa de Sá, essa foi uma monção muito mais difícil que as duas anteriores.

Conta o cronista que, por terem notícia de que não havia alimento nas minas, os integrantes dessa viagem pararam no meio do caminho por seis meses até conseguirem colher algum alimento e depois seguir viagem até o tão almejado destino. Nesse ínterim, destaca o cronista que levantaram altar, provavelmente debaixo de algum "pé-de-pau", onde o Padre Justo celebrou Missa[208].

Quando, enfim, a monção chegou às Minas do Cuiabá, e com ela o Padre Francisco Justo, ainda não havia o arraial do Senhor Bom Jesus. O destino do padre era a região das lavras com os alojamentos e arraiais que se formavam ao longo do Rio Coxipó, onde provavelmente a freguesia seria erigida tendo a capela dedicada à Nossa Senhora da Penha de França, já levantada no arraial da Forquilha, como sede. Mas, no mês de outubro do mesmo ano (1722), aconteceu uma descoberta de ouro que mudaria o rumo dos acontecimentos na região, interferindo na instalação da sede da nova freguesia. Os moradores do arraial da Forquilha praticamente abandonaram a localidade e se instalaram em massa nas novas lavras descobertas pelo sertanista Miguel Sutil (1667-1755), onde formaram o novo arraial[209].

Desse modo, compreendemos que os arraiais das zonas de mineração tiveram a transitoriedade como uma de suas características mais expressivas. Conforme Carrato:

> [...] o arraial não é o domicilio nem lar. É apenas uma demora, onde ficarão [sic] o tempo suficiente para apurar o ouro da sua cobiça. Daí o caráter tão frequente de provisoriedade e de improvisação que se observa na própria disposição local dos arraiais coloniais mineiros, e em suas construções.[210]

---

[207] ANNAES..., *op. cit.*, p. 15.
[208] *Ibid.*, p. 49.
[209] BARBOSA DE SÁ, *op. cit.*, p. 14.
[210] CARRATO, *op. cit.*, p. 135.

O olhar de Carrato em relação à sociedade mineira não é nada positivo. Para ele, nessa sociedade, além da falta de estabilidade, existia um estado permanente de crise moral. Para o autor:

> [...] as paixões andaram sempre desatadas nas terras da mineração, cujos arraiais congestos [...] favoreciam a licença dos costumes. O clima de febre ambiciosa, de violência insopitada e de devassidão incoercível a caracterizou o ciclo do ouro mineiro [...]. E ele se exerce de forma tão envolvente, que nem mesmo aqueles que foram postos para a sua melhora e salvação conseguem escapar aos "miasmas" de seu contágio epidêmico.[211]

De fato, faz-se necessário concordar que o ambiente social das minas não devia ser nada fácil. São vários os relatos de crimes cometidos nesse período, além dos constantes conflitos de várias naturezas, incluindo-se as autoridades civis e eclesiásticas[212].

Carrato considera que nem mesmo a religião foi tão eficaz em sua ação morigeradora como se propunha, já que não conseguiu ser o freio eficaz das paixões humanas. Talvez a conclusão desse autor tenha como base os conflitos entre os nacionais e reinóis na guerra dos emboabas. Embora não chegue a condenar a atuação dos bispos na região, o autor destaca que os clérigos teriam demorado em agir, tanto que o bispo do Rio de Janeiro chegou a ser repreendido em carta régia enviada ao governador Antônio de Albuquerque (1655-1725)[213].

Provavelmente, essas experiências ocorridas nas Minas Gerais serviram de base para o bispo do Rio de Janeiro, pois, tão logo se deram os descobrimentos das Minas do Cuiabá, em 1722, foi enviado um clérigo secular como vigário curado para erigir uma vigararia e assistir a região. O Bispo D. Frei Francisco de São Jerônimo antecipou-se e, antes de o poder régio tomar alguma providência, criou a circunscrição eclesiástica, ampliando por sua conta a geografia eclesiástica para além do que era considerado como América portuguesa[214].

A iniciativa do bispo fluminense, de certa forma, surpreende por um detalhe no mínimo curioso, conforme observou o historiador Paulo

---

[211] *Ibid.*, p. 60.
[212] *Cf.* MELLO E SOUZA, *op. cit.*
[213] CARRATO, *op. cit.*, p. 64.
[214] *Cf.* BARBOSA DE SÁ, *op. cit.*; SIQUEIRA, 2002a; ANNAES..., *op. cit.*

Pitaluga, ao analisar um documento da época[215]. Em sua análise sobre as informações contidas nesse documento, observa que os quatro primeiros clérigos que chegaram antes do vigário encomendado, o Padre Francisco Justo, enviaram cartas ao bispo do Rio de Janeiro na primeira monção que retornou ao *povoado*, dando notícias das novas minas. Considerando a distância a ser percorrida e a brevidade em torno dos acontecimentos, como poderia ser possível essas correspondências terem chegado às mãos do prelado antes do envio do Padre Justo como vigário da vara e cura para erigir a nova freguesia nas minas recém-descobertas?

As Minas do Cuiabá estavam a quilômetros de distância da sé do episcopado do Rio de Janeiro, e o caminho de ida e volta das monções era longo, demorado e cheio de perigos[216]. Além desses desafios, ainda se poderia sofrer ataques de indígenas considerados "bravios", que, em verdade, estavam a defender seus territórios[217]. Desse modo, sabe-se que as notícias sobre as Minas do Cuiabá mal teriam chegado ao Rio de Janeiro e, mesmo assim, o bispo já havia tomado a iniciativa de estender sua jurisdição sobre o território dos novos achados. Esse fato, de certo modo, contraria parte das queixas feitas pelos administradores coloniais no início do século XVIII em relação às atitudes dos antístites fluminenses. Pois, como Boschi apresentou em sua pesquisa, o problema que os governadores de Minas Gerais reiteraram à Coroa era inércia ou ineficiência do *munus* episcopal para com o clero "excedente" na região[218].

Para as Minas do Cuiabá, o bispo do Rio de Janeiro enviou um clérigo como vigário da vara, o qual teria autoridade sobre o clero que ali se instalasse[219]. Para tanto, segundo as crônicas da época, a nova freguesia ou vigararia foi instalada pelo Padre Justo no arraial que acabava de se constituir, logo após o descobrimento das minas de ouro pelo sorocabano Miguel

---

[215] ESTUDO..., *op. cit.*, p. 45.
[216] TAUNAY, Afonso de E. **Relatos monçoeiros**. São Paulo: Martins Fontes, 1976a. (Biblioteca Histórica Paulista). p. 63, 67.
[217] Os *paiaguá* e *guaicuru* constituíram uma verdadeira barreira na travessia do Pantanal; além deste, "outras tribos entraram em conflito com o colonizador em sua marcha para Oeste. Os Bororo, por exemplo, vindos de território da atual Bolívia, pertencem ao tronco marco-jê e habitavam o Vale do São Lourenço, no Rio dos Porrudo [...] Eram chamados de 'coroados' ou 'gentios dos morros' e foram combatidos desde o início das lavras tanto por seus assaltos como por necessidade de mão-de-obra nas minas" *Cf.* CANAVARROS, *op. cit.*, p. 262.
[218] BOSCHI, 2000.
[219] REGIMENTO do Auditório Eclesiástico do Arcebispado da Bahia, metrópole do Brasil e da sua relação e oficiais da Justiça Eclesiástica e mais coisas que tocam ao bom governo do dito arcebispado. Título IX, artigo 399. *In*: VIDE, Sebastião Monteiro da. **Constituições primeiras do arcebispado da Bahia**. Estudo introdutório e edição de Bruno Feitler e Evergton Sales Souza. São Paulo: Universidade de São Paulo, 2010. (Documenta Uspiana; 4).

Sutil, seus indígenas e camaradas. O fato ocorreu em um pequeno córrego afluente do Rio Cuiabá, batizado de "prainha", depois de visitar suas roças próximas das margens do mesmo rio[220].

Nesse novo arraial, um pouco distante do alvoroço da catação do ouro, o capitão-mor Jacinto Barboza Lopes levantou, à sua custa, uma capela (de "pau a pique" coberta com palhas) e dedicou-a ao Senhor Bom Jesus do Cuiabá, o mesmo orago do arraial. Os anais destacam que o primeiro clérigo a celebrar Missa nessa igreja foi o irmão do próprio capitão-mor, Frei Pacífico dos Anjos, diferentemente da primeira Missa celebrada no arraial da Forquilha, às margens do Rio Coxipó, onde fizeram eleição para escolher o presidente da cerimônia religiosa. Supomos que, provavelmente, quiseram agradar o seu benfeitor[221].

A simples e modestíssima capela dedicada ao Senhor Bom Jesus do Cuiabá logo serviu de sede da nova freguesia e, de tão significativo que foi o ato de sua instalação, interferiu na delimitação dos demais espaços do povoado que se formaria naquele local[222]. Aos poucos, a povoação tornou-se também ponto referencial ao processo de conquista do território como base avançada das prospecções, começando a dar alguns sinais mínimos de estabilidade. No entorno do arraial, alguns colonos se dedicavam ao cultivo de víveres para abastecer as minas, e, assim como a extração do ouro, o comércio realizado via monções também continuava[223].

Depois de três anos da chegada às Minas do Cuiabá, o Padre Justo foi substituído por outro clérigo secular, também encomendado, que foi enviado como vigário pelo bispado do Rio de Janeiro[224]. A sucessão dos vigários amovíveis, em geral, acontecia a cada três anos, mas alguns vigários ficaram mais tempo, e outros partiram ou tiveram que entregar o cargo antes do término dos seus mandatos. Graças aos registros das crônicas setecentistas, é possível identificar todos os clérigos que estiveram na administração da freguesia do Senhor Bom Jesus do Cuiabá.

---

[220] ANNAES..., *op. cit.*, p. 49.
[221] *Ibid.*, p. 50.
[222] CANAVARROS, *op. cit.*, p. 79.
[223] *Cf.* OLIVEIRA, Tiago Kramer de. **Desconstruindo velhos mapas, revelando espacializações**: a economia colonial no centro da América do Sul (primeira metade do século XVIII). 2012. Tese (Doutorado) – USP, São Paulo, 2012.
[224] BABOSA DE SÁ, *op. cit.*, p. 17.

Quadro 2 – Párocos e vigários da freguesia do Senhor Bom Jesus (1722-1807)

Nº de ordem	Clérigo	Emprego	Ano da posse
01	Francisco Justo	Vigário curado da vara	1722
02	Manoel Teixeira Rabello	Vigário	1724
03	Lourenço de Toledo Taques	Vigário da vara e visitador	1726
04	Antônio Dutra de Quadros	Vigário	1729
05	André dos Santos Queiroz	Vigário interino	1732
06	João Caetano Leite César de Azevedo	Vigário da vara	1735
07	Antônio José Pereira	Vigário	1741
08	Manoel Bernardes Martins Pereira	Vigário da vara	1743
09	Fernando Baptista	Vigário	1747
10	Antônio dos Reis Vasconcelos	Vigário	1749
11	João de Almeida e Silva	Vigário e visitador	1750
12	Manoel Antônio Falcão	Vigário	1753
13	José Mendes de Abreu	Vigário	1757
14	Manoel da Silva Martins	Vigário	1763
15	José Pereira Duarte	Visitador e vigário	1767
16	José Correia Leitão	Substituto foi Francisco Xavier Leite	1777
17	Luiz de Souza Correa	Procurador do Padre Manoel Bruno Pina	1781
18	Manoel Bruno Pina	Visitador, vigário	1785
19	José Vicente José Gama	Vigário	1794
20	Agostinho Luiz Gularte Pereira	Vigário da Vara	1796

Fonte: *Annaes...* (2007)

A partir do terceiro vigário, o Padre Lourenço de Toledo Taques, a freguesia de Cuiabá começa a dar sinais de estabilidade, tendo em vista que, no ano de 1727, o arraial foi elevado à condição de vila. O Padre Lourenço chegou com a mesma monção que trouxe o então governador da capitania de São Paulo, o capitão-general Rodrigo César de Menezes (1680-1738), às Minas do Cuiabá. Esse governador veio com a missão de estabelecer as instâncias do poder metropolitano, o fisco e elevar o pequeno arraial à condição de vila[225].

O governador Rodrigo César de Menezes foi responsável pela fundação da Vila Real do Senhor Bom Jesus do Cuiabá em 1 de janeiro de 1727[226]. Com a fundação da vila, deu-se início à instalação efetiva do poder metropolitano na região, e foram tomadas inúmeras providências, principalmente aquelas referentes à segurança, à mão de obra indígena e ao aumento da Fazenda Real[227]. Assim, entre os estudiosos do tema, é considerado que, após a chegada de Rodrigo César de Menezes às Minas do Cuiabá, deu-se início às práticas burocráticas e à montagem do aparato político-administrativo, principalmente com a instituição do Senado da Câmara. A historiadora Loiva Canova destaca um ponto importante: ao iniciar a colonização da região de Cuiabá, Portugal estaria em uma fase em que havia acumulado experiência na colonização imperial em três continentes, consolidando a instituição urbana das câmaras em séculos de domínio ultramarino[228].

Todas essas novidades eram relevantes para a circunscrição eclesiástica que se formava na região, pois a freguesia do Senhor Bom Jesus, a partir desse momento, não mais estava instalada em um simples arraial, mas em uma vila reconhecida pelo poder metropolitano, e passava a compartilhar o poder local com instâncias de poder da esfera civil[229].

Assim, com o avanço do processo de conquista e continuidade da ação de sertanistas, no início da década de 1730, a freguesia do Senhor Bom Jesus já estava no seu quarto vigário e começava a expandir sua circunscrição ainda mais para o oeste na região do Vale do Rio Guaporé. Essa expansão da instituição eclesiástica acompanhou o movimento exploratório do sertão desde a Vila de Cuiabá, fazendo descobertas de ouro. Para tanto, a mando do vigário de Cuiabá, clérigos que atuavam na região seguiram junto ao fluxo

---

[225] Nessa monção de 1726, teriam desembarcado cerca de três mil pessoas ao porto do Cuiabá, entre indígenas, negros e brancos, formando um comboio com mais de trezentas canoas. O tempo da viagem foi de aproximadamente cinco meses, chegaram ao porto do Arraial do Cuiabá em novembro 1726. Cf. SIQUEIRA, Elizabeth Madureira. **História de Mato Grosso**: da ancestralidade aos dias atuais. Cuiabá: Entrelinhas, 2002.

[226] CANOVA, Loiva. **Antônio Rolim de Moura e as representações da paisagem no interior da colônia portuguesa na América (1751-1764)**. 2011. Tese (Doutorado) – Universidade Federal do Paraná, Curitiba, 2011. p. 40.

[227] CANOVA, 2011, p. 40.

[228] Ibid., p. 39.

[229] Cf. CANAVARROS, op. cit.; JESUS, op. cit., 2011; ARAUJO, 2000.

da população que se encaminhava para as novas Minas do Mato Grosso, as quais haviam sido descobertas no início da década de 1730[230].

Os clérigos enviados para dar assistência nas Minas do Mato Grosso como capelães foram providos, inicialmente, pelos vigários da freguesia de Cuiabá. Segundo as crônicas do período, em dezembro do ano de 1734, o então vigário de Cuiabá, João Caetano Leite César, enviou o Padre André dos Santos Queiroz como capelão. Na região recém-descoberta das Minas do Mato Grosso "se arrancharam na paragem onde hoje é o arraial de Santa Ana, tomando o nome de capela, que então fez o dito padre André dos Santos, coberta de palha, primeira que houve nestas minas"[231].

De modo muito semelhante como aconteceu nas Minas do Cuiabá, os clérigos seculares da freguesia do Senhor Bom Jesus prestaram assistência religiosa na região das Minas do Mato Grosso até o ano de 1743, quando foi desmembrada de Cuiabá, com a criação de freguesia com sede no arraial de São Francisco Xavier. Ao todo, foram pelo menos cinco capelães que atuaram nas Minas do Mato Grosso até a chegada do primeiro vigário a essa região.

Quadro 3 – Capelães e primeiro vigário das Minas do Mato Grosso (1732-1743)

Nº de ordem	Clérigo	Emprego	Ano de chegada e posse
01	André dos Santos Queiroz	Capelão	1735
02	Manoel Antunes de Araújo	Capelão curado	1737
03	Pedro Leme	Capelão encomendado	1739
04	Antônio dos Reys Vasconcelos	Capelão interino	1742
05	Manoel da Silva Moura	Capelão encomendado	1742
06	Bartholomeu Gomes Pombo	Vigário da vara encomendado	1743

Fonte: Barbosa de Sá (1975) e *Anais...* (2006)

Assim, como apresentado no quadro *supra*, com a presença do Padre Bartholomeu Gomes Pombo e a criação da freguesia nas Minas do Mato Grosso,

---

[230] ANAIS..., *op. cit.*, p. 39.
[231] *Ibid.*, p. 40-41.

o território que viria a compreender a capitania de Mato Grosso passou a ser constituído por duas freguesias e duas comarcas eclesiásticas: a comarca da Vila Real e a freguesia do Senhor Bom Jesus, a comarca das Minas do Mato Grosso e a freguesia de São Francisco Xavier, ambas pertencentes ao bispado do Rio de Janeiro. A paróquia das Minas do Mato Grosso deixou de ter característica de freguesia "móvel" no início da segunda metade do século XVIII, quando, em 1754, teve sua sede transferida do Arraial de São Francisco Xavier para a recém-fundada Vila Bela da Santíssima Trindade, sede da capitania de Mato Grosso[232].

De acordo com Fonseca, essas "freguesias móveis" eram criadas pelos bispos para acompanhar o movimento populacional nas regiões de mineração, pois havia sempre um sacerdote dotado de poderes por parte do bispo, em geral na função de vigário da vara, que, ao tomar posse de alguma capela, a erigia como sede de freguesia. Com o passar do tempo, muitas delas se firmavam como matrizes e, aos poucos, eram edificadas e justificadas como paróquias coladas pela Coroa. Em outras freguesias móveis, porém, conforme acontecia a movimentação da população, os moradores deixavam as primeiras capelas e mudavam-se para outra localidade, onde levantavam novos templos até se estabilizarem ou se extinguissem[233].

Desse modo, analisamos que, inicialmente, no desenrolar do processo de conquista e ocupação portuguesa da região de Mato Grosso setecentista, a instalação da Igreja não se distingue muito do que é verificado em outras regiões pertencentes ao Império português. Contudo, podemos dizer que essas freguesias de Mato Grosso se diferenciaram das demais regiões da América portuguesa, na medida em que nunca receberam o reconhecimento dado com o custeio da manutenção devida por parte da Coroa. Houve uma única exceção, em relação a uma freguesia de missionação indígena criada na segunda metade do século XVIII. Porém, até as demais freguesias criadas com a mesma finalidade de missionação não tiveram benefícios colados.

1.3.2 As freguesias de missionação

A expansão da circunscrição eclesiástica na fronteira oeste da América portuguesa continuou de modo considerável na segunda metade do século XVIII, principalmente depois da instalação da administração da capitania de

---

[232] ANAIS..., *op. cit.*, p. 55.
[233] FONSECA, *op. cit.*, p. 427.

Mato Grosso[234]. No entanto, observamos que essa fase de expansão esteve ligada à política regalista de Portugal, implementada na administração dos capitães-generais. De qualquer modo, compreendemos que esse momento pode ser caracterizado como uma nova etapa para a Igreja Católica na região com a criação de freguesias eclesiásticas e o estabelecimento de mais demandas para os clérigos.

A capitania de Mato Grosso, ao todo, teve nove governadores capitães-generais, todos eles escolhidos criteriosamente para que pusessem em prática as diretrizes político-administrativas emanadas da Coroa portuguesa, com o intuito principal de assegurar a posse da região. Para isso, os governadores empenharam-se em estabelecer povoações ao longo da fronteira, edificaram fortificações e aldearam os povos indígenas que se encontravam "dispersos" nas mãos de administradores. O cumprimento dessa "agenda" era muito importante para a metrópole, pois, apesar dos acordos estabelecidos entre as duas Coroas ibéricas, havia ainda do lado português grande preocupação com prováveis ataques dos espanhóis às localidades estabelecidas do lado lusitano[235].

O povoamento português da fronteira era um problema no panorama da conquista lusitana. Por esse motivo, aldear os indígenas da região e transformá-los em cidadãos do reino era uma das alternativas que a metrópole teve e de que lançou mão, principalmente no período pombalino (1750-1777). Antes, porém, até a primeira metade do século XVIII, os povos indígenas da fronteira oeste não receberam a atenção devida pelo poder metropolitano, com exceção dos indígenas tidos como bravios e que deveriam ser combatidos por apresentarem resistência à colonização portuguesa. Desse modo, apesar de a questão indígena ser um desafio a ser enfrentado à época, aparece como ponto indispensável para a efetivação do povoamento nessa fase da instalação da capitania[236].

---

[234] A capitania de Mato Grosso foi criada em 1748 na espacialidade que estava para além da linha fronteiriça acordada com a Espanha, sua extensão cobria uma superfície de 65 mil léguas quadradas, ao norte fazia limite com a capitania do Grão-Pará e Rio Negro; ao sul, com a capitania de São Paulo; a leste, com a capitania de Goiás; e para oeste, com os governos de Chiquitos, Mojos e Paraguai. "A capitania de Mato Grosso compreendeu uma das mais extensas fronteiras geográficas da Colônia, balizada pelo Rio Guaporé, tributário do Amazonas e pelo Rio Paraguai, importante formador da maior planície inundável do planeta. Com essas características fluviais, tem-se uma região rica em águas doces e possuidora de mais de quinhentas léguas de fronteira" (CANOVA, *op. cit.*, p. 34, 48).

[235] SILVA, 2015, p. 87.

[236] *Cf.* CARVALHO, *op. cit.*

Em geral, antes da fundação das duas missões jesuíticas na capitania de Mato Grosso, os indígenas eram administrados pelos colonos ou então incorporados no meio social formado pelo processo de conquista e colonização portuguesa. Desse modo, no entendimento da formação da sociedade colonial mato-grossense e suas dinâmicas econômicas, políticas e religiosas, deve-se levar em consideração a sobreposição de território indígena, já constituído e ocupado por diferentes povos. Conforme Carlos A. Rosa, foi "tomando" e "produzindo" espaços que paulistas e portugueses ocuparam e colonizaram a região central da América do Sul, por meio de embates com diferentes populações indígenas, constituindo novas espacializações[237].

Nas narrativas do processo de conquista implementado na região por paulistas e portugueses, destaca-se quão numerosos eram os povos indígenas na região, tanto que, segundo o cronista, seria até difícil registrar a quantidade. Nas *Relações das povoações do Cuiabá e do Mato Grosso de seus princípios até os tempos presentes*, Barbosa de Sá cita alguns nomes dos quais ainda se lembrava na ocasião, como *Caroyas, Taquasentes, Xixibes, Xanites, Porudos, Xacorores, Aragoares, Mocos, Goatos, Araviras, Buripocones, Ararapes, Hytapores, Iaymes, Aycurus, Bororos, Payagoas, Xaraes, Penacuicas*, entre outros[238].

Em outro registro setecentista, a *Breve notícia do capitão Antônio Pires de Campo sobre o gentio bárbaro que há na derrota da viagem das minas do Cuiabá e seu recôncavo [...] até o dia 20 de maio de 1723*, o sertanista declara que seria um processo "infinito", se quisesse apresentar ou numerar todas as nações que se conheciam naqueles extensos e dilatados reinos[239].

Muitos topônimos até hoje são testemunhos desses tempos, como, por exemplo, Rio Coxipó, Cuiabá, entre outros. No entanto, são poucas as informações registradas sobre esses povos nativos que habitavam a região central do continente sul-americano[240]. As informações que se encontram hoje são das nações que apresentaram maior resistência em face desse processo de conquista, como *paiaguá, guaicuru, bororo* e *caiapó*. Esses povos não se entregaram facilmente e, durante décadas, formaram uma barreira que

---

[237] ROSA, *op. cit.*, p. 11.
[238] BARBOSA DE SÁ, *op. cit.*, p. 10.
[239] BREVE notícia que dá o capitão Antônio Pires de Campo do gentio bárbaro que há na derrota da viagem das minas do Cuiabá e seu recôncavo [...] até o dia 20 de maio de 1723. In: TAUNAY, Afonso de. **Relatos sertanistas**. São Paulo: Martins Fontes, 1976. (Biblioteca Histórica Paulista, 9). p. 11et seq.
[240] Conforme Rosa, lamentavelmente "aprendemos a pensar a presença indígena reduzida a poucas 'tribos'. No mais, supomos, era espaço vazio, 'povoado' por bandeirantes. Mas o próprio lugar onde começou o que é hoje a cidade de Cuiabá, era 'uma grande aldeia'" (ROSA, *op. cit.*, p. 14).

dificultou o acesso de paulistas e portugueses à colonização do território, de modo específico, na primeira metade do século XVIII, durante a fase de exploração mais acirrada das Minas do Cuiabá e do Mato Grosso[241].

As nações que resistiam eram consideradas, pelos colonizadores luso-paulistas, "gentios inimigos da fé" e, por esse motivo, foram combatidas por meio das chamadas "guerras justas", desde meados da década de 1730 até o fim do século XVIII[242]. No ano de 1734, ocorreu um grande conflito entre os cuiabanos e os *paiaguá*, como se registrou nas crônicas da época:

> Anno de mil setecentos e trinta e quatro [...] Sahio armada do posto desta villa [Cuiabá] no dia primeiro de agosto composta de vinte e oito canoas de guerra oitenta de bagage e montaria três balsas que eraó cazas portáteis armadas sobre canoas oitocentos quarenta e dous homens entre brancos pretos e pardos tudo o que era branco Levava cargo mellitar, e só se diziaó soldados os pretos índios, e mestisos foraó por capellaens o Padre Frey Pacifico dos Anjos Religiosos Franciscano e o Padre Manoel de Campos Bicudo do habito de Sam Pedro com todos os paramentos para dizerem Missa que as diziaó dentro das balsas.[243]

O nome de um dos primeiros sacerdotes que haviam chegado à região no tempo dos primeiros descobrimentos aparece no registro: trata-se do Frei Pacífico dos Anjos. Outro clérigo secular também presente desde os anos iniciais da colonização foi o Padre Manoel de Campos Bicudo. A presença dos clérigos indica que todas as forças eram necessárias para vencer os "inimigos". Conforme a historiadora Maria de Fátima Costa, no período entre 1719 e 1768 os *paiaguá* tornaram-se uma grande ameaça para os cuiabanos em função da aliança feita com os *Mbayá-guaykurú*. Mas, no fim do século XVIII, foram vencidos pelo poder bélico dos portugueses, e a parte sul da capitania de Mato Grosso foi sendo tomada e ocupada com novas povoações[244].

As nações indígenas que não ofereciam resistência, como os *pareci*, que eram considerados pacíficos, foram sendo incorporadas ao título de admi-

---

[241] Na verdade, somente de 1780 é que os implacáveis "gentios de corso" das águas do médio Paraguai vão desertar, e para as cercanias de Assunção é que vão "principiar a agonia lenta de um povo tão infenso às artes da paz" (HOLANDA, 2014, p. 104).
[242] COSTA, *op. cit.*, p. 50.
[243] BARBOSA DE SÁ, *op. cit.*, p. 33-34.
[244] COSTA, *op. cit.*, p. 49-50.

nistração até meados do século XVIII[245]. De acordo com Carlos A. Rosa, em 1725 viviam no arraial do Senhor Bom Jesus indígenas *guató* (pantaneiros) e, em 1736, também havia *bororo, guató, paiaguá* e *pareci*. "Os *Pareci* trabalhavam em pesca e salga de Peixes [...], na periferia da Vila moravam os *Guaná*, que faziam redes e trabalhavam na ligação fluvial com o presídio de Coimbra"[246]. Por não ser utilizada a mão de obra indígena na mineração, como se fazia com os escravos de origem africana, os colonos exploraram-na para suas necessidades básicas, como em alimentação, vestuário e locomoção, o que acabou sendo imprescindível para a sobrevivência dos colonizadores[247].

Segundo Canavarros, a escravidão indígena acontecia de forma disfarçada, pois a Coroa acabava concedendo aos moradores das minas a possibilidade de retê-los como *administrados*, o que, em outros termos, era uma forma disfarçada de escravização[248]. Entretanto, no caso dos *pareci*, a perseguição não foi nem tão disfarçada assim, como se pode conferir na carta enviada pelos oficiais da Câmara do Senado da Vila do Cuiabá de 1731, na qual os vereadores denunciaram a seguinte situação de violência sofrida pelos indígenas:

> Também representamos a V. Mgd^e da percão q' padece omizeravel gentio Paracy com as entradas q' aelle continuão fazer vários certanistas. Enaverdade, S^or, q' he digno de compachão ver q' não avendo recebido os Vassalos de V. Mgd^e prejuízo algum deste gentio, o vão inquietar aparte tão distante, como a emq' hábitao tirando as liberdades aos q' podem servir, e as vidas aos inúteis. Sendo q' nos paresse ser entre todo o gentio da América oq' milhor dispozição tem p^a receber a nossa Santa Fé, se ouvese q'm lha administrasse sem a portubação das armas q' são fugitivos, eadiministrados os tras ausentes de suas aldeyas, morrendo a pura necessid^e por não cuidarem de suas searas, com o medo do Cativeiro Como contão os mesmos certanistas: aq' a Pi[edade] de V. Mgd^e deve aplicar o Remédio q' convir p^a evitar danos de tão grande consequência. Toda esta contanos pareceo representar a V. Mgd^e p^a q' V. Mgd^e disponha oq' for mais conveniente ao Real serviço de V. Mgd^e D^s gd^e a V. Mgd^e m^s anos. Villa Real do Senhor Bom Jezus das Minas do Cuyabá escrita em Camr^a em 10 de abril de 1731.[249]

---

[245] CARTA dos oficiais da câmara ao rei [d. João V] sobre as despesas que fez para a guerra com o gentio paiaguá e a perseguição que fazem os sertanistas aos pareci, a quem escravizam e matam. Vila de Cuiabá, 10 abr. 1731. AHU-MT, Caixa 1, Doc. 42.

[246] ROSA, *op. cit.*, p. 23.

[247] *Ibid.*, p. 23.

[248] CANAVARROS, *op. cit.*, p. 89.

[249] CARTA..., 1731.

No discurso dos vereadores denunciantes, podemos perceber que havia a preocupação com "catequização do gentilismo", todavia essa atitude não foi tomada em relação aos indígenas da região das Minas do Cuiabá. Em outra carta da década de 40 do Setecentos, novamente o problema é destacado. Na nova carta, reclamava-se a necessidade do envio de missionários para o cuidado que deveria ser dispensado aos indígenas.

> Enquanto a segunda parte do Requerimento sobre os missionários, hê certo que athe oprezente senão tem visto Missionário algum nesta comarca para propagação da fé, de que tem resultado grande perjuiso ao serv° de D^s e de V. Mag^e [...].[250]

Os missionários tão reclamados chegaram em 1751, depois de longa espera, por ocasião da vinda do primeiro governador da capitania de Mato Grosso, o capitão-general Antônio Rolim de Moura. Pois, com a intenção de garantir a posse do território, a Coroa portuguesa passou uma série de orientações ao governador para que as seguissem nos encaminhamentos de suas decisões e práticas referentes à região[251].

Com base no estudo feito por Loiva Canova sobre as orientações dadas pela rainha Mariana d'Áustria (1683-1754), em 19 de janeiro de 1749, ao primeiro governador da capitania de Mato Grosso, destacam-se os seguintes itens de um conjunto formado por 32 capítulos:

> 1) Fundar a capital da nova capitania no vale do Rio Guaporé;
>
> 2) Fundar uma aldeia jesuítica para os índios mansos;
>
> 3) Incentivar a criação do gado vacum e cavalar;
>
> 4) Conceder privilégios e isenções de impostos àqueles que desejassem residir nas imediações da nova capital;
>
> 5) Construir, na nova capital, residência para os Capitães-Generais;
>
> 6) Agir com diplomacia nas questões de fronteira, evitando entrar em confronto aberto com os espanhóis;
>
> 7) Tomar cuidado com os ataques dos índios bravios, especialmente os Paiaguá e Guaicuru;
>
> 8) Fornecer informações mais precisas da capitania recém-criada, seus limites e potencialidades;
>
> 9) Proibir extração e comercialização de diamantes;

---

[250] CARTA do ouvidor João Gonçalves Pereira ao rei [d. João V] sobre o pedido dos moradores da vila de Cuiabá do estabelecimento de uma Igreja da Misericórdia que sirva de hospital e que lhe seja atribuído parte dos dízimos da comarca e pede ainda o envio de missionários. Vila de Cuiabá, 20 set. 1740b. AHU-MT, Caixa 3, Doc. 139.

[251] CANAVARROS, *op. cit.*, p. 314.

10) Criar Companhia de Ordenanças;

11) Incentivar a pesca no Rio Guaporé;

12) Informar da viabilidade de comunicação fluvial com a capitania do Grão-Pará.[252]

Assim, essas foram, em resumo, as principais incumbências dadas ao governador. Praticamente, constituem um "plano" para a execução de seu governo, no qual as bases do domínio português do novo território seriam implantadas concretamente. Destacamos que, além de assegurar o domínio da região que poderia ser considerada a mais indefinida de toda a América portuguesa, as orientações salientam a necessidade de articulação do comércio para com a Metrópole[253]. Desse modo, sob a condição de *capitania*, Mato Grosso passa a ser considerado, oficialmente, a "chave do propugnáculo do sertão do Brasil pela parte do Peru"[254]. Essa foi a expressão utilizada na carta que escreveu a rainha D. Mariana d Áustria, e, por tal importância, esperava-se que se conseguisse naquele distrito uma população numerosa, e que houvesse forças suficientes para assim conservar. Para tanto, a rainha D. Mariana ordenava a fundação de uma vila com a concessão de diversos privilégios e isenções para atrair pessoas que ali quisessem ir e estabelecer-se. Para esse fim, foram tomadas outras medidas, como a criação de uma companhia de dragões, e que também fosse instalado um juiz de fora no mesmo distrito[255].

Contudo, entre as incumbências que o governador Antônio Rolim de Moura tinha por determinação da rainha, interessa aqui destacar a missionação dos indígenas "mansos". Como forma de implementar o povoamento da região e manter a ocupação do território, a questão indígena passa a ser uma das prioridades na região para o Estado português, e, para isso, são criadas duas missões na capitania, uma na repartição do Cuiabá e outra na repartição do Mato Grosso[256].

Com a vinda de dois missionários jesuítas, Padre Estevão e Padre Agostinho, seriam então atendidos os pedidos em relação à assistência aos indígenas que "careciam" ser congregados e aldeados para aumento do "Christianismo e extensão deste Estado". Como foi pontuado pelo próprio cronista José Barbosa

---

[252] CANOVA, *op. cit.*, p. 43-44.

[253] *Ibid.*, p. 44.

[254] ARAUJO, 2000, p. 90. v. 1.

[255] CANOVA, *op. cit.*, p. 44.

[256] As duas missões criadas pelo governador Antônio Rolim de Moura, posteriormente, no período pombalino, deram origem às freguesias de Santana e de São José.

de Sá, o papel dos missionários iria além da catequese, pois seria importante também ao interesse da Coroa para a consolidação da posse da região.

> Anno de mil sette centos cincoenta e hum [...] Trouce o General com sigo dous Missionarios Apostolicos da Companhia de Jesus [...] para que entrassem aos certoens a congregar e aldear os infiéis para augmento do christianismo e extenção deste Estadocomose fizeraó os da mesma Religiaó nas Provincias do Paragoai e Peru por onde adquirio Hispanha tantos domínios e a Igreja Sancta tantos filhos.[257]

Preocupação maior, sem dúvida, era a garantia do domínio português na região, tanto que, segundo Loiva Canova, na escolha do governador D. Antônio Rolim de Moura para a capitania de Mato Grosso, podemos perceber uma atenção especial dada por parte da Coroa, pois o novo governador teria de seguir —como fez — uma rígida política traçada pela rainha para consolidar o poder lusitano na região fronteiriça, cujo objetivo principal era manter os castelhanos além do Guaporé, na parte ocidental. Dadas essas circunstâncias, foi constante, por longo tempo, a tensão nas mais de 500 léguas de fronteira entre os indefinidos limites dos impérios ibéricos na América meridional[258].

Entretanto, o constante estado de alerta foi mais sentido na parte da repartição do Mato Grosso que compunha a capitania. Sobre a região do Vale do Guaporé, havia maior necessidade de vigília ao longo do rio, devido à proximidade com as missões castelhanas. O número de indígenas nas missões hispano-americanas facilmente poderia sobrepor-se à densidade demográfica do lado português, que receava por um possível ataque dos espanhóis[259].

Para as duas missões indígenas do lado português da fronteira até o ano de 1759, estiveram à frente delas os jesuítas Estevão de Castro e Agostinho Lourenço. O primeiro foi para a Aldeia de Santa Ana da Serra acima, distante 8 léguas de Cuiabá e meia légua da povoação onde hoje é o centro da atual cidade de Chapada dos Guimarães. Nessa região, no lugar chamado Aldeia Velha, ergueram uma capela. Nos *Annaes do Senado da Câmara do Cuiabá*, descreve-se um pouco sobre essa primeira capela. Nela, os padres jesuítas colocaram um altar central forrado com papéis *pintados* para a Santa Ana; o lado do Evangelho dedicaram a Santo Inácio de Loyola; e o lado da Epístola, a São Francisco Xavier[260].

---

[257] BARBOSA DE SÁ, *op. cit.*, p. 46.
[258] CANOVA, *op. cit.*, p. 43.
[259] SILVA, 2015, p. 87.
[260] ANNAES..., *op. cit.*, p. 114.

O segundo missionário acompanhou o governador D. Antônio Rolim para fundar a sede da nova capitania, Vila Bela da Santíssima Trindade. Os dois inacianos foram concedidos pelo provincial dos jesuítas do Brasil com o objetivo de fazer com que os indígenas das *nações mansas*, que se achavam dispersos servindo aos moradores a título de administração, fossem recolhidos e formassem a missão.

Apesar do significativo trabalho prestado por esses dois religiosos ao governo de D. Antônio Rolim de Moura, em termos de relacionamento, o Padre Agostinho Lourenço foi o que tinha mais afinidade com governador[261]. O Padre Estevão de Castro parece não ter se adaptado muito bem na nova capitania, tendo causado certo descontentamento ao governador, tanto que este, em 1758, logo aceitou o pedido de demissão do referido padre. Na carta dirigida ao governador do estado do Grão-Pará e Maranhão, Francisco Xavier de Mendonça Furtado (1701-1769), o capitão-general D. Antônio Rolim afirma que:

> Pelo que toca ao Cuiabá agora aceitei a demissão que fez da Aldeia de Santa Ana sita no distrito daquela vila o padre Estevão de Castro [...]. Mas pelo que toca a Aldeia de São Jose, em que assiste o padre Agostinho Lourenço, o que Vossa Excelência me insinua, e parte delas presentemente são insuperáveis.[262]

Há ainda outros documentos que confirmam essa falta de empatia e até de entendimento entre o clérigo e o governador. Em compensação, o Padre Agostinho Lourenço era elogiado por D. Antônio Rolim de Moura por sua atuação. Contudo, mesmo demonstrando ter reconhecimento pelo trabalho prestado pelo Padre Agostinho Lourenço, o governador não pôde fazer nada pelo missionário em relação à iminente expulsão deste[263].

O trabalho dos dois missionários jesuítas portugueses foi interrompido por conta da perseguição à Companhia promovida pelo então primeiro-ministro português, o Marquês de Pombal (1699-1782). Em 1758, o general D. Antônio Rolim de Moura recebeu ordens da metrópole mandando que os religiosos da Companhia fossem remetidos ao Pará. Nos *Anais de Vila Bela*, essas ordens foram registradas e apresentadas, brevemente, como a

---

[261] CORREA FILHO, *op. cit.*, p. 656.

[262] CARTA a Francisco Xavier de Mendonça Furtado, 15/11/1758. *In*: UNIVERSIDADE FEDERAL DE MATO GROSSO. Núcleo de Documentação e Informação Histórica e Regional. **D. Antônio Rolim de Moura, primeiro conde de Azambuja; Correspondências**. Cuiabá: Imprensa Universitária, 1982b. v. 3. (Coleção Documentos Ibéricos; Série Capitães Generaes).

[263] BRETÃS, Márcia M. Miranda. Ler, escrever e contar: considerações sobre as práticas de ensino na capitania de Mato Grosso. *In*: ROSA, C. A.; JESUS, Nauk M. de (org.). **Terra da conquista**: história de Mato grosso colonial. Cuiabá: Adriana, 2003. p. 135.

"formação de um novo sistema" destinado à conversão do "gentilismo" durante o seu governo e que, depois de aldeados, seria "um dos pontos dele não tivesse religião alguma missão própria, mas se nomeassem pelos bispos os párocos, indiferentemente, como para qualquer freguesia de brancos"[264].

Desse modo, para substituir os inacianos, o governador Antônio Rolim de Moura nomeou padres seculares, mas considerava ser essa uma tarefa difícil, porque tinha que suprir as vagas com clérigos seculares, o que causava dúvida ao governador, pois ele não tinha nem certeza se seriam efetuadas essas nomeações. Em sua opinião, dizia o governador, os padres vinham para as minas sempre com o sentido de enriquecer[265].

Depois da saída dos clérigos jesuítas, a missão de Santana da Serra acima passou para a administração do padre secular Simão Toledo Rodovalho, que foi provido pela Fazenda Real a capelão e depois a pároco colado (o único em todo o período colonial). Nesse mesmo período, a missão foi erigida em freguesia. Porém, segundo os *Annaes do Senado de Cuiabá*, isso aconteceu em "em atenção aos moradores que havião por aquelle circuito, a quem era dificultuzissima a asistencia do posto expiritual pello Parocho desta Villa"[266]. De qualquer modo, a freguesia continuou sendo constituída também pelos indígenas da localidade, mesmo tendo passado a administração aos clérigos seculares, e assim permaneceu por todo o período colonial. Conforme levantamento, até o ano de 1808, a missão de Santana teve pelo menos sete sacerdotes na sua administração.

Quadro 4 – Vigários e párocos da freguesia de Santana da Chapada (1761-1808)

Ano	Clérigo	Emprego
1761(?)	Simão de Toledo (Rodovalho)	Vigário da vara e matriz, visitador
1779	Manoel de Albuquerque (Fragoso)	Vigário
(?)	João Alvares Torres	Pároco encomendado
1782-3	Braz Luís de Pina	Vigário pároco
1795	João Manoel de Souza Lobo	Vigário
1804	João José Gomes da Costa	Pároco
1808	José Gomes da Silva	Pároco

Fonte: *Annaes...* (2007)

---

[264] ANAIS..., *op. cit.*, p. 77.
[265] CARTA..., 1982b.
[266] ANNAES..., *op. cit.*, p. 114.

A freguesia de Santana do Sacramento da Chapada, no decorrer do tempo, passou por transformações e, aos poucos, nas proximidades da missão, foi se constituindo em uma nova vila, mais bem estruturada, mas sem se dar a devida importância ao espaço de celebração do Culto Divino, a ponto de, no ano de 1778, tal situação ter incomodado o então juiz de fora da Vila Real, doutor José Carlos Pereira, que:

> [...] por ocasião de certa diligencia do Real servisso havia passado em novembro do anno próximo [...] a Missão de Santa Anna Teve elle então ocazião de ver a palhossa na verdade indecentissima em que se celebravão o Santo Sacrificio do altar, e mais Divinos officios, e o mais hé, que servia de Matris, por ser a dita Missam Freguesia separada com muitos aplicados de fora, alem dos Indios della, ahi selhe foi | introduzindo hum fervorozo desejo de erigir huma Igreja, que houvesse de servir de Matris, onde com a decencia que deve ter aquelle Santuario, e Caza de Deos, sehouvessem de selebrar os Divinos officios e na verdade que nunca ja mais perdeo do sentido aquelle Santo dezejo, assim como, e muito principal mente a indecencia da Igreja ou palhossa velha.[267]

Conforme os *Anais do Senado da Câmara do Cuiabá*, ao terminar a diligência, já na Vila do Cuiabá, o juiz de fora tentou mobilizar a população para a construção de uma matriz na freguesia da Chapada. Segundo o cronista, houve resistência para a execução do empreendimento, pois os gastos seriam elevados, os recursos materiais eram difíceis de conseguir, assim como também havia a inexistência de artífices de ofício para trabalhar na obra, entre outros empecilhos, mas o juiz devoto conseguiu levar seu projeto adiante.

A freguesia de Santana na Chapada também passou a ser mais valorizada pelo empreendimento eclesiástico. Por ser rota de passagem das caravanas que chegavam pelo caminho de terra que ligava a capitania de Mato Grosso à Vila Boa, na capitania de Goiás, já era importante para a região, em função da produção e do fornecimento de alimentos para a Vila Real. O novo templo foi edificado em lugar distante da antiga aldeia, o que transformou o espaço urbano daquela localidade.

Na repartição do Mato Grosso, foi fundada, em 1755, às margens do Rio Guaporé, a Missão de São José, cujo objetivo era aldear os indígenas da banda oriental daquele rio. A missão também recebia aqueles que fugiam

---

[267] ANNAES..., *op. cit.*, p. 113.

do lado dos jesuítas espanhóis. Em verdade, havia na região uma intensa movimentação dos povos indígenas, sendo estes disputados pelas missões dos dois lados da fronteira[268].

Desde a chegada do jesuíta Agostinho Lourenço à região, foram quatro anos para se escolher o local e estabelecer as condições necessárias para o trabalho missionário. O Padre Agostinho visitou o espaço e analisou o que era necessário para instalação dos indígenas. Todavia, a fixação destes foi considerada, à época, difícil, devido à ausência de povoações vizinhas que dessem suporte às necessidades dos futuros moradores[269]. Essa missão era de grande importância para o governador da capitania de Mato Grosso, pois também poderia servir para obter informações e acompanhar a movimentação das missões castelhanas que tentavam avançar para o lado leste do Guaporé[270].

Depois da partida do Padre Agostinho Lourenço, em 1759, na missão indígena que estava sob seus cuidados foi erigido a freguesia de São José, cuja direção foi assumida pelo padre secular Domingos Gomes da Costa, que, provavelmente, ficou até 1770, quando, em 19 de março, tomou posse como vigário da vara e matriz de Vila Bela da Santíssima Trindade[271]. Destacamos que, ao ser criada a freguesia de São José, diferentemente de como aconteceu com a missão de Santana na Chapada, o clérigo secular que assumiu a sua direção recebeu provisão passada pelo então vigário de Vila Bela, o Padre José Ramos de Morais Marcelo, e não pela Fazenda Real[272].

A criação das freguesias na capitania de Mato Grosso, que antes eram missões indígenas, fazia parte das políticas regalistas e de diretrizes emanadas de Lisboa. Antes, porém, desde o fim do século XVII, a legislação portuguesa proibia o cativeiro dos indígenas e estabelecia que os indígenas assim encontrados deveriam ser encaminhados às missões e aos aldeamentos[273]. Conforme estava previsto no *Regimento das missões do estado do Maranhão e Grão-Pará* (Lei de 21 de dezembro de 1686), a administração dos indígenas aldeados era de exclusividade dos religiosos, tanto no que se dizia respeito ao governo espiritual quanto ao temporal e político[274].

---

[268] CARVALHO, *op. cit.*, p. 283-286.
[269] SILVA, 2015, p. 102.
[270] ANAIS [...], *op. cit.*, p. 75-77.
[271] *Ibid.*, p. 135.
[272] *Ibid.*, p. 77-78.
[273] FERREIRA, Maria Delfina do Rio. **Das Minas Gerais a Mato Grosso**: gênese, evolução e consolidação de uma capitania. A acção de Caetano Pinto de Miranda Montenegro. 1996. Dissertação (Mestrado) – Universidade do Porto, Porto, 1996. p. 150.
[274] SILVA, 2015, p. 103.

Porém, com o advento das reformas pombalinas, as missões e os aldeamentos da capitania de Mato Grosso, assim como as de outras partes da América portuguesa, passaram por um processo de secularização em que a atividade missionária saiu das mãos dos religiosos para as das autoridades civis, como governadores, juízes de fora e ouvidores[275]. Essa nova política pombalina, aplicada aos índios, estava exposta no *Directório que se deve observar nas povoações dos índios do Pará e de Maranhão*, aprovado pelo rei em agosto de 1758[276].

Com o *Directório*, buscava-se eliminar o isolamento dos aldeamentos indígenas, incentivando os casamentos mistos com brancos e estimulando o deslocamento de famílias brancas para viverem nas povoações indígenas. Ou seja, tentou-se promover a inserção dos indígenas na sociedade colonial dentro dos padrões e costumes europeus estabelecidos[277]. Conforme Francismar A. L. de Carvalho, esse foi um programa com propósitos "civilizatórios" aplicado aos indígenas pela inserção do trabalho agrícola, principalmente[278].

Assim, ponderamos que a implantação das medidas previstas pelo *Directório* impactou a conformação da estrutura eclesiástica, como também as demandas clericais, na segunda metade do século XVIII, na capitania de Mato Grosso. A última freguesia criada na região no Setecentos, a de São Luiz na Vila Maria do Paraguai, não surgiu de antigas missões, como as outras duas já citadas, porém também se caracterizou como uma freguesia de indígenas e, portanto, com características de missionação.

A freguesia de São Luiz foi criada em 4 de abril de 1780 por edital expedido pelo então bispo do Rio de Janeiro, D. José Joaquim J. Mascarenhas[279]. A ereção dessa freguesia seria para atender a uma porção de moradores que estava entre as duas comarcas eclesiásticas existentes, a do Mato Grosso e do Cuiabá, que, a princípio, estaria abandonada pelos clérigos devido às distâncias geográficas das duas matrizes e exposta ao perigo de lhe faltar atendimento espiritual, principalmente no momento de morte, como dizia o bispo no edital de criação[280].

---

[275] *Ibid.*, p. 103.
[276] DIRECTORIO, que se deve observar nas povoações dos indios do Pará, e Maranhão: em quanto Sua Majestade não mandar o contrario. Lisboa: Na Officina de Miguel Rodrigues, Impressor do Eminentíssimo Senhor Cardeal Patriarca, 1758.
[277] FERREIRA, *op. cit.*, p. 150.
[278] CARVALHO, *op. cit.*, p. 300.
[279] EDITAL de criação da freguesia de São Luís da Vila Maria do Paraguai. 4 abr. 1780. APEMT-MT, Mss.
[280] *Idem*.

No entanto, a criação da freguesia já havia sido negociada com o vigário de Cuiabá à época, o Padre José Correia Leitão, e confirmada pelo capitão-general Luís de Albuquerque Pereira e Cáceres, tanto que o título já havia sido indicado um ano antes da aprovação, por sugestão do próprio vigário, em correspondência ao governador, como segue:

> E como na sua ereção se há de determinar e declarar o Orago da freguesia e também necessário que V. Exª me ordene o título ou orago da Igreja ou freguesia Assim como a Vila tem o titulo de Maria, também a igreja há de ter o seu. E apressa com que eu [...] de fazer a coisa me tirasse o tempo de consultar = eu para perpetuar na daquela Vila o nome de V. Exª poria o seguinte = Freguesia de São Luiz de Vila Maria de Paraguai = V. Exª me determinará o que hei de obrar [...].[281]

Além da indicação do título da freguesia, o vigário destaca que o estabelecimento de limites também se fazia necessário. De fato, consideramos que a delimitação de limites de circunscrições eclesiásticas na América portuguesa constituía um problema real. A Vila Maria do Paraguai, por exemplo, fora criada dois anos antes da ereção da freguesia, na margem esquerda do Rio Paraguai, em 6 de outubro de 1778. Localizava-se no caminho entre Vila Bela e Vila Real do Senhor Bom Jesus e tinha por objetivo facilitar a comunicação e o comércio entre as duas vilas, como também aumentar a defesa da fronteira.

Além das distâncias, havia o problema da manutenção e do rendimento financeiro, bem como a dificuldade em lidar com populações indígenas do local. Por este motivo, identificamos que a nova freguesia de São Luiz não despertava muito o interesse dos clérigos para administrá-la. Na *Devassa* de 1785, o padre visitador Manoel Bruno Pina fez a seguinte observação sobre o Padre José Ponce Diniz, que então paroquiava a freguesia de São Luís:

> [Era] de bom procedimento, e mta prudensia, grandíssimo gramatico, e mestre que foi de mtos clérigos em São Paulo, porém sem capacidealguma para a ocupação de Parocho pelos seus mtos anos [76], e moléstias: mas por falta de sacerdotes paroquea aquela Freg^a, onde ahinda se pode conservar por não haver muito trabalho. Não vive bem com os fregueses, por seremestes quazi todos índios mal disciplinados, indômitos,

---

[281] CORRESPONDÊNCIA referente à ereção da freguesia de Vila Maria do Paraguai e recusa do frei Francisco Xavier Leite em dirigir a freguesia. Cuiabá, 18 abr. 1779. APEMT-MT Mss, Lata 1787/A.

e viciosos, [...] A 8 anos he parocho o Rdo actual, não tem coadjutores, sacerdotes, e menos pertendentes de Ordens.. tem rendimento succinto q contribue a Real Fazenda. pela circunstância dos fregueses serem índios [...].[282]

Ao falar do pároco, o visitador também apresenta algumas características da freguesia da Vila Maria: indígena, pobre e exigia muito trabalho. A fundação da Vila Maria deu-se com o estabelecimento de alguns casais indígenas, totalizando mais de 60 pessoas, provenientes dos domínios de Castela, que fugiram da Missão de São João de Chiquitos[283]. Segundo Gilian E. F. Silva, para a criação de povoações, esses indígenas teriam sido cooptados pela monarquia portuguesa, com promessas e com instrumentos de trabalho[284]. Desse modo, a freguesia de São Luiz era considerada indígena e exigia um intenso trabalho por parte dos vigários para disciplinar os seus fiéis, principalmente em matéria de sacramento do matrimônio, a ponto de alguns clérigos se negarem a assumir a freguesia, apesar de o vigário poder receber côngrua pela Fazenda Real, mas sem ser colado[285].

Desse modo, destacamos que a expansão da estrutura eclesiástica que acompanhou os processos de conquista e colonização em Mato Grosso, desencadeada pela mineração, a princípio não tinha entre seus objetivos imediatos (nem em longo prazo) a missionação dos povos indígenas em si. Em outras partes da colônia que não eram de mineração, o trabalho missionário com os povos indígenas era realizado, tradicionalmente, por sacerdotes regulares, como os jesuítas e os franciscanos. As freguesias de missionação, na capitania de Mato Grosso, foram assumidas pelos clérigos seculares em consequência das políticas regalistas adotadas pela Coroa portuguesa em seus domínios contra as Ordens regulares, principalmente em relação à Companhia de Jesus[286].

Não obstante, notamos que, apesar de a instituição eclesiástica da capitania de Mato Grosso ter sido pequena, se comparada a outras regiões da América portuguesa, é possível observar que nem por isso foi menos atrativa aos clérigos e, tampouco, facilitado o seu acesso. De acordo com o historiador Gilian E. F. Silva, a malha das igrejas e capelas construídas

---

[282] VISITAS pastorais. *In*: DEVASSAS. Cuiabá: 1875. Livro 2. Arquivo da Cúria Metropolitana do Rio de Janeiro. Datilografado. p. 153-154.
[283] ARAUJO, 2000, p. 113-115. v. 1.
[284] SILVA, 2015, p. 114. Ver também: CARVALHO, *op. cit.*, p. 279-280.
[285] José Ponce Diniz [Martins] foi o primeiro vigário da freguesia da Vila Maria e ficou até 1785, pelo menos. *Cf.* VISITAS..., 1785.
[286] HOORNAERT, *op. cit.*, p. 221-222.

na região era considerável, como também devem ser consideradas as distâncias, no espaço e no tempo, em relação aos centros de decisões político eclesiásticas da época[287].

Os espaços de culto (capelas e matrizes) da circunscrição eclesiástica da fronteira oeste colonial foram sendo estabelecidos com muita dificuldade e empenho por parte de sua população, que, mesmo tendo o direito de usufruir do que era disposto pela política do padroado régio, teve que arcar com o custeio de manutenção do Culto Divino, dos templos e de seus ministros eclesiásticos[288].

Vale lembrar que a circunscrição eclesiástica constituída na capitania de Mato Grosso foi marcada, inicialmente, pela mineração e também por estar em região de fronteira com implicações adjacentes da conquista e colonização do território. Destacamos que a ausência por parte da Coroa no cumprimento de suas obrigações para com a igreja local não significou ausência de sua influência, ao contrário, conduziu à constituição de um corpo clerical nas freguesias, exclusivamente formado por padres encomendados e predominantemente formado por padres seculares. O que deveria ser uma exceção, a princípio, tornou-se regra, devido ao reflexo do não cumprimento das obrigações do padroado régio para com a instalação e manutenção de benefícios eclesiásticos na fronteira oeste.

---

[287] SILVA, 2015, p. 127.
[288] *Ibid.*, p. 127.

2

A MINERAÇÃO E O ENRAIZAMENTO DA ESTRUTURA ECLESIÁSTICA NA FRONTEIRA OESTE DA AMÉRICA PORTUGUESA

O processo de formação da sociedade mineradora colonial mato-grossense e sua dinâmica de conquista e colonização aconteceram sobre território indígena, território esse constituído por inúmeras etnias desde tempos ancestrais. Paulistas e portugueses sobrepuseram-se nessa região por meio de embates com diferentes populações indígenas, fazendo surgir, dessa maneira, novas espacializações[289]. No entanto, observamos que, diferentemente de outras regiões da América portuguesa, o enraizamento da estrutura eclesiástica na fronteira oeste não foi impetrado pela ação missionária, que, até então, era realizada tradicionalmente por Ordens regulares. Ocorreu que a implantação da Igreja Católica na região se deu pelo desencadeamento da atividade de mineração[290].

Desta forma, a região de Mato Grosso setecentista foi caracterizada também como zona de mineração, o que influenciou de modo particular a formação da instituição eclesiástica na região e, especificamente, de seu clero. O historiador Eduardo Hoornaert, ao estudar a história da Igreja na América portuguesa, considera que os movimentos missionários coloniais podem ser compreendidos pelo menos em quatro modos e períodos distintos. Em sua análise, esses movimentos sofreram influência do contexto socioeconômico no qual estavam inseridos. Assim, para o autor, o primeiro movimento foi o que acompanhou a conquista e a ocupação do litoral brasileiro, sobretudo na região Nordeste, com a implantação das grandes plantações de cana-de-açúcar; o segundo movimento foi condicionado pela ocupação do interior brasileiro ao longo do Rio São Francisco; o terceiro movimento foi o maranhense, que aconteceu ao longo do Rio Amazonas; já o quarto movimento missionário foi típico nas regiões mineradoras. Este último corresponde ao ciclo mineiro[291].

---

[289] ROSA, *op. cit.*, p. 11.

[290] Destacamos que a missionação dos povos nativos da região central da América portuguesa só veio a ocorrer na segunda metade o século XVIII, controlada pelo Coroa portuguesa, que, na ocasião, instalava suas estruturas de poder e administração visando assegurar a posse do território fronteiriço.

[291] HOORNAERT, *op. cit.*, p. 42.

Em termos gerais, entendemos que essa classificação se faz pertinente, pois, em função dos interesses específicos no desenvolvimento das atividades econômicas, como a de mineração, procedeu-se a organização e fiscalização da ação missionária de maneira diferenciada de outras regiões coloniais por parte da Coroa portuguesa. Nas zonas de mineração, como Minas Gerais, Goiás e Mato Grosso, houve forte controle, proibindo-se a instalação de Ordens regulares por parte da Coroa, o que acabou propiciando o florescimento de um tipo de organização eclesiástica com maior influência do laicato e com predominância de associações leigas, de irmandades, de confrarias, assim como a ascendência dos padres seculares (diocesanos), conhecidos também como do *Hábito de São Pedro*. Esses padres seculares eram subordinados diretamente aos bispos ou aos respectivos cabidos[292].

Nesta perspectiva, *grosso modo*, compreendemos que a formação da Igreja em Mato Grosso poderia enquadrar-se nas características do movimento missionário minerador, segundo a classificação de Hoornaert[293]. No entanto, salientamos que é possível identificar também diferenças entre as três capitanias da zona de mineração supracitada. A malha eclesiástica da capitania de Mato Grosso foi menor em relação à de Goiás e ainda mais em relação à de Minas Gerais. Como demonstramos no capítulo precedente, na capitania de Mato Grosso não houve a implementação de benefícios eclesiásticos colados nas suas freguesias durante todo o período colonial, nem mesmo nas duas mais antigas e principais paróquias, apesar de constituir-se em prelazia a partir de 1746. Também se faz necessário levar em consideração outro diferencial: conforme destacou a historiadora Maria Nauk de Jesus, a capitania de Mato Grosso congregou duas características, pois esta foi uma "*capitania-fronteira-mineira*", demarcando, assim, a sua especificidade no cenário imperial português[294].

Desse modo, destacamos que a mineração desencadeou, em diferentes aspectos, mudanças decisivas na vida colonial, desde a atividade econômica até os costumes, incluindo a vida religiosa dos leigos e dos eclesiásticos. Da mesma forma que o sonho de encontrar a "outra ponta do arco-íris" com seus possíveis tesouros atraiu levas consideráveis de populações, também atraiu os clérigos, que, de variadas maneiras, acompanharam o desenvolvimento

---

[292] Apesar da proibição régia em relação à instalação e às Ordens regulares nas minas, alguns religiosos também estiveram, eventualmente, na região de Mato Grosso colonial como missionários, pregadores, ou mesmo como aventureiros. *Cf.* CARRATO, *op. cit.*; BOSCHI, 1986; HOORNAERT, *op. cit.*

[293] HOORNAERT, *op. cit.*, p. 42.

[294] JESUS, *op. cit.*, p. 19.

da mineração na colônia. Assim, observamos que novas frentes de atuação eclesiástica e de fontes de recursos para sobrevivência foram surgindo aos clérigos, principalmente aos que não conseguiam um lugar no limitado sistema de manutenção clerical imposto pelo instituto do padroado.

O catolicismo foi introduzido no território que compreendeu Mato Grosso setecentista pela ação de paulistas sertanistas preadores de indígenas e que, ao descobrirem ouro, tornaram-se também mineradores e colonizadores da região. A cada descobrimento, logo providenciavam a construção de uma tapera para que servisse de capela e lugar das práticas de devoção aos santos protetores e celebração do culto divino. Essas palhoças que serviam como capelas, às vezes oratórios, tornavam-se referência para instalação dos clérigos que, rapidamente, seguiam os aventureiros. Assim, destacamos que, com a presença desses padres, a instituição eclesiástica acompanhou o processo de conquista durante o século XVIII, e, paulatinamente, os bispos do Rio de Janeiro foram estendendo suas jurisdições sobre as áreas das minas no interior do continente.

Desse modo, analisaremos neste capítulo como a presença dos eclesiásticos e o enraizamento da instituição eclesiástica estiveram associados ao desenvolvimento da mineração na região da parte central da América do Sul.

2.1 As descobertas auríferas no desenho do Império português

Os luso-paulistas, fixados ao Sul da América portuguesa, especializaram-se nas entradas pelos *sertões desconhecidos*, tanto pela busca e captura de indígenas para o abastecimento de mão de obra escrava quanto para encontrar metais e pedras preciosas[295]. Desde o século XVI, paulistas e portugueses imaginavam que poderiam encontrar o tão cobiçado metal pelos sertões coloniais. Conforme o Barão de Eschwege, logo após a primeira fase de colonização na capitania de São Vicente, já se tinha informação da descoberta de ouro na região que se constituiria na capitania de Mato Grosso[296]. Mas, segundo o barão, as expedições que tentaram encontrar ouro foram trucidadas pelos índios que habitavam a região. "A tentativa foi tão desanimadora, que, durante muitos anos, não partiu expedição nenhuma para aquela região, ou, se partiu, foi tão sem importância que não resultou em nenhuma referência escrita"[297].

---

[295] *Cf.* HOLANDA, 2014, p. 163; CORREA FILHO, *op. cit.*; VOLPATO, *op. cit.*

[296] VON ESCHWEGE, W. L. **Pluto brasiliensis**. Prefácio de Mario G. Ferri. Tradução de Domício de Figueiredo Murta. Belo Horizonte; São Paulo: Itatiaia; Universidade de São Paulo, 1979. v. 1. (Reconquista do Brasil; v. 58-59). v. 1, p. 67.

[297] *Ibid.*, p. 67.

Na historiografia mais tradicional, predomina o entendimento de que as inserções dos sertanistas paulistas mata adentro tinham como principal objetivo a busca por indígenas para serem utilizados como mão de obra escravizada, o que de fato aconteceu. No entanto, observamos que o sonho de encontrar o *El Dorado* impulsionava os aventureiros desde o tempo das primeiras inserções realizadas próximo ao litoral na segunda metade do século XVI. Pois havia, no imaginário da sociedade colonial, a circulação de muitas lendas contadas a respeito de tesouros míticos que poderiam ser encontrados no interior do continente[298]. Essas lendas instigavam as pessoas a acreditarem na existência de montanhas de pedras preciosas, de lagos de ouro e até na possibilidade de se localizar o *Jardim do Éden*[299].

É verdade que muitos desses mitos perderam força ainda nos primeiros séculos da colonização da América. Contudo, diante de tão vasto território, a crença na existência de tesouros fabulosos continuou a existir no imaginário de muitos, como, por exemplo, as emblemáticas *Minas dos Martírios*[300]. Consoante Renata Malcher de Araújo, tal imaginário tinha motivo para ser alimentado; feitos os descontos e tirados os exageros próprios dos mitos, ao menos no plano simbólico, essas lendas seriam espelho de um imaginário respaldado na realidade vivida pelas populações da época[301]. A mesma autora analisou a influência das minas do Peru sobre o imaginário das populações no continente americano e aponta que havia a crença de se descobrir um *"novo Potosí"* no território brasileiro[302].

Assim, apesar da constante fama de que na América portuguesa havia minas de ouro, prata e ferro, havia também a compreensão, por parte de coevos e do jesuíta André João Antonil, de que se existia muito descuido por parte dos coloniais em descobri-las e em aproveitar-se das riquezas delas, isso porque, para o jesuíta, os moradores contentavam-se com a abundância presente na terra:

---

[298] Cf. HOLANDA, Sérgio Buarque de. **Visão do paraíso**: os motivos edênicos no descobrimento e colonização do Brasil. 5. ed. São Paulo: Brasiliense, 1992; ANTONIL, *op. cit.*, p. 16.

[299] Sobre os efeitos das notícias divulgadas das descobertas de ouro pela bandeira de Pascoal Moreira Cabral, José Barbosa de Sá deixou a seguinte observação: "[...] se aballarao muitas gentes deixando cazas, fazendas, mulheres e filhos botando-se para estes Sertoens com se fora a <u>terra de promissam ou o Parahyso incoberto em que Deus pos nossos primeiros paes</u>" (BARBOSA DESÁ, *op. cit.*, p. 12, grifo nosso).

[300] MEMÓRIA Q' J.e M.el de Seqra Presbo secular professor real da Filosofia Rac.al e moral da Va do Cuyabá Academico da R. Academia das Sciencias de Lx.aenviou a M.ma Academia sobre a decadência atual das três Cap.niasde Minnas e meios d' a reparar; no anno de (1802). *In*: HOLANDA, S. B. de. **Monções e capítulos de expansão paulista**. Organização de Laura de Mello e Souza e André Sekkel Cerqueira. Notas de André Sekkel Cerqueira. 4. ed. São Paulo: Companhia das Letras, 2014. Anexo D. p. 163.

[301] ARAUJO, 2000, p. 25. v. 1.

[302] *Ibid.*, p. 25.

> [...] e com peixes que se pescam nos rios grandes e aprazíveis, não trataram de divertir o curso natural destes, para lhes examinarem o fundo, nem de abrir aquelas entranhas, como persuadiu a ambição insaciável a outras nações; ou porque o gênio de buscar índios nos matos os desviou desta diligencia, menos escrupulosa, e mais útil.[303]

Para Antonil, provavelmente por ser um religioso jesuíta de origem europeia, parecia um absurdo ver a falta de iniciativa dos habitantes da colônia em relação ao pouco desenvolvimento da atividade de mineração. Além disso, há, na sua compreensão do "problema", a existência de um condicionamento natural ou ecológico que não fomentava ambição sobre os mesmos moradores locais.

Sérgio Buarque de Holanda também teve uma percepção aproximada: alegava que tudo fazia supor que a demanda pelo metal precioso teve influência moderada, pois, segundo ele, de início seria quase nula, no ânimo dos aventureiros sertanistas[304]. O autor chegou a essa conclusão fundamentando-se no testemunho de um governador paraguaio da época, o qual demonstrava esse lado pouco ambicioso dos sertanistas pelo metal precioso e maior interesse por capturar indígenas[305]. De qualquer forma, entendemos que, independentemente do grau de "ambição" dos habitantes coloniais, o que se nota na ação dos sertanistas era a possibilidade de conseguir rendimentos imediatos, tanto que, mesmo depois, com maior desenvolvimento da atividade da mineração na região, a inércia destacada pelo religioso jesuíta italiano ainda poderia ser percebida, como foi destacado pelo padre secular José Manoel de Siqueira no início do século XIX.

No ano de 1802, o Padre José Manoel de Siqueira, natural da Vila do Cuiabá, em um parecer que fez sobre a decadência em que se encontravam as capitanias da mineração à Academia das Sciencias de Lisboa, redigiu uma nota do documento, que dizia assim:

> De algumas [Capitanias] temos trad^{am} de q' existem, porem a inércia e inação dos povos destas Cap.^{nias} não permitem indagação e menos exame de campanhas virgens, e assim ficarão sempre até q' haja q^m fomente esta necessar^a deligencia [...].[306]

---

[303] ANTONIL, *op. cit.*, p. 15.
[304] *Ibid.*, p, 36.
[305] HOLANDA, 2014, p. 36.
[306] MEMÓRIA..., 2014, p. 165.

Padre José Manoel de Siqueira também reforça a ideia de inação presente entre os coevos coloniais. Esse clérigo era "filho da terra", mas estudou na Europa, onde, por alguns anos, viveu em Portugal, e provavelmente por esse motivo, sob a influência iluminista que recebera, não se poderia esperar dele que pensasse muito diferente em relação à inépcia manifesta em seus conterrâneos mineradores[307]. Na análise do padre cuiabano, a extração do ouro continuava a ser realizada tal como faziam os primeiros descobridores da região, há quase um século, e, do seu ponto de vista, o problema nunca foi a falta de conhecimento de novas técnicas, pois o próprio eclesiástico declarava ter se dedicado a ensinar em tempos anteriores.

Assim sendo, entendemos que, desde os primeiros descobrimentos auríferos nos sertões do continente, certos aspectos que dizem respeito ao modo de proceder dos mineradores podem ser levados em consideração na análise do desenvolvimento da mineração. Mas há fatores que vão além do simples comportamento tíbio dos moradores coloniais, e que devem ser observados por uma escala maior. Pois as atividades econômicas coloniais sempre estiveram referenciadas por parâmetros provenientes de um contexto mais amplo que iam ao encontro dos interesses da Metrópole. Ora, mesmo que os aventureiros dos sertões tivessem um comportamento menos "acomodado", ainda assim deveriam se enquadrar às demandas da Coroa portuguesa para com o sistema colonial que se formou no Antigo Regime, porquanto, conforme o historiador Fernando A. Novaes, o significado e a posição das colônias eram constituir-se em retaguarda econômica da Metrópole. Segundo o autor,

> [...] a política mercantilista ia sendo praticada pelos vários estados modernos em desenfreada competição, necessário se fazia a reserva de certas áreas onde se pudessem por definição aplicar as normas mercantilistas; as colônias garantiriam a auto-suficiência metropolitana, meta fundamental da política mercantilista, permitindo assim ao Estado colonizador vantajosamente competir com os demais concorrentes.[308]

---

[307] Segundo Gilberto Luís Alves, padre José Manoel de Siqueira, Ricardo Franco, Domingos Sambocetti, Luís de Albuquerque são considerados gênios, "todos foram figuras extremamente representativas do Iluminismo português". No entanto, Alves adverte que o Iluminismo em Mato Grosso jamais assumiu o caráter de movimento, apenas o compreende como manifestação em uma série de ações esporádicas de indivíduos que tiveram formação racionalista ou empirista nos países europeus, especialmente durante a segunda metade do século XVIII (ALVES, Gilberto Luís. **Educação e história em Mato Grosso**: 1719-1864. Campo Grande: UFMS, 1996. p. 65, 75).

[308] NOVAIS, Fernando A. **Portugal e Brasil na crise do antigo sistema colonial (1777-1808)**. São Paulo: Hucitec, 1979. (Coleção Estudos Históricos). p. 61-62.

Assim sendo, verificamos que o processo de conquista e anexação da parte central da América do Sul por parte da Coroa portuguesa, a partir do século XVIII, foi promovido também em função de interesses e necessidades, não apenas da colônia, mas, sobretudo, da Metrópole. Por isso, sempre houve interesse em descobrir tesouros minerais na América portuguesa, porém os achados auríferos do fim do século XVII e início do XVIII aconteceram em momento decisivo e muito oportuno para o Estado português. De acordo com Celso Furtado, a metrópole encontrava-se naquela ocasião em situação de prostração e pobreza, daí também a explicação para "a extraordinária rapidez com que se desenvolveu a mineração nos primeiros decênios do século XVIII"[309].

Caio Prado Jr. destaca que, pelo menos durante três quartos do século XVIII, a mineração do ouro no Brasil ocupou a atenção de Portugal e a maior parte do cenário econômico colonial[310]. Para o autor, tudo cedeu passo à mineração, e a própria produção do açúcar, que por mais de um século representou "o nervo econômico da colonização", teria sentido os efeitos do "novo astro" que se levantava no horizonte[311]. Contudo, vale lembrar que, no balanço dos valores exportados pela América portuguesa no século XVIII, apesar do avanço da mineração, o açúcar manteve o primeiro lugar nos valores exportados. Larissa W. Brow observa que, depois de 1750, o nível de produção do açúcar superou o nível de produção anual máximo de 20 mil toneladas, que correspondia a 90% do valor das exportações brasileiras no século XVII[312].

De qualquer modo, era necessário apresentar alternativas para se superar a crise econômica em que se encontrava o reino lusitano. A ascensão de D. João V ao trono português aconteceu quando Portugal se via afundado em graves dificuldades financeiras oriundas da balança comercial permanentemente deficitária e dos gastos na guerra com a sucessão da Espanha (1702-1713). Tratava-se de um período em que aconteceram mudanças importantes em relação à política internacional adotada pela monarquia portuguesa. E a opção por uma política de neutralidade em relação ao restante do continente europeu, ancorada em acordos e tratados com a Inglaterra, foi o caminho escolhido por Portugal para não virar as costas ao Atlântico e,

---

[309] FURTADO, Celso. **Formação econômica do Brasil**. 32. ed. São Paulo: Editora Nacional, 2003. p. 79.
[310] PRADO JR., Caio. **História econômica do Brasil**. 21. ed. São Paulo: Brasiliense, 1978. p. 56.
[311] *Ibid.*, p. 56.
[312] BROW, Larissa W. Economia. *In*: SILVA, Maria Beatriz Nizza da (coord.). **Dicionário da história da colonização portuguesa no Brasil**. Lisboa; São Paulo: Verbo, 1994. p. 275.

com isso, manter seus interesses territoriais ultramarinos[313]. Essa estratégia possibilitou que o ouro e os diamantes provenientes da América portuguesa fizessem com que Portugal recuperasse prestígio internacional[314].

Conforme Otávio Canavarros, as descobertas das minas de ouro nos sertões ocidentais da América do Sul e, simultaneamente, a conquista de novos territórios foram tão importantes para Coroa portuguesa que seu Conselho Ultramarino passou a ter "os olhos e ouvidos" voltados para o continente, desde o extremo Sul, na questão da Colônia do Sacramento, até o extremo Norte, já no estado do Grão-Pará e Maranhão[315].

Otávio Canavarros observa que a ação dos paulistas provocou a alteração do Tratado de Tordesilhas e obrigava Portugal a agir com prudência em relação aos espanhóis. Mas, de acordo com ele, os objetivos geopolíticos já estariam muito presentes nas providências que a Corte tomaria para assegurar as conquistas feitas até então[316], como se pode notar na Carta Régia de 1732 destinada ao então ouvidor-geral de Cuiabá, José de Burgos Villa Lobos, em que D. João V o exortava para que permanecesse na Vila do Cuiabá, recomendando que fizesse todo o esforço possível para manter a povoação do Cuiabá. Dizia assim o monarca: "façaes toda a humana diligência por conservar a povoação que se acha, ainda que faltem os descobrimentos de ouro, impedindo o dezertarem"[317].

A preocupação do monarca presente na carta era de que, com a escassez das Minas do Cuiabá, os moradores migrassem para as Minas de Goiás ou mesmo retornassem para o *povoado* (Vila de São Paulo), o que implicava o recuo da conquista do território. Desse modo, conforme Renata Malcher de Araújo, o ouro que fora o chamariz do avanço para o Oeste deixava de ser o principal objeto das preocupações da Coroa, mas acabou revelando o próprio território como um tesouro ainda maior[318]. Ou seja, segundo a mesma autora, o objeto de desejo para a região de Mato Grosso mudou-se do ouro para a terra. Pois, a partir daí, todo esse território passou a "ser identificado como a chave da conservação do domínio do vasto interior do Brasil e não apenas das suas próprias minas"[319].

---

[313] NOVAIS, 1979, p. 29-32.
[314] KANTOR, 1996, p. 32.
[315] CANAVARROS, *op. cit.*, p. 56
[316] *Ibid.*, p. 57.
[317] CARTA Régia ao Ouvidor de Cuiabá, enviada em janeiro de 1732. *In*: CANAVARROS, *op. cit.*, p. 176.
[318] ARAUJO, 2000, p. 90. v. 1.
[319] *Ibid.*, p. 90.

Para garantir a efetivação de suas diretrizes sobre esta parte da América portuguesa, compreendemos que a Coroa se utilizou dos meios que estavam ao seu dispor, como, por exemplo, o direito de padroado. Dom João V, em 1745, criou a prelazia de Cuiabá e de Goiás, estabelecendo, assim, para a igreja que mal se estabelecera na região das Minas do Cuiabá e do Mato Grosso, a condição de nova circunscrição eclesiástica. Na prática, consideramos que a bula papal serviu como um *Uti Possidetis religioso* para reforçar as negociações dos tratados de limites na América do Sul entre as Coroas ibéricas[320]. Ainda, na segunda metade do século XVIII, a política regalista dos monarcas portugueses continuou erigindo novas freguesias, também como parte das diretrizes provenientes de Lisboa para a garantia da posse do território.

Desse modo, voltando às observações feitas por Canavarros, entendemos que as descobertas auríferas e a conquista do território na fronteira oeste da América portuguesa não foram apenas obras isoladas de bandeirantes, sertanistas e mineiros, mas também resultado da atuação perseverante do Estado português, que buscava meios econômicos para sair da crise que vivia[321].

2.2 A Igreja Católica colonial no quadro da mineração

Da mesma forma que o desenvolvimento da mineração na América portuguesa não foi fruto do acaso e tampouco simples iniciativa de indivíduos, o sistema eclesiástico que se expandiu para a região mineradora também se enquadrou aos interesses e às deliberações provenientes do reino. Preocupada com o descaminho de seus tesouros coloniais, a metrópole portuguesa tomou medidas diferenciadas para a instalação da rede eclesiástica na região de mineração, e, por sua vez, a instituição eclesiástica também deu suas respostas.

Eduardo Hoornaert classifica a ação missionária ou a eclesiástica desenvolvidas nas zonas de mineração como um movimento eclesiástico portador de diferenças em relação às outras regiões da América portuguesa. De fato, concordamos que a mineração desencadeou a formação de uma sociedade com um *modus vivendi* próprio, ou seja, não foi apenas o sistema eclesiástico que sofreu essas influências, mas a sociedade colonial como um todo[322], em que o desenvolvimento da mineração não ocorreu de modo isolado ou regionalizado, mas atingiu todas as esferas sociais da época.

---

[320] CORTEZÃO, *op. cit.*, p. 171.
[321] CANAVARROS, *op. cit.*, p. 56-57.
[322] ÁVILA, Affonso. **O lúdico e as projeções do mundo barroco**. São Paulo: Perspectiva, 1980. p. 60.

Conforme Arlindo Rubert, a mineração despertou em toda a América portuguesa, e até no reino, o desejo de encontrar o precioso metal, de ir às minas e fazer fortuna, "Nobres e plebeus, patrões e escravos, até padres e religiosos sonhavam com as riquezas fáceis"[323]. Como também despertou comportamentos sociais indesejados. Conforme o mesmo autor, diante da indisciplina e do tumulto gerado pela febre do ouro, o Estado tentou acabar com a desordem, assim como a Igreja teria tomado medidas firmes contra a ganância e pelos atropelos cometidos contra as leis sagradas[324].

> Desde os inícios procurou o bispo do Rio de Janeiro D. Francisco de São Jeronimo mandar visitadores, fundar paroquias e curatos e impedir a ida de clérigos adventícios. Todavia, a maior dificuldade por parte do Governo e da Igreja foi obviar a corrida dos religiosos às novas fontes de riquezas, embora muitos fossem a pretexto de esmolas para embelezar suas igrejas e conventos.[325]

É possível que alguns religiosos em Portugal vissem as regiões de mineração na América portuguesa como local para se captarem recursos para reformar os seus conventos no reino. Pois havia clérigos que pediram autorização para atravessar o Atlântico e arriscar-se pelos sertões com objetivo de arrecadar donativos. Desse modo, fosse por ambição, fosse por necessidade, identificamos que muitos sacerdotes seculares e regulares passaram pelas minas, pois a fama delas "correu o mundo" e o descontrole sobre o clero era de fato uma realidade. Para conter a presença de religiosos sem licenças legítimas, segundo Arlindo Rubert, os superiores das Ordens regulares mandavam visitadores com a determinação de recolher todos os frades em atividades ilícitas. O autor destaca que só um deles recolheu 16 religiosos e os remeteu a seus conventos[326].

Os bispos do Rio de Janeiro também agiram nesse sentido, chegando a ir pessoalmente até as Minas Gerais, por exemplo. D. Frei Antônio de Guadalupe fez duas prolongadas visitas pastorais e, segundo Rubert, conseguiu reformar muita coisa por lá. Ainda segundo o autor, D. Frei João da Cruz fez também uma longa visita pastoral às Minas, remediando o que pôde, e D. Frei Manoel da Cruz, primeiro bispo de Mariana ao tomar posse de seu governo, também fez grandes esforços para disciplinar a sociedade local e seu clero, colocando vários religiosos para fora de sua diocese[327].

---

[323] RUBERT, *op. cit.*, p. 336.
[324] *Ibid.*, p. 336.
[325] *Ibid.*, p. 336.
[326] *Ibid.*, p. 337.
[327] RUBERT, *op. cit.*, p. 337.

No entanto, observamos que, pelos acontecidos nas minas com os bispos, o trabalho episcopal empreendido não foi nada fácil, alguns deles já tinham idade avançada e não tinham boa saúde, como também existiam muitos riscos ao percorrer os caminhos nada seguros do sertão. D. Frei Francisco de São Jerônimo, por exemplo, apresentou suas desculpas ao rei por não poder ir pessoalmente às Minas Gerais, por estar doente e com idade avançada, mas também ponderou dizendo que "não podia fechar os sertões, por onde passavam frades e clérigos da Bahia, de Pernambuco e do Maranhão, apesar das excomunhões que tinha posto"[328].

Desse modo, considerando as perturbações e os problemas ocasionados com frequência por sacerdotes nas minas, principalmente os regulares, em 18 de março de 1702 o rei mandou tirar das Minas todos os religiosos e clérigos "ociosos" e que só permanecessem os que tinham mais capacidade e requisitos para desempenhar as respectivas funções[329]. Cada vez mais a Coroa tentou restringir a presença dos clérigos. Em 28/03/1709, ordenou que não passasse nenhum religioso de Portugal para o Brasil[330]. Nota-se que D. João V lutou por seu direito de patrono das colônias ultramarinas, recusando-se, inflexivelmente, a permitir que qualquer Ordem religiosa se fixasse nas regiões mineradoras da América portuguesa. O período joanino (1706-1750) foi de grande impacto sobre a vida eclesiástica colonial, principalmente para a malha eclesiástica das zonas de mineração.

No entanto, esse pretexto para uma política proibitiva ser implementada desde o início dos descobrimentos auríferos, segundo Charles R. Boxer, foi pelo fato de que religiosos "renegados" estariam contrabandeando ouro das áreas de mineração[331]. A superposição dos interesses da Coroa em regiões auríferas como Minas Gerais, Goiás e Cuiabá teve como resultado a proibição de instalação de casas e conventos de ordens regulares e limitou a presença de padres religiosos. Somado a isso, também se deve levar em consideração outro aspecto, que é apontado na análise de Eduardo Hoornaert: a proibição para clérigos regulares se instalarem nas regiões mineradoras aconteceu porque as Ordens religiosas eram por demais independentes e não agradavam as autoridades civis[332].

---

[328] Ibid., p. 336-337.
[329] Ibid., p. 336.
[330] Ibid., p. 336.
[331] BOXER, Charles R. O Império marítimo português 1415-1825. São Paulo: Companhia das Letras, 2002. p. 260.
[332] HOORNAERT, op. cit., p. 98.

Assim, percebemos que, nas áreas que não foram de mineração, houve o protagonismo pelos padres e religiosos pertencentes às Ordens regulares, como os jesuítas, os franciscanos e os carmelitas, enquanto que, nas zonas de mineração, a ação missionária da Igreja Católica foi marcada pela predominância dos padres seculares.

Desse modo, a administração quase que exclusiva das freguesias nas regiões de mineração feita por clérigos seculares, devido à intervenção da Coroa com medidas proibitivas e restritivas para com a ação missionária de Ordens religiosas, tradicionalmente praticada na América portuguesa, acabou propiciando o cenário no qual os religiosos de ofício não foram os responsáveis pela implantação da fé católica, destacando o papel dos leigos, que, indiferentemente de sua condição social, foram os agentes diretos de formação da Igreja Católica nas zonas de mineração[333]. Assim, o florescimento de associações religiosas leigas propiciou o surgimento de características próprias e um modo genuíno, menos clerical e mais laical, sustentado pela ação dessas associações leigas e também por ermitões[334].

No entanto, apesar de os estudos de Boschi serem referenciais para pensar as consequências da intervenção estatal na formação da Igreja Católica nas zonas de mineração, principalmente no que se refere aos desdobramentos das medidas tomadas pela Coroa no regramento da atividade do clero dessas regiões, sua análise recai na ação da Igreja Católica na região das Minas Gerais, onde houve uma interferência muito mais evidenciada do regime do padroado régio, como também dos bispos do Rio de Janeiro. Os bispos conseguiram fazer várias visitas a essa região, e depois, na década de 1740, foi criado o bispado de Mariana, que não demorou a receber seu primeiro bispo, D. Frei Manuel da Cruz[335].

Assim, para Mato Grosso setecentista, reservadas as devidas proporções em termos quantitativos, percebemos algumas diferenciações no processo de instalação da Igreja Católica na região em relação às demais capitanias de mineração, como, por exemplo, a carência de clérigos; o distanciamento geográfico, a ausência de prelados; e a presença de alguns sacerdotes regulares, mesmo com todo o cuidado que se teve, restringindo a presença desses religiosos na região[336].

---

[333] BOSCHI, 1987, p. 24.
[334] HOORNAERT, *op. cit.*, p. 94.
[335] *Cf.* KANTOR, 1996.
[336] Em Mato Grosso no período colonial, desde a descoberta das primeiras lavras, estiveram presentes vários religiosos, como franciscanos, carmelitas, mais tarde, jesuítas, beneditinos e outros. *Cf.* CORBALAN, *op. cit.*

Na circunscrição eclesiástica instalada na fronteira oeste, não encontramos na documentação disponível o registro da existência de ermitões, apenas de missionários que chamamos de "avulsos", que passavam de povoado em povoado como evangelizadores-pregadores, como também de esmoleres da Terra Santa, e pouquíssimos clérigos tidos como "aventureiros".

2.3 Do Sertão dos Cataguases aos sertões mais ocidentais da América portuguesa

A Coroa portuguesa, com intuito de encontrar ouro e, assim, assegurar recursos para enfrentar a crise político-econômica por que passava, direcionou sua atenção para o movimento constituído pelas inserções dos paulistas pelos sertões coloniais. Após o período da Restauração (1640), o processo de penetração dos sertões ganhou volume e "a conquista do interior tomou corpo"[337]. O Estado português passou a incentivar o movimento sertanista, que já acumulavam experiência, para marchar rumo ao interior, na direção da região Centro-Sul da América portuguesa.

A vocação dos paulistas voltada para o sertanismo é explicada pela historiadora Luiza Rios R. Volpato como fruto da luta pela sobrevivência. Pois, conforme a historiadora, a sociedade paulista, por estar situada à margem do sistema agroexportador colonial e sem a infraestrutura do "Nordeste" açucareiro, via-se impelida a buscar formas alternativas de sobrevivência. A autora destaca ainda que a incapacidade de estruturar a produção para o mercado externo concorreu para que esta fosse organizada em função da subsistência, fazendo com que a dificuldade para importar a mão de obra africana os levasse a utilizar os indígenas como escravos[338].

Ainda em relação à vocação sertanista dos paulistas, Sérgio Buarque de Holanda considera que, apesar de essa sociedade estar calcada no constante movimento, e não na vida sedentária, como das grandes lavouras, ainda assim compartilhava dos mesmos ideais da colonização[339]. Para o autor, seria necessário relativizar as diferenças, pois, no fim, o objetivo não

---

[337] VOLPATO, *op. cit.*, p. 30.
[338] *Ibid.*, p. 29. De acordo com Renata M. de Araújo, os paulistas se organizavam "em tropas de combate e saque, de nítido caráter militar, [...] arriscavam a penetração no interior em operações de resgate que se poderiam identificar como uma verdadeira caça ao indígena, que era depois negociado e vendido como escravo. É neste âmbito que se vão dar os grandes embates dos bandeirantes com os jesuítas instalados nas missões" (ARAUJO, 2000, p. 77. v. 1).
[339] HOLANDA, 2014, p. 34.

seria diferente, "o que diverge é o compasso da marcha dirigida ao mesmo objetivo, conforme as circunstâncias locais"[340].

Em relação a essa situação de precariedade dos paulistas, não se tratava apenas de um problema localizado, no qual o sertanismo estaria excluído do sistema colonial. Pois, segundo Tiago Kramer Oliveira, como bem apresentou em sua tese sobre a cartografia do sertanismo, esse movimento deve ser visto dentro de uma dinâmica própria. Para o autor, o sertanismo estava articulado a diversas atividades econômicas e às redes urbanas. Sendo assim, seria mais do que simples incursões rústicas pelas matas:

> A articulação entre a expansão das atividades mercantis e a produção de mão-de-obra, abertura de novos territórios para a produção de mercadorias e como atividade que demandava quantidades de armas, munição, ferramenta e alimentos.[341]

Desse modo, observamos que, em torno das minas que foram sendo descobertas em decorrência do sertanismo, aos poucos se formaram povoados, arraiais, vilas e até cidades. Como resultado dessa atividade, capitanias foram desmembradas, criando repartições administrativas, erigiram-se também novas circunscrições eclesiásticas, freguesias, prelazias e dioceses, ou seja, uma nova dinâmica foi engendrada na vida colonial com as descobertas de ouro pelos sertões.

Nessa fase da história da colonização portuguesa na América do Sul, o movimento sertanista, com a preação de indígenas, converteu-se em atividade descobridora de metais preciosos, dando início a uma nova fase na economia, voltada ao interior do continente. Antes, porém, os interesses econômicos sobre a América portuguesa limitavam-se ao litoral. E, apesar de ter encontrado ouro nas terras coloniais desde o século XVI, as primeiras descobertas positivas do áureo metal foram feitas por volta de 1696, pelos paulistas na região onde hoje constitui o centro do estado de Minas Gerais[342]. Depois, nas décadas seguintes, até meados do século XVIII, os achados auríferos multiplicaram-se sem interrupções, alcançando a sua maior área de expansão geográfica e também o mais alto nível de produtividade[343].

---

[340] *Ibid.*, p. 34-35.
[341] OLIVEIRA, *op. cit.*, p. 284.
[342] ANTONIL, *op. cit.*, p. 17-19.
[343] PRADO JR., 1978. p. 57. Segundo Donald Ramos, a produção de ouro no século XVIII, por estimativa, teria sido em torno de 172.711 kg, sendo a maior parte produzida nas Minas Gerais (75%), depois em Goiás (18%), e a menor parte em Mato Grosso/Cuiabá (7%) (RAMOS, Donald. Mineração. *In*: SILVA, Maria Beatriz Nizza da (coord.). **Dicionário da história da colonização portuguesa no Brasil**. Lisboa; São Paulo: Verbo, 1994. p. 553).

Por tanta riqueza encontrada, as regiões de mineração tornaram-se verdadeiros "imãs" de atrair gentes e, assim, receberam um afluxo extraordinário de pessoas que, por sua heterogeneidade, estabeleceram formas de convivência antes não experimentadas, entre elas o conflito e a violência[344].

No caso das *Minas Geraes dos Cataguás*, a situação de violência foi tão grande que se tornou palco de um dos maiores conflitos dos tempos coloniais, em que os paulistas descobridores se colocaram em guerra contra os forasteiros (*emboabas*) vindos do reino, como também de outras partes da colônia. José Ferreira Carrato observou que a sociedade das Minas Gerais foi, inicialmente, dominada por dois grupos que polarizavam as relações de força; paulistas e não paulistas se colocaram como centro em relação ao outro, evidenciando o conflito entre as mentalidades e os interesses dos dois grupos, que não demorou em desembocar na conhecida *Guerra dos Emboabas* (1707-1709)[345].

Conforme Canavarros, o conflito entre paulistas e emboabas foi um ponto de inflexão na história da América portuguesa. Os paulistas, por se sentirem lesados, voltaram-se para outras áreas, avançando ao sul e ao oeste[346]. Desse modo, adentraram o interior do continente utilizando-se do curso dos rios; pelas águas do Rio Tietê, eles chegaram ao Rio Grande (Paraná) e de lá se aventuravam pelos *campos das vacarias*. Deste ponto adentraram pelo *Xaraés* e, em direção ao norte, subiram o Rio Paraguai, depois chegaram à bacia do Rio Cuiabá[347].

Este foi o caminho pelo qual chegou o "descobridor oficial" das Minas do Cuiabá, Pascoal Moreira Cabral (1654-1730)[348], e seu grupo à foz do Rio Coxipó, com objetivo de encontrar os *coxiponés*, pois aquele já detinha informação por outro sertanista, Antônio Pires de Campo, da existência desses indígenas[349]. Somente depois de uma tentativa frustrada de captura dos

---

[344] *Cf.* CANAVARROS, *op. cit.*

[345] CARRATO, *op. cit.*, p. 138. A Guerra dos Emboabas foi um acontecimento marcante para o momento histórico em que viviam Brasil e Portugal, pois a partir daí foram estabelecidas novas diretrizes para a vida político-administrativa colonial e, principalmente, econômica (AFONSO, *op. cit.*, p. 30).

[346] CANAVARROS, *op. cit.*, p. 56.

[347] Segundo Canavarros, os bandeirantes chamavam de "xaraés" o que conhecemos hoje por Pantanal. Essa primeira denominação "perdurou até o início do século XIX, época na qual a denominação de Pantanal começa a ser utilizada" (*Ibid.*, p. 183).

[348] Pascoal Moreira Cabral Leme era filho do coronel Pascoal Moreira Cabral e de Maria Leme, nasceu em Sorocaba em 1654. Desde muito cedo participou das penetrações pelos sertões preando indígenas, mas em 1716 organizou e realizou sua própria bandeira, partindo para o *Mbotetey*, onde antes fora Missão Jesuítica do Itatim. Moreira Cabral casou-se em 1692, em Itu, com Isabel de Siqueira Cortes, com quem teve duas filhas e dois filhos, sendo um de igual nome. Faleceu em junho de 1730, com 76 anos de idade (ESTUDO..., *op. cit.*, p. 36-37).

[349] BARBOSA DE SÁ, *op. cit.*, p. 10-11.

nativos, tendo em vista que os *coxiponés* neutralizaram o ímpeto da investida bandeirante, é que um faiscador por curiosidade e de modo improvisado encontrou entre os cascalhos do rio o metal dourado que transformou a bandeira em comitiva de mineradores[350].

Desse modo, apesar de há muito tempo os paulista já adentrarem o interior do continente, somente depois dos conflitos ocorridos nas *Minas Geraes* é que chegaram à região das Minas do Cuiabá e do Mato Grosso e conseguiram êxito[351].

2.3.1 A presença dos primeiros clérigos nas Minas do Cuiabá

Assim descreveu o cronista setecentista José Barbosa de Sá sobre o início das Minas do Cuiabá em suas *Relações*:

> No seguinte anno [1719] seguio Pascoal Moreira Cabral o mesmo rumo em procura dos mesmos coxiponés e chegou ao lugar da aldeya velha já destruhida naó nos achando sobio o rio coxopó merim nominação derivada do nome do mesmo gentio e fazendo pouso Logo asima da barra acharaó ouro en granetes cravados pelos barrancos: neste pouso e primeiro descobrimento deixou o Capitaó a bagage e seguio rio asima thé o lugar chamado hoje a forquilha; ahy achou o gentio em que fes suas presas com bastantes mostras de ouro embatoques e outros enfeites e buscando os companheiros com elles desceo a fazer pouso ao lugar chamado aldeya velha adonde se acha hoje a Capella de Saó Gonçalo.[352]

Esse foi o registro das primeiras descobertas, porém acreditamos que o mais provável é que José Barbosa de Sá não tenha estado na região à época dos primeiros descobrimentos auríferos; assim, essa narrativa talvez tenha sido feita segundo informações coletadas de outras testemunhas da época. Mesmo assim, aparecem detalhes interessantes, como o fato de não terem nenhuma ferramenta ou instrumento para minerar na comitiva, tendo que socavar os barrancos do rio com as próprias mãos, o que indicaria maior

---

[350] CORREA FILHO, *op. cit.*, p. 198-199.

[351] "Entre 1648 e 1651 ocorreu a mais famosa e mais significativa das expedições realizadas no território do Mato Grosso em todo o século XVII, a dita 'bandeira dos limites' de Raposo Tavares [...] os bandeirantes desceram o Rio Grande, por onde encontraram a confluência dos rios Mamoré e Guaporé e, penetrando no Madeira e no Amazonas, acabaram por atingir a fortaleza do Gurupá, no Baixo Amazonas, cumprindo pela primeira vez a 'circum-navegação' do Brasil" (ARAUJO, 2000, p. 79. v. 1).

[352] BARBOSA DE SÁ, *op. cit.*, p. 11.

preocupação do grupo com a atividade de preação de indígenas. Mas há um detalhe curioso: José Barboza de Sá informa que, depois do primeiro descobrimento, Pascoal Moreira Cabral teria "subido o rio", onde encontrou os ditos "gentios" portando enfeites de ouro. Nisto talvez se explique o porquê do interesse do sertanista pelos *coxiponés*.

Contudo, conforme alguns historiadores que investigaram o tema das primeiras descobertas auríferas do Cuiabá[353], observamos que pode existir divergências nas narrativas, principalmente sobre as circunstâncias e particularidades da ocorrência datada em abril de 1719 sobre a oficialização da descoberta de ouro no Rio Coxipó. Pois destacamos que os primeiros contatos dos paulistas com os povos nativos, como também as descobertas auríferas, estão rodeados de controvérsias, tanto pelos tipos de análises do fato ocorrido como pela pouca documentação disponível da época. No entanto, de qualquer forma, independentemente das controvérsias, destacamos que este é consenso na historiografia: houve o descobrimento, e a notícia espalhou-se rapidamente[354].

O portador da missão de levar a notícia às autoridades civis foi, provavelmente, um dos membros da comitiva, Antônio Antunes Maciel, que, em meados daquele mesmo ano, conseguiu chegar a Araritaguaba[355]. De lá, a novidade propagou-se pelas vilas e arraiais adjacentes ao Rio Tietê, inclusive em Itu e na Vila de São Paulo. Vale lembrar também que a movimentação ocasionada pelas descobertas despertou não só a cobiça de muita gente, como também não demorou em chamar atenção do fisco colonial pela arrecadação. Conforme Paulo Cavalcante, não demorou muito para que os oficiais portugueses dessem início às ações com objetivo de certificar-se da extensão das riquezas, assim como de sediar os equipamentos e os símbolos do poder metropolitano, tanto para disciplinar a ocupação da região como para executar a sua exploração[356].

A mineração, diferentemente das demais atividades econômicas desenvolvidas na América portuguesa, desde o início foi submetida a um regime especial de minuciosa e rigorosa disciplina. Tanto que, no caso das Minas do Cuiabá, o grupo de sertanistas que descobriu ouro no Rio Coxipó se demonstrou precavido e, de imediato, até que a notícia chegasse às auto-

---

[353] *Cf.* CORREA FILHO, *op. cit.*; CANAVARROS, *op. cit.*; ROSA, *op. cit.*
[354] ESTUDO..., *op. cit.*, p. 13.
[355] Atual cidade de Porto Feliz/SP.
[356] CAVALCANTE, Paulo. **Caminhos e descaminhos na América Portuguesa (1700-1750)**. São Paulo: Hucitec: Fapesp, 2006. (Coleção Estudos Históricos). p. 21.

ridades competentes e retornassem com as ordens e os procedimentos a serem executados, tomou as seguintes providências no mesmo dito dia 8 de abril de 1719, como relatou Barbosa de Sá:

> [...] elegeo o povo em voz alta o capitaó mor Pascoal Moreira Cabral por seo guarda mor regente thé ordem do Senhor General para poder goardar todos os ribeiros de ouro socavar e examinar e compoziçoens aos mineiros e botar bandeiras tanto a minas como nos inimigos bárbaros e visto elegerem ao dito lhe cataraó, o respeito que poderá tirar auto contra aquelles que forem régulos com hé (sic) amotinador e aleves que expulsará e perderá todos os seos direitos e mandará pagar dividas e que nenhum se recolherá thé que venha o nosso inviado o Capitaó Antônio Antunes [...].[357]

Diante das descobertas auríferas, entendemos que todo cuidado era necessário para assegurar a posse e garantir a confiança das autoridades[358]. Assim, conforme o Barão de Echwege, nessa ocasião foram estabelecidas leis regulares pelas quais se devia reger as novas minas até o retorno do capitão Antônio Antunes[359], que poderia demorar mais de ano no percurso de ida e volta das Minas do Cuiabá. Sua missão era fazer a comunicação às autoridades sobre os achados, e, assim que o fez, os efeitos foram inevitáveis. Em meados do ano seguinte aos achados auríferos, em 1720 saiu de Araritaguaba a primeira *monção*[360] em direção às Minas do Cuiabá, atravessando sertões e enfrentando "toda sorte de perigos demandando ao novo descoberto"[361]. Mas somente dois dos quatro comboios que saíram de Araritaguaba chegaram ao seu destino, parando antes no antigo e quase destruído arraial de São Gonçalo Velho, às margens do Rio Cuiabá[362].

---

[357] BARBOSA DE SÁ, *op. cit.*, p. 11-12.

[358] Conforme Maria M. B. C. de Magalhaes Gomes Ricardo, esse foi o caso mais singular originado pelas bandeiras, um modelo de autogovernação que, de certo modo, foi uma forma de desobediência à metrópole ao criarem uma forma de governo próprio. Mas, segundo Maria Ricardo, a eleição de Pascoal Moreira Cabral como guarda-mor, em pleno século XVIII, numa colônia da Coroa portuguesa, seria justificada pelo "isolamento a que os bandeirantes estavam sujeitos, durante anos consecutivos, necessitando, por isso, de normas que se adaptassem as circunstâncias e que a todos satisfizessem" (RICARDO, Maria Manuel Branco Calvet de Magalhaes Gomes. **As fronteiras do ouro**: paralelismo e diversidade na corrida ao ouro, no Brasil e nos Estados Unidos da América, e as respectivas imagens culturais nos romances O ouro de Cuiabá, de Paulo Setúbal, e Roughing it, de Mark Twain. 1994. Dissertação (Mestrado) – Universidade Nova de Lisboa, Lisboa, dez. 1994. p. 78-79).

[359] VON ESCHWEGE, *op. cit.*, p. 68.

[360] O termo "monções" é a denominação dada às expedições fluviais que, primeiramente, ligavam a capitania de São Paulo às Minas do Cuiabá e do Mato Grosso ao longo do século XVIII e boa parte do XIX. *Cf.* HOLANDA, 2014.

[361] TAUNAY, *op. cit.*, p. 13.

[362] O arraial de São Gonçalo foi o primeiro de todos na região e teve sua origem ainda no século XVII, quando o bandeirante Manuel de Campos Bicudo, que havia saído de São Paulo pelo caminho fluvial, parou nesse local

Segundo Afonso de E. Taunay, em relato de um integrante da viagem consta a informação de que, entre os sobreviventes, havia um clérigo, que, no mesmo dia da chegada, rezou a primeira Missa nas terras longínquas das novas minas. Os que resistiram à viagem provavelmente assistiram à cerimônia e, com certeza, puderam agradecer a Deus por conseguirem chegar às Minas do Cuiabá com vida[363]. No entanto, não foi possível identificar quem era esse clérigo, o seu nome não foi revelado. Já no ano seguinte, em outubro de 1721, aportou nas praias do mesmo arraial de São Gonçalo Velho outra monção vinda do povoado, com muita gente. Trouxe escravos, *camaradas*, ferramentas para mineração e, principalmente, mantimentos[364]. Aguardou um mês nesse arraial e, depois, com os demais moradores deste local, seguiu adiante para a Forquilha, outro arraial fundado às margens do Rio Coxipó[365].

Rapidamente os arraiais foram espalhados pelo vale do Rio Coxipó até chegarem próximo de suas nascentes, ao pé da Serra de São Jerônimo, na Chapada. No mesmo ano de 1721, já havia mais de 12 lavras nas Minas do Cuiabá, a saber: São Gonçalo Velho, Carandá, Queimado, Forquilha, Claro, Pé da Serra, Alegre, Seca, São João, Ximbuva de cima, Ximbuva de baixo, Santo Antônio e outros[366]. Contudo, as lavras já diminuíam a extração do ouro, tanto por ser feita na superfície do leito dos rios com precaríssimas ferramentas quanto pelo aumento do número de mineradores que havia chegado às minas —até aí já haviam chegado três levas de mineradores[367].

As Minas do Cuiabá estavam situadas no vale do Rio Coxipó até sua cabeceira, na Serrada Canastra, que depois, passou a ser chamada

---

próximo à foz do rio Coxipó, às margens do rio Cuiabá, para acampar e plantar um roçado de subsistência. Deste ponto, Bicudo segue até as cabeceiras do rio Coxipó e de lá em direção nordeste. A bandeira tornou a vila de São Paulo trazendo notícias que deram origem à famosa lenda dos *Martírios*. Em 1717, Antônio Pires de Campos retornou ao lugar das Minas dos Martírios, onde esteve com seu pai aos 14 anos de idade, mas, ao chegar à paragem de São Gonçalo, encontrou uma aldeia dos coxiponés instalada ali. Depois de combater os indígenas e aprisioná-los, passou a denominar o local de São Gonçalo Velho. Já sabendo da existência deste local, Pascoal Moreira Cabral subiu o rio Cuiabá e arranchou-se ali, estabelecendo arraial pela terceira vez na antiga aldeia dos coxiponés. Foi neste local que Cabral lavrou a ata de fundação de Cuiabá em 8 de abril de 1719. Hoje São Gonçalo é um bairro afastado da cidade de Cuiabá, muito simples e bucólico (ESTUDO..., *op. cit.*, p. 38-39).

[363] TAUNAY, *op. cit.*, p. 14.

[364] Essa expressão seria usada, segundo Sena, para "uma ocupação desenvolvida por homens livres ou libertos que eram contratados para desenvolver uma determinada atividade ou diversas, por meio de acordos de trabalhos, temporários ou não" (SENA, Divino M. Camarada. *In*: JESUS, Nauk Maria de (org). **Dicionário de história de Mato Grosso**: período colonial. Cuiabá: Carlini & Caniato, 2011. p. 46).

[365] TAUNAY, *op. cit.*, p. 15.

[366] ESTUDO..., *op. cit.*, p. 17.

[367] *Ibid.*, p. 16.

de Chapada. Não demorou muito para que a área de abrangência das minas sofresse alterações em seu mapa de exploração das jazidas. Para o entorno das lavras, alguns sertanistas cultivavam roçados com o objetivo de garantir a sobrevivência. Um desses sertanistas foi o sorocabano Miguel Sutil, que havia feito um plantio distante das lavras do Coxipó próximo a um pequeno afluente do Rio Cuiabá denominado *Córrego da Prainha*. Distante pouco mais de meia légua da foz desse pequeno depositário do Rio Cuiabá, em um morro se deu um descobrimento que trouxe novo fôlego à mineração e que se tornou o mais importante na região: as *Lavras do Sutil*.

A narrativa deste descobrimento é extensa e até apresentada com certa teatralidade, mas vale a pena conferir como foi registrado o episódio por Barbosa de Sá, como segue:

> No mês de outubro deste anno [1722] fes Miguel Sutil natural de Sorocaba viagem para huma rosa que tinha principiado na borda do Cuyabá [...] chegado plantou seu rosado e mandou dous carijós ao mel com seos machados e cabasoz chegaraó ao ranxo alta noite sem mel, pelleijando o amo com elles por gastarem o dia sem montaria respondeo o mais Ladino: vos viestes a buscar ouro ou mel, e perguntando-lhe o amo adonde estava o ouro meteo a maó no seyo de um jaleco de baeta que tinha vestido e singido com uma sinta tirou hum embrulho de folhas entregou ao amo que abrindo o achou e vinte e três gravetes (aliás granetes) de ouro que passaraó cento e vinte oitavas dizendo o carijó: que achara muito daquillo.[368]

Barbosa de Sá continua a narrativa descrevendo a ansiedade pela qual foi tomado Miguel Sutil e seus companheiros até que chegasse o dia seguinte e, assim, pudessem verificar o lugar de que os carijós falavam. Desse modo, quando mal raiou a luz do dia, guiado pelos indígenas, o grupo chegou ao ponto dos achados, que tinha as seguintes características:

> [...] era coberto de mato serrado com grandiosos arvoredos e no lugar chamado hoje tanque de Arneto e tomado com a capela de Nossa Senhora do Rozario que era campestre [...] logo foraó vendo ouro sobre a terra e apanhando as maós recolhendo-se a tarde aos seus ranchos o Sutil com meya aroba de ouro e camarada Ioaó Francisco com seis centas e tantas oitavas era tudo ouro cravado em Seixos [...].[369]

---

[368] BARBOSA DE SÁ, *op. cit.*, p. 14.
[369] *Ibid.*, p. 15.

Neste lugar levantaram arraial, que foi dedicado ao Senhor Bom Jesus do Cuiabá. Segundo as crônicas, os sertanistas e mineradores descobriram tanto ouro nas *Lavras do Sutil* que, assim que se fez pública a notícia nos arraiais do Coxipó, estes praticamente foram abandonados[370]. A abundância do ouro era tanta que, segundo Canavarros, foi contabilizado a descoberta de uma das maiores manchas de ouro até então. Contudo, mesmo com tanta abundância aurífera, as Minas do Cuiabá tiveram um período de prosperidade relativamente curto em relação à extração do ouro. As lavras, que eram praticamente dentro do arraial do Senhor Bom Jesus, rapidamente se esgotaram, e, com a escassez de água nas proximidades, inviabilizava-se a continuidade da exploração do valioso metal[371].

O povoado dedicado ao Senhor Bom Jesus do Cuiabá que se constituiu ao lado das *Lavras do Sutil* ficou sob a condição de arraial por quase dez anos desde sua formação, quando então foi elevado à condição de vila real em janeiro de 1727, tendo como protetor o mesmo orago. Ainda na fase do arraial, foram surgindo novas lavras nas proximidades dessa povoação, que, para a Coroa, se configurava um quadro muito favorável aos seus objetivos. Esse embrião de uma possível rede urbana na região, conforme Otávio Canavarros, possibilitou o povoamento, quase que gratuitamente, onde se desejava[372]. Assim, segundo Nauk Maria de Jesus, em 1724 surgiu o arraial de Nossa Senhora da Conceição (a 1l égua do arraial do Bom Jesus), do Ribeirão (meia légua), o arraial do Jacé (de 3 a 4 léguas do Coxipó), a Lavra do Mutuca (córrego do Mutuca). Ainda conforme a historiadora, em 1728 surgiu Minas do Alto Taquari (atual cidade de Diamantino); em 1730, o arraial dos Cocais (atual cidade de Livramento)[373].

Em meio a essa expansão dos arraiais, identificamos a presença dos clérigos junto às igrejas (capelas e matrizes) que foram se constituindo, desde a criação do arraial do Senhor Bom Jesus, com a instalação da primeira freguesia na região. Porém, são poucas as informações encontradas sobre os clérigos que foram chegando em função do desencadeamento da atividade de mineração no local.

Nos dois primeiros anos que antecederam a criação da freguesia, sabemos da existência de pelo menos quatro ou cinco sacerdotes no local

---

[370] BARBOSA DE SÁ, *op. cit.*, p. 15.
[371] Segundo Canavarros, a realidade encontrada por Rodrigo Cesar foi de um processo de esgotamento das lavras cuiabanas, "decadência das fabulosas lavras cuiabanas, do Sutil ou do Morro do Rosário, não da mineração como um todo, que se manteve presente até os dias atuais" (CANAVARROS, *op. cit.*, p. 87).
[372] *Ibid.*, p. 73.
[373] JESUS, *op. cit.*, p. 25-26.

das Minas do Cuiabá. José Barbosa de Sá informa que, na monção de 1721, vinda do povoado, chegaram quatro sacerdotes e apresentou o nome de cada um deles: Fr. Florêncio dos Anjos, Fr. Pacífico dos Anjos, Jeronimo Botelho e André dos Santos Queiroz[374]. Mas esta informação deixa dúvida, pois, segundo Joaquim C. Siqueira, o Padre André teria chegado às Minas do Cuiabá no fim de 1720 e os demais em 1721[375].

No entanto, o historiador Paulo Pitaluga publicou um documento anônimo que narra um pouco mais sobre estes primeiros momentos das minas, intitulado *Noticia do Arraial do São Gonçalo, Forquilha e Minas do Cuiabá*. O documento é uma carta em que o autor desconhecido dá notícias a seu pai sobre a viagem que fez do Porto de Araritaguaba até as Minas do Cuiabá em 1720. O aventureiro conta um pouco das suas experiências vividas pelos arraiais das novas minas e, depois, como foi o seu retorno à sua vila de origem. Na carta, o autor faz referência aos sacerdotes e informa, de acordo com Pitaluga, com bastante precisão sobre a data da chegada dos primeiros eclesiásticos, a primeira Missa oficiada e a existência das duas primeiras capelas levantadas na região[376].

Para Paulo Pitaluga, por este documento pode-se refutar a informação de Barbosa de Sá e esclarecer o assunto: o primeiro sacerdote teria chegado em 1720 e os outros três em 1721 ao arraial de São Gonçalo Velho[377]. Porém, ainda assim, não seria possível saber qual deles teria chegado na primeira monção. De qualquer forma, identificamos que os quatro primeiros citados nas crônicas de Barbosa de Sá são também os mesmos do documento de autoria anônima. Esses sacerdotes formaram o primeiro grupo de eclesiásticos que esteve nas Minas do Cuiabá antes da criação da primeira freguesia. Não sabemos se eles tinham autorização de algum superior para estar nas minas[378]. Dois deles eram padres seculares e os outros dois eram padres regulares, um franciscano e outro carmelita. Até a chegada do primeiro vigário na monção do ano seguinte, provavelmente esses quatro primeiros sacerdotes prestaram o serviço religioso no local.

---

[374] BARBOSA DE SÁ, *op. cit.*, p. 13.

[375] SIQUEIRA, Joaquim da Costa. **Crônicas do Cuiabá**. Cuiabá: Instituto Histórico e Geográfico de Mato Grosso, 2002b. p. 18.

[376] ESTUDO..., *op. cit.*, p. 47.

[377] *Ibid.*, p. 46.

[378] No documento sobre o Arraial de São Gonçalo, o seu autor, anônimo, diz que os padres das minas enviaram correspondências para Sorocaba e para o bispo do Rio de Janeiro dando notícias. Pode ser que alguns deles tivessem alguma autorização, até porque os dois clérigos seculares já atuavam na freguesia de Itu, em 1716 (*Ibid.*, p. 83).

Estando instalados no arraial da Forquilha, diz o autor anônimo que esses quatro primeiros padres se queixaram tanto da falta de um lugar apropriado para a celebração do culto divino que os moradores levantaram outra capela (rancho de pau a pique) dedicada à Nossa Senhora da Penha de França (no primeiro arraial, São Gonçalo Velho, consta que havia um rancho com função de capela). Antes, porém, os clérigos tinham que improvisar e rezavam Missa debaixo de um pé (árvore) de "pau d'óleo" sob uma tosca cruz de aroeira, amarrando os braços com cipó[379]. Levantado o rancho da capela no arraial da Forquilha (Coxipó), celebraram os ofícios divinos, e, por eleição, o padre secular Jeronimo Botelho foi que fez vez de capelão e, depois, o padre secular André dos Santos Queiroz[380].

Encontramos poucas notícias sobre estes clérigos, o que sabemos é que Florêncio dos Anjos era padre regular, religioso carmelita. Ajudou a levantar a primeira capela dedicada à Nossa Senhora da Penha de França e participou da primeira Missa celebrada no local. Nas *Fichas biográficas do clero* do ACMSP consta que esse religioso foi provido, na instância dos célebres irmãos Leme, pelo vigário da vara de Cuiabá, Padre Manuel de Campos, à cura das almas do Arraial Velho em Casa de Telha, à distância de 14 dias de viagem de Cuiabá[381].

Na década seguinte, em 1734, encontramos notícia de que Padre Florêncio dos Anjos teria acompanhado, como capelão, a armada para a guerra contra os indígenas paiaguá. Segundo as crônicas, o frade franciscano foi com todos os paramentos para dizer Missa dentro das balsas, assim como o padre secular Manoel de Campos Bicudo, que também acompanhava a armada, composta por 28 canoas de guerra, 80 de bagagem e montaria, e três balsas, que eram casas portáteis, levando 842 homens, brancos, pretos e pardos[382].

Os outros dois clérigos já citados eram seculares, Padre Jerônimo Botelho, presbítero do Hábito de São Pedro, e o Padre André dos Santos Queiroz. Jerônimo Botelho, assim como os demais, no arraial da Forquilha ajudou a levantar a capela de Nossa Senhora da Penha de França, onde, por eleição, fez vez e celebrou os ofícios divinos[383]. Segundo o historiador mato-grossense

---

[379] ESTUDO..., *op. cit.*, p. 88.
[380] BARBOSA DE SÁ, *op. cit.*, p. 13.
[381] FICHAS biográficas do clero – padre Manuel de Campos. ACMSP-SP;BARBOSA DE SÁ, *op. cit.*, p. 14-15; SIQUEIRA, 2002b, p. 19.
[382] *Ibid.*, p. 44.
[383] *Ibid.*, p. 17; BARBOSA DE SÁ, *op. cit.*, p. 13.

Estevão de Mendonça, há referências distantes e apanhadas na tradição oral de que este sacerdote era um padre "encanecido e cheio de bondade, uma figura altamente simpática no gênero clássico dos religiosos de antanho"[384]. O mesmo historiador chega a compará-lo a outros exemplos de sacerdotes, como "o abade Constantino, de Halévy, ou talvez mais aproximadamente do padre Antônio, o reitor tão carinhosamente descrito por Júlio Diniz"[385].

O Padre André dos Santos Queiroz percebemos que foi o mais destacado dentre os quatro, por seu protagonismo. Sua atuação merece destaque porque esteve presente em vários momentos importantes. Padre André era clérigo secular, natural do Reino da Vila de Amarante, bispado do Porto, tinha quase 30 anos de idade quando chegou às Minas do Cuiabá[386]. Esse clérigo também participou da ereção da primeira capela no arraial da Forquilha no Coxipó acima[387]. Mas destacou-se por ter sido o condutor da monção que levou para São Paulo os primeiros quintos arrecadados para a Fazenda Real em 1723[388].

Segundo os cronistas setecentistas, quando Padre André dos Santos Queiroz chegou ao *Povoado*, teria se tornado o portador da notícia dos grandes achados auríferos do Cuiabá. Barbosa de Sá supervaloriza o trabalho do Padre André, dizendo que sua voz "era uma trombeta que tudo atroava suou a fama do Cuiabá até os fins do orbe"[389]. Depois desta viagem, ele também esteve presente na missão de 1728, que foi um dos acontecimentos marcantes da época. A mando do capitão-general Rodrigo Cesar de Menezes, foi para o *Povoado* com sete arrobas de ouro dos quintos e mais direitos reais. Em São Paulo, a remessa foi entregue ao então provedor da Fazenda Real, Sebastião F. do Rego, que a remeteu ao Rio de Janeiro e de lá para Portugal. Mas, para surpresa de todos, quando a remessa chegou ao reino e os caixotes foram abertos, encontraram chumbo em grãos no lugar do ouro[390].

---

[384] MENDONÇA, Estevão de. **Datas mato-grossenses**. Cuiabá: [s. n.], 1973. v. 1. p. 101.

[385] *Ibid.*, p. 101. *Constantino Abade* foi um romance escrito por Ludovic Halévy em 1882 que teve grande êxito por ser uma espécie de protesto contra os exageros da escola materialista. Um velho cura, que é a providência dos seus pobres; uma castelã, que frequenta o presbitério e de quem o bom cura se torna conviva habitual; e um tenente, que casa com a irmã da castelã, são os tópicos do romance. *As pupilas do senhor reitor* é um romance do escritor português Júlio Dinis lançado ao público em formato de folhetim em 1866 e, posteriormente, editado e publicado como livro em 1867. *As pupilas do senhor reitor* foi um sucesso. Disponível em: https://pt.wikipedia.org.

[386] CARTA do ouvidor João Gonçalves Pereira ao rei [d. João V] sobre os salários dos oficiais de Justiça. Vila do Cuiabá, 8 set. 1739. AHU-MT, Caixa 2, Doc. 127(1).

[387] BARBOSA DE SÁ, *op. cit.*, p. 13.

[388] *Ibid.*, p. 15; SIQUEIRA, J. C., 2002b. p. 19.

[389] *Ibid.*, p. 19; BARBOSA DE SÁ, *op. cit.*, p. 15.

[390] BARBOSA DE SÁ, *op. cit.*, p. 23.

Padre André socorreu a freguesia como vigário interino no ano de 1732 no lugar do vigário encomendado, que deixara o emprego e partira da Vila do Cuiabá, e, quando chegou o novo vigário, Padre João Caetano, em 1734, foi rendido por este. Mas, logo em seguida, foi libertado. Na mesma ocasião, outros descobertos se davam no vale do Rio Guaporé, e, junto aos mineradores que para lá partiam, Padre André seguiu viagem como capelão nomeado pelo vigário de Cuiabá, onde levantou uma capela dedicada à Santa Ana[391]. Sabemos que, pelo menos até o ano de 1743, este clérigo esteve na região das Minas do Cuiabá e do Mato Grosso.

Há ainda indício da presença de mais um clérigo nesses tempos iniciais da mineração na região, Padre Manuel de Campos Bicudo, além dos quatro primeiros já citados, nesse período que antecedeu a ereção da freguesia nas Minas do Cuiabá. Conforme dados encontrados nas *Fichas biográficas do clero* do ACMSP, Padre Manoel de Campos era presbítero secular, natural de Itu, filho de Manuel de Campus Bicudo e de Luísa Leme de Barros. Seu pai era pessoa de grande respeito na Vila de São Paulo, onde teve sempre o primeiro voto nas deliberações públicas, foi sertanista dos mais audazes e possuidor de grande escravatura e de indígenas que aprisionou em 24 entradas nos sertões do Rio Grande e Paraguai[392]. Porém, as informações disponíveis sobre a chegada do Padre Manuel de Campos são ainda desencontradas, o que gera dúvida sobre o momento inicial de sua presença. O que verificamos é que, com certeza, esteve nas Minas do Cuiabá, pelo menos até o ano de 1742, quando deixou assinado o assento de batizado que fez na capela de Nossa Senhora do Rosário do Coxipó Mirim[393]. Esse sacerdote também desempenhou função de capelão, junto do Padre Pacífico dos Anjos, na armada de 1734 contra os paiaguá, já citada anteriormente[394].

Contudo, acreditamos ser possível que aquele clérigo tenha estado antes da fundação da freguesia, pois era irmão do coronel Antônio Pires de Campos, que já havia estado na região à procura das *Minas do Martírio* e também foi quem aprisionou muitos indígenas *coxiponés*. No entanto, a dúvida maior seria se ele teria exercido o emprego de vigário da vara e da igreja das *Minas do Cuiabá* antes do primeiro clérigo encomendado pelo bispo do Rio de Janeiro. A dúvida surge-nos pelo fato de que há uma informação da existência de um conflito entre o Padre Manuel de Campos e o Padre

---

[391] *Ibid.*, p. 33, 35.
[392] FICHAS biográficas do clero – padre Manuel de Campos. ACMSP-SP.
[393] LIVRO de assento de batismo. Freguesia do Senhor Bom Jesus, 1749. AAC-MT.
[394] BARBOSA DE SÁ, *op. cit.*, p. 34; SIQUEIRA, 2002b, p. 44.

Francisco Justo, que teria se negado a transferir a paróquia ao novo vigário, provido pelo bispo anterior do Rio de Janeiro, D. Fr. Antônio de Guadalupe, a que pertencia a jurisdição de São Paulo e das Minas do Cuiabá[395].

De qualquer forma, de concreto conseguimos levantar que esses quatro primeiros clérigos foram atraídos para as Minas do Cuiabá e nelas se instalaram junto aos demais sertanistas e monçoeiros, arriscando a sorte nos sertões em função da atividade de mineração e seus desdobramentos. No documento de autoria anônima sobre o Arraial de São Gonçalo, a atuação dos quatro primeiros clérigos não passou despercebida; para o narrador dessa carta, os clérigos "só queriam mais saber do ouro que das missas e da religião, [e] eles socavavam cada [um] a sua data com camaradas deles"[396].

Dos quatro clérigos, pelo menos sobre o Padre André dos Santos Queiroz, além de sempre auxiliar no trabalho religioso, com certeza sabemos que era minerador. Pois, no ano de 1739, foi testemunha em um processo de justificação e declarou ele próprio nos autos ser assistente nas minas, mas vivia de minerar com seus escravos[397]. Nesse mesmo processo em que o Padre André foi testemunha, outro clérigo, o Padre José de Barros Penteado, que também foi citado como testemunha, dizia que vivia da mineração com seus escravos. Este era presbítero secular, natural de Araçariguama, comarca da cidade de São Paulo, e chegou a falecer em Mato Grosso, deixando grandes haveres, que repartiu em legados pios e com familiares (cada um dos sobrinhos teria recebido quatro mil cruzados). Segundo as informações das *Fichas biográficas do clero*, o Padre Penteado era filho de Manuel Correa Penteado e de Beatriz de Barros. Seu pai era morador de Araçariguama, onde teve grande fazenda de cultura, enriquecido na exploração de ouro em Minas Gerais; era "pessoa de autoridade" e respeito em Parnahyba, onde teve as "rédeas" do governo. O clérigo também era primo do Cônego Lourenço Leite Penteado, vigário da capitular da Vila de São Paulo, e do Padre José Manuel Leite Penteado[398]. Além de minerador, o Padre José de Barros Penteado conseguiu duas sesmarias na região do Rio Coxipó Assú[399].

Mais um clérigo minerador identificamos no mesmo ano da chegada do governador e capitão-general Rodrigo Cesar de Menezes ao arraial do Senhor Bom Jesus, em 1726. Desse clérigo sabemos apenas o nome,

---

[395] FICHAS biográficas do clero – padre André dos Santos Queiroz. ACMSP-SP.
[396] ESTUDO..., *op. cit.*, p. 88.
[397] CARTA..., 1739.
[398] FICHAS biográficas do clero – padre José de Barros Penteado. ACMSP-SP.
[399] CANAVARROS, *op. cit.*, p. 94.

Antônio Simões Chardim, e que teria apresentado ao governador uma "pedrinha" de diamante encontrada no Rio Coxipó. Um "mosquito", como eram chamadas as pedras pequenas. Porém, nada mais encontramos sobre esse clérigo; aliás, essa informação sobre a sua presença está em ofício de 1769 de José Pereira ao governador e capitão-general Luiz Pinto de Souza Coutinho discorrendo sobre a extração mineral da capitania e os achados diamantíferos[400].

Na mesma época da presença do governador Rodrigo Cesar de Menezes, aparecem rapidamente três novos nomes nas crônicas, o Padre José Frias, o Padre Antônio de Morais e o Padre Manoel Lourenço Pires. Os três clérigos foram convocados em 1729 para acompanhar uma delegação de 400 pessoas afundar uma povoação na região ao sudeste das Minas do Cuiabá, no Rio Coxim. Conforme os cronistas, essa nova povoação seria "padrão destas conquistas e a explorar minas de ouro"[401]. Entretanto, tratava-se de território dos paiaguá, e, na primeira tentativa do intento, houve grandes perdas devido ao ataque que sofreram dos indígenas. Ocorreu que houve uma segunda tentativa, sem que tivessem de confrontar os paiaguá. Porém, mesmo sem ocorrer ataque dos nativos, também não houve sucesso. Desta vez, foi por desconhecimento do caminho para se chegar ao local desejado e por falta de mantimentos no percurso. Os integrantes da delegação foram obrigados a formar arraial e a fazer roças até poderem prosseguir aonde, na ocasião, fizeram oratório para os clérigos rezarem a Missa[402].

Outros clérigos partiram em direção às Minas do Cuiabá, mas infelizmente não concluíram o percurso. Identificamos dois casos nas crônicas da época e, pelo grau de violência, percebemos que foram marcantes para a população da região. Um dos eclesiásticos era regular e chamava-se Frei Antônio Nascentes, morreu em 1736; e o outro, Padre Vitor Madureira, era secular, faleceu em 1752. O primeiro clérigo, Frei Antônio, também conhecido como "o tigre", pertencia à Ordem Franciscana da Província do Brasil, provavelmente residia na Vila de Itú, onde havia um hospício[403]. Segundo José Barbosa de Sá, em 19 de março de 1736, vindo em uma monção do povoado, o frade foi acometido por indígenas paiaguá sobre as

---

[400] OFICIO de José Pereira ao Cap. Luiz Pinto de Souza Cordeiro discorrendo sobre a extração mineral da capitania e os achados diamantíferos. Vila Bela, 24 set. 1769. ACBM-IPDAC, Caixa 45, Pasta 166, Doc. 2.221-B.

[401] BARBOSA DE SÁ, *op. cit.*, p. 27; SIQUEIRA, 2002b, p. 35.

[402] BARBOSA DE SÁ, *op. cit.*, p. 27.

[403] AUTO (treslado) sumário que mandou fazer o ouvidor João Gonçalves Pereira para averiguar as mortes e roubos que o gentio paiaguá fez na ultima tropa que chegou ao povoado. Vila Real, 12 abr. 1736. AHU-MT, Caixa 1, Doc. 84(1).

águas do Pantanal, na localização do "distrito" do Carandá[404]. No conflito, o frade auxiliou o capitão Pedro de Morais Siqueira, defendendo-se por longo período e matando muitos indígenas, até que o "renderam ambos as vidas"[405]. Em relação ao acontecido com o Padre Vitor Antônio de Madureira no ano de 1752, Barbosa de Sá escreveu assim:

> [...] por descortezias que lhe fizeraó huns militares que desta villa foraó buscar a monsaó deo-lhe o Payagoa na Barra do rio Xanez levoulhe a canoa e escravos e a ele largaraó em huá canoinha nu com as carnes amostra. O corpo amassado a porretadas que foy achado dos companheiros ainda vivo a vista deles espirou.[406]

Era sobrinho do mestre de campo Antônio de Almeida Falcão e do capitão José Paes Falcão; parente próximo de outros dois clérigos, do Padre Bento de Madureira e do Padre Dr. José Manuel de Madureira[407].

Na segunda metade do século XVIII, encontramos mais alguns nomes de clérigos envolvidos com a mineração da região: do Padre Fernando Vieira da Silva, que foi coadjutor da vigararia em Vila Bela, e do Padre Francisco Leite Cardozo.

Padre Fernando Vieira da Silva, no período de janeiro a março de 1770, por ocasião da morte do Padre Simão Toledo Rodovalho, ficou administrando o "pasto espiritual" aos fregueses de Vila Bela, em cujo emprego teria se conservado, segundo as crônicas da época, "com notória aprovação de exemplar viver"[408]. Em 1775, esse clérigo foi vigário da vila-Capital[409]. Ainda segundo os *Anais de Vila Bela*, Padre Fernando tinha um sítio e em várias ocasiões mandou bandeiras aos "sertões" na busca de novos achados auríferos[410]. No ano de 1788, durante o período de estiagem, mandou uma bandeira em busca de ouro ao sertão dos Pareci, em demanda do Rio Cabaçal, e no ano seguinte mandou uma "nova bandeira em procura de uns ribeiros que se sabem ter ouro, já vistos e reconhecidos em outro tempo, nas matas entre os rios Sararé e Guaporé"[411].

---

[404] Para Paulo Pitaluga, o Carandá, possivelmente, era um arraial e ficava localizado no rio Cuiabá, entre o Bananal e o Uacurutuba. Porém, segundo o autor, não se pode precisar com exatidão onde se situava (ESTUDO..., *op. cit.*, p. 52).

[405] BARBOSA DE SÁ, *op. cit.*, p. 36; SIQUEIRA, 2002b. p. 47.

[406] BARBOSA DE SÁ, *op. cit.*, p. 46-47.

[407] FICHAS biográficas do clero – padre Vitor Antônio de Madureira. ACMSP-SP.

[408] ANAIS..., *op. cit.*, p. 135.

[409] BIENNÈS, D. Máximo. **Uma Igreja na fronteira**. São Paulo: [s. n.], 1987. p. 456.

[410] ANAIS..., *op. cit.*, p. 238.

[411] *Ibid.*, p. 281, 287.

Outro clérigo que identificamos e que também se empenhou na atividade mineradora foi o Padre Francisco Leite Cardozo, natural da freguesia da Senhora Mãe dos Homens d'Araritaguaba, bispado de S. Paulo, onde foi ordenado no ano de 1762. Era filósofo, moralista, pregador com permissão para confessar. Teve licença para usar de Ordens, concedida pelo padre visitador Bruno Pina. Na ocasião da visita eclesiástica feita pelo Padre Manoel Bruno Pina, Padre Francisco tinha 64 anos de idade e 22 anos de minas. Foi capelão da igreja de Nossa Senhora do Rosário do Rio acima, onde vivia retirado, tratando das suas culturas, e lavouras com seus escravos[412]. O Padre Francisco Leite Cardoso, no tempo de Destacamento Diamantino, teria morado perto da Barra do Ouro, onde, "por consentimento dos Dragões, e Pedestres, que ali estavam naquele tempo, costumava trabalhar e extrair diamantes"[413].

Provavelmente muitos outros clérigos estiveram envolvidos diretamente na atividade mineradora, porém poucos são os registros encontrados sobre eles.

2.3.2 O poder metropolitano nas Minas do Cuiabá

Como consequência da queda de produtividade das Minas do Cuiabá, houve agravamento da pobreza, endividamento dos mineradores, superfaturamento de mão de obra escrava e dificuldades quanto ao abastecimento na região. O quadro, no fim da década de 1720 e início da década de 1730, segundo Luiza R. R. Volpato, era desanimador[414]. Somado a isso tudo, o poder metropolitano buscava instalar suas instâncias de controle e fiscalização, o que consistia em mais um peso sobre a população.

Desse modo, para uma ação mais efetiva, o próprio e então governador da capitania de São Paulo, capitão-general Rodrigo Cesar de Menezes, deslocou-se para as novas Minas do Cuiabá e, ao chegar à região, prontamente elevou o Arraial do Senhor Bom Jesus à condição de vila real, em 1727. Por um breve período, o governador da capitania de São Paulo instalou-se nas Minas do Cuiabá e, com sua presença, intensificou a arrecadação do fisco, mesmo com o enfraquecimento das minas, o que aumentava a situação de dificuldades ao pressionar os mineradores. Para o historiador Virgílio Cor-

---

[412] VISITAS..., *op. cit.*, p. 157.
[413] SELVAGGI, João Batista (S.J. Pe.). Diamantino no século XVIII. **Ásia**, São Paulo, p. 47, set. 1955 *apud* SILVA, José de Moura e. **Diamantino**: 283 anos. Cuiabá: Entrelinhas, 2011. p. 35.
[414] *Cf.* VOLPATO, *op. cit.*

rea Filho, o governador Rodrigo Cesar de Menezes era dissimulado, era um homem cruel, prepotente, arrogante, corrupto e opressor. No entendimento do autor, para exercer o seu poder na região, o governador utilizou-se de algumas artimanhas: ele silenciou os irmãos Leme; afastou o sertanista Pascoal Moreira Cabral; e deslocou-se até as minas, local onde elevou o arraial à condição de vila real e instituiu o senado da Câmara de Cuiabá[415]. De fato, percebemos que a estadia do governador Rodrigo Cesar nas Minas do Cuiabá, apesar de ter durado pouco tempo — cerca de dois anos —, parece que não foi nada conveniente para muitos, como pontuou Barbosa de Sá, que também parecia não ser simpatizante a ele. Para o cronista, foi expresso o sentimento de alívio com a partida do governador de volta para a Vila de São Paulo, pois:

> Com sua partida [Rodigo Cesar de Menezes] melhorou tudo cessaraó as excommunhões execuçoens Lagrimas e gemidos pragas, fomes, enredos, e mecillanias apareceo logo o ouro produziraó os mantimentos melhorarão os enfermos jam hyems transit et recidit &ª [o inverno já passou, e então cai a primavera].[416]

O cronista pode ter razão em seu julgamento sobre a partida do governador, como também pode ter exagerado, visto que as dificuldades não desapareceram imediatamente. No ano de 1732, por exemplo, a Câmara da Vila Real apresentou ao rei nova representação dando conta do estado de miséria em que se encontravam as minas da região[417].

A situação de decadência da extração aurífera das Minas do Cuiabá, na década de 1730, agravava-se, e a essa altura, conforme Otávio Canavarros, a esperança para os cuiabanos seria a confirmação do achado de novas jazidas na região do divisor de águas nas *chapadas dos gentios pareci*, que ficavam no sentido oeste. Para o mesmo historiador, restavam duas alternativas aos moradores das Minas do Cuiabá: ou abandoná-las, ou permanecer. E, entre os que abandonaram a região, provavelmente retornaram a São Paulo ou foram para Goiás, onde as novidades de achados se sucediam. Em relação aos que ficaram, ou foram morar nos sítios dos arredores, ou retornaram ao sertanismo na preação de indígenas[418].

Mas, em meio a esse cenário, aparentemente descrito como desolador, em que se encontravam as Minas do Cuiabá na década de 1730, seus

---

[415] CORREA FILHO, *op. cit.*, p. 211.
[416] BARBOSA DE SÁ, *op. cit.*, p. 25.
[417] CANAVARROS, *op. cit.*, p. 157.
[418] CANAVARROS, *op. cit.*, p. 159.

moradores conseguiram realizar novos achados que trouxeram um pouco de alento e esperança. Foram descobertas lavras nos *sertões do Mato Grosso*. Ademais, foi aberto um novo caminho para as minas, que passava pela capitania de Goiás e evitava o trajeto pelo *Xaraés* (Pantanal), onde estavam os temidos *paiaguá* e *guaicurú*. Com esses novos acontecimentos, percebemos que foi possível melhorar o abastecimento, e isto estimulou o comércio e o povoamento local. Chegaram tropas de mulas, cavalos e boiadas, que proporcionaram também a vocação pecuária da região[419].

Contudo, ainda sobre o período da presença do capitão-general Rodrigo Cesar de Menezes nas Minas do Cuiabá, verificamos que a atenção maior sobre as descobertas auríferas, por parte do poder metropolitano, se deu em função do considerável impulso que tomou o seu desenvolvimento e também pela política de restrições econômicas e, segundo Caio Prado Jr., da opressão administrativa sobre o universo colonial[420]. Assim, de início, a Coroa estabeleceu a livre exploração das minas, mas submetida a uma estreita fiscalização, na qual se reservava a cobrança da quinta parte de todo o ouro extraído como tributo[421]. Conforme Caio Prado Jr., em 1702, a lei até então aplicada foi substituída pelo *Regimento dos superintendentes, guarda-mores e oficiais deputados para as minas de ouro*, que, com algumas modificações posteriores, sem que lhe alterasse a feição essencial, se manteve até o fim do período colonial[422].

Cumpre-nos mencionar que em Cuiabá, desde 1724, funcionou a Superintendência das Minas, mas em 1726 foi ligada à Ouvidoria, e, a partir de 1730, a Provedoria da Fazenda passou a ter a missão de cuidar da descoberta e do controle das lavras, como também da supervisão dos guardas-mores e menores. Aliás, tinha ainda como subordinados diretos o guarda-mor e seu escrivão. Segundo Canavarros, ganhavam todos pelos requerimentos de datas, geralmente uma oitava de ouro por solicitação[423].

Para dirigir, fiscalizar e cobrar tributos no século XVIII, Portugal criou uma administração especial subordinada única e diretamente ao governo metropolitano, as chamadas "Intendências"[424]. Segundo Caio Prado

---

[419] *Ibid.*, p. 162.
[420] PRADO JR., 1978. p. 56.
[421] *Ibid.*, p. 57.
[422] *Ibid.*, p. 57.
[423] A partir de 1738, a Intendência criou uma Provedoria da Capitação na região do Guaporé nas Minas do Mato Grosso (CANAVARROS, *op. cit.*, p. 136).
[424] PRADO JR., 1978, p. 57.

Jr., nas minas vivia-se uma luta constante, de um lado o fisco reclamando e cobrando os seus direitos, de outro os mineradores dissimulando o montante da produção. Para o autor, seria natural que os mineradores sempre procurassem burlar a fiscalização, que, por sua vez, devia ser difícil de se fazer, pois "o ouro era mercadoria muito facilmente escondida graças ao seu alto valor em pequenos volumes"[425].

Desse modo, observamos que, com o objetivo de proteger os interesses da Fazenda Real e evitar os descaminhos do ouro, foram tomadas várias providências e medidas legais (inclui-se aqui a restrição de sacerdotes nas minas, principalmente os regulares). Na capitania de Minas Gerais, por exemplo, estabeleceram taxações por capitação de escravos, criaram-se casa de fundições e proibiu-se a circulação de ouro em pó ou sem a dedução dos quintos, foram fixadas cotas anuais mínimas a serem atingidas com a arrecadação dos quintos, mas, quando o quinto arrecadado não atingia a cota estabelecida (100 arrobas), procedia-se ao *derrame*, isto é, obrigava-se a população a completar a soma, sendo mineradora ou não, de forma quase sempre arbitrária e violenta[426].

Dentre as medidas estabelecidas para o controle fiscal das riquezas extraídas, destacamos a fundação de vilas como uma forma de fiscalização. No caso das Minas do Cuiabá, a fundação da Vila Real do Senhor Bom Jesus em janeiro de 1727 é entendida por alguns historiadores, como Carlos A. Rosa, como uma forma de implementar o fisco nas Minas do Cuiabá. Seria uma manobra fiscal aplicada pelas autoridades da época com o objetivo de tentar evitar o contrabando e garantir a arrecadação[427]. Porém, o mesmo autor não endossa totalmente essa tese, porque, para ele, em torno da fundação de vilas, como a Vila Real e a Vila Bela, estão aspectos como o fator de governabilidade que era praticado em todo o Império português[428]. De fato, como bem analisou Canavarros, com a fundação da Vila Real do Senhor Bom Jesus, foram instalados vários órgãos do poder metropolitano. Na provisão de 1746 de D. João V ao governador da capitania de São Paulo Luiz de Mascarenhas, este aspecto fica evidente quando o monarca determina que se tomem alguns cuidados, como os seguintes:

---

[425] *Ibid.*, p. 58.

[426] *Ibid.*, p. 58-59.

[427] No entanto, Rosa considera que endossar esse posicionamento limita a possibilidade de análise e compreensão do processo de conquista da região. "O fisco", apesar de ser indispensável, "não é suficiente para a compreensão do sistema colonial" (ROSA, *op. cit.*, p. 16).

[428] ROSA, *op. cit.*, p. 16.

> O sítio que se eleger para fundação da dita vila [do distrito de Mato Grosso] seja o mais saudável e em que haja boa agua para beber e lenha bastante; e se determine o lugar da praça, no meio da qual se levante o pelourinho e se assinale área para o edifício da igreja capaz de receber competente número de fregueses quando a povoação se aumente e fará logoele ouvidor delinear por linhas retas a área para as casas se edificarem, deixando ruas largas e direitas e em primeiro lugar se determine nesta área das casas as que se devem fazer para a câmara e cadeia e casa das audiências e mais oficinas publicas e os oficiais da câmara depois de eleitos darão os sítios que selhes pedirem para casas e quintais nos lugares delineados; e as ditas casas em todo o tempo serão feitas todas no mesmo perfil exterior, ainda que no interior as fará cada morador a sua vontade, de sorte que se conserve a mesma formosura da terra e a mesma largura das ruas.[429]

De acordo com os cuidados recomendados a serem tomados, não podemos negar que, nessas considerações feitas pelo monarca, está presente um importante princípio ordenador urbano de um projeto mais amplo. Nesse sentido, o historiador Jovam Vilela da Silva compara as duas vilas fundadas na capitania de Mato Grosso ao que os romanos denominaram, de certa maneira, de *Urbe sede*, ou seja, para o autor, estas eram "cidades" construídas com caráter urbano definido, como sede de um governo, de poder religioso, ou missão cultural de relevo, isso porque também elas incorporaram as especificidades das Instruções Régias, ou seja: "pela ocupação estratégica dentro do território mato-grossense, tendo nos roteiros fluviais e das monções, fortalezas e presídios para garantir a defesa e uma determinada linha de fronteira"[430].

Assim, consideramos que essas duas vilas fundadas na fronteira oeste da América portuguesa auxiliaram decisivamente o povoamento e a conquista da região para os portugueses, configurando, de certo modo, um dos legados da mineração na capitania de Mato Grosso, assim como para a América portuguesa, que, desde o início do século XVIII, com os desdobramentos da economia mineira, acarretaram mudanças definitivas

---

[429] PROVISÃO de d. João V ao governador da capitania de São Paulo, Luiz de Mascarenhas, 1746. Mss., Lisboa, 05-07-1746, Arquivo Histórico Ultramarino, Mato Grosso, Caixa40, Doc. 1.998. Transcrição de Carlos Alberto Rosa. *In*: ROSA, C. A.; JESUS, Nauk M. de (org.). **Terra da conquista**: história de Mato grosso colonial. Cuiabá: Adriana, 2003. p. 191-194.

[430] VILELA DA SILVA, Jovam. Instruções régias: a política populacional e de povoamento na capitania de Mato Grosso no século XVIII. **Territórios e Fronteiras**: Revista do Programa de Pós-Graduação em História da Universidade Federal de Mato Grosso, Cuiabá, v. 2, n. 1, jan./jun. 2001. p. 90.

para vida colonial, como a transferência da capital do vice-reinado da cidade de Salvador, na Bahia, para a cidade do Rio de Janeiro, a criação de bispados, a instalação do Tribunal da Relação no Rio de Janeiro — estes apenas alguns exemplos[431]. As mudanças e transformações dos aspectos econômicos, demográficos e geográficos serviram de base para mudanças no âmbito social como um todo, alterando significativamente as relações político-econômicas, sociais, culturais e, de modo específico, a estrutura eclesiástica durante o século XVIII.

2.3.3 As Minas do Mato Grosso e a ação do clero

A descoberta das Minas do Mato Grosso, no início da década de 1730, podemos considerar como uma consequência das tentativas dos sertanistas de se distanciarem da fiscalização imposta pelo fisco, acentuada com a presença do governador e capitão-general Rodrigo Cesar de Menezes nas Minas do Cuiabá, e também como resultado do processo de expansão da ação sertanista, que teve continuidade com inserções ao oeste nos domínios de Espanha, devido ao constante assédio de populações indígenas sedentarizadas[432].

Nesse contexto, analisamos as lavras encontradas por Fernandes de Abreu e pelos irmãos Paes de Barros, que seguiram em direção à região amazônica, próximo do *Chapadão dos Parecis*, região do divisor natural das bacias hidrográficas da Amazônia e Cisplatina. Localizadas no vale do Rio Guaporé, as novas minas encontravam-se no lugar de vegetação exuberante de mata fechada, e por isso a batizaram de *Mato Grosso*. Confirmado o "novo descoberto" pelas autoridades competentes, começou-se a movimentação na vila do Cuiabá para se explorarem as lavras, e, no ano de 1735, as primeiras levas de gente direcionam-se para o Mato Grosso[433].

Conforme apresentamos anteriormente, iniciou-se uma nova fase na região para o processo de colonização e conquista, porém com a mesma característica das primeiras levas de gentes, reiniciando outra vez o *rush*

---

[431] KANTOR, 1996, p. 32.
[432] A vila do Cuiabá, desde o período de prosperidade das minas e depois no adentrar o século XVIII, foi se estabelecendo como "ponto irradiador de bandeiras e expedições prospectoras e apresadoras das cabeceiras do Arinos ao Paraná, do Jaurú/Sepotuba ao Araguaia/Tocantins" (ROSA, Carlos Alberto. Confidências mineiras na parte mais central da América do Sul. **Territórios & Fronteiras**: Revista do Programa de Pós-Graduação em História da Universidade Federal de Mato Grosso, Cuiabá, v. 1, n. 1, jul./dez. 2000. p. 46). De acordo com Otávio Canavarros, houve apenas mudança da base geográfica que, "de São Paulo e arredores, passou para as minas de Cuiabá, Goiás e Mato Grosso, como se sabe" (CANAVARROS, *op. cit.*, p. 56).
[433] ANAIS..., *op. cit.*, p. 39-40.

para o oeste[434]. Só no ano de 1737, mais de 1.500 pessoas teriam se deslocado para as Minas do Mato Grosso. Estas eram procedentes das Minas do Cuiabá, mas também de São Paulo, de Goiás e da capitania de Minas Gerais. Como resultado do aumento de descobrimentos e do aumento do número de habitantes, logo começou a surgir os arraiais na região: São Francisco Xavier (serra acima), Sant'Ana (serra abaixo), Ouro Fino, Bromado, Nossa Senhora do Pilar e outros [435].

Um novo território minerador foi se constituindo, e, apesar de reanimadas as esperanças, notamos que as mesmas dificuldades voltaram a aparecer. Conforme os cronistas da época, os mineiros que se deslocaram para as Minas do Mato Grosso também sofreram todo tipo de misérias, passaram fome, enfrentaram doenças e sentiram a morte de perto, pois as condições de insalubridade da região fizeram muitas vítimas; "lá estavaó a curtir maleitas malignas e sezões que todos os dias hiaó a enterrar dez, doze e as vezes mais"[436]. Contudo, mesmo em tais circunstâncias, o deslocamento da população continuou embalado pelo sonho de se fazer fortuna, e, para a Coroa portuguesa, novas possibilidades abriam-se para assegurar a tão almejada posse do território fronteiriço.

Nesse sentido, paralelamente aconteciam na Europa negociações entre Portugal e Espanha para a delimitação das fronteiras entre os territórios das Coroas ibéricas na América do Sul. Até então, o território que Portugal reivindicava para si estaria vinculado à capitania de São Paulo, e a partir de 1748 seria desmembrado para se criar a capitania de Mato Grosso na região das Minas da fronteira oeste da América portuguesa.

Desse modo, compreendemos que, assim como a Vila do Cuiabá se tornou ponto referencial para a expansão da colonização portuguesa no sentido oeste de seus domínios, encontrava-se a freguesia do Senhor Bom Jesus desempenhando papel semelhante no que tange à constituição da circunscrição eclesiástica na região. O vigário da freguesia de Cuiabá à época, Padre João Caetano Leite Cesar, tomou logo providências enviando o Padre André dos Santos Queiroz como capelão para o "novo concurso"[437]. Provavelmente, foi escolhido por seu espírito aventureiro, já verificado em tempos anteriores. Assim, como representante imediato da diocese na região, o vigário da freguesia do Senhor Bom Jesus estendeu a sua jurisdição, per-

---

[434] CANAVARROS, *op. cit.*, p. 190.
[435] *Ibid.*, p. 190.
[436] BARBOSA DE SÁ, *op. cit.*, p. 37.
[437] ANAIS..., *op. cit.*, p. 40-41.

manecendo até 1743, quando então o bispo do Rio de Janeiro encomendou um vigário para erigir nova freguesia na região.

Conforme acontecia o avanço das descobertas auríferas nas Minas do Mato Grosso, os mineiros e conquistadores foram instalando arraiais e levantando suas igrejas. Assim, verificamos que esses espaços destinados ao culto divino foram compondo a rede de capelas e matrizes da região que serviram de suporte no estabelecimento e atuação do clero. Os clérigos identificados atuando nas Minas do Mato Grosso até a presença do primeiro vigário encomendado foram capelães providos pelo vigário de Cuiabá e também encomendados pelos bispos fluminenses.

Mas também houve aqueles que se dedicaram à atividade de mineração, como o padre secular José Manoel Leite, que, desde 1734, com seu irmão, o sargento-mor Francisco Sales Xavier, e outros sertanistas chegaram ao tal *mato grosso*, onde se fixou com seu irmão no lugar chamado "Pilar"[438].

O Padre José Manoel Leite (Penteado) era natural de São Paulo, filho de Francisco Rodrigues Penteado, o fundador da Capela de N. S. da Piedade de Araçariguama. Tinha parentesco com vários clérigos, entre eles o cônego da sé de São Paulo Lourenço Leite. Pelo que nos parece, o Padre José Manoel Leite tinha propósitos muito bem delineados para a localidade que fundara. Em 1749 fez a capela, no seu sítio e campo, que continuou a ser chamada do "Pilar" em dedicatória à Nossa Senhora do Pilar[439]. Seis anos depois, reedificou essa capela com paredes de taipa "por se acharem as madeiras de que eram formadas as paredes comidas de cupins, fazendo com essa reedificação muito maior do que dantes era"[440].

Constatamos nos *Anais de Vila Bela* que, em sua casa, o Padre José Manoel Leite tinha alguns benefícios importantes, pois havia:

> [...] hospital para curar os pobres enfermos das carneiradas chamadas sezões malignas; e liberalmente despendia, todos os anos, grosso cabedal no curativo e sustento dos enfermos pobres, que a sua grande caridade amorosamente recolhia; e por isso não deixou ouro em pó, e somente a sua fábrica de minerar. E importaram os seus bens, por inventário, em 17.400 oitavas de ouro (que naquele tempo valia 1$500 cada oitava) as quais fazem as reais 26: 100$100 [...].[441]

---

[438] *Ibid.*, p. 40.
[439] *Ibid.*, p. 48.
[440] *Ibid.*, p. 59.
[441] MENDONÇA, *op. cit.*, p. 167.

Pelas informações apresentadas no documento, o Padre Jose Manoel Leite Penteado parece ter logrado muito êxito em seus negócios, tanto que, em 1763, também chegou a prestar socorro a D. Antônio Rolim de Moura, que se achava naquela ocasião ameaçado pelos espanhóis no Rio Guaporé, ao norte de Vila Bela. Segundo os *Anais de Vila Bela*, mesmo estando idoso e doente, o clérigo, "largando tudo, quis, como capelão, acompanhar a tropa, só a fim de se achar onde Sua Excelência estava, trazendo: vários escravos seus e pessoas de sua obrigação"[442].

Além do clérigo secular José Manoel Leite Penteado e do Padre André dos Santos Queiroz, encontramos registro da presença de outros eclesiásticos nas Minas do Mato Grosso até 1751 (ano anterior à fundação da Vila Bela), como apresentado no quadro a seguir:

Quadro 5 – Capelães e vigários das Minas do Mato Grosso até a fundação de Vila Bela da Santíssima Trindade (1732-1751)

Nº de ordem	Nome	Ano de chegada e posse	Emprego
01	José Manoel Leite	1734	Capelão e minerador
02	André dos Santos Queiroz	1735	Capelão e minerador
03	Manoel Antunes de Araújo	1737	Capelão curado
04	Pedro Leme	1739	Capelão encomendado
05	Antônio dos Reys Vasconcelos	1742	Capelão interino
06	Manoel da Silva Moura	1742	Capelão encomendado
07	Bartholomeu Gomes Pombo	1743	Vigário da vara e curado encomendado
08	Fernando Machado de Souza e Abreu	1750	Vigário da vara
09	Fernando de Vasconcellos	1751	Vigário

Fonte: Barbosa de Sá (1975); *Anais...* (2006)

---

[442] ANAIS..., *op. cit.*, p. 166.

Assim, as Minas de Mato Grosso, por sua localização estratégica na consolidação dos interesses geopolíticos da Coroa portuguesa, foram escolhidas para que o primeiro governador da recém-criada capitania de Mato Grosso fundasse uma vila com o propósito de ser a capital. No entanto, foi a partir do ano de 1752, apesar de a mineração continuar como principal atividade econômica, que houve também a incorporação, à região do vale do Guaporé, de ações para a defesa da fronteira e do território português, contribuindo, dessa maneira, para o desenvolvimento de uma nova fase, na qual o processo de formação da instituição eclesiástica e o modo de proceder dos clérigos também foram influenciados.

2.4 O impulso demográfico e a instituição eclesiástica

A movimentação da população na América portuguesa, desde o início do século XVIII, para as regiões de mineração, segundo alguns estudiosos como Caio Prado Jr., tomou proporções gigantescas e pode ser considerado um *rush* que, "relativamente às condições da colônia[,] é ainda mais acentuado e violento que o famoso *rush* californiano do sec. XIX"[443]. Contudo, ainda conforme o autor, esse impulso demográfico foi desencadeado pela atividade mineradora, que possibilitou à colonização portuguesa ocupar o centro do continente sul-americano, assim como também se deu o deslocamento do eixo econômico da América portuguesa para o centro-sul, que antes era evidenciado nos pólos açucareiros fixado no litoral[444].

A análise de Celso Furtado também corrobora a ideia de que o *facies* colonial se modificou fundamentalmente a partir do início da mineração. Segundo o autor, a população migrou em massa da capitania de São Paulo e da região Nordeste, formando volumes consideráveis de recursos que se colocaram a caminho das minas, principalmente sob a forma de mão de obra escrava, assim como se formou, pela primeira vez, uma grande corrente migratória espontânea no reino, com destino à América portuguesa[445].

Consequentemente, como lembrou o jesuíta Antonil, no caso de Minas Gerais, a sede insaciável pelo ouro estimulou tanta gente a deixar suas terras para se meterem nas minas que dificilmente poderiam dar conta de saber quantas pessoas passaram por lá[446]. O religioso italiano dizia que:

---

[443] PRADO JR., 1978, p. 164; RICARDO, 1994, p. 58.
[444] PRADO JR., 1978, p. 65.
[445] FURTADO, *op. cit.*, p. 79.
[446] ANTONIL, *op. cit.*, p. 21.

> Das cidades, vilas, recôncavos, e sertões do Brasil vão brancos, pardos, e pretos, e muitos índios de que os paulistas se servem. A mistura é de toda a condição de pessoa: homens, e mulheres, moças e velhos; pobres e ricos: nobres e plebeus, seculares, clérigos, e religiosos de diversos institutos [...].[447]

Da forma como é apresentado no excerto *supra*, podemos afirmar que a fronteira oeste, durante o processo de descobrimentos das minas, não foi muito diferente da região das Gerais, pois, apesar das proibições régias e da constante vigilância por parte das autoridades locais, ainda assim, vários sacerdotes regulares e seculares, "ociosos" ou não, passaram pela região.

Assim, com a descoberta das Minas do Cuiabá e, depois, das Minas do Mato Grosso, a maioria dos pesquisadores consultados concorda com a existência de um cenário no qual se configurou uma verdadeira *corrida do ouro*, atraindo todos os tipos de aventureiros na expectativa de enriquecimento rápido[448]. As notícias propagadas sobre a "fertilidade" de tais minas causaram "alucinações" sobre as populações[449]. Espalhavam que a riqueza era tanta que na nova "Terra do Ouro" os descobridores, a passarinhar, substituíam o chumbo pelo "vil metal"[450].

No entanto, observamos que os estudos demográficos sobre o afluxo de gentes para esta região ainda são imprecisos, podendo-se trabalhar apenas com estimativas, o que poderia causar controvérsias. Para Vilela da Silva, os deslocamentos populacionais para a fronteira oeste não teriam sido tão intensos como se esperava. Segundo o autor, o atrativo natural de suas minas não provocou o deslocamento populacional como o ocorrido na capitania de Minas Gerais[451]. De fato, verificamos que a Coroa portuguesa tomou várias iniciativas para incentivar a imigração para a área de sua fronteira, como, por exemplo, isenções fiscais, concessão de privilégios, hábitos de Cristo e mercês[452]. Em 1746, D. João V encaminhou provisão ao governador da capitania de São Paulo à época, Luiz de Mascarenhas, em que mandava erigir uma vila no distrito de Mato Grosso e nela anunciava a concessão de privilégios.

---

[447] *Ibid.*, p. 21.
[448] VOLPATO, *op. cit.*, p. 31.
[449] Como já apresentamos anteriormente, além de o capitão Antunes Maciel ser o propagador oficial da notícia dos achados auríferos de Cuiabá, vale lembrar que houve o padre secular André dos Santos Queiroz do Hábito de São Pedro, que acompanhou a primeira leva de ouro em 1720 e, três anos depois, novamente. Segundo o cronista, pelos cronistas a voz do padre ressoava como trombeta aos quatro *cantos da orbe* (BARBOSA DE SÁ, *op. cit.*, p. 15).
[450] TAUNAY, *op. cit.*, p. 10.
[451] VILELA DA SILVA, *op. cit.*, p. 92.
[452] *Ibid.*, p. 98.

> E por desejar fazer mercê e favorecer aos meus vassalos assistentes em parte tão remota, que habitarem a vila que mando fundar, hei por bem de lhesconceder todos os privilégios, prerrogativas, isenções de direitos e liberdades adiante nesta declaradas [...].[453]

O documento, ao todo, apresenta nove pontos principais, tratando desde a organização dos poderes locais e da administração a ser instalada, até dos privilégios e prerrogativas de que poderiam gozar os futuros moradores da dita vila. Nesse caso, entendemos que fica evidente que a política de controle da migração para as colônias variava de acordo com os interesses e a necessidade da Coroa.

Contudo, de acordo com Canavarros, se tomadas as devidas proporções, ainda assim se pode afirmar que as Minas do Cuiabá, assim como as do Mato Grosso, se constituíram em condensador de gentes para a época, e, como nas "Minas Geraes", essas novas minas atraíram pessoas de todas as regiões da América portuguesa e do além-mar[454]. Assim, a verificação dos números populacionais disponíveis, ainda que imprecisos, possibilita-nos ter uma visão geral da movimentação da população nas Minas do Cuiabá durante a primeira metade do século XVIII, conforme demonstrado no gráfico seguinte:

Gráfico 1 – População das Minas do Cuiabá (1727-1751)

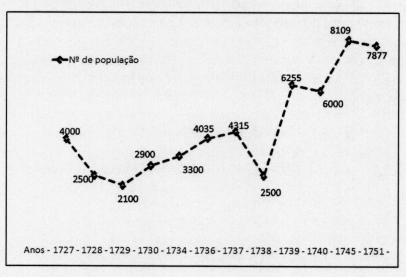

Fonte: Rosa (2003, p. 37)

---

[453] PROVISÂO, *op. cit.*, p. 191-194.

[454] Cf. CANAVARROS, *op. cit.*

Pelos dados apresentados, podemos perceber que a movimentação da população para as Minas do Cuiabá no período apresentado esteve relacionada diretamente ao desenvolvimento da atividade mineradora desenvolvida na região, e, a partir da década de 1730, com as novas Minas do Mato Grosso também se refletiram na dinâmica populacional, com aumento significativo na região do Cuiabá.

Entre as pessoas atraídas pela mineração e pela possibilidade de encontrara "extremidade do arco-íris", o historiador brasilianista Anthony John R. Russel-Wood destaca um grupo em especial, dos eclesiásticos que, para ele, tanto seculares como regulares, foram incitados a se deslocar para a América por motivos materiais, obviamente para buscarem uma auto melhoria financeira nas áreas de mineração[455].

As regiões de mineração eram vistas também pelos clérigos como fonte potencial de doadores para manutenção dos mosteiros e conventos, casas religiosas, igrejas e capelas. Segundo Russel-Wood, um número considerável de religiosos esteve no Brasil enviado por seus superiores de Portugal, tanto que se chegou a provocar ressentimentos da parte dos provinciais brasileiros e dos priores dos mosteiros coloniais, que, segundo o autor, viam os religiosos reinóis como intrusos a intrometerem-se na disputada reserva de potenciais doadores, causando ressentimentos entre administradores coloniais e metropolitanos[456].

Segundo Russel-Wood, muitos desses clérigos esmoleres chegavam à América com a autorização devida, mas nem sempre cumpriam os prazos previstos, e acabavam ultrapassando o tempo de suas licenças. Contudo, diz o autor que os regulares acabavam voltando ao reino, enquanto que os seculares muitas vezes permaneceram na América portuguesa, tornando-se, "frequentemente, forças de perturbação, em especial nas regiões remotas, afastadas do controle dos supervisores, tal como era o caso no sertão"[457].

Pela capitania de Mato Grosso, identificamos a passagem de alguns desses padres, mas em número reduzido, e, ainda assim, um deles foi convidado a se retirar por provocar tumultos. Os demais, ao contrário, foram muito bem acolhidos, tanto pela população quanto pelas autoridades locais,

---

[455] RUSSEL-WOOD, A. J. R. A emigração: fluxos e destinos. *In*: BETHENCOURT, Francisco; CHAUDHURI, Kirti (dir.). **História da expansão portuguesa**. Navarra: Círculo de Leitores, 1998. v. 3. p. 165.

[456] *Ibid.*, p. 165.

[457] *Ibid.*, p. 165.

como no caso do franciscano Antônio do Extremo, que passou em missão pela capitania em 1749, enfrentando sozinho os perigos e as dificuldades dos caminhos do interior do continente para se chegar à região.

2.5 O difícil acesso e o abastecimento das minas

Os clérigos, para conseguirem chegar às tão almejadas minas coloniais, tiveram que enfrentar as dificuldades de acesso e de sobrevivência nas regiões de mineração, principalmente nas Minas do Cuiabá e do Mato Grosso. Nas *Minas Gerais*, assim como nas Minas do Cuiabá, os primeiros a chegar iam tirando o ouro mais fácil de lavagem e, empunhando suas bateias, iam peneirando o cascalho dos ribeirões, ou então "trabalham com almocrafes ou picaretas os filões superficiais [...] Então, a lavra passa para as margens dos ribeirões – para os 'tabuleiros' – onde principia a labuta mais penosa"[458]. Contudo, como vimos, a produção aurífera teve um curto período de prosperidade, e, no fim do século XVIII, já se haviam esgotado praticamente todos os depósitos auríferos superficiais em toda a vasta área em que ocorreram.

Segundo Caio Prado Jr., nada se acumulou dessa fase tão próspera para fazer frente à eventualidade. Para o autor, tudo se consumiu pelo oneroso sistema fiscal vigente, no fausto da Corte portuguesa e na dispendiosa e ineficiente administração, e na imprevidência dos mineradores e na compra de escravos importados[459]. Ainda segundo o autor, na etapa inicial da mineração, a lucratividade era maior, levando à concentração excessiva de recursos nos trabalhos de mineração e, consequentemente, sempre levando a grandes dificuldades de abastecimentos em cada região[460].

O custo de vida nas minas, em geral, era altíssimo, e o abastecimento talvez tenha sido um dos maiores problemas para os mineradores, principalmente de regiões mais distantes, como a fronteira oeste, que estava a centenas de léguas das cidades mais próximas do litoral da América portuguesa. Pelas crônicas da época, como os *Anais de Vila Bela*, relacionamos alguns valores cobrados dos víveres e vestuários nas *minas do Mato Grosso*:

> Valia um alqueire de milho seis oitavas [...] o feijão a dez oitavas o alqueire e, depois, pelos anos adiante, valeu vinte oitavas; chegou a valer a quantia de ouro uma quarta. Valia uma libra de carne, ou de vaca ou de porco, duas oitavas; e

---

[458] CARRATO, *op. cit.*, p. 12.
[459] PRADO JR., 1978, p. 62.
[460] FURTADO, *op. cit.*, p. 82.

uma libra de toucinho salgado, vindo do Cuiabá, duas e meia; um frasco de aguardente de cana 15 oitavas; um prato de sal por quatro oitavas, e ao depois cresceu a mais; uma caixeta de marmelada branca, cinco oitavas; [...] e pelo mesmo preço [seis e 7/8], uma libra de açúcar. Uma galinha valia seis oitavas [...]. Do carreto de uma carga do Jauru até estas minas [Mato Grosso] era uma quarta de ouro. Valia uma camisa de linho seis oitavas; umas ceroulas, quatro oitavas, e todos os mais gêneros por esse teor.[461]

Os elevados preços apresentados estariam, a princípio, atrelados à dificuldade do abastecimento em razão do difícil acesso à fronteira oeste. As populações sofriam com um dos caminhos mais perigosos e mortais para se chegar a essa região. O caminho de ida e volta era feito, inicialmente, somente pelos rios, nas comitivas denominadas de monções, que, por sua vez, era longo, demorado e cheio de desafios, a maioria mortal[462]. O acesso por via terrestre só foi permitido anos depois, em 1737, quando foi aberto caminho entre a Vila Real do Senhor Bom Jesus do Cuiabá e a Vila Boa na capitania de Goiás[463], de lá seguia em direção à capitania de São Paulo ou à capitania do Rio de Janeiro.

Para chegar às Minas do Cuiabá (mais tarde à Vila Real do Senhor Bom Jesus) nas expedições denominadas de monções do Sul, era necessário enfrentar um longo caminho, com muitas cachoeiras, transportar cargas nas costas, enfrentar doenças, febres, diarreias, frio, calor, fome, chuva, "bichos" venenosos, cobras, mosquitos, *mutucas*, *micuins*, carrapatos, bernes, abelhas, marimbondos caboclos, bichos-de-pé, *barrafogos* e *cassunungas* e *paus-de-formiga*[464].

Além desses desafios, os monçoeiros podiam sofrer ataques de indígenas considerados "bravios". Os *paiaguá* e *guaicuru* [465] constituíram uma verdadeira barreira na travessia do Pantanal[466].

---

[461] ANAIS..., op. cit., p. 8.

[462] Cf. TAUNAY, op. cit.

[463] BARBOSA DE SÁ, op. cit., p. 36.

[464] TAUNAY, op. cit., p. 63, 67.

[465] "Além de Guaykuru e Payaguá, outras tribos entraram em conflito com o colonizador em sua marcha para Oeste. Os Bororo, por exemplo, vindos de território da atual Bolívia, pertencem ao tronco macro-jê e habitavam o Vale do São Lourenço, no Rio dos Porrudo [...] Eram chamados de 'coroados' ou 'gentios dos morros' e foram combatidos desde o início das lavras tanto por seus assaltos como por necessidade de mão-de-obra nas minas". Cf. CANAVARROS, op. cit., p. 262.

[466] Segundo Otávio Canavarros, os bandeirantes tinham o Pantanal como um grande alagado chamado "xaraiés", "nome que perdurou até o inicio do século XIX, época na qual a denominação de Pantanal começa a se utilizada" (Ibid., p. 183).

Na maioria das vezes, os suprimentos acabavam antes do fim da viagem, o que obrigava os monçoeiros a parar e cultivar os alimentos para prosseguirem viagem, como ocorreu, por exemplo, com a monção que trouxe o primeiro vigário da freguesia das *Minas do Cuiabá*. Segundo o cronista José Barbosa de Sá, os participantes dessa monção teriam parado por seis meses no local chamado Carandá, "aonde fizeraó oratório e selebrouse misa sustentandose de montarias por terem noticia não hayerem nesta povoação mantimentos alguns"[467].

Desde o ponto de partida das monções em Araritaguaba até as Minas do Cuiabá, gastavam-se de três a quatro meses no percurso, sendo a volta mais demorada, tomando até dois terços do tempo[468]. Nas considerações de Taunay, as tripulações monçoeiras foram "vítimas de uma das mais cruéis servidões de que reza a história". Para o autor, "dificilmente terá havido galés submetidas a mais duros e estafante serviços do que tal maruja"[469], sendo formadas por indivíduos de todas as categorias que se arriscavam para chegar às novas minas. Em geral, ainda segundo o autor, eram aventureiros e burgueses bem afortunados e colocados, civis, militares e eclesiásticos[470].

Tendo cumprido o desafio de chegar vivo às Minas do Cuiabá, localizadas no coração da América do Sul, a subsistência ainda era mais difícil, pois a fome acompanhava sempre a riqueza nas regiões do ouro. Já na segunda metade do século XVIII, a partir de 1755, os moradores da então comarca de Vila Bela, localizada nas Minas do Mato Grosso, passaram a ter um pequeno alívio com a regularização da rota monçoeira saindo de Vila Bela em direção a Santa Maria de Belém do Grão-Pará, que também não deixavam de ser um sacrifício, mas passavam então a ser abastecidos pela Companhia Geral do Comércio do Grão-Pará e Maranhão. Foi o início das *monções do Norte* constituindo mais uma rota de acessibilidade à região[471]:

Para melhorar o abastecimento das Minas do Cuiabá, por parte dos cuiabanos, houve também tentativa de se estabelecer comércio com os espanhóis do outro lado do Guaporé, principalmente com os padres jesuítas e suas missões. Mas a ideia não agradou as autoridades metropolitanas, nem

---

[467] BARBOSA DE SÁ, *op. cit.*, p. 14.
[468] TAUNAY, *op. cit.*, p. 49.
[469] *Ibid.*, p. 62.
[470] *Ibid.*, p. 10.
[471] CANAVARROS, *op. cit.*, p. 212.

portuguesas, nem espanholas, e do lado lusitano se combateu a aproximação em função do risco de contrabando de ouro[472].

Desse modo, entendemos que a acessibilidade à região das Minas do Cuiabá e do Mato Grosso, como também o abastecimento, foi um entrave para os que sonhavam em fazer fortuna nas minas, por meio da mineração ou não. Pois, conforme Celso Furtado, "a elevação dos preços dos alimentos e dos animais de transporte nas regiões vizinhas constituiu o mecanismo de irradiação dos benefícios econômicos da mineração"[473], fazendo com que, mediante seus efeitos indiretos, a economia mineira permitisse que diferentes regiões do Sul da América portuguesa se articulassem com o restante do território, o que abriu uma nova fase de desenvolvimento econômico para todas as regiões, principalmente em relação à pecuária, que já existia de forma rudimentar num regime de subsistência em outras partes da colônia[474].

2.6 Os clérigos entre a missão e o ouro

Celso Furtado observou uma característica presente no comportamento da população que para as zonas de mineração se deslocava. Para ele, o ciclo migratório europeu desencadeado pela mineração foi totalmente diferente do que havia até então. Pois, diferentemente de tempos anteriores, quando a imigração não era atrativa para pessoas com poucos recursos, a economia mineira colonial possibilitava que, com recursos limitados, se investisse na exploração de minas menores, justamente por ser o metal precioso encontrado no fundo dos rios o ouro de aluvião[475] — o que, segundo o autor, não quer dizer que tudo se tratava de "facilidades", pois faz ressalva em relação às transferências de população em que havia também um ônus, que,

> [...]em boa medida[,] foi feito [pago] pelos próprios imigrantes, os quais eram pessoas de pequenas posses que liquidavam seus bens na ilusão de alcançar rapidamente uma fortuna no novo eldorado.[476]

---

[472] *Ibid.*, p. 226. Na verdade, a preocupação era com o aumento do descaminho, pois o contrabando sempre existiu, tanto de um lado como do outro. *Cf.* CAVALCANTE, *op. cit.*
[473] FURTADO, *op. cit.*, p. 82.
[474] *Ibid.*, p. 83.
[475] *Ibid.*, p. 80.
[476] *Ibid.*, p. 81.

Contudo, por este aspecto observado por Furtado, notamos que a mineração poderia proporcionar ao homem livre uma ascensão social muito maior do que na produção açucareira, por exemplo, que, ao estagnar-se no auge da mineração, reduzia ainda mais os meios de sobrevivência aos indivíduos. Assim, entre esses homens livres, encontravam-se também os clérigos impossibilitados de ascender aos postos mais elevados dentro da hierarquia eclesiástica; por sinal, eram poucos os benefícios eclesiásticos disponíveis para as freguesias e menos ainda para conseguir conezias nos quadros dos cabidos diocesanos.

Desse modo, para alguns clérigos, arriscar-se nas minas era mais uma forma de conseguir a sobrevivência e, talvez, até a chance de fazer fortuna. Esta seria a razão porque muitos clérigos participaram da dinâmica da nova atividade econômica. Pois a mineração, com o aumento do fluxo da população e, consequentemente, o surgimento de arraiais, vilas e cidades, com suas igrejas e irmandades, também fez com que surgissem mais postos de trabalho eclesiástico, como, por exemplo, os de vigários (colados ou não) e coadjutores ou capelães. Houve um aumento na demanda por mais clérigos para atender à população na rede paroquial que se expandia, como também surgiram brechas para aqueles clérigos que se utilizavam da influência religiosa para arrecadar recursos e sobreviver, tanto de forma considerada lícita como ilícita para a época.

Nas Minas do Cuiabá e do Mato Grosso, observamos que, conforme o avanço das descobertas auríferas acontecia, aumentava o número de igrejas junto aos arraiais. Os espaços destinados ao culto divino foram sendo edificados e compondo a rede de igrejas da região, que serviu de suporte para o estabelecimento e para a atuação do clero, quase que exclusivamente, até a primeira metade do século XVIII. Para a segunda metade do Setecentos até o início do século XIX, verificamos que as igrejas matrizes e as capelas continuavam sendo pontos referenciais na atuação dos sacerdotes, mas não somente: alguns clérigos se instalaram em função de novas frentes de trabalho eclesiástico abertas pelo processo de conquista por iniciativa da Coroa, como a criação de freguesias para a missionação dos indígenas e do estabelecimento de capelanias em fortes e presídios para atender às populações envolvidas na defesa da posse do território, como também em expedições demarcadoras dos limites das fronteiras e pelo reconhecimento do território.

Via de regra, o sistema eclesiástico colonial deveria ser constituído e mantido pelos recursos coletados por parte da Coroa portuguesa na forma de dízimo eclesiástico, conforme o previsto pelo regime de padroado. A Coroa, por meio de seu Tribunal da Mesa da Consciência e Ordens, autorizava a ereção de circunscrições eclesiásticas como freguesias, dioceses e seus cabidos, para as quais deveria nomear o clero que estaria a sua frente. Porém, o processo de criação dessas instituições nunca acompanhou a demanda colonial, ainda mais com o significativo aumento de paróquias no século XVIII, sendo o número de empregos eclesiásticos custeados pelo padroado muito aquém das reais necessidades da América portuguesa, predominando as freguesias criadas pelos bispos e mantidas pelos fiéis[477].

O preenchimento dos cargos eclesiásticos coloniais dava-se por meio de "oposições", ou seja, de concursos entre clérigos opositores, que concorriam por análise de documentação que comprovasse a capacidade e os méritos dos candidatos. Os cargos eram apresentados pelos bispos ao Tribunal da Mesa da Consciência e Ordens para abertura de editais. Depois de avaliados os candidatos, os aprovados eram apresentados ao tribunal pela ordem de pontuação adquirida. Era uma espécie de concurso público à época. No entanto, como lembra Guilherme Pereira das Neves, as indicações feitas à Mesa da Consciência e Ordens nem sempre eram respeitadas, e poder-se-ia eleger os menos capacitados, causando protestos por parte dos bispos[478].

Ser nomeado para um cargo eclesiástico, fosse em uma freguesia colada, fosse para compor o cabido de uma diocese, significava ter a garantia de recursos vitalícios, mesmo não sendo efetuados os pagamentos das côngruas regularmente, mas, sobretudo, também significava um prestígio entre os membros eclesiásticos, pois eram poucos os cargos e muitos os candidatos. No caso dos cabidos onde estava o alto clero colonial, por exemplo, poder-se-ia receber côngruas maiores. Conforme Neves,

> Era nos cabidos que se encontravam os seculares melhor aquinhoados, especialmente aqueles que ocupavam, no final do século XVIII, as cerca de 30 dignidades, para as quais se pressupunha, em princípio, um grão universitário. Entretanto, os cônegos não deixavam de formar também uma espécie de elite social e cultural [...].[479]

Contudo, os cabidos eram poucos, como também eram poucas as cadeiras que o formavam. Além de que, como apontou Neves, o sacerdote

---
[477] Cf. RODRIGUES, 2012.
[478] NEVES, 1994a, p. 171.
[479] Ibid., p. 172.

candidato precisava ter sido formado em universidade, em geral, em Coimbra, o que não era possível para a maioria dos clérigos.

Os valores das côngruas pagas na América portuguesa variavam de uma diocese para outra. Na Bahia, por exemplo, o Deão (principal dignidade) do cabido recebia 400$000 réis, enquanto um capelão da sé de São Paulo recebia 50$000 reis[480]. Em 1749, na diocese do Rio de Janeiro, os cônegos recebiam 240$000 réis, enquanto que em Pernambuco, já no fim do século XVIII, a mesma dignidade recebia 100$000 réis[481]. Para os que ocupavam o cargo de pároco nas freguesias coloniais, eles poderiam alcançar rendimentos anuais de até 200$000 réis, como foi o caso da diocese do Rio de Janeiro, mas em outros lugares, como a diocese de São Paulo, recebiam até 50$000 réis[482]. De acordo com Neves, apesar de gozarem de uma situação estável, os clérigos colados em seus benefícios poderiam apresentar enormes diferenças entre si, pois, "entre uma pobre aldeia de índios, no interior, e uma populosa freguesia, nas cidades mais importantes do litoral, estabeleciam entre eles uma hierarquia acentuada"[483].

Desse modo, observamos que mesmo o clero que era beneficiado pelas colações sofria com disparidades em relação aos valores pagos das côngruas. Conforme Neves, ainda havia uma massa indistinta de clérigos sem recursos que compunham o outro extremo da escala social dos funcionários da Igreja. O autor considera que, para esses clérigos mais desprovidos, as colocações mais acessíveis eram as capelanias, "que podiam ser alcançadas em algum corpo da tropa, nos navios, nas irmandades ou junto aos proprietários abastados, que mantinham uma capela no seu engenho ou fazenda"[484].

Os capelães também eram os coadjutores nas paróquias, eram padres que auxiliavam os vigários na igreja matriz das freguesias, nas capelas filiais da vila principal e nos arraiais mais distantes. Tanto na freguesia das Minas do Cuiabá quanto na freguesia das Minas do Mato Grosso, identificamos que a maioria dos clérigos se ocupou exercendo o emprego de capelão ou coadjutor, como apresentado no gráfico seguinte:

---

[480] *Ibid.*, p. 173.
[481] RUBERT, *op. cit.*, p. 334.
[482] *Ibid.*, p. 334.
[483] NEVES, 1994a, p. 174.
[484] *Ibid.*, p. 173.

Gráfico 2 – Empregos ocupados pelos clérigos na fronteira oeste da América portuguesa (1721-1808)

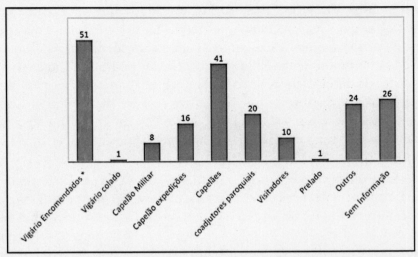

Fonte: *Annaes...* (2007), *Anais...* (2006) e AHU; Barbosa de Sá (1975). *Foram considerados na contagem os clérigos que também ocuparam a função interinamente

Conforme o gráfico *supra*, o número de empregos de capelanias e coadjutorias ocupadas na circunscrição eclesiástica da fronteira oeste é, consideravelmente, o mais expressivo no conjunto. Os vigários encomendados, por sua vez, eram aqueles que, segundo Neves, aceitavam o cargo "na esperança de que a prodigalidade da Coroa o[s] erigisse em paróquia"[485].

Segundo Aldair C. Rodrigues, foi tradição nas dioceses ultramarinas os bispos cuidarem da colocação de curas amovíveis nas vigararias encomendadas, ficando a Coroa responsável pela apresentação dos clérigos nas vigararias coladas[486]. Assim, a manutenção dos párocos encomendados na região das Minas era feita, a princípio, pelos bispos, mas também dependia das *conhecenças* e dos chamados *pés-de-altar*, ou outras formas adicionais, como, por exemplo, o recebimento por serviços religiosos prestados em função das festas organizadas pelos senados das câmaras. Na vila do Cuiabá, no ano de 1728, foram pagas ao padre secular José de Frias 50 oitavas de ouro pelo sermão feito na Festa do "Corpo de Deus"[487].

---

[485] NEVES, 1994a, p. 173.
[486] RODRIGUES, 2012, p. 74.
[487] "Conta do rendimento da Câmara que tomou o Ouvidor geral Joseph de Burgos Villa Lobos do anno de 1728 como parece" (AHU/NDIHR. Mf. 27, Doc. 1.091 *apud* CANAVARRO, *op. cit.*, p. 123).

Em relação à manutenção do clero que passou pela capitania de Mato Grosso, consideramos certo que esta também foi desproporcional entre seus membros. Contudo, faltam dados suficientes para uma análise mais completa. O que identificamos é que houve controversas sobre o assunto ainda no período colonial. Enquanto algumas autoridades locais se queixavam dos altos rendimentos obtidos pelos clérigos, o bispo do Rio de Janeiro reclamava da dificuldade de se conseguir candidato para servir nas minas. O primeiro a se manifestar foi o então governador de São Paulo, Conde de Sarzedas, que, em resposta à carta do rei D. João V, de 1734, disse que os párocos das Minas do Cuiabá tinham rendimentos que se equiparavam a bispados[488].

Na segunda metade do século XVIII, Joaquim da Costa Siqueira em suas crônicas não se privou de comentar a falta de desapego por parte do vigário de sua época[489]. Esse vigário seria o 14º pároco da freguesia do Senhor Bom Jesus do Cuiabá, também provido pelo bispo do Rio de Janeiro[490]. Segundo Joaquim da Costa Siqueira, no período de sete anos em que o dito clérigo esteve à frente da freguesia de Cuiabá, em dois mandatos, teria lucrado "o melhor de setenta mil cruzados, ainda queria continuar, se possível fosse outros dobrados sete anos"[491].

O clérigo "denunciado" por Siqueira conseguiu um rendimento extraordinário no período em que esteve à frente da freguesia, uma média de 10 mil cruzados por ano —rendimento muito maior que o alcançado por altas dignidades eclesiásticas no reino. Segundo Fortunato de Almeida, no primeiro quartel do século XVIII, o rendimento anual do Deão em Coimbra, juntando a prebenda, a *terça de Lousã* e mais um aprestamo, rendia 3 mil cruzados. Na sé de Évora, cada prebenda rendia 5 mil cruzados; o Deão tinha duas prebendas e mais a renda da igreja do Virmieiro; o Chantre, duas prebendas; o mestre escola e o tesoureiro-mor tinham uma prebenda cada; a renda da *Fábrica* consistia em porções de dízimo, 12 mil cruzados; e, na sé de Lisboa, rendia cada canonicato 1 conto de réis, mas o de Mafra rendia 6 mil cruzados[492].

---

[488] CONSULTA do Conselho Ultramarino ao rei d. João V sobre as respostas que deram o governador do Rio de Janeiro, bispo e governador de São Paulo às ordens que lhes foram sobre as missões para o gentio pareci e acerca da vigararia da Vila de Cuiabá. Lisboa, 18 nov. 1734a. AHU-MT, Caixa 1, Doc. 70(1).
[489] SIQUEIRA, 2002b, p. 100.
[490] BARBOSA DE SÁ, *op. cit.*, p. 51.
[491] SIQUEIRA, 2002b, p. 100.
[492] ALMEIDA, 1910, p. 255-256.

Desse modo, observamos que, depois de comparados os rendimentos eclesiásticos apresentados anteriormente, seria possível até concordar com o governador da capitania de São Paulo: que os párocos das Minas do Cuiabá não precisavam de côngruas. Mas, ainda assim, segundo o bispo do Rio de Janeiro em 1732, já não achava sacerdote que quisesse ir para as Minas do Cuiabá, e, na opinião do epíscopo, não parecia ser justo não dar côngruas para o pároco, devido a distância, trabalho e pouco lucro[493].

Conforme Canavarros, a necessidade de remunerar os clérigos da capitania de Mato Grosso deu-se no momento em que a mineração entrou em crise. Durante os momentos de prosperidade das lavras, os padres não necessitavam das côngruas cujos valores não foram estabelecidos, e, como se viu, para se manterem sem as côngruas, os padres cobravam emolumentos e taxas elevadas para todos os tipos de serviços religiosos prestados[494]. Assim, do ponto de vista material, compreendemos que a mineração proporcionou inicialmente grandes atrativos para os clérigos, pois havia a possibilidade de se fazer o chamado "pé-de-meia", mesmo diante do enfrentamento de vários obstáculos que poderiam lhes custar a própria vida.

---

[493] CANAVARROS, *op. cit.*, p. 138.
[494] *Ibid.*, p. 138.

3

OS PERFIS DO CLERO PRESENTE NA FRONTEIRA OESTE DA AMÉRICA PORTUGUESA

Desde as últimas décadas do século passado, a história social do clero começou a receber a merecida atenção por parte da historiografia, a qual vem avançando recentemente. Esse avanço observamos tanto por parte de historiadores portugueses como por parte de brasileiros, pois trabalhos consistentes surgiram sobre o clero colonial enquanto segmento relevante na configuração da sociedade do Antigo Regime[495].

Em relação aos eclesiásticos que atuaram fora dos grandes centros urbanos do litoral, como os que partiram para os sertões coloniais, nas raias do Império português, ainda há carência de pesquisas. Pouco sabemos, por exemplo, sobre o clero que atuou nas zonas da fronteira mais ocidental da América portuguesa, como foi o caso dos eclesiásticos que atuaram em Mato Grosso, enquanto segmento social, trajetórias, inserção social e familiar etc. Desse modo, neste capítulo descreveremos, na medida do possível, quem eram esses indivíduos e o que eles buscavam em terras tão longínquas como a fronteira oeste, que se situava longe da metrópole e dos principais centros urbanos estabelecidos na costa litorânea da colônia.

---

[495] RODRIGUES, 2010. *Cf.* AZEVEDO, Carlos Moreira (dir.). **Dicionário de história religiosa de Portugal**. Lisboa: [s. n.], 2000; PAIVA, *op. cit.*; OLIVAL, Fernanda. Clero e família: os notários e comissários do Santo Ofício no Sul de Portugal (o caso de Beja na primeira metade do século XVIII). **Nuevo Mundo Mundos Nuevos**, Aubervilliers, Colóquios, 2008; *Cf.* TORRES-LONDOÑO, 1999; FRANÇA, Anna Laura Teixeira de. **Santas normas**: o comportamento do clero pernambucano sob a vigilância das Constituições Primeiras do arcebispado da Bahia, 1707. 2002. Dissertação (Mestrado) – UFPE, Recife, 2002; POLLETO, Lizandro. **Pastoreio de almas em terras brasilis**: a Igreja Católica no "Paraná" até a criação da diocese de Curitiba (XVII-XIX). 2010. Dissertação (Mestrado) – UFPR, Curitiba, 2010; MENDONÇA, Pollyanna Gouvea. **Parochos imperfeitos**: Justiça Eclesiástica e desvios do clero no Maranhão colonial. 2011. Tese (Doutorado) – UFF, Niterói, 2011; MILAGRE, Marcela Soares. **Entre a bolsa e o púlpito**: eclesiásticos e homens do século nas Minas de Pitangui (1745-1793). 2011. Dissertação (Mestrado) – UFSJ, São João del Rey, 2011; RODRIGUES, 2012; SANTOS, Patrícia Ferreira dos. **Carentes de justiça**: juízes seculares e eclesiásticos na "confusão de latrocínios" em Minas Gerais (1748-1793). 2013. Tese (Doutorado) – USP, São Paulo, 2013; SANTOS, Gustavo Augusto Mendonça dos. **Transgressão e cotidiano**: a vida dos clérigos do Hábito de São Pedro nas freguesias do açúcar em Pernambuco na segunda metade do século XVIII (1750-1800). 2013. Dissertação (Mestrado) – UFRPE, Recife, 2013; SILVA, Leandro Ferreira Lima da. **Regalismo no Brasil colonial**: a coroa portuguesa e a província de Nossa Senhora do Carmo do Rio de Janeiro (1750-1808). 2013. Dissertação (Mestrado) – USP, São Paulo, 2013.

3.1 Caracterização geral

A descrição do perfil do clero colonial mato-grossense que apresentaremos em diante parte de um levantamento de 131 nomes encontrados no período de quase nove décadas, entre os anos de 1720 e 1808. Porém, devido à diversidade dos perfis que observamos ao longo do período analisado, somada às dificuldades para encontrar informações nos documentos disponíveis da época sobre a origem, a idade, o nível social, a formação acadêmica, a trajetória e outras, tornou-se inviável estabelecer generalizações para o grupo social. É importante salientar que não há um fundo documental específico no qual possam ser consultados todos os documentos da capitania de Mato Grosso referentes aos clérigos. Assim, foi necessário um exercício de "garimpagem" das fontes e a montagem do que, por analogia, consideramos ser um verdadeiro quebra-cabeça[496].

Do conjunto dos 131 clérigos identificados, foi do grupo daqueles que ocuparam funções oficiais, como os vigários da vara e os párocos, que mais obtivemos informações. Entretanto, alguns desses clérigos ainda passaram despercebidos pelos registros da época, como nas crônicas locais, nos documentos régios depositados em fundos da Mesa de Consciência e Ordens, do Conselho Ultramarino e até dos arquivos das dioceses coloniais.

Em relação aos clérigos que exerceram atividades "não oficiais", ou seja, atividades ou ocupações sem vinculação direta com as freguesias, o trabalho de pesquisa torna-se ainda mais difícil, visto que, em alguns casos, não foram registrados nem mesmo seus respectivos nomes. Contudo, seguindo os vestígios deixados ao longo do caminho, buscamos percorrer um pouco da trajetória desses agentes históricos, ainda pouco conhecidos.

3.1.1 Clérigos regulares e seculares

A maioria dos 131 clérigos identificados no recorte temporal da pesquisa que realizamos era constituída de padres seculares, 83% do total. No período de quase um século, constatamos a presença de, pelo menos,

---

[496] O levantamento das informações clericais foi feito com base em fontes impressas e manuscritas, de documentação já consultada e também inédita, encontradas em arquivos nacionais e portugueses, como: **APEMT** (Cuiabá), **ACBM** (Cuiabá), **ACMRJ** (RJ), **ACMSP** (SP), **Biblioteca Nacional do Rio de Janeiro** (RJ), **AHU** (Lisboa), **ANTT** (Lisboa), **Biblioteca Nacional de Portugal** (Lisboa), **Biblioteca Pública do Porto** (Porto), **Biblioteca Pública de Évora** (Évora), **Biblioteca da Ajuda** (Lisboa) e **Arquivo da Universidade de Coimbra** (Coimbra).

109 clérigos seculares e apenas 22 clérigos regulares (17%) na fronteira oeste da América portuguesa. Assim, já de início, salta aos olhos um grande desequilíbrio entre as duas categorias clericais atuantes na região.

Gráfico 3 – Clérigos regulares e seculares na fronteira oeste da América portuguesa (1720-1808)

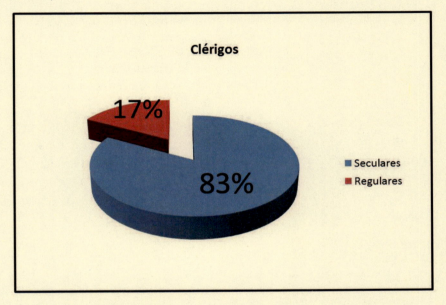

Fonte: Barbosa de Sá (1975), *Anais...* (2006), *Annaes...* (2007), AHU-PT e ACBM-IPDAC

O desequilíbrio entre o número de clérigos regulares e seculares compreendemos como um reflexo da interferência direta do poder metropolitano, uma vez que os monarcas fizeram intervenções com medidas restritivas e proibitivas para as regiões coloniais de mineração. As medidas tomadas pela Coroa em relação à ação missionária praticada na América portuguesa acabaram oportunizando um cenário no qual os religiosos de ofício não foram os responsáveis pela implantação da fé católica nas zonas de mineração, conforme destacou Caio C. Boschi ao estudar o sistema eclesiástico colonial nas Minas Gerais[497].

Pelos dados presentes no gráfico *supra*, verificamos que Mato Grosso não se diferenciou das demais regiões de mineração em relação ao acesso de clérigos regulares. Ou seja, a região da fronteira oeste também foi objeto

[497] BOSCHI, 1986, p. 79.

da política metropolitana de restrição ao acesso de clérigos pertencentes às ordens regulares. Entretanto, assim como Boschi chama atenção para esse fato, ressaltamos que não se deve supor que os clérigos seculares estivessem totalmente livres para exercer seus ofícios na região, pois o controle e a fiscalização não se destinavam essencialmente aos clérigos regulares[498].

> Simultaneamente, a esse tipo de restrição, proibiu-se a entrada e a fixação de estrangeiros; controlou-se, a partir do início do século o livre acesso e o fluxo migratório para a região; controlou-se o comércio abastecedor; [...] controlaram-se os caminhos e passagens de acesso à Capitania, combateu-se o descaminho do ouro.[499]

Destacamos que o controle sobre a região de mineração foi rigoroso por todo o período colonial. Os governadores da capitania de São Paulo, em primeiro lugar, e depois de Mato Grosso sempre mantiveram a Coroa informada sobre a atuação do clero, principalmente por receberem instruções diretas de controle em relação à presença de clérigos regulares e "desocupados" nas Minas do Cuiabá e do Mato Grosso[500].

---

[498] *Ibid.*, p. 82-83.

[499] *Ibid.*, p. 82-83.

[500] PROVISÃO expedida pelo Conselho Ultramarino ao governador Rodrigo Cezar de Menezes, em 30 de novembro de 1723 [sobre a expulsão dos estrangeiros religiosos]. *In*: DOCUMENTOS régios: 1702-1748: Códice n. 1 da Superintendência de Arquivo Público de Mato Grosso. Estudo introdutório de Maria de Fátima Costa. Transcrição paleográfica de Luzinete Xavier de Lima. Cuiabá: Entrelinhas, 2013b; PROVISÃO de 30 de janeiro de 1728 – ao governador e capitão-general, sobre fazer despejar da capitania todos os regulares, que nela estiverem sem ordem de Sua Majestade, especialmente frei João de São Domingos, sequestrando-lhe, e vendendo os bens que se acharem, e para não consentir [ilegível], [ilegível] outras pessoas das que andam publicamente pedindo esmolas para os lugares [pios]. *In*: DOCUMENTOS régios: 1702-1748: Códice n. 1 da Superintendência de Arquivo Público de Mato Grosso. Estudo introdutório de Maria de Fátima Costa. Transcrição paleográfica de Luzinete Xavier de Lima. Cuiabá: Entrelinhas, 2013a; CARTA do secretário de Estado, Antônio Guedez Pereira, de 28 de [abril] de 1746 – sobre haver Sua Majestade concedido permissão aos religiosos do Carmo para mandar pedir esmolas para a reedificação do hospício que têm em Lisboa. *In*: DOCUMENTOS régios: 1702-1748: Códice n. 1 da Superintendência de Arquivo Público de Mato Grosso. Estudo introdutório de Maria de Fátima Costa. Transcrição paleográfica de Luzinete Xavier de Lima. Cuiabá: Entrelinhas, 2013; OFÍCIO do [governador e capitão-general da capitania de Mato Grosso] Caetano Pinto de Miranda Montenegro ao [secretário de Estado da Marinha e Ultramar] Rodrigo de Sousa Coutinho, informando que não existem na capitania nem Ordens Monásticas, nem as Mendicantes. Vila Bela, 12 jun. 1798. AHU-MT, Caixa 34, Doc. 1.787; CARTA do governador e capitão-general Antônio Rolim de Moura a Diogo de Mendonça Corte Real, 31/01/1755. [Nesta carta o Capitão-general Antônio Rolim de Moura coloca o rei a par das medidas que vinha tomando em relação às várias pessoas que ocupam funções e cargos importantes na região ou que tinham práticas duvidosas, como por exemplo, Pe. Frei Tomaz, religioso do Carmo Calçado que tem causado tensões na Vila. Também explica porque faz vista grossa a presença de religioso na região da capitania, sendo que havia proibição para a presença dos mesmos]. *In*: UNIVERSIDADE FEDERAL DE MATO GROSSO. Núcleo de Documentação e Informação Histórica e Regional. **D. Antônio Rolim de Moura, primeiro conde de Azambuja; Correspondências**. Cuiabá: Imprensa Universitária, 1982e. v. 2. (Coleção Documentos Ibéricos; Série Capitães Generaes.)

Entretanto, em meio ao pretendido fiscalismo sobre a clerezia, encontravam-se também as exceções, que existiram durante todo o período colonial. Compreendemos que o afrouxamento ocorreu, em parte, devido à necessidade da presença de eclesiásticos nesta região e, também, quando foi oportuno aos interesses metropolitanos, como no período de instalação do governo da capitania de Mato Grosso, em que jesuítas foram solicitados para que acompanhassem o governador e capitão-general Antônio Rolim de Moura (1751-1765)[501].

Nestas circunstâncias, analisamos que a Coroa tinha por objetivo o aldeamento dos indígenas dispersos sob a administração de moradores na região. Ademais, esperava conter a perda de possíveis súditos para o lado espanhol da fronteira, onde já estavam as missões jesuíticas castelhanas. Assim, observamos que a presença de clérigos regulares era uma alternativa para tais propósitos, uma vez que parecia não haver muito interesse por parte dos clérigos seculares em tal trabalho. O governador Antônio Rolim de Moura, em carta destinada ao reino, lamentava a impossibilidade de contar com a colaboração dos clérigos seculares para o trabalho de missionação indígena, porque, além de considerá-los incapazes para tal demanda, dizia que os eclesiásticos eram impossibilitados por instrução dos bispos do Rio de Janeiro, para que se evitassem desordens na região e se dedicassem somente à administração dos sacramentos nos povoados[502].

Conforme Caio César Boschi, a política portuguesa proibitiva caracterizou-se, na verdade, mais como uma limitação do número de eclesiásticos, já que as medidas tomadas não eram unilaterais e as exceções existiam, desde que não interferissem na arrecadação[503]. Assim, compreendemos por outro ângulo também a passagem dos dois jesuítas pela fronteira oeste da América portuguesa, como dos representantes de outras ordens regulares, como franciscanos, carmelitas, capuchinhos, beneditinos e mercedários.

---

[501] BARBOSA DE SÁ, *op. cit.*, p. 46.
[502] CARTA..., 1982e.
[503] BOSCHI, 1986, p. 82; SILVA, 2013, p. 67-72.

Quadro 6 – Clérigos regulares em Mato Grosso colonial (1720-1808)

Nº de ordem	Nome	"Religião" (Ordem)	Ano de chegada
01	Pacífico dos Anjos	Franciscano	1720
02	Florêncio dos Anjos	Carmelita	1720
03	Frutuoso da Conceição	Não informado	1721
04	José de Angola	Franciscano	1729
05	Antônio Madureira	Mercedário	1734
06	Antônio Nascentes	Franciscano	1736
07	José dos Anjos	Franciscano	1743(?)
08	Antônio do Extremo	Franciscano	1749
09	João Santiago	Capuchinho	1749
10	Paulo Leme	Não informado*	1749
11	José Leme do Prado	Não informado*	1749
12	Estevão de Castro	Jesuíta	1751
13	Agostinho Lourenço	Jesuíta	1751
14	Maximiano de Jesus Cristo	Carmelita	1753
15	Tomaz	Carmelita	Ant. 1755
16	Ignácio de Santa Rosa	Franciscano	1755
17	Francisco de Santa Maria	Franciscano	1757
18	Joaquim de São Jose	Franciscano	1761
19	Manoel de São Valentim	Carmelita	1762
20	Jose de N. Srª da Conceição	Franciscano	1771
21	Antônio de Santa Tereza e Melo	Beneditino	1772
22	Antônio de Santa Catarina	Carmelita	1789

Fonte: Barbosa de Sá (1975), *Anais...* (2006), *Annaes...* (2007), AHU e ACBM-IPDAC. *Na documentação, esses dois nomes aparecem como missionários

De modo geral, destacamos que as Ordens dos clérigos regulares presentes na América portuguesa passaram a experimentar um processo de crise, a partir da segunda metade do século XVIII, principalmente pela oposição do Marquês de Pombal aos clérigos regulares, em geral, e aos jesuítas, em particular. Além disto, segundo Eduardo Hoornaert, aquela foi uma época em que se respiravam as novas ideias do Enciclopedismo e do Iluminismo, com tendências anticatólicas e antijesuíticas[504].

Hoornaert acrescenta ao conjunto da crise religiosa vivenciada pelos clérigos regulares, além das mudanças culturais vindas da Europa, o relaxamento da disciplina praticada dentro dos próprios conventos[505]. No entanto, o que percebemos como fator de maior impacto no desenvolvimento das ordens regulares nesse período foi a intervenção do Estado com políticas de restrições. O próprio Hoornaert considera que houve um elenco bastante numeroso no conjunto de leis e decretos que, paulatinamente, foram limitando as ações dos religiosos e de seus conventos[506].

Entre os vários aspectos observados na ação do Estado português em relação às ordens regulares, as questões de ordem econômica foram especialmente agravantes, pois, conforme Leandro Ferreira L. da Silva, era do interesse da metrópole o controle da atividade religiosa eclesiástica colonial, devido às entradas de propriedades no patrimônio das ordens religiosas, deixando, assim, de trazer lucros para a Coroa. Neste caso, "significava sua consequente saída de circulação do mercado, cessando os tributos e taxas resultantes de semelhantes operações"[507].

De modo semelhante, compreendemos que o controle rigoroso sobre as regiões de mineração, sob a alegação de se evitar o contrabando, veio a calhar, quando, na verdade, em toda a América portuguesa, a Coroa vinha sistematicamente cerceando as ordens regulares[508]. E, neste sentido, conforme Boschi, houve uma alteração do panorama colonial no fim do século XVII e XVIII, a partir das descobertas do ouro, pelas quais o Estado português passou a se impor ostensivamente, eliminando todas as barreiras para sua ocupação política neste novo território, ainda inexplorado[509].

No entanto, destacamos que clérigos regulares, sob vários pretextos, conseguiram adentrar os sertões e alcançar o território das minas da fronteira ocidental, e, mesmo que diminuto, esse grupo foi significativamente variado.

---

[504] HOORNAERT, *op. cit.*, p. 221.

[505] *Ibid.*, p. 221-222.

[506] *Ibid.*, p. 222.

[507] SILVA, 2013, p. 72.

[508] *Ibid.*, p. 72.

[509] BOSCHI, 1986, p. 96.

3.1.2 Os franciscanos

O maior grupo de eclesiásticos regulares que atuaram em Mato Grosso no período colonial foi, notadamente, o dos franciscanos, sendo composto por reinóis e originários da América portuguesa[510].

O primeiro que chegou ainda no tempo das primeiras descobertas auríferas ao vale do Coxipó foi Frei Pacífico dos Anjos, de origem paulista. Os demais frades, Antônio Nascentes, Ignácio de Santa Rosa e Francisco de Santa Maria, sabemos que partiram da Vila de Itú, onde tinham um convento (hospício), para as Minas do Cuiabá[511].

Conforme Pedro Knob, os Frades Ignácio de Santa Rosa e Francisco de Santa Maria teriam passado pela região e voltado para o seu convento em Itu, levando muitas intenções de Missa a rezar[512]. Identificamos que essa era também uma forma de os clérigos conseguirem arrecadar algum recurso junto aos fiéis, que encomendavam Missa aos falecidos, principalmente devido à escassez de padres na região, conforme os testemunhos da época.

No ano de 1729, passou pela Vila de Cuiabá o Frade José Angola[513]. Não sabemos sua naturalidade ou sua origem, mas, pelo sobrenome, há suspeita de que seja africano, pois, conforme o escritor franciscano Frei Apolinário da Conceição, citado por Frei Sebastião Ellebracht, tratava-se de um "filho da Província da Imaculada Conceição". Ainda segundo o mesmo autor citado, haveria informações de que, naquela época, existiam religiosos no Convento de Santo Antônio do Rio de Janeiro que eram oriundos de Angola e se dedicavam à catequese dos escravos provenientes daquele reino[514].

Verificamos que a presença do Padre José Angola nas Minas do Cuiabá ganhou destaque nos anais da época por ter acontecido na ocasião da chegada da imagem do padroeiro da Vila Real, o Senhor Bom Jesus. A mando da Câmara de Cuiabá, algumas pessoas consideradas "principais" da vila foram até a fazenda de Camapuam buscar a imagem. Ao chegar ao Porto Geral da Vila Real, trouxeram a imagem do padroeiro em procissão e colocaram-na

---

[510] Além dos clérigos aqui citados, encontramos indícios da presença de outros franciscanos, como do Frei Bartolomeu da Conceição, que talvez estivesse na Fazenda de Camapuã entre os anos de 1745 e1751 (KNOB, *op. cit.*, p. 19).

[511] KNOB, *op. cit.*, p. 19. Ver também: BARBOSA DESÁ, *op. cit.*

[512] KNOB, *op. cit.*, p. 19.

[513] BARBOSA DE SÁ, *op. cit.*, p. 27.

[514] ELLEBRACHT, Frei Sebastião. **Religiosos franciscanos da província da Imaculada Conceição do Brasil na colônia** e no Império. São Paulo: Vozes, 1989. p. 54.

em um altar colateral da igreja matriz, à parte do Evangelho[515]. Esse foi um acontecimento de grande importância para os moradores da vila, pois tratava-se da imagem do orago que deu o nome ao lugarejo, era a representação do Senhor Bom Jesus. A atuação do Frei José Angola na ocasião foi destacada, porque foi o clérigo que pregou o sermão da Missa especial, por sinal, cantada. Mas, depois desse acontecimento, nada se sabe sobre o destino do religioso[516].

Outro franciscano identificado foi o missionário apostólico Frei José dos Anjos, que esteve nas Minas do Mato Grosso, com autorização de seu prelado para pedir esmolas para o convento a que pertencia no Rio de Janeiro. Na documentação encontramos a informação de que a passagem desse frade ocorreu no período em que o Padre Bartholomeu Gomes Pombo foi vigário da vara naquela freguesia. Assim, poderia ter sido nos anos de 1743 ou mais. Conforme declaração do próprio religioso, este pedia permissão em requerimento encaminhado ao rei D. João V, no ano de 1750, para fundar uma missão no lugar chamado *Campo dos Pareci* ou no Rio Aporé, mas seu pedido foi indeferido, pois, desde 1746, já se espera que o trabalho missionário fosse realizado pelos jesuítas[517].

De todos os franciscanos que passaram por Mato Grosso no período colonial, destacamos Frei Antônio do Extremo, pois verificamos ser o frade que teve um acolhimento especial pelos mato-grossenses. Esse clérigo, assim que chegou à região em 1749, logo passou a exercer atividade de missionário nas Minas do extremo oeste, passou pela Vila de Cuiabá e conseguiu chegar até Vila Bela da Santíssima Trindade e, de lá, retornou para Cuiabá, de onde partiu de volta para São Paulo, em 1751. Segundo José Barboza de Sá, Frei Antônio do Extremo chegou pelo caminho de terra sozinho, a pé. Na descrição feita pelo cronista, compõe-se a imagem de um homem de muita austeridade e sob uma áurea de misticidade, quase de um anacoreta:

> [...] só sem mais companhia que hum cachorro seo bordaó na maó o Breviário na manga caminho de três mezes de viagem [...] fez huá missão com muyto fruto passou a Matto Grosso na mesma diligencia voltou no seguinte anno e tomou por terra só e na mesma forma em que havia vindo.[518]

---

[515] ANNAES..., *op. cit.*, p. 61.
[516] BARBOSA DESÁ, *op. cit.*, p. 35.
[517] REQUERIMENTO do padre José dos Anjos, religioso da reforma de São Francisco da província da Conceição do Rio de Janeiro, ao rei [d. João V] em que pede licença para fundar uma missão no campo dos pareci ou no rio Aporé. [*S. l.*], ant. a 29 abr. 1750. AHU-MT, Caixa 5, Doc. 320.
[518] BARBOSA DESÁ, *op. cit.*, p. 45.

Observamos que a passagem de Frei Antônio do Extremo pelas Minas do Cuiabá e do Mato Grosso foi breve e única. Com o perfil desse franciscano, não identificamos outro na fronteira oeste da América portuguesa. Somente alguns anos mais tarde (1754), destaca-se a passagem de outro clérigo (José Ayres) como missionário pela capitania. Porém, este último não tinha as mesmas características de Frei Antônio. Verificamos que, em regiões coloniais, como nas Minas Gerais, existiram figuras parecidas com a de Frei Antônio do Extremo, porém mais próximas da figura do eremita[519]. Arlindo Rubert chama alguns desses homens de "testemunhas" de uma autêntica vivência cristã[520]. Essa vivência da religião, exercida tanto por clérigos como por leigos, no entendimento de Hoornaert, configurava-se como um movimento missionário paralelo às determinações da Santa Sé, ou seja, seria uma inspiração de outra ordem ou natureza, em que o indivíduo se dedicava a prestar esse tipo de serviço religioso por inspiração considerada divina[521].

Frei Antônio do Extremo observamos que poderia ser considerado um homem místico e, acima de tudo, um peregrino, mas não um eremita. Os eremitas eram, na maioria das vezes, leigos que se dedicavam aos cuidados de alguma ermida[522]. Segundo Frei Basílio Roüwer, antes de Frei Antônio entrar na ordem franciscana em 1730, era padre secular nas Minas Gerais, onde foi muito estimado pelos superiores e pelos irmãos terceiros. A partir de 1740, ele se dedicou às missões, sendo a região de Mato Grosso parte da sua primeira rota de viagem[523].

Em geral, verificamos que esses clérigos regulares tinham um tempo breve para frequentar as minas, ou seja, estariam de passagem, trazendo junto de si alguma autorização com tempo determinado para sua estadia. Como ocorreu com frade reinol José da Conceição, que tinha autorização régia para ir às Minas do Cuiabá e do Mato Grosso na condição de esmoler da Terra Santa[524].

---

[519] *Cf.* CARRATO, *op. cit.*

[520] RUBERT, *op. cit.*, p. 347, *passim*.

[521] HOORNAERT, *op. cit.*, p. 104.

[522] No caso das ermitanias, as Constituições Primeiras chegaram a dedicar, pelo menos, quatro artigos a esse aspecto da vida religiosa cristã colonial (Livro III, Título XXXVIII, Arts. 626-629. *In*: VIDE, Sebastião Monteiro da. **Constituiçoes primeiras do arcebispado da Bahia**. Estudo introdutório e edição de Bruno Feitler e Evergton Sales Souza. São Paulo: Universidade de São Paulo, 2010. (Documenta Uspiana; 4).

[523] ROWER, Basílio. **O convento Santo Antônio do Rio de Janeiro**: sua história, memórias, tradições. Rio de Janeiro: Jorge Zahar, 2008. p. 95.

[524] OFICIO do [governador e capitão general da capitania de Mato Grosso] João Pedro da Câmara Coutinho ao [secretário de estado da Marinha e Ultramar] Francisco Xavier de Mendonça sobre o frei Jose de Nossa Senhora a Conceição, que substituirá o lugar de esmoler da Terra Santa na Vila de Cuiabá e o despejo de cinco religiosos de São Francisco e do Carmo. Nossa Sra. Da Conceição, 14 dez. 1765. AHU-MT, Caixa 13, Doc. 760.

Frei José da Conceição era leigo e esmoler da Terra Santa, assim como foi Frei Francisco de Santa Maria[525]. Frei José chegou à Vila Real em 1771 e, ao que nos parece, ao ficar sabendo da intenção do Vigário José Pereira Duarte, prontificou-se para fazer a torre da igreja matriz, pois ele tinha conhecimentos suficientes para a realização da obra, uma vez que consta que sabia arquitetura e geometria[526]. Frei José da Conceição não só conduziu os trabalhos como também participou ativamente da construção da igreja e ainda ensinou os oficiais que nela trabalharam. A obra foi custeada pelo povo e concluída com "perfeição e aprovação" em março de 1772[527]. O cronista Joaquim da Costa Siqueira informa que o religioso "trabalhou muito com sua pessoa e deu as insinuações precisas para a sua construção [da torre da Matriz em 1771]"[528]. Além da torre da matriz, ele foi o responsável, por devoção própria, pela obra da nova Igreja de São Gonçalo, no bairro do Porto, Vila do Cuiabá, em 1780:

> [...] e, com efeito, desempenhou o encargo porque suplicou esmolas e finalizou a obra de tudo o mais era necessário, ficando na verdade um templo muito asseado e agradável, e fez também várias casas para romeiros.[529]

Assim, considerando que as igrejas tinham papel importante como suporte da ação eclesiástica na região da fronteira oeste, podemos concluir que Frei José da Conceição prestou importante serviço para a comunidade religiosa de Cuiabá com a edificação de templos, pois até então não se conseguia fazê-lo, por falta de pessoas consideradas capacitadas na Vila Real. Contudo, apesar de todas essas contribuições desse clérigo, em 1782 ele foi mandado sair da capitania e teve que voltar a Lisboa. Porém, passados dois anos (1785), o frade conseguiu retornar à capitania de Mato Grosso, junto da monção que trouxe o então quinto juiz de fora da Vila Real, o Dr. Diogo de Toledo Lara Ordones[530].

A saída do Frei José foi motivada por queixa feita pelo juiz de fora Antônio Roiz Gayoso, como explicou o próprio frade em ofício direcionado

---

[525] Segundo Knob, esmoleres da Terra Santa eram religiosos franciscanos que, gozando de privilégios régios, podiam entrar nos territórios das minas e pedir esmolas para os Lugares Santos na Palestina que eram confiados à Ordem Franciscana havia vários séculos (KNOB, *op. cit.*, p. 21). Com o passar do tempo, o recolhimento de esmolas por esses frades também era destinado à construção ou às reformas de hospícios da Terra Santa (hospedarias) e conventos; aliás, havia vários na própria colônia (Recife, Salvador, Rio de Janeiro, Vila Rica, Sabará). As regiões de mineração tornaram-se muito visadas pelos clérigos como fonte de recursos a serem captados. *Cf.* VILLELA, Clarisse Martins. **Hospícios da Terra Santa no Brasil**. 2015. Tese (Doutorado) – USP, São Paulo, 2015.
[526] BARBOSA DE SÁ, *op. cit.*, p. 53.
[527] BARBOSA DE SÁ, *op. cit.*, p. 53.
[528] SIQUEIRA, 2002b, p. 95.
[529] *Ibid.*, p. 129.
[530] ANNAES..., *op. cit.*, p. 129.

ao governador da capitania de Mato Grosso. No documento, Frei José da Conceição pede para que lhe fizesse justiça acerca das falsas acusações que sofria. O franciscano declarava-se inocente do que era declarado pelo dito juiz de fora. Identificamos que o problema teria começado depois da morte do irmão do frade, quando então o ministro passou a se interessar pela viúva de seu irmão. Como o ministro não teve o apoio do religioso para realizar seu objetivo (casar-se com a esposa do falecido), passou a ser difamado pelo juiz. Contudo, destacamos que no fim do documento estão as reais preocupações do frade, de ser mandado sair da capitania como um religioso revoltoso e assim, por consequência, manchar também a imagem de sua "religião" (Ordem dos Frades Menores). Pois, assim, o frade estaria também contribuindo para se perder a confiança dada a sua ordem, o que, possivelmente, lhe causaria problemas com seus superiores[531].

Conforme a documentação, entre os "filhos do Seráfico Pai Francisco" aqui apresentados, um deles teve fim trágico. Frei Antônio Nascentes, que saiu da Vila de Itú para as Minas do Cuiabá no ano de 1736, não completou a viagem, pois, no percurso, foi morto em um ataque dos indígenas "canoeiros" (paiaguá) na localidade chamada Carandá, no Pantanal. O fato comoveu a todos na região, sendo referido diversas vezes em vários documentos e relatado por sobreviventes que também sofreram o ataque dos mesmos paiaguá[532].

Entre os respectivos nomes de religiosos, encontramos mais um franciscano, Frei Joaquim de São José. No entanto, não sabemos se ele esteve na capitania de Mato Grosso, porque somente encontramos a seu respeito uma autorização régia de 1761 para que esse frei visitasse a região com a missão de coletar esmolas. Portanto, possivelmente, concluímos que seria um esmoler. Os recursos captados na região serviriam para a reedificação do Convento de São Francisco, em Lisboa[533]. Além disso, verificamos que esse frade teria a missão de render outro frade para que este retornasse quanto antes para o reino[534].

---

[531] OFICIO do frei José da Conceição do governo de Mato Grosso relatando acusações por ele sofridas. Cuiabá, 18 abr. 1782. ACBM-IPDAC, Caixa 16, Pasta 52, Doc. 1.445.

[532] AUTO [...], 1736.

[533] "O Convento de São Francisco de Lisboa era masculino, e pertencia à Ordem dos Frades Menores, da Província de Portugal da Regular Observância. Também era designado por Convento de São Francisco da Cidade de Lisboa Ocidental. Em 1217, foi fundado por frades oriundos do eremitério de Alenquer, junto à Igreja dos Mártires, no chamado Monte Fragoso. [...] Em 1741, o edifício sofreu um incêndio, e voltou a arder, por ocasião do terramoto de 1755". Fonte: ANTT-PT. Disponível em: ttp://digitarq.arquivos.pt/details?id=1379965.

[534] CARTA de Francisco Xavier de Mendonça Furtado a d. Antônio Rolim de Moura discorrendo sobre a visita do frei Joaquim de S. José a Mato Grosso. Palácio de Nossa Senhora da Ajuda, 12 nov. 1761a. ACBM-IPDAC, Caixa 08, Pasta 23, Doc. 1.461.

O número de franciscanos que passaram pelas Minas do Cuiabá e do Mato Grosso provavelmente pode ter sido ainda maior do que apresentamos aqui. Em carta do governador da capitania de Mato Grosso datada de 1765, o capitão-general João Pedro da Câmara Coutinho (1765-1769), e destinada à Coroa, consta a informação do recebimento da autorização para que Frei José da Conceição pudesse se estabelecer na comarca como esmoler e que, para esse fim, o dito governador já havia "despejado" cinco religiosos franciscanos e carmelitas[535].

A presença dos franciscanos em Mato Grosso, consideramos ser também uma consequência da expansão dos franciscanos na América portuguesa até a década de 1780. Após esse período, começaram a sentir sinais de diminuição no número de frades[536]. Contudo, apesar de ter sido a presença maior na região, observamos que, na região de Mato Grosso, não há registros da formação de ordens terceiras, como ocorrera em Minas Gerais, por exemplo, no período aqui estudado.

3.1.3 Os jesuítas

Durante a primeira metade do século XVIII, os eclesiásticos que se deslocaram para os sertões de Mato Grosso tinham por meta o atendimento nas igrejas das povoações que se formavam na região em torno da mineração. Destes, destacamos que Frei José dos Anjos, em 1750, foi o único religioso identificado que solicitou autorização para missionar indígenas da região.

Observamos que não fazia parte das demandas eclesiásticas na região o atendimento em específico das populações indígenas na forma de missionação, apesar da constante reclamação da câmara da Vila do Cuiabá para que se enviassem missionários para trabalhar com os indígenas "mansos". Essa nova frente de trabalho eclesiástico na região somente se concretizou, de fato, na execução dos interesses da Coroa sobre a região a partir da segunda metade do século XVIII.

Desse modo, verificamos que foi assim que se efetivou a presença dos "filhos de Santo Inácio de Loyola" na fronteira oeste da América portuguesa, primeiramente, com o propósito de cristianizar as populações indígenas, mas também por necessidade de satisfazer os interesses da metrópole, que tinha por

---

[535] OFICIO..., 1765.
[536] HOORNAERT, *op. cit.*, p. 220.

objetivo garantir a posse do território do lado oriental do Rio Guaporé com a instalação de aldeamentos indígenas. Nesse sentido, também salientamos que a escolha desses clérigos regulares não foi por acaso, ou simplesmente pela destacada eficiência dos jesuítas, como foi citado pelo governador Antônio Rolim de Moura em correspondência dirigida a Diogo de Mendonça Corte Real:

> Verdadeiramente ainda que nem todos os Padres da Companhia são como São Francisco Xavier, e o Padre Anchieta [...] dos mais adequadose próprios para estes ministérios e estes meus vizinhos são prova disso pelo incansável trabalho, e zelo com que tem por estas partes reduzido à fé tantas mil almas. Em falta destes tenho boas noticias dos Barbadinhos italianos. Mas pelo que toca aos estabelecimentos que se hão de fundar na vizinhança dos castelhanos, ocorre mais a circunstância a favor dos primeiro, que hão de vizinha melhor, guardar harmonia com os padres de sua mesma religião.[537]

Na carta, notamos que, do lado português, havia certa preferência pelos inacianos, pois, mesmo que o governador Antônio Rolim de Moura percebesse que os religiosos italianos poderiam ser uma alternativa para a missionação indígena, ainda assim, preferia os jesuítas, por serem estes da mesma "religião" dos missionários do lado castelhano da fronteira. Desse modo, evidenciamos que, mesmo revestida de sentido religioso, a missão tinha também como função política estabelecer boa vizinhança na região a fim de diminuir possíveis conflitos, bem como de garantir a posse do território recém-estabelecido nos acordos do Tratado de Madri (1750) entre as Coroas ibéricas. Conforme Leny C. Anzai e João Antônio B. Lucídio, a conquista empreendida pelos reinos ibéricos na América meridional foi inicialmente desencadeada pelos civis, mas, em fase posterior, a "conquista espiritual dos povos indígenas substituiu com maior sucesso a conquista laica"[538].

Os dois jesuítas que vieram com o governador Antônio Rolim de Moura para a recém-criada capitania de Mato Grosso foram os clérigos reinóis Agostinho Lourenço e Estevão de Castro. Agostinho Lourenço, que tinha 30 anos de idade quando chegou à capitania de Mato Grosso, nasceu

---

[537] CARTA de Rolin de Moura a Diogo de Mendonça Corte Real, 31/01/1755. *In*: UNIVERSIDADE FEDERAL DE MATO GROSSO. Núcleo de Documentação e Informação Histórica e Regional. **D. Antônio Rolim de Moura, primeiro conde de Azambuja; Correspondências**. Cuiabá: Imprensa Universitária, 1982d. v. 1. (Coleção Documentos Ibéricos; Série Capitães Generaes). v. 1.

[538] ANZAI, Leny Casteli; LUCIDIO, João A. B. Missões jesuíticas nas fronteiras luso-espanholas do alto Paraguai e Guaporé. *In*: MARTINS, Maria Cristina Bohn; ANZAI, Leny Caselli (org.). **Pescadores de almas**: jesuítas no Ocidente e Oriente. São Leopoldo; Cuiabá: Oikos; Unisinos; UFMT, 2012. p. 57.

em 8 de setembro de 1721 em Moura Morta, freguesia situada na região central de Portugal[539]. Ele entrou para a Companhia de Jesus no ano de 1736. Já o Padre Estevão Castro verificamos que era do Porto, entrou na Companhia de Jesus em 30 de julho de 1730 e depois, em 1745, já estava no Colégio de São Paulo como examinador de Filosofia[540].

Observamos que a atividade exercida pelos jesuítas em Mato Grosso se deu em um momento já perturbado para os inacianos. A presença destes dois jesuítas foi brevíssima, e logo tiveram de abandonar as missões estabelecidas na capitania. Em 1759, após receberem a ordem de expulsão para que saíssem dos domínios portugueses da América, um foi para Belém e outro para São Paulo.

> O P. Agostinho Lourenço retirou-se para São Paulo, acujo Colégio estavam adstritas as Missões de Mato Grosso, com as suas residências do Rio Guaporé e Cuiabá. Exilado e encarcerado em S. Julião da Barra(cela nº 4), saiu dele com vida em 1777, com o advento de D. Maria I, a Libertadora. [...] O P. Estevão de Castro [...] exilado também, passou a 11 de maio de 1769 dos cárceres de Azeitão para S. Julião da Barra (cela nº 5), donde saiu no mesmo dia que o P. Agostinho Lourenço. Faleceu a 26 de Março de 1781.[541]

O historiador jesuíta Serafim Leite não informa a data de falecimento do Padre Agostinho, mas não deixa de destacar que os dois clérigos jesuítas missionários eram professores e "homens de valor"[542]. De fato, percebemos que os dois religiosos prestaram importante trabalho junto ao governador e capitão-general Antônio Rolim de Moura, tanto que este saiu em defesa dele sem algumas ocasiões. Apesar de ter entrado em atrito com o Padre Estevão Castro, o governador saiu em sua defesa contra a Câmara da Vila de Cuiabá, assim como também o fez em relação ao Padre Agostinho Lourenço, do qual foi um grande defensor, principalmente no momento da "expulsão" deles. Em uma extensa carta dirigida a Francisco Xavier de Mendonça Furtado

---

[539] Identificamos que atualmente existe em Portugal mais de uma freguesia com a denominação de Moura Morta e ambas tiveram sua origem anterior ao século XIV. Essas localidades se encontram no distrito português de Viseu, pertencente à tradicional província da Beira Alta. "Limita a norte com o Distrito do Porto, o Distrito de Vila Real e o Distrito de Bragança, a leste com o Distrito da Guarda, a sul com o Distrito de Coimbra e a oeste com o Distrito de Aveiro" (Fonte: pt.wikipedia.org/wiki/Distrito_de_Viseu).

[540] LEITE, Serafim. **História da Companhia de Jesus no Brasil**. Rio de Janeiro; Lisboa: Instituto Nacional do Livro; Portugália, 1946. t. 6. p. 223-224.

[541] LEITE, 1946, p. 223-224.

[542] Ibid., p. 224.

no ano de 1758, o governador Antônio Rolim de Moura teceu as seguintes considerações sobre o clérigo missionário Agostinho Lourenço:

> Posso assegurar a Vossa Excelência que o Padre Agostinho Lourenço, desde que saiu comigo do Rio de Janeiro, nunca me deu o menor motivo de pesar de o haver trazido [...] não obstante ser padre da Companhia, nunca conheci nele o menor indício de infidelidade. Sempre me comunicou, o que alcançava dos padres espanhóis a respeito das demarcações [...] e quanto a amizade dos padres espanhóis, este com particularidade só teve com o padre Coronel, com o padre Sales, e com o padre Xavier por serem os que se mostravam mais afeitos aos portugueses. [...] nestes termos não acho motivo para desconfiar do dito padre: <u>e confesso a Vossa Excelência se me faz muito duro, e repugnante ter com ele procedimento, que Vossa Excelência me insinua;</u> pois me parece, que enviá-lo por essa forma para a sua província, e principalmente sendo ela do Brasil, <u>é trata-lo, e difama-lo de infiel à coroa, não havendo eledado causa para isso; antes havendo servido a Deus, e àmesma Coroa com trabalho, e zelo.</u>[543]

Notamos que a correspondência é extensa e que nela D. Antônio Rolim deixa clara a sua discordância com os procedimentos a serem tomados em relação aos clérigos missionários. Conforme sua experiência, este clérigo jesuíta não compartilhava do comportamento dos demais padres da Companhia, uma vez que o Padre Agostinho Lourenço havia sido um grande parceiro nas demandas do governador, servindo-lhe até como "espião" em visitas feitas aos missionários do lado espanhol da fronteira[544].

Antes, porém, dos dois clérigos inacianos que chegaram com o primeiro governador, constatamos a passagem de outros dois possíveis jesuítas pela região: os missionários José Leme do Prado e seu irmão Paulo Leme. Ambos integraram a expedição de reconhecimento realizada no ano de 1749, por ordem do governador do Pará à época, Francisco Pedro de Mendonça Gorjão (1747-1751). Essa expedição, que seguiu de Belém até as Minas do Mato Grosso sob o comando do sargento-mor Luiz Fagundes Machado, tinha por objetivo observar secretamente os rios da região amazônica até a região das Minas do Mato Grosso. Os dois missionários, José Leme do Prado e Paulo Leme, acompanharam a expedição com o frade capuchinho João Santiago, que era o capelão oficial[545].

---

[543] CARTA..., 1982b, p. 145-147, grifo nosso.
[544] CORREÇÕES ao diário da jornada as missões de Castela feitas pelo jesuíta Agostinho Lourenço apresentada ao capitão general Antônio Rolim de Moura. 1752. ACBM-IPDAC, Pasta 166, Doc. 2.149.
[545] BIENNÈS, *op. cit.*, p. 450.

A informação da presença destes dois missionários encontramos em *Navegação feita da cidade do Gram Pará até à bocca do rio da Madeira pela escolta que por este rio subio às Minas do Mato Grosso*, de José G. da Fonseca (chefe civil dos expedicionários)[546]. D. Máximo Biennes, que fez um trabalho de pesquisa considerável sobre a memória da igreja na fronteira do atual estado de Mato Grosso com a Bolívia, desde a constituição da capitania até o início de sua administração como bispo da diocese de São Luiz de Cáceres, nos anos de 1955, destaca esses dois missionários, mas refere-se a eles como jesuítas cujos respectivos nomes seriam José Leme e Francisco Xavier Leme[547].

No entanto, não encontramos documentação para afirmar que esses missionários sejam, de fato, jesuítas, como também não constatamos o nome deles da forma registrada na narrativa de José G. da Fonseca. De acordo com Virgílio Correa Filho, o cronista José G. Fonseca teria empregado o vocábulo "missionário" com diferentes sentidos: tanto poderia ser como padre quanto como leigo incumbido de certa missão ou tarefa[548]. Contudo, o que sabemos é que esses dois missionários acabaram integrando a expedição na altura que o capelão capuchinho havia se ausentado da escolta e ido para o lado espanhol, próximo do local de Santa Rosa. José Leme prestou auxílio para resgatar o frade desertor. Esses dois missionários já estavam em viagem no Rio Madeira vindo das Minas do Mato Grosso, e, depois disso, não encontramos mais notícias sobre eles[549].

3.1.4 Os carmelitas e demais clérigos regulares

Verificamos que os carmelitas formaram o segundo maior grupo de clérigos regulares que passaram por Mato Grosso no período colonial. Mas, assim como os demais eclesiásticos regulares, a presença foi pontual e esporádica. O primeiro carmelita a chegar foi Frei Florêncio dos Anjos, quem fez parte do grupo dos quatro primeiros clérigos que chegaram à região logo após os descobrimentos das *Minas do Cuiabá* no vale do Rio

---

[546] FONSECA, J. G. da. **Navegação feita da cidade do Gram Pará até à bocca do Rio da Madeira pela escolta que por este rio subio às Minas do Mato Grosso por ordem mui recommendada de Sua Magestade Fidelissima no anno de 1749, escripta por Jose Gonsalves da Fonseca no mesmo anno [1749]**. Collecção de noticias para a historia e geografia das nações ultramarinas, que vivem nos dominios portuguezes, ou lhe são vizinhas, Lisboa, v. 4, n. 1, 1826. Academia Real das Sciencias.

[547] BIENNES, *op. cit.*, p. 450.

[548] CORREA FILHO, *op. cit.*, p. 286.

[549] *Ibid.*, p. 286-287. O padre capuchinho teria abandonado a expedição e se dirigido até a missão dos jesuítas espanhóis alegando que necessitava de um sacerdote para se confessar.

Coxipó. Em 1721, Frei Florêncio desembarcou primeiramente no arraial de São Gonçalo Velho e, depois, seguiu com seus companheiros para o Rio Coxipó acima, especificamente para o arraial da Forquilha. Segundo Barboza de Sá, Florêncio dos Anjos era irmão religioso carmelita e padre[550]. Esse clérigo também ajudou a levantar a capela dedicada à Nossa Senhora da Penha de França e participou da primeira Missa celebrada no local, e depois não encontramos mais notícia dele[551]. Segundo Aníbal Alencastro, foi ele um dos predecessores da devoção à Nossa Senhora da Guia no Brasil[552].

Outro carmelita que teria passado pela fronteira oeste foi Maximiano de Jesus. Nas *Fichas biográficas do clero* do Arquivo Metropolitano da Arquidiocese de São Paulo, aparece o nome desse carmelita, e nelas estão contidas as únicas informações encontradas sobre esse religioso. Maximiano de Jesus era paulista e teria falecido em Cuiabá no ano de 1753. Destacamos também a informação de que esse clérigo era filho do capitão Maximiano de Goés e Siqueira e de Maria de Arruda. Seu avô paterno, Lourenço Castanho Taques, chegou a ter fama de santo, pelo seu grande espírito de caridade e por ser o fundador do Recolhimento de S. Teresa em São Paulo[553]. Assim, Frei Maximiano seria primo, em primeiro grau, do Padre Lourenço Toledo Taques, vigário de Cuiabá entre 1726 e 1729. Contudo, apesar da ascendência tão ilustre, não identificamos mais informações sobre sua estadia nas Minas do Cuiabá.

O terceiro carmelita identificado foi Frei Tomaz, do qual só obtivemos as informações dadas pelo capitão-general Antônio Rolim de Moura em uma de suas correspondências destinada a Diogo de Mendonça Corte Real, em maio de 1755. Frei Tomaz era religioso do Carmo calçado e veio para Cuiabá com uma grande "carregação de fazenda". Segundo o governador, o frade "mostrava-se inclinado ao ouvidor pelas missas que lhe dá dos ausentes"[554].

O governador Antônio Rolim de Moura não concordava com a forma pela qual o ouvidor distribuía essa Missa, mas, segundo ele, não havia muito

---

[550] BARBOZA DE SÁ, José, *op. cit.*, p. 13.
[551] SIQUEIRA, 2002b, p. 17.
[552] ALENCASTRO, Aníbal. **Freguesia de Nossa Senhora da Guia**. Várzea Grande: Fundação Júlio Campos, 1993.
[553] FICHAS biográficas do clero–Maximiano de Jesus. ACMSP-SP, C.
[554] CARTA de Rolin de Moura a Diogo de Mendonça Corte Real, 12/05/1755. *In*: UNIVERSIDADE FEDERAL DE MATO GROSSO. Núcleo de Documentação e Informação Histórica e Regional. **D. Antônio Rolim de Moura, primeiro conde de Azambuja; Correspondências**. Cuiabá: Imprensa Universitária, 1982c. v. 2. (Coleção Documentos Ibéricos; Série Capitães Generaes). p. 96-115.

que fazer em função da falta de clérigos na região. Para o governador, eram muitas as intenções de Missa para se rezar, e o número de padres era insuficiente. Assim, o ouvidor enviava as esmolas da Missa para que fossem rezadas no reino. Na opinião do capitão-general Antônio Rolim de Moura, se as intenções foram deixadas pelos ausentes para que celebrassem na Vila de Cuiabá, as esmolas não poderiam ser destinadas para outros lugares. Mas o capitão-general pouco poderia fazer nesta matéria, mesmo tendo ordens para impedir a entrada dos religiosos nas minas[555].

O quarto carmelita que identificamos na capitania de Mato Grosso foi Frei Manoel de São Valentim. Ele era padre regular e, em setembro de 1762, acompanhou uma expedição para o Povoado (Vila de São Paulo), na qual se levava muito ouro. Sua presença é destacada nessa expedição por ter evitado um confronto entre portugueses e os paiaguá. Segundo José Barboza de Sá, o carmelita defendeu rigidamente os indígenas dizendo que "se não offendia a quem pedia misericórdia". De acordo com o cronista, a intervenção desse carmelita surtiu efeito, tanto que não houve o conflito, como também aconteceu depois uma "larga conversa" e troca de presentes entre os dois lados[556].

Antônio de Santa Catarina foi o quinto e último religioso carmelita do qual tivemos notícia na região do extremo oeste[557]. Sabemos que esse clérigo foi capelão da *Expedição Filosófica* chefiada pelo doutor Alexandre Rodrigues Ferreira, que tinha por missão reconhecer parte das terras brasileiras no momento importante das demarcações de limites entre os domínios americanos das Coroas ibéricas. A chegada de Frei Antônio de Santa Catarina deu-se em 3 de outubro de 1789 em Vila Bela e até 1791 esteve na capitania de Mato Grosso, penetrando o seu interior junto da expedição até os *confins* do Pantanal, quando depois retornou à cidade de Belém do Pará[558].

Os demais clérigos regulares identificados em nossa pesquisa pertenciam às seguintes ordens: dos mercedários (Antônio Madureira), dos beneditinos (Antônio de Santa Tereza) e dos capuchinhos (João de

---

[555] UNIVERSIDADE FEDERAL DE MATO GROSSO (UFMT). Núcleo de Documentação e Informação Histórica e Regional. **D. Antônio Rolim de Moura, primeiro conde de Azambuja; Correspondências**. Cuiabá: Imprensa Universitária, 1982. v. 3. (Coleção Documentos Ibéricos; Série Capitães Generaes). p. 96-115.
[556] BARBOSA DE SÁ, *op. cit.*, p. 50.
[557] ANAIS..., *op. cit.*, p. 282.
[558] COSTA, Maria de Fátima. Alexandre Rodrigues Ferreira e a capitania de Mato Grosso: imagens do interior. **História, Ciências, Saúde-Manguinhos**, Rio de Janeiro, v. 8, 2001. Suplemento, p. 993-1014.

Santiago), e, mais um ainda, Frutuoso da Conceição, que não há como precisar. Conforme informação contida nas *Fichas biográficas do clero*, Frei Frutuoso da Conceição poderia ser franciscano ou carmelita. Há, nessas fichas biográficas, a indicação de um documento, o qual foi consultado: trata-se de uma ordem do governador da capitania de São Paulo Rodrigo César de Menezes (1721-1727), para que o dito religioso pagasse 24 patacas referente à despesa de seis indígenas que foram para Cuiabá na companhia deste[559].

O mercedário Frei Antônio de Madureira, nascido em Lisboa, tinha em torno de 30 anos de idade quando esteve nas Minas do Cuiabá. Pregador e confessor, foi um dos casos denunciados em 1736 ao Tribunal do Santo Ofício por ato de sodomia quando passou pela região. Sua passagem teria sido provavelmente no ano 1734 e durou apenas dois anos[560].

O único beneditino identificado e que sabemos que deve ter vindo à fronteira oeste foi Frei Antônio de Santa Tereza e Melo. Esse frade chegou na companhia do governador e capitão-general Luís de Albuquerque de Melo Pereira e Cáceres (1772-1789) em dezembro de 1772, e foi o único caso de clérigo regular a assumir emprego nas freguesias da circunscrição eclesiástica por ordem do bispo do Rio de Janeiro. Sendo padre e monge da província de São Bento do Rio de Janeiro, foi nomeado visitador da capitania de Mato Grosso pelo Bispo D. Antônio do Desterro[561], mas também assistiu como capelão, por "notória falta de sacerdotes seculares"[562]. Sua presença foi breve, pois veio a falecer em junho de 1775 no arraial de São Vicente, comarca eclesiástica de Vila Bela[563].

Por último, veio o religioso capucho da província da Conceição da Beira, Frei João de Santiago, clérigo natural do reino. Ele integrava, na condição de capelão, a expedição exploradora de 1749 que partiu de Belém. Esse religioso acabou sendo o pivô de uma grande confusão durante os trabalhos da expedição. Aconteceu que, por não ter outro padre confessor disponível em seu grupo, ele acabou desertando do grupo e atravessou o rio

---

[559] DOCUMENTOS interessantes para a história e costumes de São Paulo. v. 32. p. 341.
[560] CADERNO 19º de Nefandos. Lisboa, 9 ago. 1736. ANTT-PT, Tribunal do Santo Ofício, Inquisição de Lisboa, Processo 0144. *Cf.* MOTT, Luiz. **Inquisição em Mato Grosso**. São Paulo: [s. n.], 1994. p. 2.
[561] PORTARIAS, ordem e editais. Livro E-239, f. 182. Portaria de faculdades concedidas ao Rdo Pe Fr. Antono de Sta Thereza Mello Monge de S. Bento, vizitador nomeado da comarca de Villa Bella do Matto Grosso pa usar dellas dentro do território desa comarca e durante o tempo de sua vizitação na forma abaixo. Rio de Janeiro, 6 maio 1772. ACMRJ-RJ.
[562] ANAIS..., *op. cit.*, p. 186.
[563] *Ibid.*, p. 199.

para o lado espanhol na Missão de Santa Rosa, o que quase comprometeu o objetivo da expedição, por devassar o segredo que exigia a diligência. Contudo, depois de toda a confusão e de restabelecidos os ânimos, o frade retornou à comitiva, que seguiu seu destino[564].

Com certeza, o número de clérigos regulares que passaram por Mato Grosso no período colonial foi superior ao que aqui apresentamos, tanto que, na própria documentação consultada, é possível encontrar referências a outros religiosos que também estiveram na região, mas nem mesmo seus respectivos nomes foram citados.

O grupo que identificamos e apresentamos aqui, em sua pequena diversidade, compreendemos que representou parte da configuração da clerezia pertencente às ordens regulares do restante da colônia. Assim, verificamos que, apesar de todo o controle e das proibições régias, as regiões de mineração configuraram-se em um atrativo para as Ordens e seus membros religiosos, que as buscavam por diversos motivos, mas, principalmente, como fonte alternativa para angariar recursos, fosse por necessidades individuais, fosse por suas coletividades.

3.2 O perfil social

Mesmo que o conjunto dos clérigos identificados na circunscrição eclesiástica que se instalou na fronteira oeste da América portuguesa não seja tão numeroso, entendemos que se trata de um desafio considerável estabelecer ou constituir um perfil social desses indivíduos que atuaram na região ao longo de quase um século, pois foram poucos os registros deixados sobre eles. Em razão de as informações serem muito dispersas, foi necessário "garimpar" entre as fontes disponíveis. Contudo, considerando o que foi levantado, foi possível encontrar muitas evidências e chegar a algumas caracterizações do grupo social dos eclesiásticos que passaram pela região no período colonial. Os dados que analisamos ora contemplam apenas uma parte dos clérigos, ora contemplam outras. Porém, são evidências e tendências identificadas que ajudam a lançar luzes sobre o modo como se deu essa presença eclesiástica nessa parte central da América do Sul.

---

[564] CORREA FILHO, *op. cit.*, p. 289, [nota40].

3.2.1 Origens e naturalidade dos clérigos em Mato Grosso colonial

Considerando o processo de conquista do espaço que veio a constituir a capitania de Mato Grosso, obviamente que, nos primeiros tempos, o suprimento da região com clérigos dependeria de outros lugares, tanto da América portuguesa como do reino. Observamos que os primeiros eclesiásticos nascidos na região começaram a aparecer no último quartel do século XVIII. Contudo, ainda não foi possível sabermos a naturalidade ou procedência de grande parte dos clérigos que passaram pela região aqui estudada. Do total de 131 clérigos regulares e seculares identificados entre os anos de 1720 e 1808, foi possível identificarmos a naturalidade de 76 indivíduos (58%), e 55 clérigos (42%) não dispõem dessas informações.

A parte do clero cuja naturalidade identificamos (58%) é constituída de, pelo menos, dois grandes grupos significativos: dos clérigos nascidos no reino e dos nascidos na América portuguesa, e apenas dois indivíduos não se encaixam em nenhum dos grupos. Trata-se de dois clérigos, sendo um com origem ou procedência das "Ilhas" e o outro dos domínios hispano-americanos, provavelmente nascido em Santa Cruz de La Sierra.

Gráfico 4 – Naturalidade dos clérigos em Mato Grosso colonial (1720-1808)

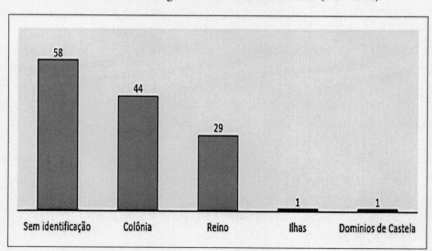

Fonte: ACMSP, ACMRJ, ANTT, *Anais...* (2006) e *Annaes...* (2007)

Apesar da falta de informação sobre a naturalidade de uma parte considerável de clérigos, ainda assim é possível observarmos que o número dos eclesiásticos originários da colônia compõe um grupo significativo, evidenciando um predomínio de clérigos oriundos da própria América portuguesa, notadamente da região do Centro-Sul. Em compensação, verificamos a existência de clérigos de outras regiões que não a colônia ou o reino foi exceção, como no caso dos dois eclesiásticos identificados, Padre Estevão Ferreira Ferro e Padre José Inácio Mendes.

Segundo consta nos *Anais de Vila Bela*, o padre secular Estevão Ferreira Ferro, natural das Ilhas, chegou quase no princípio da fundação de Vila Bela da Santíssima Trindade, em 1752, no tempo do primeiro governador e capitão-general, Antônio Rolim de Moura. O Padre Estevão serviu, primeiramente, como capelão militar, atendendo várias capelas da nova comarca, e depois acompanhou o governador Antônio Rolim de Moura quando este foi governar a capitania da Bahia. De lá, o clérigo foi para o Rio de Janeiro, de onde voltou para Vila Bela como vigário.

Padre Estevão permaneceu na região por longos anos, até falecer em 31 de outubro de 1788, perto de 70 anos de idade[565]. Como vigário, esteve por um período longo à frente da freguesia de Vila Bela da Santíssima Trindade, onde pôde participar e atuar em várias ações importantes na região, como, por exemplo, na cerimônia do lançamento da primeira pedra na capela de Santo Antônio de Lisboa, em 1 de junho de 1779, que viria a ser a primeira matriz da vila-capital[566]. Naquele mesmo ano, Padre Estevão cedeu parte da área geográfica de sua jurisdição para o estabelecimento da freguesia de São Luiz na Vila Maria do Paraguai, localizada entre Vila Bela e Vila Real do Senhor Bom Jesus[567]. Foi ele quem sagrou a capela de Nossa Senhora da Esperança de Casalvasco em 7 de setembro de 1785[568], e um ano antes de seu falecimento, em 8 de setembro de 1787, também conduziu as celebrações religiosas da festa de Nossa Senhora da Esperança, na mesma localidade[569].

Além do Padre Estevão, que não era nem do reino, nem da América portuguesa, encontramos o registro da presença do padre secular José Inácio Mendes. Constatamos que, em 1794, esteve na comarca de Vila Bela como capelão curado do distrito das capelas de Santa Anna, Pillar e Chapada de São Francisco Xavier[570]. Segundo parecer de 1803 de autoria

---

[565] ANAIS..., *op. cit.*, p. 275.
[566] *Ibid.*, p. 219.
[567] *Ibid.*, p. 222.
[568] *Ibid.*, p. 253.
[569] *Ibid.*, p. 270.
[570] LEVANTAMENTO..., *op. cit.*

do governador e capitão-general Caetano Pinto de Miranda Montenegro (1796-1803), o Padre Inácio, natural de Santa Cruz de La Sierra, era irmão do sargento-mor Ignácio Rodrigues da Silva[571].

3.2.1.1 Os clérigos de origem reinol nas minas do extremo oeste colonial

Verificamos que os clérigos reinóis também compõem uma parcela relevante no total do número dos eclesiásticos aqui estudados. Assim como muitos leigos que viviam no reino, mas buscavam melhores oportunidades e condições de vida nas terras ultramarinas, os clérigos atravessaram o Atlântico para chegar às zonas de mineração. Os clérigos que identificamos como provenientes do reino formaram um grupo de 29 indivíduos. Deste, quase a metade (14 clérigos) era da região do Centro-Norte de Portugal, principalmente da região do Porto; e os demais, pertencentes aos bispados de Coimbra, Lamego, Braga, Viseu e Lisboa. Há um clérigo que dizia ser da "Beira"[572], já o restante não encontramos informação de qual parte do reino seriam originários.

Gráfico 5 – Naturalidade dos clérigos reinóis que passaram por Mato Grosso colonial (1720-1808)

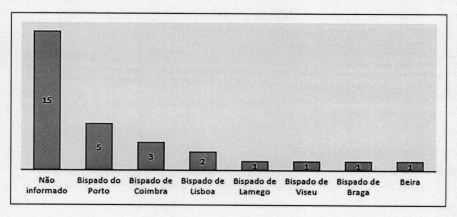

Fonte: ACMSP-SP, ACMRJ-RJ, ANTT-PT, *Anais...* (2006) e *Annaes* [...] (2007)

[571] RELAÇÃO dos ecclesiasticos que presentemente existem na capitania de Matto Grosso. Paróquias da capitania de Mato Grosso e das contribuições eclesiásticas propostas pelo governador e capitão-general Caetano Pinto de Miranda Montenegro. Lisboa, 9 jul. 1803. ANTT-PT, Secretaria da Mesa da Consciência e Ordens, Padroado do Brasil. Bispado do Rio de Janeiro. Maço 17, Caixa 17. Documentos avulsos.
[572] A "Beira" era a denominação de uma das regiões de Portugal até o século XIX. Essa região corresponde aproximadamente aos seguintes distritos da parte central do país: Castelo Branco, Viseu, Guarda e Aveiro (Fonte: Wikipédia, a enciclopédia livre. Disponível em:https://pt.wikipedia.org/wiki/Beira_(Portugal)).

Essa predominância de indivíduos oriundos da região Centro-Norte de Portugal verificamos ser uma característica própria do movimento migratório ocorrido no século XVIII para as regiões mineiras da América portuguesa.

Considerando o que foi visto e revisto pela historiografia, observamos que as descobertas de ouro na América portuguesa, além de provocarem grandes êxodos das populações coloniais, atraíram pessoas do reino, particularmente da região Norte de Portugal, em especial do Minho[573].Desse modo, verificamos que, assim como os demais segmentos da sociedade colonial, os clérigos foram atraídos pelas oportunidades possíveis nas regiões mineradoras, como do Cuiabá e do Mato Grosso.

Desse modo, conforme Russel-Wood, o Norte de Portugal foi considerado um ponto irradiador de gentes para o além-mar devido às características próprias de uma região com a presença de solos pobres e com terrenos predominantemente rochosos[574]. Essa especificidade da região Norte portuguesa, apresentada por Russel-Wood, a seu ver, fez com que indivíduos, em vez de procurarem as terras disponíveis no Alentejo e mais para o sul, foram levados a emigrar para terras coloniais brasileiras[575]. Além dessas características específicas da região em questão, havia no reino muita terra sob a dominação da nobreza e da Igreja. Também consideramos que as condições de sobrevivência no reino eram difíceis, pois havia muito desemprego e pobreza[576].

Assim, averiguamos que a América portuguesa se encaixava nos destinos migratórios como alívio da realidade metropolitana e, ao mesmo tempo, como uma oportunidade para os menos afortunados no reino. No século XVIII, a forças atrativas da migração ganharam novo impulso com as descobertas auríferas, e, segundo os estudos apresentados por Donald Ramos, em relação aos emigrantes portugueses das Minas Gerais, é reforçada a importância que teve a imigração oriunda do Norte de Portugal, constituindo verdadeira "válvula de escape" para vários problemas sociais presente entre os reinóis[577]. Entretanto, o próprio Donald Ramos observa que a migração parecia ser também um aspecto consuetudinário no século XVIII, tanto para portugueses como para brasileiros que encaravam o ato de viajar como natural[578].

---

[573] RICARDO, 1994, p. 43. Esse trabalho traça importantes comparativos entre o *rush* vivido na corrida do ouro no Setecentos no Brasil colonial e o *Fire West* estadunidense no início do século XIX.

[574] RUSSEL-WOOD, *op. cit.*, p. 168.

[575] *Ibid.*, p. 158.

[576] *Ibid.*, p. 158.

[577] RAMOS, Donald. Do Minho a Minas. **Ensaio**: Revista do Arquivo Público Mineiro, Belo Horizonte, v. 44, jan./jun. 2008. Fasc. 1, p. 133-153.

[578] *Ibid.*, p. 142-143.

Desse modo, considerando o contexto econômico e social distinto desses portugueses que viviam nessa região do reino e, em particular, os que eram provenientes do Norte, assim como o conjunto de valores sociais e culturais existentes na época, compreendemos melhor porque os clérigos reinóis também se aventuraram nas zonas de mineração, como as Minas do Cuiabá e do Mato Grosso, uma vez que, estando em terra coloniais, também se reproduziam as mesmas práticas migratórias[579].

3.2.1.2 Os clérigos naturais da América portuguesa em Mato Grosso colonial

Entre os clérigos identificados em Mato Grosso no período colonial com naturalidade da própria América portuguesa, verificamos que houve uma quantidade significativa de indivíduos oriundos do bispado e da cidade do Rio de Janeiro, porém o número mais expressivo é constituído por indivíduos oriundos da capitania de São Paulo.

Considerando a soma das regiões coloniais que identificamos no levantamento da naturalidade dos clérigos, o grupo maior de clérigos é formado, primeiramente, por indivíduos nascidos na capitania de São Paulo e, em segundo lugar, dos que foram nascidos na própria capitania de Mato Grosso. Posteriormente, destacam-se os nascidos na cidade do Rio de Janeiro, e um quarto grupo, mais diversificado, formado por indivíduos pertencentes a Pará, Pernambuco, Minas Gerais e Goiás. Estes, juntos, formam aproximadamente a quinta parte do total, como apresentado no gráfico a seguir.

---

[579] *Ibid.*, p. 142.

Gráfico 6 – Naturalidade dos clérigos em Mato Grosso colonial por regiões da América portuguesa (1720-1822)

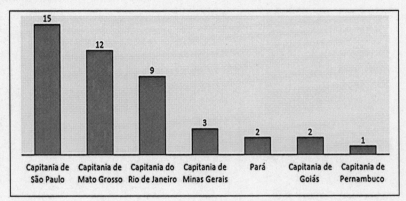

Fonte: ACMSP-SP, ACMRJ-RJ, ANTT-PT, *Anais...* (2006) e *Annaes...* (2007).

Nessa composição do quadro das naturalidades dos eclesiásticos que passaram por Mato Grosso, evidenciamos quão próxima esteve a instalação da Igreja na fronteira oeste do processo de conquista da região desencadeado pelos habitantes do Centro-Sul da América portuguesa, particularmente pelos paulistas e sertanistas.

Gráfico 7 – Naturalidade dos clérigos da América portuguesa em Mato Grosso colonial por localidades (1720-1822)

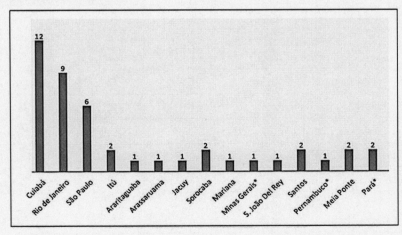

Fonte: ACMSP, ACMRJ, ANTT, *Anais...* (2006) e *Annaes...* (2007). *Minas Gerais, Pernambuco e Pará, obviamente, não se referem a vilas ou cidades, e sim às regiões coloniais

De acordo com as informações presente no gráfico, assim como as vilas de Sorocaba, de Itu e Araçariguama podem ser consideradas o "berço" desses sertanistas que chegaram à região na ânsia da preação de indígenas e da descoberta do ouro, podemos afirmar o mesmo em relação à origem de boa parte dos eclesiásticos que passaram pela fronteira oeste da América portuguesa. Reforçamos a afirmativa ao ser considerado ainda que o grupo dos nascidos na Vila de Cuiabá, em sua maioria, eram também descendentes de paulistas.

3.2.1.3 Os "filhos da terra"

No último quartel do século XVIII, a igreja na capitania de Mato Grosso começou a dar seus primeiros frutos vocacionais. Nessa fase, foram ordenados os primeiros clérigos nascidos na região: os "filhos da terra". Até então, os eclesiásticos que estiveram na região eram indivíduos nascidos em outros lugares. No total, verificamos que esses clérigos naturais formaram um grupo considerável, sendo o segundo maior grupo de eclesiásticos com a naturalidade identificada no período estudado.

Quadro 7 – Eclesiásticos nascidos em Mato Grosso colonial (1720-1808)

Nº de ordem	Nome	Data de nascimento	Local de formação	Data de chegada (retorno)
01	Francisco Pinto Guedes	*	SP	1781
02	Antônio Antunes Maciel	1746	RJ	1782
03	Francisco Xavier dos Guimaraes Brito Costa	*	*	Ant. 1784
04	Jose Manoel de Siqueira	1750	RJ	Ant.1785
05	José Gomes da Silva	1759	RJ	1785
06	Manoel Machado de Siqueira	1765	RJ/reino	Ant.1785
07	Manoel Jose Pinto	1765	SP/RJ	1785
08	Manoel Cunha e Arruda	*	RJ	1794
09	Constantino José Pinto Figueiredo	*	RJ/SP	1797
10	Antônio Ferreira Machado	*	RJ	1805

Nº de ordem	Nome	Data de nascimento	Local de formação	Data de chegada (retorno)
11	Joaquim José Gomes da Silva Santos	1776	SP/RJ	1806
12	Antônio Tavares Correa da Silva	*	*	1808

Fonte: ACMSP, ACMRJ, ANTT, *Anais...* (2006) e *Annaes...* (2007). *Não informado

Os 12 nomes que constam nesse quadro se referem aos clérigos nascidos na capitania de Mato Grosso, especificamente na Vila do Cuiabá, que saíram da região para cumpriras etapas da formação eclesiástica e depois voltaram para atuar em sua terra natal. Encontramos informação de clérigos, regulares e seculares, também nascidos em Cuiabá, mas que não voltaram para trabalhar na capitania de Mato Grosso como ministros ordenados.

Assim como os demais clérigos que estiveram na fronteira oeste, são poucas as informações sobre os padres nascidos na região. Todavia, verificamos uma fonte importante, rica em detalhes, sobre o perfil desses indivíduos. São considerações feitas pelo padre visitador Manoel Bruno Pina do período em que ele esteve à frente da administração da freguesia da Vila Real do Senhor Bom Jesus em visita eclesiástica e na condição de vigário da vara entre 1782 e 1785. As informações contidas nesse documento referem-se a idade, origem, formação e até características da conduta dos eclesiásticos[580].

Segundo os registros, os dois primeiros ordenados da freguesia de Cuiabá foram José Manoel de Siqueira e Francisco Xavier dos Guimaraes Brito Costa. Depois de ordenados, esses dois clérigos teriam retornado à Vila de Cuiabá em dezembro de 1782 pelo caminho de terra. Observamos que, por serem os primeiros, achegada deles mereceu referência nos *Anais do Senado da Vila do Cuyabá*, como segue:

> [...] que derão na verdade muito gosto aos seos Parentes, Amigos, Compatriotas, e Paizanos, por serem os primeiros filhos destaMinas, que forão ordenarse ao Rio de Janeiro, effectuando os seos dezignios sem embargo de serem ambos muito pobres; vierão cantar sua Missa nova na Matris desta Villa aquelle no dia de Natal, em que pregou este, e este no dia primeiro de Janeiro proximo futuro, em que pregou aquelle [...].[581]

---

[580] VISITAS..., *op. cit.*
[581] ANNAES..., *op. cit.*, p. 125.

Considerando que era de grande importância para as famílias coloniais ter um membro fazendo parte da hierarquia eclesiástica, para os fregueses de Cuiabá não deveria ser diferente, como observamos na descrição das crônicas *supra*. Entretanto, também fizeram questão de destacar as condições materiais dos seus neossacerdotes, que, mesmo sendo filhos de pessoas importantes na vila, possuíam poucas condições econômicas.

Nesse sentido, seis meses antes do seu retorno à Vila Real do Senhor Bom Jesus, o Padre José Manoel de Siqueira, em junho de 1782, ainda não tinha estabelecido patrimônio em *bens de raiz*. E, para conseguir cumprir com as exigências para se receber a ordem de presbítero, o Clérigo José M. Siqueira apresentou um pedido na Câmara Eclesiástica do Rio de Janeiro para passar pela Vila de Meia Ponte, em Goiás, ou ir para a capitania de Mato Grosso. Ao fim, ele acabou indo para a Vila do Cuiabá, onde conseguiu constituir patrimônio por doação que lhe fez Valentim Alvez da Cruz: uma "morada de casas sita na rua da mandioca desta vila"[582].

Padre José Manoel de Siqueira foi um clérigo que ganhou destaque por suas capacidades intelectuais. Em 1786, tinha provavelmente 37 anos de idade, pois não sabemos se ele nasceu em 1750 ou em 1751. Ordenado no Rio de Janeiro no ano de 1782, Padre José Manoel era confessor e pregador com licença do bispo do Rio de Janeiro. O padre visitador Manoel Bruno Pina teceu vários elogios em relação às capacidades de José Manoel de Siqueira quando esteve na Vila do Cuiabá, em visitação eclesiástica, e assim o apresentou:

> [...] os fructos do seu estudo digo os fructos dos seus estudos que são o conhecimento das letras sagradas e a notícia daquelas matérias q formão a construsão de um Ecleziastico que deseja ser útil á Igreja, se manifestão nos seus sermoens, e nos seus conselhos, sabe o canto chão, celebra com a devida descencia, e perfeisão, o seu comportamto he o próprio do seu estado pela modéstia dos seus costumes, he prontoem coadjutor aos RRdos Vigários quando he chamado pª iso, principalme para a direção espiritual dos moribundos; pª o que especial dom, he promotor do Juizo com Provisão de Sª Exª Rma , cujo emprego não exercita, por estar ocupado na Secretaria da Vizita, na qual tem cumprido as suas obrigasoens com excessivo trabalho e louvável exactidão, e desinterese[...].[583]

---

[582] HABILITAÇÕES sacerdotais, H.S. 3.633, Cx. 602. José Manoel de Siqueira. 1775. ACMRJ-RJ.
[583] VISITAS..., *op. cit.*, p. 158-159.

Padre José Manoel de Siqueira era também filósofo, professor, historiador e pesquisador. Foi responsável pela descoberta da *casca peruviana* em suas diligências pela serra de São Jerônimo, em 1800[584]. Segundo Mesquita, Padre José também era pintor e artista[585]. Notamos que, nesse caso, o padre visitador Manoel Bruno Pina tinha razão em elogiar seu companheiro de batina. Padre José Manoel de Siqueira era um clérigo de muitas habilidades. Conforme o cronista, por ocasião da posse de D. Luís de Castro Pereira, José Manoel foi um dos clérigos que serviram no cerimonial, e, sendo subdiácono, fez a função de acólito durante o pontifical[586]. Esse clérigo pode ser considerado um dos poucos intelectuais com influências iluministas em Mato Grosso colonial e o único clérigo cuiabano que estudou no reino. Alguns anos depois de sua ordenação, seguiu para Lisboa, onde se tornou sócio da Academia Real de Ciência de Lisboa. Retornando em julho de 1798 para Vila Real do Senhor Bom Jesus, foi nomeado professor de Filosofia. Faleceu em Cuiabá no ano de 1825, com aproximadamente 75 anos de idade[587].

Francisco Xavier dos Guimaraes Brito e Costa, que chegou com o Padre José Manoel de Siqueira, segundo Pedro Cometti, teria partido para Goiás logo depois de sua chegada e por lá teria paroquiado por longos anos[588]. No entanto, se, de fato, esse clérigo foi para a capitania de Goiás, não deve ter ficado muito tempo na capitania vizinha, pois constatamos que ele, no ano de 1784, era escrivão eclesiástico na Vila Real[589] e, nos anos de 1786, fez batizados na igreja matriz de Cuiabá e na capela Santo Antônio do rio abaixo[590].

Em 1785, também chegou à Vila do Cuiabá outro clérigo natural da região para cantar sua "Missa nova", o Padre José Gomes da Silva. Conforme os *Anais do Senado da Câmara de Cuiabá*, o neossacerdote, recém-ordenado

---

[584] SIQUEIRA, 2002a, p. 44.

[585] MESQUITA, José de. **Gentes e coisas de antanho**. Cuiabá: Prefeitura Municipal de Cuiabá/Secretaria municipal de Educação e Cultura, 1978. (Cadernos Cuiabanos; 4). p. 250.

[586] SIQUEIRA, 2002a, p. 66. A casca peruviana, ou quina, era uma planta considerada de grande importância para o uso medicinal na época, com potencial no tratamento de várias enfermidades. Esperavam que, com o remédio "brasílico", pudessem curar chagas, que fosse antisséptico e cicatrizante, entre outras propriedades (OBSERVAÇÕES sobre a propriedade da quina do Brasil, por André Comparetti P.P.P. Traduzidas do italiano por ordem de S. Alteza Real o príncipe regente nosso Senhor. Por José Ferreira da Silva [...]. Lisboa: Typographia Chaecographica e Literaria do Arco do Cego, 1801).

[587] COMETTI, *op. cit.*, p. 201.

[588] *Ibid.*, p. 53.

[589] HABILITAÇÕES sacerdotais, H.S. 680, Cx. 363. Constantino José Pinto de Figueiredo dos Santos. ACMRJ-RJ.

[590] REGISTRO de batismos. 1782-1787. AAC-MT, Rolo 01A. p. 330-331.

no Rio de Janeiro, veio em monção com o quinto juiz de fora de Cuiabá[591]. Em 1795, consta que foi vigário de Cuiabá[592]; antes, porém, foi coadjutor na mesma freguesia, onde fez batizados na igreja matriz[593]. Depois, trabalhou como pároco da freguesia de Santana do Santíssimo Sacramento na Chapada. Também participou do pontifical celebrado na chegada de D. Luiz de Castro a Cuiabá, em 1808, onde foi presbítero assistente[594]. Segundo o padre visitador Manoel Bruno Pina, José Gomes da Silva, em 1785, tinha 27 anos de idade, era confessor e pregador com licença do bispo. Além disso, o visitador dizia que o clérigo tinha letras suficientes para adentrar o estado eclesiástico e com "bastante capacidade [vivia] das suas Ordens, e dos rendimentos do trabalho dos seus escravos, [...] e de prezente ocupado na capelania da Irmandade das Almas"[595].

Outro clérigo natural das Minas do Cuiabá foi Antônio Antunes Maciel, que provavelmente teria sido o mais velho de todos a adentrar a vida eclesiástica. Possivelmente, nasceu no ano de 1746 e foi ordenado no Rio de Janeiro no ano de 1781. Era confessor e pregador com licença do bispo. Segundo o visitador Manoel Bruno Pina, "era clérigo de virtudes notórias e vivia [...] de suas Ordens, o seu louvável, e exemplar procedimento não tem declinado, [...] e esta actualmte Capelão da Capela de S. Joze do Cocaes com boa aseitação de todos os moradores aquele destricto"[596].

Embora o visitador não tenha informado que o Padre Antônio Antunes Maciel fora um clérigo de vocação tardia, constatamos que este havia entrado para a vida eclesiástica depois de ficar viúvo de Ana Josefa de Almeida[597]. Foi um dos dois casos identificados de clérigos na fronteira oeste que, antes de assumir o estado sacerdotal, foram casados.

Padre Francisco Pinto Guedes foi auxiliar na Vila do Cuiabá, mas, antes de sua chegada, fora vigário da freguesia de Araritaguaba da comarca de São Paulo. No ano seguinte de sua chegada a Cuiabá, em 1782, fez batizados com licença do Vigário Manuel Bruno Pina na igreja matriz de Cuiabá[598],

---

[591] ANNAES..., *op. cit.*, p. 129.
[592] LEVANTAMENTO..., *op. cit.*
[593] REGISTRO de batismos. 1780-1787. AAC-MT, Rolo 01A. p. 303.
[594] SIQUEIRA, 2002a, p. 66.
[595] VISITAS..., *op. cit.*, p. 158.
[596] *Ibid.*, p. 157-158.
[597] HABILITAÇÕES sacerdotais, H.S. 176, Cx. 318.Antônio Antunes Maciel. ACMRJ-RJ. (Lamentavelmente, esse processo de habilitação sacerdotal depositado no Arquivo da Cúria do Rio de Janeiro, assim como outros, encontra-se inacessível, devido ao estado de deterioração).
[598] REGISTRO..., 1782-1787, p. 282.

e a última informação de sua presença na Vila Real é de 1786, quando, novamente, com licença do vigário, fez batizados na matriz[599]. Segundo Joaquim da Costa Siqueira, em novembro de 1781 Padre Francisco Pinto Guedes cantou Missa solene com sermão na igreja matriz de Araritaguaba para a imagem de Santa Ana, a qual o ouvidor José Carlos Pereira havia ido buscar para colocá-la na nova igreja matriz da freguesia de Santana da Chapada construída pelo ouvidor[600].

Por ocasião da vinda do Padre Francisco Pinto Guedes para Vila Real do Senhor Bom Jesus, D. José Joaquim Justiniano Mascarenhas Castelbranco, bispo do Rio de Janeiro, deu autorização ao clérigo para usar das suas ordens, pregar e confessar durante sua jornada de São Paulo até a freguesia da Vila de Cuiabá e, de modo especial, na fazenda de Camapuã. Com essa passagem do Padre Francisco Pinto Guedes, o bispo teve a oportunidade de prestar assistência aos moradores da dita localidade. Como consta na portaria emitida em julho de 1779, os moradores da fazenda de Camapuã sempre tiveram dificuldade de ser atendidos pelo vigário de Cuiabá em função da distância[601]. Nesse caso, é interessante notar que a ida do Padre Francisco para Cuiabá já estava prevista há algum tempo e que teria sido ordenado antes do Padre José Manoel de Siqueira.

A família Siqueira também teve outro representante nas fileiras da clerezia colonial da igreja de Mato Grosso, sobrinho de José Manoel de Siqueira: Padre Manoel Machado de Siqueira. Provavelmente, este clérigo nasceu entre 1763 e 1765, e serviu na capitania de Mato Grosso pelo menos até 1826, onde foi sempre coadjutor e chegou a ser juiz dos casamentos[602]. Segundo o padre visitador Manoel Bruno Pina, o Padre Manoel Machado de Siqueira tinha gênio humilde e recolhido. Na ocasião da presença do visitador Pina na Vila do Cuiabá, em 1785, Manoel Machado era jovem (22 anos de idade), ainda candidato ao estado eclesiástico. Segundo o visitador, o candidato ao estado eclesiástico não constava ter "impureza alguma de sangue", tinha procedimento louvável e instrução da gramática latina, como também conhecimento do *canto chão*. Servia como sacristão na capela de N. Sª. do Rosário da vila de Cuiabá, mas sem receber ordenado[603].

---

[599] REGISTRO..., 1782-1787, p. 331.
[600] SIQUEIRA, 2002a, p. 129.
[601] PORTARIAS..., 1779.
[602] MAPAS estatísticos da prelazia de Cuiabá, MT 1809 – 1826. BN-RJ, Manuscritos, I- 31.19.13.
[603] VISITAS..., *op. cit.*, p. 159.

Outro jovem coevo em 1785 também era aspirante ao sacerdócio: foi Manoel José Pinto, de 20 anos de idade na ocasião da visita do Padre Manoel Bruno Pina. Conforme consta na *Devassa* deixada pelo visitador, nesse candidato à vida eclesiástica não constava impureza de sangue e tinha bom procedimento, como também conhecimento de gramática latina, "e de gênio pacifico, tem boa voz para as funsoens eclesiásticas, para o que he mtasvezes chamado sem interesse"[604]. Manoel José Pinto conseguiu adentrar ahierarquia eclesiástica e, em 1808, por ocasião da chegada de D. Luiz de Castro à Vila de Cuiabá, já era diácono, tanto que, junto a outros dois clérigos, Padre Constantino José Pinto Figueiredo e Padre Antônio Tavares Correa da Silva, também serviu como acólito (do altar) nas celebrações de posse do prelado[605].

Padre Constantino José Pinto de Figueiredo, que foi ordenado no Rio de Janeiro, deu entrada com pedido para habilitação sacerdotal em 1783, e provavelmente concluiu o processo formativo no ano de 1787 ou 1788. Segundo o governador Caetano Pinto de Miranda Montenegro, Padre Constantino José Pinto pertencia a uma das primeiras famílias da Vila do Cuiabá, o que, na opinião do governador, foi causa de alguns defeitos de educação de que tinha o clérigo[606]. Porém, sempre trabalhou na vila como assistente e fora dela também. Em outubro de 1797, serviu como capelão da igreja de Nossa Senhora do Carmo da vila de Albuquerque (atualmente, estado de Mato Grosso do Sul)[607]. Mas, no início do século XIX, encontrava-se na Vila Real do Senhor Bom Jesus, quando pôde participar como acólito assistente na celebração festiva de posse do prelado D. Luís[608].

Nessa celebração de posse do prelado, também colaborou o Padre Antônio Tavares da Silva, porém este já servia na freguesia de Cuiabá por alguns anos, onde era professor régio de gramática latina[609]. Segundo Máximo Biennes, Padre Antônio Tavares chegou a ser vigário capitular da prelazia e cônego, depois do Padre Joaquim Gomes da Silva, em dezembro de 1829[610].Segundo Mesquita, o clérigo "foi um espécimen representativo

---

[604] VISITAS..., *op. cit.*, p. 159.
[605] SIQUEIRA, 2002a, p. 66.
[606] RELAÇÃO..., 1803.
[607] LEVANTAMENTO..., *op. cit.*
[608] SIQUEIRA, 2002a, p. 66.
[609] *Ibid.*, p. 66.
[610] BIENNÈS, *op. cit.*, p. 482.

do clero colonial, com todas as suas virtudes e defeitos"[611]. A caracterização do Padre Antônio Tavares da Silva feita por Mesquita está relacionada com o modo de vida secularizada da maioria do clero colonial. Este clérigo desempenhou importante papel na administração da prelazia de Cuiabá depois da morte de D. Luiz de Castro e também durante a fase de transição da condição de prelazia para diocese em 1826. Foi possuidor de muitos escravos e propriedades, como sesmarias e casas na Vila do Cuiabá, e viveu cercado por seus parentes e agregados[612].

Outro eclesiástico natural de Cuiabá foi o Padre Joaquim [José] Gomes da Silva [Santos], que, por um longo tempo, prestou serviços na igreja da capitania de Mato Grosso. Esse clérigo teria nascido no ano de 1776 e veio a falecer em Mato Grosso, em 1838. Foi capelão, provavelmente militar, pois, segundo Joaquim da Costa Siqueira, na tarde de 3 de abril de 1809, depois de ter encerrado o pontifical, na praça da Vila Real, ele compareceu diante do batalhão de infantaria e companhias do esquadrão que se formou e fez as devidas continências militares ao general capitão[613]. Esse clérigo fez seus estudos em São Paulo e formou-se no Rio de Janeiro, foi vigário da freguesia da Vila Maria do Paraguai e, a seu próprio pedido, foi demitido em 1826 por ser eleito membro do Conselho Geral da Província de Mato Grosso[614].

O último clérigo identificado na relação dos nascidos na capitania de Mato Grosso foi o Padre Manoel da Cunha e Arruda. Provavelmente, não desempenhou apenas as funções eclesiásticas, pois tudo indica que era dono de propriedade de terras, como consta nos *Anais do Senado da Câmara de Cuiabá*, que, na região de Cocais [hoje município de Nossa Senhora do Livramento], no caminho para Vila Bela, havia uma fazenda do Padre Cunha[615]; e, para corroborar, Padre Manoel da Cunha também foi capelão em Poconé (na mesma região do Cocais), no período de 1796 até 1805[616].

Com exceção do Padre José Manoel de Siqueira e do Padre Antônio Tavares, observamos que a maioria dos clérigos naturais de Mato Grosso

---

[611] MESQUITA, *op. cit.*, p. 183.
[612] COMETTI, *op. cit.*, p. 207-210.
[613] SIQUEIRA, 2002a, p. 74.
[614] Esses dois clérigos eram irmãos biológicos e, na década de 20 do século XIX, envolveram-se em conflitos e embates políticos, comportamento típico de muitos clérigos no período imperial. *Cf.* RUBERT, *op. cit.*, p. 165-173.
[615] ANNAES..., *op. cit.*, p. 153.
[616] LEVANTAMENTO..., *op. cit.*

não ocupou nenhum emprego eclesiástico de relevância até o fim do período colonial. Em geral, prestaram assistência aos vigários como capelães ou coadjutores e, em algumas ocasiões, ficaram no comando das freguesias provisoriamente. Por sua condição de prelazia, a igreja de Mato Grosso não tinha empregos eclesiásticos como conezias ou benefícios a serem ocupados pelos clérigos. A criação do cabido da circunscrição eclesiástica de Cuiabá aconteceu somente em 1826, na supressão das prelazias de Cuiabá e Goiás e ereção destas em dioceses[617].

Como não houve instituição do seminário na região durante o período colonial, os postulantes ao estado de vida sacerdotal de Mato Grosso colonial eram obrigados a se deslocar até outras regiões para estudar e receber os graus das ordens fora de sua circunscrição eclesiástica. Basicamente, os naturais da região foram formados na cidade de São Paulo e do Rio de Janeiro, e alguns estudaram em São Paulo e receberam as ordens na sé do bispado do Rio de Janeiro[618].

Apesar de o sistema de formação dos clérigos na América portuguesa ter se apresentado frágil, não podemos dizer que o processo de formação para se chegar ao sacerdócio era simples, pois, para se chegar ao estágio de receber as últimas ordens desse estado de vida eclesiástica, era mister o cumprimento de algumas exigências, como a posse de bens e de recursos para custear o processo, além das habilidades e de conhecimentos que os postulantes precisavam ter ou adquirir[619]. Para os vocacionados cuiabanos, somava-se outro agravante, como o distanciamento geográfico da capitania de Mato Grosso em relação às sés das dioceses que se localizavam próximo ao litoral da América portuguesa, como São Paulo e Rio de Janeiro, que seriam as mais acercadas. Quando chegava o momento de pedir a entrada no estado clerical, era necessário que se fizessem diligências com o objetivo

---

[617] COMETTI, op. cit., p. 122.
[618] O primeiro seminário fundado em Mato Grosso, Seminário da Conceição, deu-se no século XIX, bem depois que a prelazia de Cuiabá já havia sido elevada à condição de diocese (1826), sob a administração do Bispo D. José Antônio dos Reis. Em 1853, o Ministério dos Negócios da Justiça criou a cadeira de Teologia Dogmática e Moral para o Seminário Episcopal com o Decreto 1.149, de 22 de abril de 1853, nomeando o Padre Ernesto Camilo Barreto lente da cadeira. Ver: ALEIXO, L. H. G. O Seminário da Conceição: um projeto de educação. **Cadernos de Publicações**, Várzea Grande, UNIVAG, n. 4. p. 29, s/d. p. 29).
[619] Cf. Livro I, Arts. 206-238. In: VIDE, op. cit.; DUARTE, Josimar Faria. **Sacrum Convívium**: clérigos seculares e suas redes de sociabilidades e solidariedades em Mariana (1745-1765). 2015. Dissertação (Mestrado) – UFF, Niterói, 2015. p. 102-104; OLIVEIRA, Anderson José Machado de. Os processos de habilitação sacerdotal dos homens de cor: perspectiva metodológicas para uma história social do catolicismo na América portuguesa. In: FRAGOSO, João; GUEDES, Roberto; SAMPAIO, Antonio Carlos Jucá de (org.). **Arquivos paroquiais e história social na América lusa, séculos XVII e XVIII**: métodos e técnicas de pesquisa na reinvenção de um corpus documental. Rio de Janeiro: Mauad X, 2014. p. 333-334.

de constatar a idoneidade do candidato[620]. Esses exames eram feitos no local de nascimento do candidato, o que poderia implicar o prejuízo dos prazos. No caso da região da fronteira oeste, as correspondências poderiam demorar mais de anos para ir e voltar aos interessados, como, por exemplo, é destacado em alguns processos de habilitação sacerdotal[621].

Contudo, apesar das dificuldades enfrentadas no processo formativo pelo candidato ao sacerdócio nascido na capitania de Mato Grosso, é, notadamente, considerável o número de clérigos naturais da igreja de Cuiabá formados no último quartel do século XVIII. Todavia, não encontramos evidências de que esse surgimento de vocações da região se deva a um recrutamento deliberado de "naturais da terra", diferentemente de outras regiões da América portuguesa, como em Mariana, por exemplo, onde a criação do Seminário de N. S. da Boa Morte em 1750 e, depois, a formatura da primeira turma de Teologia em 1758 serviram de estímulo para o aumento de vocações sacerdotais na região[622].

No caso da igreja de Cuiabá, o montante de vocações sacerdotais de "filhos da terra" que observamos nesse período pode ter sido estimulado, entre outros motivos, pelo desempenho de outros naturais que adentraram a hierarquia eclesial, como, por exemplo, o Padre José Manoel de Siqueira, que, como professor régio de Filosofia, provavelmente estimulou muitos de seus conterrâneos a seguirem a carreira eclesiástica[623].

3.2.2 Parentescos

Os vínculos familiares que identificamos de vários clérigos de Mato Grosso colonial reforçam a ligação com duas regiões destacadas da procedência dos clérigos: o Centro-Sul da América portuguesa e também a região do Centro-Norte de Portugal. Em uma pequena amostragem de um total de 23 clérigos naturais da colônia, constatamos que os seus respectivos progenitores masculinos eram 48% naturais do reino, 47% da colônia e 5% eram provenientes da África (Angola); e as mães eram, predominantemente, da América portuguesa, ou seja, 100%.

---

[620] REGIMENTO [...], *op. cit.*

[621] HABILITAÇÕES sacerdotais. H.S. 281, Cx. 335. Antônio Ferreira Machado. ACMRJ-RJ; HABILITAÇÕES sacerdotais, H.S. 3.960, Cx. 639. Joaquim José Gomes da Silva Santos. ACMRJ-RJ.

[622] DUARTE, *op. cit.*, p. 101.

[623] *Cf.* ALVES, *op. cit.*; DOURADO, Nileide Souza. **Práticas educativas culturais e escolarização na capitania de Mato Grosso 1748-1822**. 2014. Tese (Doutorado em Educação) – Universidade Federal de Mato Grosso, Cuiabá, 2014.

Gráfico 8 – Origem geográfica dos progenitores dos clérigos de Mato Grosso colonial

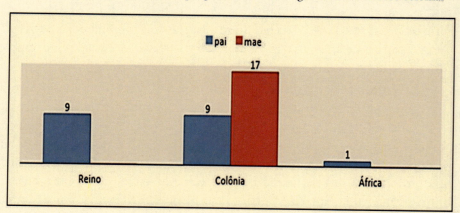

Fonte: ANTT-PT, ACMRJ-RJ, ACMSP-SP, AUC-PT e AHU-PT

Conforme apresentamos no gráfico *supra*, observando as localidades de origem dos pais dos clérigos, identificamos novamente a ligação de seus familiares às tendências migratórias já observadas, ou seja, do reino para a América portuguesa. Desse modo, verificamos detalhadamente que os progenitores masculinos do reino eram 2 da cidade do Porto, 3 de Braga, 3 de Lisboa e 1 de Aveiro. Os pais nascidos em terras coloniais são assim identificados: 3 da Vila de Itú, 2 da Vila de São Paulo, 1 da cidade do Rio de Janeiro, 1 da Vila de Cuiabá, 1 da capitania de Pernambuco e 1 da Vila de Araçariguama. Em relação às mães, identificamos 3 nascidas em São Paulo, 5 no Rio de Janeiro, 1 em Santos, 2 em Cuiabá, 1 em Pernambuco e 3 em Itú[624].

Nessa configuração do quadro em que se apresenta a origem geográfica dos familiares de parte dos clérigos de Mato Grosso no período colonial, observamos que se sobressai o costado paterno com origem reinol e o materno com a predominância de mulheres nativas da colônia. Essa evidência seria um fenômeno verificado entre as famílias dos Centro-Sul da América portuguesa no século XVIII e analisado por Aldair C. Rodrigues em relação às famílias dos comissários do Santo Ofício desta região. Segundo Rodrigues, esse foi o modo como setores intermediários e das elites locais se comportaram para com o "mercado matrimonial da América portuguesa e as estratégias de reprodução social adotadas, sobretudo no que se refere aos comerciantes de origem reinícola"[625].

---

[624] ACMRJ-RJ; ACMSP-SP; ANTT-PT.
[625] RODRIGUES, 2012, p. 147.

O CLERO CATÓLICO NA FRONTEIRA OCIDENTAL DA AMÉRICA PORTUGUESA
(MATO GROSSO COLONIAL, 1720-1808)

Desse modo, em relação ao grupo de clérigos observado, sobre a configuração dos parentescos dos eclesiásticos que passaram por Mato Grosso colonial, apesar das poucas informações disponíveis na documentação, podemos observar a existência de indícios de pertencimento a grupos com melhores posições sociais; e, no caso dos clérigos nascidos em Cuiabá, tinham vínculos familiares com a pequena elite que se formava na região ou eram descendentes dos primeiros conquistadores luso-paulistas.

Além das filiações, são identificáveis outros graus de parentescos presentes no grupo dos eclesiásticos que atuaram em Mato Grosso colonial, como de irmãos, sobrinhos e primos, tanto entre os próprios eclesiásticos como com indivíduos leigos presentes nessa região. Alguns desses irmãos estiveram juntos nas freguesias da fronteira oeste, como o Padre José Gomes da Silva e Joaquim José Gomes da Silva Santos, e o padre visitador Manoel Bruno Pina, que era irmão do Clérigo Brás Luís de Pina[626].

Outros clérigos que passaram pela fronteira oeste também tinham irmãos eclesiásticos, mas em diferentes localidades da América portuguesa e no reino, como, por exemplo, o Padre Francisco Inácio de Sousa Passos, que era irmão, por parte materna, do Padre Antônio Ramos de Macedo, do Rio de Janeiro; o Padre João Caetano Leite Cesar de Azevedo era irmão dos religiosos beneditinos Caetano de Santa Gertrudes Leite e Jorge de Jesus Maria Leite, dos jesuítas Inácio Xavier e Jerônimo Leite, bem como das religiosas Maria Xavier, Gertrudes Maria e Escolástica de Jesus, que professaram os votos no mosteiro de S. Clara, da cidade do Porto[627].

Outros casos de clérigos que tinham irmãos eclesiásticos foram: o Padre Lourenço de Toledo Taques, que era irmão de Francisco de Toledo, da Companhia de Jesus, provincial do Maranhão em 1756, e do carmelita Frei Ignácio (de Toledo Castelhano)[628]; e o Padre Manoel da Silva Martins, que tinha um irmão padre, Francisco da Silva Martins, e duas irmãs freiras, Madre Antônia Faustina e Madre Rosa de Santa Clara, do convento de Santa Clara da Vila da Ribeira[629].

Outro clérigo que também tinha muitos padres na família era o Padre José de Barros Penteado, que era irmão do Cônego Lourenço Leite

---

[626] HABILITAÇÕES sacerdotais, H.S. 3.960, Cx. 639. Joaquim José Gomes da Silva Santos. ACMRJ-RJ; HABILITAÇÕES sacerdotais. H.S. 2.235, Cx. 490. Manoel Bruno Pina. ACMRJ-RJ.
[627] LEVANTAMENTO..., op. cit.
[628] FICHAS biográficas do clero – padre Lourenço de Toledo Taques. ACMSP-SP.
[629] LEVANTAMENTO..., op. cit.

Penteado, cônego da sé do bispado de São Paulo. Nesse caso da família dos Penteado, é interessante observar como o fato ilustra parte dos vínculos familiares que alguns clérigos tinham com os colonizadores da região de Mato Grosso colonial. O Padre José de Barros Penteado, como já foi dito, era irmão do Cônego Lourenço Leite Penteado e também do sargento-mor Francisco de Sales Xavier e primo do Padre José de Barros Penteado, e este era irmão de Fernão Paes de Barros, ambos descobridores das Minas do Mato Grosso na região do vale do Rio Guaporé[630].

A família Siqueira em Cuiabá também teve mais de um membro como clérigo. O já citado Padre José Manoel de Siqueira era tio do Padre Manoel Machado de Siqueira[631].

No entanto, diferentemente de outras regiões, como nas Minas Gerais, por exemplo, não encontramos evidências de que, na circunscrição eclesiástica de Mato Grosso, os parentescos consanguíneos proporcionaram alguma vantagem para que os clérigos se mantivessem em postos eclesiásticos. Em Mariana, no século XVIII, o historiador Josimar Faria Duarte observou que os parentescos de sangue permitiam aos indivíduos alcançar ou se manterem cargos eclesiásticos. Foram constatados vários casos em que sobrinhos ou primos conseguiram assumir o cargo de pároco ou vigário depois do falecimento de seus parentes eclesiásticos[632].

Todavia, identificamos evidências de relações econômicas ou de algum tipo de favorecimento entre clérigos e seus parentes laicos, como, por exemplo, o clérigo regular Frei Pacífico dos Anjos, que era irmão do capitão-Mor Jacinto Barboza Lopes, ao levantar a primeira capela do arraial do Senhor Bom Jesus, foi o primeiro a celebrar Missa na dita capela[633]; o Padre Manoel de Campos Bicudo, irmão do coronel Antônio Pires de Campos e de Pedro Vaz de Campos, foi capelão em algumas diligências nas Minas do Cuiabá; já o Padre Antônio Cardozo de Menezes Montenegro era primo do capitão-general Caetano Pinto de Miranda Montenegro, que o favoreceu passando-lhe fundos dos cofres do juízo dos defuntos e ausentes de Vila Bela da Santíssima Trindade[634].

---

[630] FICHAS biográficas do clero – padre José de Barros Penteado. ACMSP-SP.
[631] VISITAS..., *op. cit.*, p. 159.
[632] DUARTE, *op. cit.*, p. 122-123.
[633] BARBOZA DE SÁ, *op. cit.*, p. 13.
[634] CARTA de Antônio Cardoso de Meneses Montenegro para o governador da capitania, solicitando sua demissão como vigário da vara e igreja matriz de Vila Bela da Santíssima Trindade. Vila Bela, 12 jul. 1800. ACBM-IPDAC, Pasta 74, Doc. 1.447.

3.2.3 Origem geográfica e mobilidade clerical

A origem geográfica da maioria dos clérigos que estiveram na fronteira oeste da América portuguesa coincide com a sua naturalidade, sendo boa parte natural da capitania de São Paulo e do reino, mas houve também indivíduos procedentes de outras regiões coloniais. Verificamos também a presença de clérigos oriundos do estado do Grão-Pará, das Minas Gerais, de Goiás e do Rio de Janeiro. Porém, em muitos casos, antes de chegarem ao extremo oeste, muitos clérigos já haviam atuado em outras localidades. Entre alguns casos, está o do frade lisboeta da Ordem de Nossa Senhora das Mercês Antônio de Madureira, para o que chamamos atenção, pois, com 30 anos de idade em 1736, declarou ao notário do Tribunal do Santo Ofício, na Casa do Rocio, que, antes de passar pelas Minas de Cuiabá, primeiramente viveu no Convento Mercedário de Belém do Pará, viajou por Rio de Janeiro, Minas Gerais e São Paulo[635].

O acesso à região das Minas do Cuiabá e do Mato Grosso não era nada fácil, tendo, basicamente, três opções: primeiramente, pelo caminho das águas nas monções do sul, de onde iam do povoado de Porto Feliz, na capitania de São Paulo, e chegavam à Vila Real do Senhor Bom Jesus, ou pelo caminho de terra, por onde saíam do Rio de Janeiro, passavam por Minas Gerais e Goiás até chegarem à Vila Real. E, a partir da segunda metade do século XVIII, havia também o caminho das monções do norte, partindo de Belém do Pará com destino às Minas do Mato Grosso. Desse modo, apesar dos três caminhos existentes, as partidas concentravam-se em duas regiões, obrigando os eclesiásticos a se deslocarem do Centro-Sul ou pelo Norte da América portuguesa[636].

Da mesma forma que se conseguia chegar às minas do extremo oeste, observamos que sair implicava fazer os mesmos caminhos, para o Norte ou para o Centro-Sul novamente. Pelas monções do sul, havia a possibilidade de sair com destino à capitania de São Paulo pelos rios, e, pelo caminho de terra, passando por Goiás, Minas Gerais, chegar-se-ia a São Paulo ou ainda à capitania do Rio de Janeiro. Em direção ao Norte da América portuguesa, os clérigos tinham a opção de sair nas monções pelos rios da bacia amazônica e chegar à cidade de Belém do Grão-Pará. Todavia, identificamos que a maioria dos eclesiásticos que saíram da região da fronteira oeste acabou se direcionando para o Centro-Sul da América portuguesa. De apenas cinco

---

[635] CADERNO..., *op. cit.*
[636] COSTA, 1999, p. 55.

clérigos temos a informação de que partiram para o Norte, e, ainda assim, um deles foi o jesuíta que partiu, compulsoriamente, por determinação da metrópole em 1759[637].

Contudo, em relação ao destino dos clérigos cuja informação do paradeiro não foi possível acessar depois que passaram por Mato Grosso colonial, podemos conjecturar que, provavelmente, acabaram retornando ao seu lugar de origem, como também alguns podem ter terminados os seus dias na própria capitania de Mato Grosso, assim como aconteceu com outros eclesiásticos. Pelo menos, sabemos que 23 deles faleceram no extremo oeste, conforme apresentado no quadro seguinte:

Quadro 8 – Eclesiásticos falecidos no território de Mato Grosso colonial (1720-1808)

Nº de ordem	Nome	Data	Local
01	Antônio Nascentes	1736	Carandá (Pantanal)
02	Manoel da Silva Moura	1742	Minas do MT
03	João Caetano Leite Cesar de Azevedo	1743	Vila do Cuiabá
04	Vitor Antônio de Madureira	1752	Pantanal
05	Maximiano de Jesus Cristo	1753	Vila do Cuiabá
06	Damião Correia Leitão	1754	Vila Bela
07	Francisco de Santa Maria	1763/67	Vila do Cuiabá
08	José Manoel Leite Penteado	1769	Vila Bela
09	Simão Toledo Rodovalho	1770	Capitania de MT
10	Bartolomeu Gomes Pombo	1774	Minas do MT
11	Antônio de Santa Tereza e Melo	1775	Minas do MT, São Vicente
12	Amaro Barboza Lima	1777	Vila Bela
13	Manoel da Silva Martins	1779	Vila do Cuiabá
14	João Alvares Torres	1781	Chapada
15	Álvaro Loureiro da Fonseca Zuzarte	1786	Capitania de MT
16	Estevão Ferreira Ferro	1788	Vila Bela

---

[637] *Cf.* LEITE, *op. cit.*, p. 223-224.

O CLERO CATÓLICO NA FRONTEIRA OCIDENTAL DA AMÉRICA PORTUGUESA
(MATO GROSSO COLONIAL, 1720-1808)

N° de ordem	Nome	Data	Local
17	Vicente José da Gama Leal	1795	Vila do Cuiabá
18	José Manoel de Siqueira	1825	Vila do Cuiabá
19	Claudio Joaquim Monteiro	1827	Diamantino
20	Francisco Xavier Leite Cardoso	(?)	Capitania de MT
21	Francisco Xavier Leite Almeida	(?)	Capitania de MT
22	Manoel de Albuquerque Fragoso	(?)	Sitio Jatobá
23	Manoel Mateus Freire	(?)	Viseu, capitaniade MT

Fonte: ACMSP-SP, ACMRJ-RJ, ANTT-PT, *Anais...* (2006) e *Annaes...* (2007)

Sobre o total dos clérigos que identificamos na pesquisa, sabemos que pouco mais de 17% faleceram na região de Mato Grosso colonial e, desse grupo, apenas um era natural do local. A maioria do clero que esteve na região não deixou informações sobre seu destino. Além dos 23 clérigos falecidos na capitania, o destino de mais 23 indivíduos que saíram da capitania de Mato Grosso podemos identificar como consta no quadro seguinte:

Quadro 9 – Eclesiásticos com saída informada de Mato Grosso colonial (1720-1808)

N° de ordem	Nome	Data	Destino
01	Francisco Justo	1724	Capitania de São Paulo
02	Manoel Teixeira Rabelo	1726	Maranhão
03	Lourenço Toledo Taques	1729	Capitania de São Paulo
04	Antônio Dutra de Quadros	1732	Capitania de São Paulo
05	Antônio de Madureira	1735/36	Reino
06	Fernando Alvares Baptista	1749	Estrada de Terra (?)
07	João Santiago	1750	Belém, estado do Grão-Pará
08	Antônio do Extremo	1751	Capitania de São Paulo
09	José Ayres	1754	Capitania de Goiás
10	Fernando Machado de Souza	1755	Belém, estado do Grão-Pará

Nº de ordem	Nome	Data	Destino
11	Ignácio de Santa Rosa	1755	Itú, capitania de São Paulo
12	Agostinho Lourenço (jesuíta)	1759	São Paulo, reino
13	Estevão de Castro (jesuíta)	1759	Belém, reino
14	Manoel de São Valentim	1762	Povoado, capitania de São Paulo
15	Domingos Gomes da Costa	1771	Belém, estado do Grão-Pará
16	Tomaz de Assunção	1773	Povoado, capitania de São Paulo
17	Agapito Marcos de Oliveira	1774	Borba, estado do Grão-Pará
18	José Saraiva	1775	Não informado.
19	José Pereira Duarte	1781	Capitania de Goiás
20	José Correa Leitão	178[?]	Capitania de Goiás
21	Manoel Bruno Pina	1787	Capitania de Rio de Janeiro
22	Antônio de Santa Catarina	1791	Estado do Grão-Pará
23	Domingos da Silva Xavier	1795	Reino

Fonte: ACMSP-SP, ACMRJ-RJ, ANTT-PT, *Anais...* (2006) e *Annaes...* (2007)

Considerando os 23 clérigos apresentados no quadro cujo destino de partida foi identificado, somado ao número dos 23 clérigos que faleceram na região do extremo oeste e, ainda, outros 13 eclesiásticos que permaneceram à chegada do prelado em 1808, podemos obter informação sobre, pelo menos, 45% do total levantado (59 de 131 clérigos), restando saber qual destino tomaram os outros 72 indivíduos que estiveram atuando nas comarcas eclesiásticas de Mato Grosso colonial.

Contudo, tomando por base os dados referentes à parte dos clérigos dos quais se sabe o destino que tomaram (45%), ressaltamos que, em relação aos indivíduos falecidos, havia aqueles que, obviamente, não puderam escolher seu destino. Todavia, também identificamos entre eles aqueles que adotaram a região onde já viviam há alguns anos para se fixarem. Outro detalhe a acrescentar é que o grupo dos 13 que estavam aí à época de posse do primeiro prelado em 1808 permaneceu por mais de uma década na prelazia.

Desse modo, apesar de ser região de fronteira-mineração caracterizada pelo fluxo migratório das populações, evidenciamos que, a partir da segunda metade do século XVIII, passou a ter certo equilíbrio na movimentação desses clérigos pela região. Como é perceptível, por exemplo, entre os párocos e vigários de Mato Grosso colonial, que, por serem sempre encomendados, recebiam um mandato de pelo menos três anos. Mas, ao fim dos Setecentos, alguns vigários passaram por períodos mais longos à frente das paróquias. Esse fato pode ser explicado tanto pela maior estabilidade do processo de colonização, como também pela falta de clérigos que se dispusessem a servir no sertão de Mato Grosso, como alegavam os bispos.

De qualquer modo, nas primeiras décadas da ocupação e instalação da malha eclesiástica, houve uma maior movimentação dos eclesiásticos pela região. Mas, com o avançar dos anos, a ocupação luso-paulista foi se consolidando e a atividade de mineração foi diminuindo. Paralelamente, percebemos uma alteração na permanência dos clérigos, que passaram a ficar por mais tempo, principalmente os clérigos que atuavam na comarca eclesiástica de Cuiabá. Do período posterior à posse do primeiro prelado, de 1808 a 1826, por exemplo, constata-se que, de um grupo de 37 clérigos, aproximadamente um terço deles permaneceu na região por quase duas décadas[638].

3.2.4 Idade

Dos eclesiásticos de Mato Grosso cuja idade é possível saber, estima-se que, ao chegarem à região, tinham entre 30 e 40 anos de idade ou até um pouco menos. Em geral, nessa faixa etária se concluíam os estudos e as etapas de preparação para se receber as ordens e adentrar o estado de vida eclesiástica. Porém, nas observações de quatro governadores da capitania de Mato Grosso feitas a partir da segunda metade do século XVIII, demonstra-se que o corpo eclesiástico apresentou sinais de envelhecimento. Quantitativamente, ainda seria difícil chegar a comparações em uma análise mais profunda. No entanto, há informações deixadas por esses capitães-generais, e por outros documentos, queixando-se da idade avançada de muitos clérigos que trabalhavam na circunscrição eclesiástica de Mato Grosso.

O primeiro governador, o capitão-general Antônio Rolim de Moura, durante o seu governo, já apresentava queixas da incapacidade e da pouca vontade dos clérigos ao prestarem serviços religiosos nas missões indígenas,

---

[638] MAPAS..., *op. cit.*

por exemplo. Para o governador Antônio Rolim, a distância e o pouco rendimento que se oferecia aos clérigos faziam com que os padres não se interessassem por prestar esses serviços eclesiásticos, além de considerar que os clérigos que já estavam na região também não estariam aptos ao trabalho de missionação indígena. Dizia o governador: "nem está com idade, nem saúde para missionar índios, que dependa de bastante robustez. Além desse há outro [padre] que serviu aqui de vigário, já totalmente incapacitado pela idade"[639].

Eram constantes as queixas dos governadores da capitania de Mato Grosso ao Conselho Ultramarino em relação à assistência eclesiástica prestada na região. O segundo governador, João Pedro da Câmara, em 1765, também reclamou da insuficiência de sacerdotes para o atendimento dos fregueses e voltou a destacar a condições de idade avançada de alguns clérigos. Segundo o governador, em Vila Bela da Santíssima Trindade, por exemplo, só havia dois sacerdotes, um que era o vigário da vara e da igreja, e outro que era muito idoso, com 80 anos[640].

Duas décadas depois da criação da capitania, o quarto governador da capitania, capitão-general Luiz de Albuquerque de Mello Pereira e Cáceres, também demonstrou o seu descontentamento com o clero, e novamente a questão da idade avançada de alguns clérigos tornou-se assunto.

> Sem embargo da conta que também fiz subir ao pé do real trono na outra minha carta para V. Exc.ª de 9 de janeiro do dito anno de 1778, sobre a extrema necessidade que havia nesta capitania de mais alguns clérigos para administrarem os sacramentos, vito que os existentes nella, sobre pouquíssimos são na mayor parte adiantados em anos, e muito achacados; sou obrigado a repetir agora a V. Exc.º a mesma suplica, tendo principalmente acrecido os novos lugares, ou povoaçoens a que dei principio, que indispensavelmente precizam de parocos [...].[641]

Nessa carta, endereçada a Martinho de Melo e Castro, pode-se entender que o número de clérigos mais velhos estaria maior. Porém, as solicitações do capitão-general Luiz de Albuquerque não foram atendidas.

---

[639] CARTA..., 1982d.
[640] OFICIO do governador e capitão-general da capitania de Mato Grosso, João Pedro da Câmara Coutinho, ao secretario de Estado da Marinha e Ultramar Francisco Xavier de Mendonça Furtado sobre a falta que há na capitania de sacerdotes. Vila Bela da Santíssima Trindade, 12 fev. 1765. AHU-MT, Caixa 12, Doc. 733(1).
[641] OFICIO do [governador e capitão general da capitania de Mato Grosso] Luís de Albuquerque de Melo Pereira e Cáceres ao [secretario de estado da Marinha e Ultramar] Martinho de Melo e Castro em que informa sobre a povoação de Vila Maria do Paraguai e pede clérigos, que devem ser escolhidos com escrupulosa circunspeção pelo que respeita ao gentio e costumes. Vila Bela, 13 jan. 1779a. AHU-MT, Caixa 20, Doc. 1.229(1).

O governador e capitão-general Caetano Pinto de Miranda Montenegro, no início do século XIX, tampouco deixou de registrar algumas de suas considerações sobre o clero das duas comarcas eclesiásticas que formavam a circunscrição eclesiástica da região. Nessas considerações, entre outras características, o governador falou sobre a idade, mas também sobre a saúde do clero, destacando que alguns indivíduos eram doentes, obesos e idosos[642].

Outra fonte que relata um pouco das características do clero colonial na capitania de Mato Grosso no último quartel do século XVIII são os registros da devassa deixada pelo padre visitador Manoel Bruno Pina, em 1785. Por meio desses registros, que resultaram de sua visita, é possível estabelecer a idade de alguns clérigos. Do total de 13 clérigos apresentados, 6 estavam acima dos 50 anos de idade, e pelo menos 3 destes eram idosos. Nessa documentação, não são apresentadas informações sobre os clérigos da comarca de Vila Bela[643].

Além destas informações, na segunda década do século XIX, em um mapa estatístico da prelazia de Cuiabá, também é verificável a idade de 37 clérigos que atuavam na região. Desse total, pelo menos 13 já serviam à prelazia desde o ano de 1808 ou, possivelmente, até antes dessa data. Ao mesmo tempo, esse documento também apresenta alguns clérigos novos, sinal de renovação do corpo eclesiástico da igreja em Mato Grosso do século XIX, fim do período colonial[644].

3.2.5 Formação

A formação do clero colonial foi sempre uma preocupação para a instituição eclesiástica e uma das explicações possíveis para os comportamentos inadequados ou fora dos padrões esperados para os clérigos. Arlindo Rubert, ao se referir aos clérigos que vinham do reino para a América, ressalta que muitos apresentavam ideais considerados menos "nobres". Daí as tentativas dos bispos em formar um clero natural da colônia, mas com uma formação mais metódica e completa, própria do que se esperava conseguir com os seminários tridentinos[645].

---

[642] RELAÇÃO dos ecclesiasticos que presentemente existem na capitania de Matto Grosso apresentada pelo governador e capitão general Caetano Pinto de Miranda Montenegro. Vila Bela, 2 maio 1801. ANTT-PT, Secretaria da Mesa da Consciência e Ordens, Padroado do Brasil. Rio de Janeiro, Maço 17.

[643] VISITAS..., *op. cit.*

[644] MAPAS..., *op. cit.*

[645] RUBERT, *op. cit.*, p. 273.

A criação desses estabelecimentos de ensino, denominados de seminários, tinha dificuldade de se concretizar na América portuguesa por falta de recursos materiais disponíveis. Segundo Rubert, somente a partir do século XVIII é que alguns seminários foram fundados, principalmente por iniciativas de alguns bispos coloniais e de alguns clérigos[646]. Assim, verifica-se a criação de pelo menos 11 seminários na América portuguesa.

Quadro 10 – Seminários criados no século XVIII e XIX na América portuguesa

Nº de ordem	Seminário	Ano de fundação	Localidade	Fundador
01	São José	1739	Rio de Janeiro	D. Fr. Antônio de Guadalupe
02	São Pedro dos Órfãos	1739	Rio de Janeiro	D. Fr. Antônio de Guadalupe e Irmandades dos Clérigos
03	Da Paraíba	1745	Paraíba	Missionário Gabriel Malagrida
04	N. Sra. Das Missões (depois S. Alexandre)	1747	Belém	Missionário Gabriel Malagrida
05	N. Sra. Da Conceição	1747	Bahia	Missionário Gabriel Malagrida
06	N. Sra da Boa Morte	1748/50	Mariana	D. Fr. Manuel da Cruz
07	N. Sra. Da Lapa	1751	Rio de Janeiro	Missionário Pe. Ângelo Siqueira
08	N. Sra. Da Lapa	1751	Campo de Goitacazes	Missionário Ângelo Siqueira
09	De São Paulo	1759	São Paulo	Pe. José Honorato
10	N. Sra. Da Graça	1800	Olinda	D. José Joaquim da Cunha Azeredo Coutinho
11	São Dâmaso	1815	Bahia	D. Fr. Francisco de S. Dâmaso

Fonte: Rubert (1988, p. 275-280)

---

[646] RUBERT, op. cit., p. 273.

Somente os Seminários de São José, de Nossa Senhora das Missões, de Nossa Senhora da Boa Morte, de Nossa Senhora da Graça e de São Dâmaso poderiam ser considerados tridentinos. Os demais estabelecimentos formativos também apresentados no quadro, necessariamente, não receberiam a mesma classificação, mas todos foram casas de formação sacerdotal, uns duraram mais tempo e outros foram fechados ainda no século XVIII[647]. Antes do surgimento dos seminários tridentinos, até o segundo quartel do século XVIII, "as oportunidades de educação limitavam-se aos colégios dos Jesuítas, aos conventos dos regulares e à instrução fornecida pela iniciativa dos prelados mais activos, junto à respectiva catedral"[648].

Segundo Neves, outro fator que acabava atrapalhando o processo formativo dos sacerdotes eram as frequentes vacâncias das sés episcopais coloniais, pois poderiam adiar a ordenação dos candidatos, obrigando-os a procurar outras dioceses[649]. Isso se verifica, por exemplo, no processo de formação de alguns clérigos paulistas que passaram pela região de Mato Grosso colonial. Não foram muitos, mas houve casos de clérigos paulistas que receberam o Sacramento da Ordem na cidade do Rio de Janeiro, como se observa na situação do Padre Francisco Lopes de Sá, que, em novembro de 1796, deu entrada na Câmara Eclesiástica do Rio de Janeiro para ser promovido às Ordens menores e sacras. Sendo ordenando do bispado de São Paulo, Francisco Lopes Sá apresentou petição com despacho do reverendo cônego doutoral provisor interino para que, no Rio de Janeiro, "aceitasse tudo" o que o dito clérigo apresentasse[650]. Nessa "corrida" clerical pela formação, os vocacionados naturais da circunscrição eclesiástica da fronteira oeste ficaram na dependência do que se era ofertado em outras dioceses coloniais ou no reino, pois a região não teve a fundação de nenhuma casa de formação de clérigos durante todo o período colonial. Desse modo, observa-se que a maioria dos eclesiásticos naturais da colônia que passaram pela circunscrição eclesiástica de Mato Grosso recebeu ordens nas dioceses de São Paulo e do Rio de Janeiro; já entre os clérigos reinóis, predominaram os formados em Lisboa, Porto e Coimbra[651]. Alguns clérigos naturais da colônia completaram a sua formação no reino, como foi o caso daqueles que detinham a titulação de doutor (ver Quadro 11).

---

[647] *Ibid.*, p. 278.
[648] NEVES, 1994a, p. 172.
[649] *Ibid.*, p. 172.
[650] HABILITAÇÕES sacerdotais, H.S. 1.330, Cx. 426. Francisco Lopes de Sá. 1796. ACMRJ-RJ.
[651] ANTT-PT, AUC-PT, ACMRJ-RJ e ACMSP-SP.

Nesse sentido, entre os clérigos do grupo dos vigários e párocos que atuaram no extremo oeste, é identificado o grupo de clérigos com melhor formação, tendo, entre estes, vários doutores formados na Universidade de Coimbra. Este grupo é significativo, tendo em vista a sua importância na implantação e estruturação da Igreja Católica na região, pois estes indivíduos eram as autoridades eclesiásticas imediatas, portadores de muitos poderes facultados pelos bispos. Diferentemente do restante dos clérigos, aos vigários da vara e párocos eram atribuídas várias responsabilidades e poderes, por estarem na condição de representantes do próprio bispo, de modo que se esperava que estes clérigos pudessem desempenhar melhor a função[652].

Quadro 11 – Eclesiásticos doutores nas freguesias de Mato Grosso (1720-1808)

Nº de ordem	Nomes	Formação	Local
01	José Pereira de Aranda	Doutor	[?]
02	Amaro Barboza Lima	Doutor	[?]
03	Antônio dos Reis Vasconcelos	Doutor	[?]
04	João de Almeida e Silva	Doutor	[?]
05	Bento de Andrade Vieira*	Doutor	[?]
06	José Ayres*	Doutor	Coimbra
07	Jose Pereira Duarte	Doutor	Coimbra
08	Manoel Bruno Pina	Doutor	Coimbra
09	Vicente Jose da Gama Leal	Doutor	Coimbra
10	Luiz José Custódio	Doutor	Coimbra
11	Estevão Ferreira Ferro	Doutor	Coimbra
12	Manuel Teixeira Rabelo	Doutor	Coimbra
13	Manoel da Silva Moura	Doutor	Coimbra
14	Bartolomeu Gomes Pombo	Doutor	Coimbra
15	Manuel Falcão Cota	Doutor	Coimbra
16	Antônio Manoel Lopes de Faria	Doutor	Coimbra

---

[652] OFÍCIO..., 1792.

Nº de ordem	Nomes	Formação	Local
17	Antônio Cardoso de Menezes Montenegro	Doutor	Coimbra
18	Jose da Silva Guimaraes	Doutor	Coimbra
19	Luís de Castro Pereira*	Doutor	Coimbra

Fonte: ACMSP-SP, ACMRJ-RJ, ANTT-PT, AUC-PT, *Anais...* (2006) e *Annaes...* (2007). *Esses três clérigos não foram vigários ou párocos: Bento de Andrade Vieira foi coadjutor, José Ayres era missionário e Luís de Castro foi o primeiro prelado de Cuiabá

Considerando também o prelado D. Luís de Castro Pereira, o quadro apresenta 14 clérigos formados pela Universidade de Coimbra que atuaram na região do extremo oeste ao longo do período em análise deste estudo. Os outros cinco nomes foram identificados com a titulação de doutor, mas sem especificar o local da sua formação. Essa característica pode indicar o cuidado que os bispos do Rio de Janeiro tiveram na escolha dos eclesiásticos a administrar as freguesias da fronteira oeste. Assim, pelo menos as duas mais antigas — Cuiabá e Vila Bela — compõem uma amostragem considerável de doutores formados em Coimbra, principalmente a partir da segunda metade do século XVIII.

Na maioria das vezes, os clérigos encaminhados para administrar as freguesias de Mato Grosso no período colonial acumulavam a função de vigário da vara e pároco, ou cura. O emprego de pároco implicava a atividade de administração da freguesia e a assistência pastoral junto aos fregueses, enquanto que aos vigários da vara se atribuía também a função de administrar a justiça eclesiástica. O vigário tinha autoridade, por exemplo, de mandar render ou prender outros clérigos que praticassem ilícitos ou que fossem denunciados[653]. Desse modo, era necessária a escolha de indivíduos bem preparados e com conhecimento das leis canônicas, principalmente.

Contudo, observa-se que a maior parte dos clérigos que prestaram serviço na fronteira oeste tinha uma formação básica necessária para o ministério sacerdotal. Nas considerações deixadas pelo padre visitador Manoel Bruno Pina entre 1782 e 1786, por exemplo, sobre vários clérigos que auxiliavam nos serviços pastorais das freguesias da comarca eclesiástica de Cuiabá, são apresentadas algumas de suas qualificações e habilidades que evidenciam não serem tão mal formados.

---

[653] REGIMENTO..., *op. cit.*, p. 842.

O Padre Manoel Bruno Pina faz uma breve descrição de 13 companheiros de batina. Esse número era a maior parte dos clérigos à época na circunscrição do Cuiabá.

Quadro 12 – Formação e competências dos clérigos da comarca de Cuiabá nos anos de 1785, conforme devassado padre visitador Manoel Bruno Pina

Nº de ordem	Clérigo	Formação e habilidades	Localidade
01	José Ponce Diniz	Moralista de autores antigos, grandíssimo gramático (foi mestre em São Paulo)	Freguesia de São Luís de Vila Maria do Paraguai
02	Braz Luiz de Pina	Moralista	Freguesia de Santa Ana do Santíssimo Sacramento
03	Manoel de Albuquerque Fragoso	Moralista de autores antigos e filósofo	Freguesia de Santa Ana do Santíssimo Sacramento
04	Vicente José da Gama Leal	"Letras, virtudes e capacidade he asas comitente a S. Exª Rmª..." (doutor)	Freguesia do Senhor Bom Jesus
05	Domingos Pereira de Carvalho	Sem especificação	Freguesia do Senhor Bom Jesus
06	Antônio de Arruda Leite	Moralista, cantochonista[654]	Freguesia do Senhor Bom Jesus
07	Francisco Leite Cardozo	Filósofo, moralista e pregador	Capela de N. Sra. Do Rosário de rio acima
08	Ignácio da Silva Albuquerque	Pregador, moralista (foi promotor do Juízo Eclesiástico em Cuiabá)	Freguesia do Senhor Bom Jesus
09	Antônio Antunes Maciel	Confessor e pregador	Capela de São Jose dos Cocaes

---

[654] Conforme Rubert, o Cantochão era o canto eclesiástico, "Desde secular tradição o canto principal da igreja foi o cantochão ou canto gregoriano" (RUBERT, *op. cit.*, p. 268).

Nº de ordem	Clérigo	Formação e habilidades	Localidade
10	José Gomes da Silva	Confessor e pregador	Freguesia do Senhor Bom Jesus
11	João José Gomes da Costa	Confessor e pregador, "mostra ter instrução";- cantochonista	Freguesia do Senhor Bom Jesus
12	Jeronimo de Magalhaes Coutinho	"Reverendas falsas, falta letras"	Freguesia do Senhor Bom Jesus
13	José Manoel de Siqueira	Confessor, pregador, conhecimento das letras sagradas, cantochonista	Freguesia do Senhor Bom Jesus

Fonte: ACMSP-SP, ACMRJ-RJ, ANTT-PT, *Anais...* (2006) e *Annaes...* (2007).

Desse grupo de 13 clérigos, apenas 1 não foi bem avaliado, e 2 não tiveram especificações dadas pelo visitador Manoel Bruno Pina. Outros clérigos apresentaram também conhecimento em outras áreas especificas: eram construtores, artistas, professores e cientistas. Desse modo, desconsiderando os clérigos que estavam envolvidos diretamente em atividades privadas (que foram poucos), "não oficiais", evidencia-se que os clérigos presentes na igreja de Mato Grosso no período colonial, apesar de algumas deficiências, necessariamente não estariam entre os menos capacitados. Provavelmente, esse cenário foi consequência de um cuidado maior na seleção feita pelos bispos do Rio de Janeiro, que necessitavam de indivíduos que os representassem em uma região tão distante e pouco estabilizada como era o contexto da fronteira.

3.3 O perfil ocupacional[655]

De acordo com Guilherme P. Neves, do ponto de vista ocupacional, havia poucas diferenças entre os clérigos e os leigos coloniais no século XVIII, principalmente entre os padres seculares. Segundo o autor, muitos eclesiásticos se entregavam a atividades econômicas também praticadas

---

[655] Sobre esse aspecto, serão apresentadas as informações quantitativamente, deixando por detalhar como os eclesiásticos procederam ou exerceram suas atividades no capítulo 4 deste trabalho, no qual verificaremos as demandas eclesiásticas existentes na fronteira oeste da América portuguesa.

pelas demais pessoas da época e, mesmo quando conseguiam um emprego com remuneração determinada ou garantida, ou seja, quando eram providos pelos bispos ou mesmo pela Fazenda Real, muitos clérigos ainda buscavam outras fontes de renda em atividades que não tinham, necessariamente, relação direta com seu *múnus* pastoral[656].

Neves considera que havia na América portuguesa pelo menos três classes de clérigos: o baixo clero, formado por uma massa indistinta de indivíduos que se ocupavam de um amplo espectro de atividades, e o alto clero, no qual se encontravam os eclesiásticos mais aquinhoados e que formavam os cabidos. Entre os dois grupos, estavam os vigários e párocos[657].

Para alguns historiadores, os vigários e párocos, em particular os colados, em sua maioria, assimilaram a característica de funcionários da Igreja, como também do Estado, uma vez que assumiam obrigações tanto eclesiásticas, próprias de seu ofício, quanto burocráticas, principalmente com o avanço do regalismo na segunda metade do século XVIII. Nesse sentido, observa-se na capitania de Mato Grosso que a ocupação dos clérigos pode ser analisada pelo menos de dois modos: as atividades praticadas pelos indivíduos sem vínculos institucionais, ou seja, não oficiais, e as atividades ou empregos que tinham vínculo institucional direto, de caráter oficial. No caso dessa última atividade citada, poderiam ser estabelecidas tanto pela autoridade eclesiástica dos bispados como também pelos cabidos e/ou por vigários com faculdades definidas para isso, ou então por autoridades laicas, como os governadores das capitanias.

Entretanto, os eclesiásticos, em sua maioria, acabavam circulando pelas duas esferas, tanto serviam às funções oficiais quanto praticavam atividades extra oficiais, as quais, necessariamente, não estavam vinculadas aos serviços eclesiásticos prestados nas freguesias da região. Contudo, de um modo ou de outro, a maior parte dos eclesiásticos esteve associada de alguma forma, direta ou indiretamente, ao processo de conquista e consolidação da colonização portuguesa na fronteira oeste colonial. Foram poucos os clérigos que permaneceram na região sem ocupação definida, como acontecia em outras regiões coloniais[658]. Nas Minas gerais, por exemplo, o controle desses indivíduos considerados "desocupados", na maioria das vezes, foi muito mais difícil de efetivar[659].

---

[656] NEVES, 1994a, p. 172. *Cf.* MILAGRE, *op. cit.*; DUARTE, *op. cit.*
[657] NEVES, 1994a, p. 172-173.
[658] Ver: KANTOR, 1996; POLLETO, *op. cit.*; MENDONÇA, 2011.
[659] *Cf.* KANTOR, 1996.

O governador e capitão-general João Pedro da Câmara, por exemplo, informou em 1765 ao secretário da Marinha e Ultramar Francisco Xavier de Mendonça Furtado que já havia, naquela ocasião, feito despejo de cinco clérigos regulares[660]. Outro caso ocorreu em 1754, em que o clérigo secular José Aires, depois de entrar em conflito com algumas autoridades laicas da região, tentou sair da capitania de Mato Grosso, mas foi rendido e preso em função das "desordens" provocadas na comarca de Vila Bela[661].

Desse modo, percebe-se que, na fronteira oeste da América portuguesa, configurou-se um cenário diferenciado no controle da clerezia, pois as dificuldades de acesso à região e o acompanhamento das autoridades contribuíram para uma maior fiscalização sobre a inserção de clérigos "desocupados" na região, o que não quer dizer que estes não se fizeram presentes.

3.3.1 O clero e as ocupações informais ou extra oficiais: proprietários de terra e de escravos, mineradores e negociantes

Como já se viu anteriormente, o grupo dos clérigos com ocupações "não oficiais" foi formado por eclesiásticos com atividades sem vínculos com as freguesias ou missões determinadas pelo bispado ou pelo Estado português. Não foram muitos os clérigos com esse perfil na região de Mato Grosso colonial, e as principais atividades exercidas por eles foram: mineração, cultivo de terra, estabelecimento de engenhos, comércio, coleta de esmolas e "missões populares".

Quadro 13 – Ocupações não oficiais dos clérigos do Mato Grosso colonial

Nº de Ordem	Clérigo	Ano	Local	Ocupação
01	André dos Santos Queiroz*	1720	Coxipó	Minerador
02	Jerônimo Botelho*	1720	Coxipó	Minerador
03	Fr. Pacifico dos Anjos*	1720	Coxipó	Minerador
04	Fr. Florêncio dos Anjos*	1720	Coxipó	Minerador

---

[660] OFICIO..., 1765.
[661] CARTA dos oficiais da Câmara de Vila Bela ao rei [d. José] sobre a vida viciosa e estragada do clérigo José Aires. Vila Bela, 22 maio 1755. AHU-MT, Caixa 8, Doc. 496(1).

Nº de Ordem	Clérigo	Ano	Local	Ocupação
05	José de Barros Penteado	1727	Minas do Mato Grosso	Minerador
06	Vicente Rodrigues Oliveira	1727	Rio Cuiabá acima	Proprietário de terras
07	José Manoel Leite Penteado	1735	Pilar	Proprietário de terra e minerador
08	João Alvares Torres*	1749	Minas do Cuiabá	Proprietário de terra
09	Fr. Tomaz	1755	Cuiabá e Vila Bela	Comércio de fazendas
10	Francisco Xavier Leite Cardoso	1763	Rio acima, Diamantino	Minerador
11	Fernando Vieira da Silva*	1770	Vila Bela	Minerador
12	Manoel de Albuquerque* Fragoso	1779	Sitio Jatobá, Rio S. Lourenço	Engenho, proprietário de terra
13	Álvaro Loureiro Zuzarte*	1786	Vila Bela	Comércio de sal
14	Manoel da Cunha Arruda	1794	Vila Maria do Paraguai	Proprietário de terras
15	João Nicolau Roiz	1781	Vila Bela	Comércio
16	Antônio Simões Chardim	1726	Rio Coxipó	Mineração
17	Antônio João da Fonseca	1794	Vila Real	Comércio de cavalos

Fonte: ACMSP-SP, ACMRJ-RJ, ANTT-PT, AHU-PT, *Anais...* (2006), *Annaes...* (2007); *Estudo* [...] (2005). *Clérigos que estiveram envolvidos com a atividade de mineração, mas também prestaram serviço como capelães e até como párocos

Ao todo, foram identificados 5 clérigos que possuíam propriedades de terras; 9 envolvidos com mineração; e 4, com comércio. Assim, apesar de as zonas de mineração na América portuguesa terem contribuído para o aumento do fluxo migratório e atraído eclesiásticos, no período de quase um século, entre 1720 e 1808, observa-se um registro relativamente baixo de clérigos que exerceram diretamente a atividade de mineração na fronteira oeste, assim como de proprietários de terras e de comércio. Entretanto, é possível que esse número seja maior, tanto que, na década de 1770, o Bispo D. Antônio do Desterro emitiu uma pastoral específica sobre o comércio e as negociações ilícitas que eram praticadas por clérigos de Cuiabá e do Mato Grosso. Dizia o bispo do Rio de Janeiro:

> [...] não obstante todas estas prohibiçoens nos consta, e com bem magoa do nosso coração que na Capitania do Mato Grosso, e Cuyabá deste nosso Bispado praticão alguns Ecclesiasticos esquecidos das suas obrigaçoens com notório escândalo dos seculares em ofensa dos [sic]próprias dos seu Santo ministério commerciose negociaçoens com notório escândalo dos seculares em offensa dos invioláveis preceitos da justiça, e sem temor das penas já fulminadas aeste fim, dezejando ser aisto providencia, e cohibir este seo tão permiciozo excesso q' cerve em detrimento grave das suas consciências, e com ruina notável das almas, q' devera dirigir p^r D^s os exortamos, eadmoestamos paternalm^{te} e mandamos também debaixo das penas em Direito estabelecidos se abstenhão desses commercios, e negociaçoens ilícitas [...].[662]

Contudo, mesmo que aos olhos do bispo essas práticas fossem causa de escândalo público, porque também eram proibidas pelas normas canônicas[663], o volume de eclesiásticos na igreja de Mato Grosso envolvidos em atividades "indecentes ao seu estado" não foi tão expressivo quanto se verifica em outras regiões, como das Minas Gerais, por exemplo. Marcela Soares Milagre estudou os tratos e negociações estabelecidas pelos eclesiásticos nas Minas de Pitangui e concluiu que lá se constituíram em prática costumeira, da qual faziam parte até mesmo os negócios de natureza creditícia[664].

Sobre a trajetória desse pequeno grupo de clérigos na circunscrição eclesiástica de Mato Grosso, são poucas as informações sobre o desenvolvimento dessas práticas, todavia verifica-se que foram possuidores de escravos e de propriedades rurais tocadas pelos cativos e camaradas. Dentre

---

[662] PORTARIAS, ordem e editais. Livro E-239, f. 142. Pastoral pela qual hé Sua Exa Rema Servido asmoestar, emanda debaixo das penas em direito estabelecidas aos ecclesiasticos de Matto Grosso, e Cuyabá se obstenham de fazer commercios, e negociações illicitas, nem por si, nem por interpostas pessoas, e aos moradores dos referidos lugares, que sabendo o denunciem perante o R.R. Vigros da Vara respectivos na fra abaixo. Rio de Janeiro, 1770a. ACMRJ-RJ.

[663] Ver: Livro III, Título I-XII. *In*: VIDE, *op. cit.*

[664] MILAGRE, *op. cit.*, p. 90-123.

eles, destacam-se dois clérigos, o Padre Manoel Leite Penteado, da comarca de Vila Bela, e o Padre Manoel de Albuquerque Fragoso, da comarca do Cuiabá, que tinham propriedades de terras importantes nestas duas regiões.

Consta nos *Anais de Vila Bela* que o Padre Manoel Leite Penteado chegou à região das Minas do Mato Grosso no ano de 1735, logo no início das primeiras descobertas, com seu irmão, o sargento-mor Francisco de Sales Xavier, e com João Pereira da Cruz, Fernando Pais de Barros e seus sobrinhos, João Martins Claro e José Pinheiro de Barros. Estando já nas Minas do Mato Grosso, o padre arranchou-se com os demais no campo chamado Pilar, onde deu assistência religiosa[665]. No ano de 1749, Padre José Manoel Leite fez uma capela dedicada à Nossa Senhora do Pilar, no seu sítio e campo já chamado de Pilar[666]. Provavelmente, foi uma edificação muito simples, tanto que teve de reedificá-la seis anos depois com uma estrutura melhor, refazendo-a com paredes de taipa e muito maior do que a anterior[667].

Segundo o historiador cuiabano Estevão de Mendonça, a propriedade do Padre Manoel Leite Penteado era muito bem estruturada e muito próspera, pois

> Na sua casa tinha hospital para curar os pobres enfermos das carneiradas chamadas sezões malignas; e liberalmente despendia, todos os anos, grosso cabedal no curativo e sustento dos enfermos pobres, que a sua grande caridade amorosamente recolhia; e por isso não deixou ouro em pó, e somente a sua fábrica de minerar. E importaram os seus bens, por inventário, em 17.400 oitavas de ouro (que naquele tempo valia 1$500 cada oitava) as quais fazem as reais 26: 100$100. E ordenou em seu testamento, que três mil cruzados se empregassem em escravos do Rio de Janeiro para trabalharem no engenho de açúcar, cujos rendimentos seriam para o patrimônio da sua capela de Nossa Senhora do Pilar, que ele havia fundado.[668]

De fato, considerando as dificuldades encontradas na região, uma propriedade com todos esses benefícios só poderia ser considerada muito próspera. Além disso, houve um acontecimento no ano de 1763 que corrobora o bom desempenho obtido pelo clérigo na região. Aconteceu que, graças

---

[665] ANAIS..., *op. cit.*, p. 40.
[666] *Ibid.*, p. 48.
[667] ANAIS..., *op. cit.*, p. 59.
[668] MENDONÇA, Estevão. **Datas mato-grossenses**. [S. l.]: Typographia Salesiana, 1919. v. 2. p. 167.

aos seus recursos, o Padre Manoel Leite Penteado pôde acudir o capitão-general Antônio Rolim de Moura com suprimentos, armas e escravos na ocasião em que este estava sob a ameaça de uma possível invasão por parte dos espanhóis na região[669].

Em relação ao outro padre proprietário, Manoel Albuquerque Fragoso, este tinha uma fazenda muito importante, pois servia de apoio aos que estavam em trânsito pelo caminho de terra entre a Vila de Cuiabá e Vila Boa na capitania de Goiás. A chamada fazenda Jatobá, de sua propriedade, estava localizada em lugar estratégico no vale do Rio São Lourenço. Segundo o padre visitador Manoel Bruno Pina, a propriedade ficava a 30 léguas da Vila de Cuiabá, onde o Padre Fragoso vivia retirado e se ocupava de administrar seu engenho e do cultivo das terras com apoio de muitos escravos[670]. Segundo Luís d'Alincourt, em 1818, quando passou pela fazenda Jatobá, o Padre Fragoso ainda estava vivo e perto dos 90 anos de idade, "em muito boa disposição". D'Alincourt afirma que a propriedade tinha um engenho com mais de cem escravos, de ambos os sexos e de várias idades, e casas de pau a pique[671].

Além dos padres citados, provavelmente existiram outros clérigos conseguiram adquirir também *sesmarias* na região. Mas nota-se que as propriedades dos Padres Leite e Fragoso apresentaram certa relevância no contexto de cada uma das regiões citadas, como também se destacam pela assistência religiosa prestada pelos clérigos proprietários às populações das freguesias vizinhas a suas propriedades[672].

Em toda a América portuguesa, houve eclesiásticos que se tornaram proprietários de terras e donos de engenhos. Em Portugal, no Arquivo da Torre do Tombo, encontram-se documentos com vários pedidos de doação de sesmarias, por parte de clérigos de várias regiões coloniais, principalmente nas Minas Gerais e no Rio de Janeiro[673].

Alguns clérigos proprietários de terras na fronteira oeste também se lançavam como mineradores. Em geral, dedicavam-se à atividade de

---

[669] ANAIS..., *op. cit.*, p. 166.
[670] VISITAS..., *op. cit.*
[671] ALINCOURT, Luís d'. **Memórias sobre a viagem do porto de Santos à cidade de Cuiabá**. Brasília: Senado Federal/Conselho Editoria, 2006. p. 104.
[672] VISITAS..., *op. cit.*
[673] CARTA de concessão de sesmaria de meia légua de terra ao padre Francisco Ribeiro na capitania das Minas Geraes e Rio de Janeiro no ano de 1764. 1764. ANTT-PT, Chancelaria de D. Maria I, Livro 5, f. 334v; CARTA do rei concedendo sesmaria de meia légua ao padre Manoel de Sequeira na capitania das Minas Gerais no juízo da Vila de Pitangui. 5 jul. 1766. ANTT-PT, Chancelaria de D. Jose I, Livro 6, f. 257v.

mineração e, paralelamente, davam assistência às freguesias. Foi assim que se ocuparam os quatro primeiros clérigos que chegaram em 1720/1721, com destaque para o Padre André dos Santos Queiroz.

Na segunda metade do século XVIII, encontra-se o Padre Fernando Vieira da Silva atuando como vigário de Vila Bela e como minerador[674]. Inicialmente, Padre Fernando Vieira da Silva foi coadjutor da vigararia junto ao Padre Simão Toledo Rodovalho, em Vila Bela. De 27 de janeiro até 19 de março de 1770, por ocasião da morte do Padre Rodovalho, Padre Fernando ficou administrando "o posto [ou pasto] espiritual aos fregueses, em cujo emprego se conservou com notória aprovação de exemplar viver"[675].

Segundo os *Anais de Vila Bela*, o Padre Fernando tinha um sítio e, em várias ocasiões, mandou bandeiras aos "sertões" na busca de achados auríferos[676]. No "Livro de entradas de receitas e despesas da Intendência, Provedoria da Real Fazenda e Matrículas da Gente de Guerra" da capital Vila Bela, no ano de 1785, Pascoal José Antunes Atalaia, que vinha de Cuiabá, deu entrada (registro) de duas cargas de almocrafes para serem entregues ao Padre Fernando Vieira[677]. Essas ferramentas, com certeza, eram para ser utilizadas na mineração. Padre Fernando também se dedicou aos negócios, pois, no mesmo "Livro de entradas", encontram-se, pelo menos, mais dois registros nos quais constam que lhe foram entregues 22 barris de sal. A primeira entrega (10 barris) foi feita por Hilário de Araújo Cardoso, seu escravo, vindo de Cuiabá em 1790, e a segunda (12 barris), em 1794, por José Dutra, também vindo de Cuiabá[678].

Padre Fernando teve um desempenho relevante em sua carreira durante o período em que esteve na região das Minas do Mato Grosso, tanto que, em 1791, conseguiu receber a patente de comissário do Santo Ofício (até agora, o único ligado à capitania de Mato Grosso que foi identificado)[679].

---

[674] CERTIDÕES passadas pelo ajudante de escrivão da Provedoria da Fazenda de Vila Bela por provisão do governador e capitão general da capitania de Mato Grosso João de Albuquerque de Melo Pereira e Cáceres em que constam o registro das entradas dos negociantes e suas cargas na Vila Bela. Vila Bela, 20 jul. 1795. AHU-MT, Caixa 31, Doc. 1.695(1).

[675] ANAIS..., *op. cit.*, p. 135.

[676] ANAIS..., *op. cit.*, p. 238. Assim aconteceu na seca do ano de 1788, quando o Padre Fernando Vieira da Silva mandou uma bandeira ao sertão dos Parecis, em demanda do Rio Cabaçal e busca de ouro. Os "bandeirantes" encontraram, Guaporé acima, uma notável gruta, que a compararam à edificação de uma igreja. Em 22 de setembro de 1789, mandou uma "nova bandeira em procura de uns ribeiros que se sabem ter ouro, já vistos e reconhecidos em outro tempo, nas matas entre os rios Sararé e Guaporé" (*Ibid.*, p. 274, 281).

[677] CERTIDÕES..., 1795.

[678] *Ibid.*

[679] MOTT, *op. cit.*, p. 4.

Outros clérigos também aparecem no "Livro de entradas": Padre João Nicolau Roiz, que, em 1781, vindo de Goiás, deu entrada com 8 escravos, mais 4 cargas de farinha de trigo; o Padre Álvaro Loureiro Zuzarte, que, em 1786, vindo do Pará, deu entrada de 12 cargas de sal; e o Padre João Rodrigues, que, em 1787, vindo pelo Pará, deu entrada de 3 frasqueiras. Todos os três foram "aliviados" de pagar os direitos por meio de portarias expedidas pelos governadores[680].

Além desses clérigos comerciantes, mineradores e proprietários de terra, são encontrados os respectivos nomes de outros eclesiásticos que se aventuraram pelo extremo oeste sem ter vínculos oficiais com a instituição eclesiástica que estava em formação. O Clérigo José Angola, que acompanhou a chegada da Imagem do Senhor Bom Jesus, o qual participou ativamente das celebrações comemorativas, porém não se sabe de seu paradeiro depois das comemorações; o Frei Maximiano de Jesus Cristo, que era carmelita, e dele somente se sabe que era parente de membros da elite da região. Desses últimos clérigos citados, não foi identificado o tipo de ocupações que teriam, menos ainda os motivos de suas vindas para a capitania de Mato Grosso.

3.3.2 O clero "oficial"

A maior parte dos clérigos que passou pela fronteira oeste da América portuguesa era formada por clérigos com atribuições oficiais. Ou seja, atividades que seriam exercidas com autorização ou com atribuição dada por autoridades laicas ou eclesiásticas. Esse clero envolvido com atividades aqui chamadas de oficiais, em alguns casos, prestou serviços às comunidades com autorização de outros eclesiásticos que tinham a função de superior imediato, como eram os vigários da vara e párocos da Vila do Cuiabá e de Vila Bela[681].

Essa classificação atinge as ocupações dos eclesiásticos que serviram às igrejas construídas em povoações, missões indígenas e fortificações na fronteira oeste. Além disso, houve eclesiásticos que acompanharam missões oficiais determinadas pela Coroa, como: comissões demarcatórias, missões científicas, expedições de guerra, comitivas de viagem, como as monções e coletas de esmola, como no caso dos esmoleres da Terra Santa (ver Quadro 9)[682].

---

[680] CERTIDÕES..., 1795.
[681] PORTARIAS, ordem e editais. Livro E-239. ACMRJ-RJ. Em algumas provisões emitidas pelos bispos do Rio de Janeiro aos vigários de Cuiabá e Mato Grosso, eram concedidas a eles faculdades para nomear ou subnomear clérigos auxiliares até segunda ordem.
[682] Ver: ANAIS..., *op. cit.*; ANNAES..., *op. cit.*; BARBOSA DE SÁ, *op. cit.*

Na fronteira oeste, observa-se, na distribuição entre as duas comarcas eclesiásticas da região — de Cuiabá e Vila Bela —, que houve certo desequilíbrio, sendo a comarca do Cuiabá a mais frequentada pela clerezia. Isso pode ser explicado pelo fato de que, mesmo sendo Vila Bela a sede da capitania, a Vila de Cuiabá conseguiu se estabilizar e se estruturar melhor com o passar do tempo, pois havia deixado de ser apenas uma vila de mineradores e, apesar de modesta, conseguiu desenvolver outras atividades econômicas, como, por exemplo, o comércio[683].

Essa preferência clerical pela comarca de Cuiabá foi sublinhada pelo governador da capitania capitão-general Caetano Pinto Miranda de Montenegro em 1801. Para o governador, não se podia contar com os clérigos do Cuiabá para servirem na comarca de Mato Grosso porque, segundo ele, era geral a "repugnância" dos cuiabanos e, mesmo sendo obrigados à força, ainda assim seria difícil tê-los na circunscrição de Vila Bela. O capitão-general conta que, certa vez, o seu antecessor, o governador Luiz de Albuquerque de Mello Pereira e Cáceres, obrigou três clérigos a irem à capital Vila Bela. No entanto, os três eclesiásticos preferiram fugir, e dois chegaram a ficar desaparecidos a ter que cumprir a ordem[684].

Contudo, as capelanias e vigararias foram os empregos eclesiásticos de que mais se ocuparam os clérigos na fronteira oeste, e muitos deles ocuparam mais de um emprego ou função. No caso das freguesias, em algumas circunstâncias, foram deixadas aos cuidados de clérigos coadjutores e que ficavam assistindo como párocos até que um novo vigário chegasse e assumisse a função em cumprimento a mandato dado por um bispo.

3.3.2.1 Capelães e coadjutores

Os capelães tinham um papel importantíssimo na prestação dos serviços eclesiásticos nas terras ultramarinas e, principalmente, em áreas coloniais como a fronteira oeste. Em função das grandes distâncias, somente os vigários e párocos não conseguiriam atender à população dos fiéis. Além disso, conforme Hoornaert, a figura desse clérigo distinguia-o das demais funções eclesiásticas, pois o capelão acabava se inserindo em uma realidade mais próxima da população, o que acabava divergindo do modelo

---

[683] CANAVARROS, *op. cit.*, p. 163.
[684] RELAÇÃO..., *op. cit.*

tridentino[685]. Para Hoornaert, o capelão representou uma forma de religião familiar, um cristianismo doméstico, enquanto o bispo e o vigário representavam as estruturas eclesiásticas[686].

De modo geral, os capelães e coadjutores eram clérigos que auxiliavam os vigários e párocos no atendimento aos fiéis de suas freguesias, o que tanto poderia ser na igreja matriz de determinada vila como em capelas filiais dentro e fora do termo delas[687]. Alguns podiam ser fixos, outros temporários[688]. Os clérigos assistentes, auxiliares, coadjutores ou capelães submetiam-se a ordenados menores e acabavam dedicando-se também a outras atividades para completar a renda ou fazer o famoso "pé-de-meia"[689].

No caso da circunscrição eclesiástica de Mato Grosso, a escolha ou nomeação desses clérigos, em algumas ocasiões, foi feita pelos bispos do Rio de Janeiro, principalmente para as Minas do Mato Grosso[690]. Todavia, eram os párocos ou vigários que acabavam os elegendo, pois tinham autonomia para isso, assim como a obrigação de lhes dar o provimento. O Padre Jose Correia Leitão, por exemplo, chegou a ter quatro coadjutores providos por sua própria conta quando esteve na administração (1775-1781) da freguesia do Senhor Bom Jesus do Cuiabá[691].

Entre as atividades mais disputadas pelos capelães e coadjutores, estava o atendimento das irmandades, o que lhes garantiria boas rendas. Em certo momento, esses clérigos foram mais requisitados pelos irmãos do que os próprios vigários, pois os capelães interferiam menos nas organizações[692].

Os capelães que serviram na fronteira oeste colaboraram para o atendimento da população em lugares distantes, em pequenas povoações, nas fazendas e nas capelas filiais das freguesias. Aliás, existiram outras formas de capelanias na região, conforme apresentado no gráfico a seguir.

---

[685] HOORNAERT, op. cit., p. 283.
[686] Ibid., p. 283.
[687] Livro III, Título XXVI. In: VIDE, op. cit.
[688] Ver: VEIGA, op. cit., p. 49-50.
[689] HOORNAERT, op. cit., p. 286-287; LIMA, op. cit.
[690] BARBOSA DE SÁ, op. cit., p. 36.
[691] SIQUEIRA, 2002b, p. 100.
[692] HOORNAERT, op. cit., p. 282; SILVA, 2015, p. 247.

Gráfico 9 – Levantamento dos empregos oficiais de capelães em Mato Grosso colonial (1721-1808)

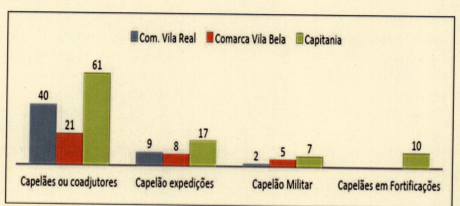

Fonte: ACMSP-SP, ACMRJ-RJ, ANTT-PT, AHU-PT, *Anais...* (2006) e *Annaes...* (2007). Obs.: em alguns casos, os mesmos clérigos serviram no exercício da função de capelão em mais de uma freguesia ou atividade. Por exemplo, alguns clérigos que serviram na comarca de Cuiabá também serviram em expedições

É possível observar que, pelos dados apresentados no gráfico *supra*, há certo equilíbrio na distribuição das funções eclesiásticas de capelães militares e de expedições. No entanto, essa ocupação clerical teve maior ocorrência na comarca de Vila Bela, apesar de toda a região do extremo oeste ser marcada pelo contexto de fronteira. Desse modo, essa era mais uma demanda posta aos clérigos, que, além de auxiliar os vigários e párocos nas freguesias da região, prestaram serviços em expedições exploratórias, de demarcação de limites, de guerra, em comitivas de viagens e nas fortificações estabelecidas ao longo da fronteira oeste da América do Sul.

Quadro 14 – Capelanias exercidas em expedições e comissões na fronteira oeste da América portuguesa

Nº de ordem	Descrição	Clérigos	Data	Origem	Destino
01	Comitiva (monção) que levou para São Paulo os primeiros quintos para a Real Fazenda	André dos Santos Queiroz	1723	Minas do Cuiabá	São Paulo
02	Comitiva (monção) para levar os quintos da Real Fazenda	André dos Santos Queiroz	1728	Minas do Cuiabá	São Paulo
03	Comitiva de povoamento	José Frias Antônio de Morais Manoel Lourenço Pires	1729	Minas do Cuiabá	Rio Coxim
04	Armada de guerra contra os paiaguá	Fr. Pacífico dos Anjos Manoel de Campos Bicudo	1734	Minas do Cuiabá	Pantanal
05	Expedição de reconhecimento	Fr. João Santiago Francisco Xavier Leme José Leme	1749	Belém	Minas do Mato Grosso
06	Expedição de reconhecimento	Agostinho Lourenço	1750	Vila Bela	Rio Guaporé
07	Expedições de reconhecimento	Estevão Ferreira Ferro	1760	Vila Bela	Sítio da Pedras e Santa Rosa
08	Comitiva (monção) para levar os quintos da Real Fazenda	Manoel de São Valentim	1762	Vila Real	Povoado São Paulo

Nº de ordem	Descrição	Clérigos	Data	Origem	Destino
09	Comissão encarregada das Reais demarcações	Álvaro Loureiro Zuzarte Antônio Simões Portugal Antônio José Marques	1782 1785 1786	Belém	Capitania de Mato Grosso
10	Viagem filosófica	Fr. Antônio de Santa Catarina	1789	Belém	Capitania de Mato Grosso
11	Expedição de exploração da casca peruviana chamada "Quina"	José Manoel de Siqueira	1800	Vila Real	Chapada

Fonte: ACMSP-SP, ACMRJ-RJ, AHU-PT, *Anais...* (2006), *Annaes...* (2007) e Barbosa de Sá (1975)

São poucas as informações sobre esses clérigos, como é o caso dos eclesiásticos que estavam na expedição de reconhecimento de 1749 e da comitiva de povoamento do Rio Coxim em 1729, por exemplo. Mas há alguns nomes que se repetem, uma vez que se constata a presença de clérigos em vários acontecimentos, o que demonstra o envolvimento destes em mais de uma das demandas da região. Na maioria das vezes, só há a citação do nome do clérigo. Sabe-se que alguns eram regulares, mas a maioria foi de padres seculares.

Segundo Rodrigues, serviços prestados por eclesiásticos em capelanias relacionados à expansão territorial na América meridional, em expedições oficiais com o propósito de demarcação de fronteiras, como também na ereção de vilas e freguesias e no trabalho de conversão de indígenas, foram um dos serviços extraordinários que poderiam ser premiados pela Coroa com benefícios do padroado[693]. Desse modo, os serviços eclesiásticos, assim como outros prestados no espaço que constituiu a capitania de Mato Grosso, por sua característica de fronteira como antemural dos domínios portugueses[694], constituíam-se em capital simbólico que poderia ser utilizado pelos que rogavam alguma mercê à Coroa, ou ainda quando buscavam ser providos com conezias em cabidos.

---

[693] RODRIGUES, 2012, p. 59-60.
[694] *Cf.* ARAUJO, 2000.

Nas localidades que iam sendo estabelecidas perto das fortificações ao longo da fronteira, era necessário que não faltasse a presença de capelães para dar assistência às populações que junto se instalavam, como também aos soldados. Porém, se já havia escassez de eclesiásticos para os empregos nas vilas mais importantes e mais estruturadas, não era nada fácil a colocação de clérigos nesses postos, em parte pela precariedade das localidades, em parte pelo atraso no pagamento das côngruas.

Ao todo, foram identificados nove clérigos como capelães que serviram nessas funções nas fortificações. A maior parte do tempo, esses empregos ficaram vagos, como apresentou o governador Luís de Albuquerque de Mello Pereira e Cáceres em correspondência de 1779, na qual dizia ser necessário, pelo menos, haver oito clérigos para atender à comarca de Vila Bela e a Vila Maria do Paraguai. Das oito localidades apresentadas pelo governador, apenas cinco tinham clérigos atuando e, mesmo assim, com dificuldade, por apresentarem problemas de saúde e idade avançada[695].

Pouco mais de duas décadas depois, em 1803, o número de clérigos dessa comarca mais que dobrou, passando para 12 eclesiásticos. Todavia, estes se concentravam em apenas cinco localidades, em Vila Bela, no Forte Príncipe da Beira, no Arraial de Pilar, em São Pedro Del Rei e no presídio de Coimbra. Vale ressaltar que essas duas últimas localidades citadas não faziam parte da relação apresentada pelo governador Luís de Albuquerque, ou seja, mais três povoações continuavam sem um clérigo fixo[696].

Conforme Milagre, os capelães estavam, praticamente, no centro de todas as atividades das irmandades: nas celebrações de Missa, na pregação dos sermões durante as festas dos padroeiros, nos acompanhamentos de enterros e nas eleições da mesa de oficiais, além das reuniões ordinárias[697]. Entretanto, diferentemente das regiões de Minas Gerais e de Goiás, que também eram zona de mineração, durante o período colonial, embora a circunscrição eclesiástica da fronteira oeste tivesse um número reduzido de irmandades, era suficiente para absorver o trabalho de boa parte dos clérigos.

---

[695] OFICIO..., 1779a.
[696] RELAÇÃO..., *op. cit.*
[697] MILAGRE, *op. cit.*, p. 50. Ver também: SILVA, 2015, p. 190-191.

Quadro 15 – Irmandades religiosas das comarcas eclesiásticas da capitania de Mato Grosso

Nº de ordem	Irmandade	Localidade
01	Do Santíssimo Sacramento	Vila do Cuiabá
02	De São Miguel e Almas	Vila do Cuiabá
03	De Nossa Senhora do Rosário dos Pretos	Vila Bela
04	De Nossa Senhora do Rosário dos Pretos forros	Vila Bela
05	Do Santíssimo Sacramento	Vila Bela
06	De Nossa Senhora do Rosário dos Pretos	Vila do Cuiabá
07	De Santo Antônio dos Militares	Vila Bela
08	De Nossa Senhora da Conceição	Vila Bela
09	Do Senhor Bom Jesus	Vila do Cuiabá
10	De São Benedito	Vila do Cuiabá

Fonte: Silva (2015), Silva (2011) e Siqueira (1995)

Segundo Milagre, ser capelão de irmandades era uma forma de estar integrado também à vida dessa organização, obrigando-o a compartilhar com os fiéis "interesses, posições, sentimentos, visões de mundo dos irmãos etc."[698].

Desse modo, observa-se que as coadjutorias e capelanias foram as ocupações mais exercidas pelos clérigos na fronteira oeste da América portuguesa, seguidas apenas pelos empregos de vigários da vara e de párocos.

3.3.2.2 Os vigários da vara e párocos

O emprego eclesiástico exercido pelos clérigos na igreja de Mato Grosso colonial com caráter oficial ocorreu, por excelência, nas vigararias e nas paróquias. Os empregos de vigários da vara e de párocos (cura), a princípio, eram funções que deveriam ser exercidas separadamente, mas, para as freguesias da Vila do Cuiabá e de Vila Bela, os bispos fluminenses delegaram-nas sempre para um único clérigo, e assim ocorreu durante todo o período colonial.

---

[698] MILAGRE, *op. cit.*, p. 50.

Gráfico 10 – Levantamento dos empregos oficiais de vigários e párocos em Mato Grosso colonial (1721-1808)

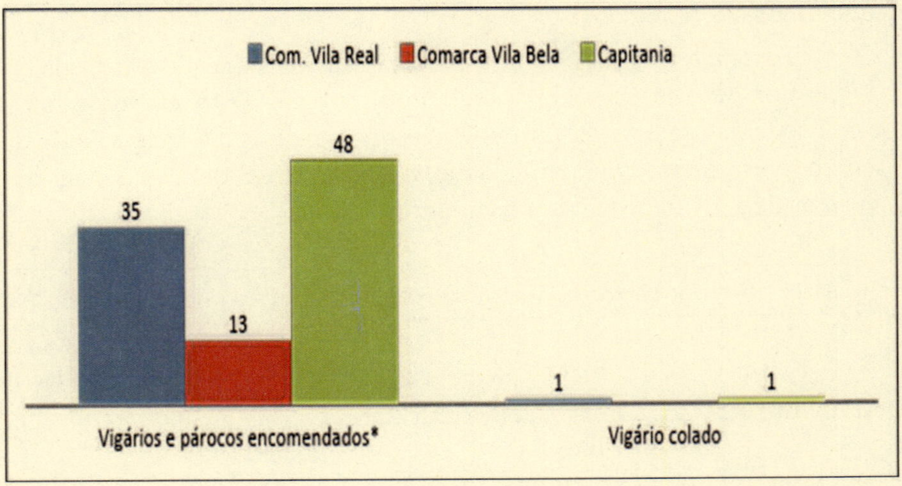

[Gráfico de barras com os seguintes valores:
- Com. Vila Real: Vigários e párocos encomendados = 35
- Comarca Vila Bela: Vigários e párocos encomendados = 13
- Capitania: Vigários e párocos encomendados = 48
- Comarca Vila Bela: Vigário colado = 1
- Capitania: Vigário colado = 1]

Fonte: ACMSP-SP, ACMRJ-RJ, ANTT-PT, AHU-PT, *Anais...* (2006), *Annaes...* (2007) e Barbosa de Sá (1975). Obs.: em alguns casos, os mesmos clérigos ocuparam a função de vigário ou pároco em mais de uma freguesia

A esta característica específica da circunscrição eclesiástica estabelecida na região, soma-se outra: em sua maioria, como já foi visto em capítulo anterior, eram vigários encomendados. Apenas um caso isolado de colação se deu em 1761, com o Padre Simão Toledo Rodovalho, na freguesia de Santa Ana da Chapada. Outros clérigos que serviram às freguesias de missão indígenas chegaram a ser remunerados, recebendo côngruas da Fazenda Real, mas sem serem colados.

A circunscrição eclesiástica da fronteira oeste, inicialmente, era formada apenas pelas freguesias do Senhor Bom Jesus na Vila Real e das Minas do Mato Grosso, que tinham sede no Arraial de São Francisco Xavier. Na segunda parte da centúria do Setecentos, foram criadas as freguesias de Santana do Santíssimo Sacramento, na Chapada, a freguesia de São Luís, na Vila Maria do Paraguai, pertencente à comarca de Cuiabá, e a freguesia de São José, no vale do Rio Guaporé, sob a jurisdição da comarca de Vila Bela. O quadro de freguesias permaneceu inalterado até a chegada do primeiro prelado, em 1808, e, mesmo com um número reduzido de paróquias, foi nestas freguesias que houve a segunda maior ocupação de clérigos na região durante todo o período analisado. Foram identificados, pelo menos,

48 eclesiásticos que estiveram nas cinco freguesias ocupando a função de vigários e párocos, e alguns destes clérigos chegaram a servir em mais de uma freguesia da região.

Das cinco freguesias citadas, a mais antiga e mais estruturada foi a do Senhor Bom Jesus na Vila Real, tanto que, em 1745, ela foi escolhida como sede da prelazia. Possivelmente por isto ela seja a freguesia da qual se tem mais informações, isto é, sabe-se mais sobre o quadro de vigários e párocos dela, como pode ser observado a seguir:

Quadro 16 – Vigários e párocos da freguesia do Senhor Bom Jesus do Cuiabá (1722-1808)

Nº de ordem	Clérigos	Período	Tempo de serviço em anos
01	Francisco Justos	1722-1724	2
02	Manoel Teixeira Rabello	1724-1726	2
03	Lourenço de Toledo Taques	1726-1729	3
04	Antônio Dutra de Quadros	1729-1732	3
05	André dos Santos Queiroz*	1732-1734	2
06	João Caetano Leite César de Azevedo	1734-1737	3
07	José Pereira de Aranda	1737-1741	4
08	Antônio José Pereira	1741-1743	2
09	Manoel Bernardes Martins Pereira	1743-1747	4
10	João da Costa*	1747	1
11	Fernando Baptista	1747-1749	2
12	João Alvares Torres*	1749	1
13	Antônio dos Reis Vasconcelos	1749-1750	1
14	João de Almeida e Silva	1750-1753	3
15	Manoel Antonio Falcão	1753-1757	4
16	Jose Mendes de Abreu	1757-1763	6
17	Manoel da Silva Martins	1763-1767	4
18	José Pereira Duarte	1767-1775	8

O CLERO CATÓLICO NA FRONTEIRA OCIDENTAL DA AMÉRICA PORTUGUESA
(MATO GROSSO COLONIAL, 1720-1808)

Nº de ordem	Clérigos	Período	Tempo de serviço em anos
19	José Correia Leitão	1775-1781	6
20	Luiz de Souza Correa*	1781	1
21	Manoel Bruno Pina	1781-1785	4
22	Vicente José da Gama Leal	1785-1795	9
23	José Gomes da Silva	1795-1796	1
24	Agostinho Luiz Gularte Pereira	1796-1807	11

Fonte: *Annaes...* (2007) e Barbosa de Sá (1975). *Esses clérigos ficaram à frente da freguesia provisoriamente até a chegada de novos vigários

Notadamente, a freguesia do Senhor Bom Jesus foi o lugar que mais recebeu eclesiásticos na fronteira oeste. Já a freguesia das Minas do Mato Grosso, cuja fundação ocorreu em 1743 (quando ainda nem havia sido criada a capitania de Mato Grosso), teve, em seus quadros de clérigos administradores, pouco mais da metade do que a "freguesia irmã" de Cuiabá. Depois da fundação da vila-capital, sua sede foi transferida para Vila Bela. Antes, porém, pelo menos cinco clérigos prestaram assistência religiosa na região como capelães curados, providos pelo vigário da freguesia de Cuiabá e pelo bispado do Rio de Janeiro, até a vinda do primeiro vigário encomendado.

Quadro 17 – Vigários e párocos da freguesia de Vila Bela da Santíssima Trindade (1743-1808)

Nº de ordem	Nome	Ano/período	Tempo de serviço em anos
01	Bartholomeu Gomes Pombo	1743-1750	7
02	Fernando Machado de Sousa e Abreu	1750-1751	1
03	Fernando de Vasconcellos	1751-1755	4
04	Amaro Barboza Lima	1755-1756	1
05	José (Ramos de) Morais Marcelo	1756-1760	4
06	Estevão Ferreira Ferro	1760-1770	10
07	Simão de Toledo (Rodovalho)	1770-1771	1

Nº de ordem	Nome	Ano/período	Tempo de serviço em anos
08	Fernando Vieira da Silva	1770-1771	1
09	Domingos Gomes da Costa	1770	(?)
10	Antônio Simões Portugal	1785-1791	6
11	Antônio Manoel Lopes de Faria	1791-1793	2
12	Francisco José Ribeiro	1793-1800	7
13	Antônio Antunes Maciel	1800	(?)

Fonte: *Anais...* (2006), *Annaes...* (2007) e Barbosa de Sá (1975)

Conforme se observa no quadro *supra*, sem considerar os clérigos que assumiram a função de vigário interinamente, o tempo de permanência desses clérigos à frente da freguesia do Senhor Bom Jesus foi, em média, de três anos e meio. Destaca-se que o menor período de permanência desses clérigos foi de 1 ano; e o de maior duração, 11 anos.

Na segunda metade do século XVIII, os mandatos dos vigários na Vila Real tinham a tendência de se alongar um pouco mais. Provavelmente, isto se deve ao reflexo da dificuldade dos bispos do Rio de Janeiro em encontrar candidatos que se dispusessem assumir a função na condição de encomendado. Mas, caso os empregos de párocos tivessem sido apresentados para colação, provavelmente os bispos não teriam tantos problemas, pois, mesmo com as notórias dificuldades, apareceram alguns candidatos solicitando a colação na igreja da Vila do Cuiabá e até na igreja de Vila Bela[699].

Além disto, quando o clérigo fosse colado como pároco, somente perderia o posto caso cometesse alguma imprudência ou falta gravíssima[700]. Desse modo, como bem observou o historiador Aldair Carlos Rodrigues, as vigararias coladas passavam a ter um estatuto diferenciado das amovíveis ou encomendadas[701].

Entretanto, em termos práticos, independentemente de serem colados ou não, a responsabilidade dos vigários na prestação dos serviços eclesiás-

---

[699] O padre secular Luiz Mendes de Vasconcellos Pinto e Menezes, natural do Porto, bacharel formado em Cânones na Universidade de Coimbra, fidalgo da casa Real, em 1801, pretendia ser provido na igreja de Vila Bela (PROVIMENTOS..., 1801-1822; CARTA..., 1772).
[700] RODRIGUES, 2012, p. 27.
[701] *Ibid.*, p. 28.

ticos sofria pouca ou nenhuma mudança. Isso significa que todos tinham obrigação da cura de almas, ou seja, da pregação da palavra divina e da administração dos sacramentos aos fiéis[702]. A grande diferença estaria no tempo de permanência dos vigários, como também na forma de manutenção deles. Os benefícios colados eram considerados perpétuos, e o clérigo passaria a receber côngruas da Fazenda Real. Já os encomendados tinham tempo determinado para o cumprimento de mandatos e dependiam das provisões episcopais e das cobranças de taxas como "pé de altar" e "conhecenças"[703].

Destarte, vale lembrar que este foi o ponto permanente de tensão entre paroquianos, autoridades e clérigos, pois os sacerdotes eram acusados de cobrar valores excessivos pelos serviços prestados[704]. No recém-criado bispado de Mariana, Iris Kantor identificou em seu estudo a mesma situação no século XVIII, em que os párocos se excediam na cobrança dos direitos paroquiais, e a população queixava-se por se sentir duplamente onerada, porque também pagavam os dízimos reais que deveriam ser destinados à manutenção dos serviços religiosos[705].

Conflitos e tensões entre *pessoas eclesiásticas e pessoas seculares* (leigos) envolvendo as cobranças de taxas eclesiásticas existiram em toda a América portuguesa, por todo o tempo. Para os fregueses, a colação de suas paróquias seria o "remédio" para tais situações, mas, para os bispos, necessariamente, não era a situação mais cômoda, pois, uma vez tendo sido colado um clérigo "problemático", pouco se poderia fazer, ainda mais em regiões distantes, como a região da fronteira oeste da América portuguesa[706].

Deste modo, partindo de uma breve reflexão que Fernando Torres-Londoño apresenta sobre o uso das cartas pastorais pelos bispos coloniais do Centro-Sul, pode-se considerar que a criação de freguesias com vigários encomendados era mais um instrumento disponível ao episcopado a fim de ampliar a margem de poder sobre as estruturas eclesiásticas coloniais, ou seja, uma forma de se opor à ação do regalismo[707]. Para tanto, as encomen-

---

[702] *Ibid.*, p. 27.

[703] *Ibid.*, p. 27-28.Ver também: VEIGA, *op. cit.*; RUBERT, *op. cit.*

[704] KANTOR, 1996, p. 119.

[705] *Ibid.*, p. 121.

[706] CARTA dos oficiais da Câmara de Vila Bela ao rei d. José I em que reclamam da exorbitância dos salários e emolumentos eclesiásticos, dos que pertencem ao judicial e dos direitos paroquiais. Vila Bela da Santíssima Trindade, 4 out. 1756. AHU-MT, Caixa 9, Doc. 532(1).

[707] TORRES-LONDOÑO, Fernando. Sob a autoridade do pastor e a sujeição da escrita: os bispos do sudeste do Brasil do século XVIII na documentação pastoral. **História**: Questões e Debates, Curitiba, v. 1, n. 36, p. 161-188, 2002. p. 175.

dações de vigários e párocos feitas para compor o quadro das cinco freguesias de Mato Grosso colonial, no período de pouco mais de oito décadas, provavelmente exigiram cuidado extra dos bispos do Rio de Janeiro, pois os clérigos escolhidos tinham que comutar várias tarefas e responsabilidades. No caso da freguesia do Senhor Bom Jesus na Vila do Cuiabá, por exemplo, teve pelo menos oito doutores formados na Universidade de Coimbra e foi a que teve mais clérigos bem formados na região (ver Quadro 11).

3.3.2.3 Os clérigos visitadores

Outra função de grande importância assumida pelos clérigos foi a de visitador eclesiástico. Tendo em vista que a criação de dioceses na América portuguesa foi incompatível com as necessidades pastorais do imenso território, os prelados incumbiam clérigos com mais experiência ou capacitação para os representarem em localidades distantes. Desse modo, diante da amplitude geográfica das dioceses coloniais, não era facilitada a presença e o acompanhamento dos bispos no exercício de sua função em todas as localidades de sua circunscrição eclesiástica. Assim, os antístites lançaram mão de instrumentos que estavam à sua disposição, como o emprego das cartas pastorais e a realização de visitas pastorais, tornando-se, assim, uma forma recorrente dos bispos cuidarem de seu redil, mesmo quando outorgavam a função a outros clérigos[708].

Dessa maneira, como a circunscrição eclesiástica de Mato Grosso esteve até o ano de 1808 sob a administração dos bispos do Rio de Janeiro, e por estar localizada muito distante da sé episcopal fluminense, não houve visitas de nenhum bispo fluminense. O deslocamento até os sertões dessa parte central da América meridional não era nada fácil, porém, mesmo considerando vários fatores, como as condições de saúde e a idade dos bispos, é interessante notar que outras regiões muito mais próximas da sé do bispado também não foram visitadas por eles[709]. Portanto, o distanciamento geográfico foi mais um fator, entre outros, que impossibilitou tal procedimento por parte dos antístites.

Para as Minas do Cuiabá e do Mato Grosso, os bispos nomearam clérigos que pudessem executar, no seu lugar, tais tarefas. Pelo menos

---

[708] AZZI, *op. cit.*, p. 173. Ver também: TORRES-LONDOÑO, 2002.
[709] PADRE Jose Pereira Duarte nomeado para canonicato de meia prebenda. 26 de abril de 1786. Opositores, Pe de Goiás e Vicente Joze da Gama Leal, visitador do Norte daquelle Bispado e outro. Maço = 1º Ordem De Christo Bispado do Rio de Janeiro. Provimtos de igrejas e outros objetos = desde 1756- a 1798 1795. ANTT-PT, Secretaria da Mesa da Consciência e Ordens. Ordem de Christo, Padroados do Brasil, Rio de Janeiro, Maço 15.

seis visitadores passaram pela comarca da Vila Real do Senhor Bom Jesus e um pela comarca de Vila Bela da Santíssima Trindade. Além destes, três visitadores são referidos nos documentos como sendo destinados para visitar toda a capitania.

Quadro 18 – Visitadores de Mato Grosso colonial (1720-1808)

Nº de ordem	Clérigo	Local	Ano
01	Lourenço de Toledo Taques	Vila Real do Sr. Bom Jesus	1726
02	João Caetano Leite Cesar de Azevedo	Vila Real do Sr. Bom Jesus	1734
03	Bartholomeu Gomes (Ramos) Pombo	Vila Real do Sr. Bom Jesus	1743
04	João de Almeida e Silva	Vila Real do Sr. Bom Jesus	1750
05	Simão de Toledo (Rodovalho)	Capitania Mato Grosso	1760
06	José Pereira Duarte	Vila Real do Sr. Bom Jesus	1767
07	Antônio de Santa Tereza e Melo	Capitania Mato Grosso	1772
08	Manoel Bruno Pina	Vila Real do Sr. Bom Jesus	1781
09	José Pais de Almaida	Vila Bela da S. Trindade	1785
10	Agostinho Luis Pereira Gularte	Capitania Mato Grosso	1795

Fonte: *Anais...* (2006), *Annaes...* (2007) e Barbosa de Sá (1975)

Entre as dez visitas identificadas, somente de uma é possível acessar as informações de seus "fructos"[710]. Felizmente, é possível acessar, pelo menos, o registro da visita realizada pelo Padre Manoel Bruno Pina entre 1781-1785, período em que esteve na região também como vigário e pároco. A visitação desse clérigo abrangeu todas as localidades da circunscrição eclesiástica da capitania de Mato Grosso, mas não foram apresentadas informações sobre a visita à comarca de Vila Bela. Sabe-se que, para a comarca de Vila Bela, um clérigo foi subnomeado pelo Padre Manoel Bruno Pina[711]. Contudo, trata-se de um excelente registro, no qual se pode acessar parte da vida dos fiéis e dos clérigos, constituindo, obviamente, um parecer com as impressões feitas do ponto de vista do visitador.

---

[710] VISITAS..., *op. cit.*
[711] *Ibid.*

Em geral, os clérigos que prestaram serviço na região como visitadores eram doutores formados em Cânones (ou Sagrados Cânones) e pelos menos três deles estudaram na Universidade de Coimbra. Na maioria das vezes, o clérigo nomeado visitador também tinha o mandato de vigário da vara, o qual era exercido por período determinado nas provisões, que eram emitidas pelos bispos.

3.3.2.4 Missões indígenas e as povoações

O trabalho de missionação dos povos indígenas na fronteira oeste da América portuguesa passou a ser mais uma ocupação para o clero a partir da segunda metade do século XVIII, com a criação da capitania. Inicialmente, como já foi dito em capítulo anterior, dois clérigos regulares da Companhia de Jesus chegaram com o primeiro governador da capitania de Mato Grosso, Antônio Rolim de Moura, em 1750, e formaram duas missões, uma na região das Minas do Cuiabá e outra na região das Minas do Mato Grosso. Em menos de uma década, em 1759, com a saída compulsória dos dois missionários jesuítas, Estevão de Castro e Agostinho Lourenço, os trabalhos passaram a ser assumidos por padres seculares[712].

Em princípio, o trabalho eclesiástico desenvolvido com os indígenas deu-se em forma de missões, uma na região do Rio Guaporé e outra na Chapada, no termo da Vila do Cuiabá. Depois, com o avanço da política regalista no período pombalino, estas foram transformadas em freguesias. Também foi criada uma freguesia, na recém-fundada Vila Maria do Rio Paraguai (1778), para prestar atendimento às populações indígenas daquela região, considerada estratégica no projeto de consolidação dos limites fronteiriços[713]. Assim, considerando a fase em que as missões foram elevadas à condição de freguesias depois da expulsão dos jesuítas, verifica-se que, pelo menos, dez eclesiásticos seculares trabalharam diretamente com as populações indígenas nas três localidades citadas.

---

[712] RUBERT, *op. cit.*, p. 113-131.
[713] CARVALHO, *op. cit.*, p. 116.

Quadro 19 – Clérigos das missões e freguesias de índios da capitania de Mato Grosso

Nº de ordem	Clérigo	Local	Período
01	Estevão de Castro (Missionário)	Chapada, Missão de Santana	1751-1759
02	Agostinho Lourenço (Missionário)	Guaporé, Missão de S. José	1751-1759
03	Domingos Gomes da Costa	Guaporé, Missão de S. José	1759-1771
04	Simão Toledo Rodovalho	Chapada, Missão de Santana	1760
05	Manoel de Albuquerque Fragoso	Chapada, Missão de Santana	1779
06	José Ponce Diniz [Martins]	Vila Maria, Freguesia de São Luís	1779-1785
07	João Alvares Torres	Chapada, Missão de Santana	[?]
08	Braz Luís de Pina	Chapada, Missão de Santana	1782/83
09	Antônio José d'Abreu	Vila Maria, Freguesia de São Luís	1790/91
10	João Manoel de Souza Lobo	Chapada, Missão de Santana	1795
11	João José Gomes da Costa	Chapada, Missão de Santana	1804
12	José Gomes da Silva	Chapada, Missão de Santana	1808

Fonte: AHU-PT, ANTT-PT, *Anais...* (2006), *Annaes...* (2007), Barbosa de Sá (1975) e *Visitas...* (1875)

Como resultado da secularização das freguesias implementada pelo Estado português no reinado de D. José I, sob a administração do primeiro-ministro à época, Marquês de Pombal, todos os clérigos que assumiram essas novas freguesias seriam seculares, e, diferentemente dos clérigos regulares, seu trabalho limitava-se à administração dos sacramentos, principalmente no incentivo da oficialização da vida conjugal via sacramento do matrimônio[714]. De acordo com o historiador Francismar A. L. de Carvalho, esse estímulo aos casamentos, incluindo os de natureza interétnica, constituiu-se em verdadeira política de Estado determinada por meio do *Directório*[715]. Para Rodrigues, o aumento da população na região inseria-se no conjunto das reformas pom-

---

[714] *Ibid.*, p. 113.
[715] *Ibid.*, p. 114.

balinas diante do quadro instável e de disputas entre Portugal e Espanha no estabelecimento das fronteiras de seus domínios sul-americanos[716].

Nesse sentido, a presença eclesiástica era de suma importância na região, como salientou o tenente de dragões Antônio Pinto Guedes do Rego em uma carta de janeiro de 1779 enviada ao governador Luís d'Albuquerque de Mello Pereira e Cáceres. Nela, o tenente, que estava em Vila Maria do Paraguai, dizia que ter a presença de um clérigo era muito "preciso e conveniente":

> [...] e se só há por obstáculo o não haver ondese recolha para poder vir; eu cudarey o mais que poder em preparar hum lanço das cazas que tenho armado para elese aquartelar, e tenha paciência, assim como eu a tenho tido emquanto selhe não poder dar comodo com mais largueza, e decência; por que desejo pelo serviço de Deos, e aumento da terra cazar os que estão desempedidos, e unir os castelhanos com os nossos que assim ficam mais siguros; [...]. Villa Maria a 1º de Janeyro de 1779 = Illmº e Exmº Senhor Luiz d'Albuquerque de Mello Pereira e Caceres = Antonio Pinto do Rego e Carvalho.[717]

Pela preocupação exposta do tenente ao governador, fica evidente quanto os projetos religiosos e o de colonização estavam imbricados, colocando os serviços eclesiásticos em posição de destaque para o cumprimento das políticas metropolitanas. Porém, nem sempre os clérigos estavam dispostos a colaborar, segundo as autoridades leigas da época. Tanto que, no ano de 1782, o padre secular natural do reino Francisco Xavier Leite de Almeida chegou a doar 780 oitavas de ouro para o douramento dos altares da igreja de Santa Ana na Chapada, onde ficou depois do falecimento do Padre João Alvares Torres, justamente para não ter que ir para a freguesia da Vila Maria do Paraguai. Segundo o cronista Joaquim da Costa Siqueira, o dito padre: "em cujo lugar de nenhuma sorte desejava residir pelos graves incômodos que se lhe seguirem saindo deste continente"[718].

3.3.2.5 Missionários pregadores e esmoleres

Na América portuguesa, constata-se o aparecimento de missionários ou pregadores, clérigos que passavam de vila em vila prestando sua assis-

---

[716] RODRIGUES, 2012, p. 42.
[717] CÓPIA de alguns de huma carta do tenente de dragoens Antonio Pinto Guedes do Rego, destacado em Villa Maria do Paraguay com algumas noticias respectivas a mesma povoação. Vila Maria, 1 jan. 1779. AHU-MT, Caixa 20, Doc. 1.229(1).
[718] SIQUEIRA, 2002b, p. 127.

tência religiosa às populações mais distantes, principalmente no interior do continente sul-americano, longe das vilas maiores situadas no litoral[719]. Em geral, esses eclesiásticos necessitavam da autorização de algum superior imediato para poder pregar, confessar, pedir esmolas, e, uma vez que para isso tinham permissão (alguns a recebiam diretamente do monarca), pode-se considerar que também se encaixavam no que até aqui se chamou de ocupação oficial, mas tinha também suas exceções.

Alguns desses clérigos eram muito bem aceitos, outros nem tanto. No caso da região de Mato Grosso no período colonial, no percurso das oito décadas analisadas neste trabalho, são identificados apenas dois indivíduos com esse perfil: um foi o franciscano Frei Antônio do Extremo e o outro o padre secular José Ayres[720].

Além destes clérigos missionários andarilhos, outros eclesiásticos também se aventuraram peregrinando pelo extremo oeste, mas como esmoleres. Muitos eclesiásticos, principalmente do reino, viam nas regiões coloniais de mineração grande potencial para angariar fundos para seus conventos ou, então, para a captação de recursos a serem destinados aos lugares sagrados da Terra Santa e seus hospícios que, tradicionalmente, estavam sob a tutela dos franciscanos[721]. As regiões de colônia como as minas eram tão visadas que até mesmo as congregações femininas as disputavam, por meio de representantes, as prováveis esmolas dos fiéis[722]. Na região da fronteira oeste, identifica-se como sendo amais comum a presença de franciscanos pedindo esmolas ou coletando intenções de Missa para ser rezada no convento que tinham na Vila de Itú. Mas também religiosos vindos do reino que conseguiam permissão com seus superiores ou com a ordem régia para se deslocarem até as minas com o objetivo de angariar recursos materiais.

---

[719] Arlindo Rubert apresenta pelo menos quatro nomes de missionários: Belquior de Pontes (+1719); Paulo Teixeira (+1756); Ângelo Siqueira (+1776); Joaquim Francisco do Livramento (+1829). (RUBERT, op. cit., p. 247-356). Eduardo Hoornaert chamou-os de "os peregrinos da Palavra de Deus" e menciona os seguintes nomes: Gabriel Malagrida (+1761); Antônio do Extremo (+1753); Carlos José de Spezia (+1752); Clemente de Adorno (faleceu no século XIX); Apolônio de Todi (1820), (HOORNAERT, op. cit., p. 109-113).

[720] Arlindo Rubert cita a presença de Ângelo Siqueira na capitania de Mato Grosso. Porém, não há menção em nenhuma crônica da passagem desse missionário, que na época era muito afamado no Centro-Sul colonial. Há a informação dada pelo governador Antônio Rolim de Moura deque se esperava a vinda de um missionário para se fundar um seminário, que, provavelmente, poderia ser o dito missionário, mas isso não aconteceu. Cf. RUBERT, op. cit., p. 352; Série Correspondências, Rolim de Moura Tavares. Cuiabá: Imprensa Universitária, 1983).

[721] KNOB, op. cit., p. 21; ELLEBRACHT, op. cit.

[722] REQUERIMENTO da Madre Prioresa do Mosteiro das Donas de Corpus Christi de Vila Nova de Gaia ao rei [d. José I] solicitando permissão para efectuar peditórios no Estado da América pelo espaço de dez anos, a fim de reformarem-se as ruinas do Mosteiro. Lisboa, 8 jan. 1753. AHU. Reino-Maço 40, Doc. s/n.

Quadro 20 – Clérigos missionários pregadores e esmoleres em Mato Grosso colonial

Nº de ordem	Clérigo	Função	Ano de chegada	Origem
01	Antônio do Extremo	Missionário	1749	São Paulo
02	José Aires	Missionário	1754	Pernambuco
03	Ignácio de Santa Rosa	Esmoler	1755	Itú
04	Francisco da Santa Maria	Esmoler	1764	Itú
05	Jose de Nossa Senhora da Conceição	Esmoler	1771	Algarve
06	Francisco de Sant'Iago	Esmoler	1801	[?]

Fonte: AHU-PT, ANTT-PT, *Anais...* (2006), *Annaes...* (2007) e Barbosa de Sá (1975). Obs.: foi identificada a presença de mais clérigos, porém não há registro de seus respectivos nomes

Como se pode perceber no quadro *supra*, a presença de religiosos franciscanos como esmoleres da Terra Santa, nas repartições de Cuiabá e Mato Grosso, foi o que prevaleceu. Destes, pelo menos quatro nomes foram identificados, e, de modo especial, os franciscanos da Vila de Itú, que, ao retornarem ao seu convento, levavam intenções de Missa para ser celebrada lá. A falta de clérigos na região fazia das intenções de Missa deixadas pelos falecidos uma fonte de renda significativa para os eclesiásticos que passavam pela região[723]. Frei Inácio de Santa Rosa, por exemplo, em 1755, teria levado da Vila de Cuiabá para o Convento de São Luís, em Itú, 50 intenções de Missa[724].

Pela regulação da entrada e permanência desses clérigos regulares no espaço do que era Mato Grosso colonial, volta-se a observar como o poder metropolitano interferiu na dinâmica da formação da instituição eclesiástica nessa região, justamente por se tratar de uma zona de mineração-fronteira, onde o descaminho do ouro tinha que ser evitado. Assim, clérigos com esse perfil foram rigorosamente acompanhados pelas autoridades da capitania.

3.4 Outras características do clero da fronteira oeste da América portuguesa

Além das características dos clérigos coloniais de Mato Grosso apresentadas até aqui, verificam-se outras que não foram regras, mas merecem

---

[723] CARTA..., 1982e.
[724] KNOB, *op. cit.*, p. 21.

ser destacadas, como o fato de se encontrarem eclesiásticos cientistas, construtores, artistas. Também foi identificada a presença de oficiais do Santo Ofício e de clérigos portadores de títulos importantes, como o de cavaleiro da Ordem de Cristo.

Entre esses destaques, está o Padre José Manoel de Siqueira, que foi um clérigo ilustrado. Este, além de lente de Filosofia Racional, era cientista, empirista, iluminista. Apesar de seu admirável currículo, não são muitas as informações biográficas sobre José Manoel de Siqueira. O historiador cuiabano Rubens de Mendonça, em seu dicionário das biografias de personagens regionais, traça um breve histórico da trajetória desse clérigo, que era natural de Cuiabá, tendo nascido em 1750 e falecido na mesma cidade em 12 de dezembro de 1825. Na capitania, o eclesiástico prestou serviços como sacerdote, foi professor de Filosofia na Vila Real, sócio correspondente da Academia Real de Ciência de Lisboa; historiador e botânico. Foi ele quem descobriu, na Chapada dos Guimarães, diversas espécies medicinais, entre elas a quina. De suas poucas memórias, há um parecer que emitiu em 1802 sobre a atividade mineradora nas capitanias de mineração e foi publicado por Sérgio Buarque de Holanda[725].

Outro clérigo que se destacou, por seus conhecimentos em arquitetura e geometria, foi Frei José da Conceição, que edificou mais de uma igreja na região. Interessante notar que, à altura da presença desse clérigo na capitania de Mato Grosso, consta-se a presença de engenheiros militares na região, os quais detinham conhecimento de arquitetura e edificaram fortalezas. Todavia, conforme constam nas crônicas sobre a Vila de Cuiabá, o vigário da matriz de Cuiabá dizia que não fazia a torre da igreja por falta de mão de obra qualificada. Assim, diante de tal necessidade, a presença desse franciscano fez a diferença na comarca eclesiástica de Cuiabá, pois ele ajudou na construção de três igrejas: na construção da torre da antiga matriz (hoje demolida), da Igreja de Santana da Chapada e da Igreja de São Gonçalo no bairro do Porto de Cuiabá. O empenho de Frei José também foi grande a fim de arrecadar recursos para as construções que estavam sob sua responsabilidade[726].

Entre as formas de controle da sociedade colonial, estava a ação do Tribunal do Santo Ofício (a Inquisição), que contava com sua rede de comissários[727]. Esses representantes eram pessoas que passavam por um

---

[725] MEMÓRIA..., *op. cit.*, p. 163.
[726] ANNAES..., *op. cit.*, p. 124.
[727] RODRIGUES, 2012, p. 170.

processo de habilitação com o objetivo de auxiliar os trabalhos do tribunal no controle de práticas heterodoxas à fé cristã, como também por almejarem algum status social. Dois clérigos que passaram por Mato Grosso colonial, o Padre João Caetano Leite Cesar de Azevedo e Fernando Vieira da Silva, foram comissários do Santo Ofício[728].

Desde que chegou em 1734 às Minas do Cuiabá como vigário da Vara encomendado e provido pelo bispo do Rio de Janeiro, o Padre João Caetano Leite Cezar de Azevedo já era habilitado como oficial do Santo Ofício[729]. Já o outro clérigo, o Padre Fernando Vieira da Silva, foi coadjutor e, depois, vigário de Vila Bela em 1770 e teve sua habilitação posteriormente à passagem pela fronteira oeste em 1791[730].

Em geral, somente pessoas com proeminência econômica, descendentes de cristãos velhos, "sem manchas", "limpos de sangue" e de alguma nação considerada "infecta", como mouros ou judeus, poderiam adentrar este círculo, desejado por muitos moradores coloniais, e, para isso, faziam grandes esforços para poderem receber o tão desejado título. De acordo com Rodrigues, as famílias coloniais de camadas socialmente mais elevadas foram alijadas dos títulos de nobreza. Deste modo, ainda segundo Rodrigues, a escalada para alcançar o título de oficial do Santo Ofício fazia parte das estratégias das elites coloniais, com a finalidade de obter vantagens no contexto socioeconômico, bem como para ter condições de lutar por hábitos das ordens militares, sobretudo da Ordem de Cristo[731].

Contudo, Aldair Rodrigues, ao mapear a formação da rede de comissários do Brasil por regiões, observa que a capitania de Mato Grosso não estava entre as regiões com maior proeminência nas escolhas desses indivíduos. Aliás, são verificadas apenas as passagens de dois comissários, e um deles já era habilitado desde que saíra de sua origem, na capitania de São Paulo[732]. Desta forma, pode ser considerado que o possível capital simbólico —

---

[728] ANTT-PT, Tribunal do Santo Ofício, Conselho Geral, Habilitações, Maço 59, Doc. 1.123.

[729] BARBOSA DE SÁ, *op. cit.*, p. 35; SIQUEIRA, 2002b, p. 46. Esse clérigo era presbítero secular, formado em cânones e mestre em artes, natural de Santos, onde foi vigário da Vara antes de partir para Cuiabá. Era filho de Gaspar Leite Cesar, da nobreza de Portugal, também familiar do Santo Ofício e sargento-mor da fortaleza de Itapema, pessoa de estimação e respeito na Vila de Santos, onde teve os cargos da república, casado com Catarina da Silva Teixeira (DILIGÊNCIA de habilitação de Gaspar Leite César. ANTT-PT, Tribunal do Santo Ofício, Conselho Geral, Habilitações, Maço 7, Doc. 152).

[730] ANAIS..., *op. cit.*, p. 135. Esse clérigo era natural da Vila de Sorocaba, na capitania de São Paulo (DILIGÊNCIA de habilitação de Fernando Vieira da Silva (padre). ANTT-PT, Tribunal do Santo Ofício, Conselho Geral, Habilitações, Fernando, Maço 3, Doc. 132. p. 4).

[731] RODRIGUES, 2012, p. 171.

[732] *Ibid.*, p. 134.

adquirido pelos clérigos ao prestarem serviços em terras da fronteira oeste da América portuguesa — provavelmente foi utilizado para os clérigos galgarem outros tipos de benefícios eclesiásticos, como, por exemplo, a colação em alguma freguesia ou em conezias dos cabidos[733].

Essa corrida por títulos estava inserida na lógica da economia das mercês praticada entre a Coroa e seus súditos, sobretudo no mundo colonial. Entre os títulos almejados, como supramencionado, estavam os hábitos de alguma ordem militar, sendo o da Ordem de Cristo o mais desejado[734]. Da capitania de Mato Grosso, encontram-se alguns pedidos dessa honraria, porém por iniciativa de leigos. Há presença de apenas um clérigo portador do título de cavaleiro da Ordem de Cristo, o capelão da comissão das reais demarcações Padre Frei Álvaro Loureiro da Fonseca Zuzarte. Natural do reino, ele recebeu o hábito de Cavaleiro da Ordem de Cristo no ano de 1755, antes de sua vinda para o extremo oeste colonial[735].

O Padre Álvaro Loureiro da Fonseca Zuzarte chegou em 1782 como capelão a Vila Bela, com os capitães-engenheiros Ricardo Franco de Almeida Serra, Joaquim José Ferreira, Dr. Francisco José de Lacerda e Almeida[736]. No entanto, a estadia desse clérigo foi breve, pois ele veio a falecer em março de 1786. Segundo o cronista, o Padre Álvaro foi um clérigo muito estimado, e sua morte deu-se por falta de médicos na região, "falecendo com três dias, sendo talvez a causa a falta de professores que acorreram à gravidade das sezões, que foram da maior malignidade"[737].

Enfim, considerando os vários aspectos aqui apresentados, verifica-se que os clérigos que passaram pela fronteira oeste, por sua diversidade, enquadram-se em perfis também observados em diferentes partes da América portuguesa. Porém, pelo contexto e pelas condições geográficas específicas da região, observa-se que houve uma heterogeneidade considerável no grupo, mesmo apresentando um número reduzido de eclesiásticos

---

[733] A partir do último quartel da segunda metade do século XVIII, praticamente todos os vigários encomendados depois que passaram pela freguesia do Senhor Bom Jesus buscaram fazer parte do cabido do Rio de Janeiro, participando dos concursos na sé do episcopado e conseguindo algumas conezias, como Padre José Correa Leitão, José Pereira Duarte, Agostinho Luis Gularte Pereira, Manoel Bruno Pina. (ANTT-PT, Secretaria da Mesa da Consciência e Ordens, Ordem de Cristo, Padroados do Brasil-Rio de Janeiro, Maço 16).

[734] RODRIGUES, 2012, p. 134.

[735] ANTT-PT, Secretaria da Mesa da Consciência e Ordens, Chancelaria da Ordem de Cristo, Liv. 274. f. 727v 428 e 428v.

[736] LEVANTAMENTO [...], *op. cit.*

[737] ANAIS [...], *op. cit.*, p. 257.

em um período de abordagem longo. O rigor e o controle das autoridades civis, a pouca acessibilidade da região, o cuidado dispensado pelos bispos na escolha de candidatos potencialmente mais preparados e, sobretudo, a possibilidade de bons rendimentos materiais e os vínculos familiares foram fatores que interferiram diretamente na composição dos quadros dos clérigos da capitania de Mato Grosso.

4

AS PRÁTICAS SOCIAIS DO CLERO NA FRONTEIRA OESTE DA AMÉRICA PORTUGUESA

Em relação ao clero da América portuguesa, houve, conforme alguns pesquisadores, a construção de uma imagem negativa, em que esse segmento foi apresentado como interesseiro, materialista, pouco disciplinado e mal formado, principalmente em se tratando dos padres seculares. De fato, não foram poucos os delitos e os conflitos em que os eclesiásticos se envolveram em diversos momentos da América portuguesa[738].

O historiador José Ferreira Carrato, ao tratar dos clérigos das *Minas Geraes* no século XVIII, considera que estes compuseram um dos segmentos dominantes da sociedade mineira colonial, principalmente o clero regular, representado por frades egressos. Porém, segundo o autor, esses clérigos, em sua maioria, seriam possuídos pela sede de fortuna, escandalizando "as almas pelas simonias e libertinagens"[739]. Contudo, o autor admite ainda que não se tinha dado ênfase correspondente ao fato de que os padres precisavam sobreviver, ou seja, "via de regra, se os padres não se dessem à mineração, morreriam à míngua"[740].

O historiador Eduardo Hoornaert defendeu que, no caso do clero secular colado, a remuneração destinada a este estaria associada a muitos dos problemas de comportamentos clericais considerados inapropriados, de modo que nunca recebeu valor suficiente para cobrir as necessidades do estamento eclesiástico e ter condições de viver dignamente, o que justificava o envolvimento dos religiosos com outras atividades fora de seu ofício ordinário[741].

Voltando ao caso da capitania das Minas Gerais, Caio C. Boschi afirma que o corpo eclesiástico se configurou em um grupo profissional como qualquer outro. Para o autor, os eclesiásticos mineiros, na maioria das

---

[738] TORRES-LONDOÑO, 1997, p. 85. RUBERT, *op. cit.*, p. 173.
[739] CARRATO, *op. cit.*, p. 61.
[740] *Ibid.*, p. 83.
[741] HOORNAERT, *op. cit.*, p. 281 *et seq.*

vezes, eram levados a se transformar em homens do século, e isso se dava pela falta do que ele chamou de uma "política religiosa" que estivesse nitidamente configurada, o que afetava diretamente o serviço do sacerdócio[742].

Contudo, é verificável que houve, sim, uma "política religiosa" voltada para a ação do clero nas regiões coloniais de mineração, pela qual se buscou proibir e restringir a presença dos eclesiásticos no local, principalmente dos regulares. Conforme a historiadora Laura de Mello e Souza, desde os tempos iniciais da mineração, os clérigos (regulares e seculares) foram vistos com preocupação nas *Minas Geraes*, pois muitos deles se envolviam com frequência em negócios ilícitos de contrabando e extravio de ouro, e, apesar de não terem sido identificados com os desclassificados dessa sociedade, apresentavam "certa tendência a serem assimilados pelo mundo das infrações"[743].

No entanto, vale lembrar que esse padrão comportamental do clero colonial não foi um fenômeno exclusivo dos domínios luso-americanos. Na verdade, a Igreja Católica já enfrentava essa situação desde a Europa do século XVI, quando buscou, por intermédio das reformas tridentinas, meios de qualificar os seus quadros eclesiásticos[744].

De fato, a formação clerical foi um gargalo para o sistema eclesiástico colonial, que somente ganhou certo reforço a partir do século XVIII, com a criação de bispados e de alguns seminários episcopais[745]. Esse período foi marcado pelo aumento do clero secular, tradicionalmente composto por eclesiásticos que deveriam administrar as paróquias, principalmente na segunda metade do Setecentos, quando, nesses locais, o clero regular foi substituído por interferência do regalismo[746].

Em relação à Igreja colonial, Ronaldo Vainfas considera que a busca pela formação de um "clero profissional" na América portuguesa parece não ter tido desde o início o sucesso esperado, a seu ver, dada a fragilidade da estrutura eclesiástica, que teria comprometido a eficácia das resoluções tridentinas que se esperavam implantar[747]. Segundo o referido autor, apesar de a formação clerical do mundo não europeu ser a base para o julgamento negativo da imagem do clero colonial, principalmente atribuído aos secu-

---

[742] BOSCHI, 1986, p. 73.
[743] MELLO ESOUZA, *op. cit.*, p. 174.
[744] RUBERT, *op. cit.*, p. 273-280.
[745] *Ibid.*, p. 273 *et seq.*
[746] BOXER, 1978, p. 85-86.
[747] VAINFAS, *op. cit.*, p. 40.

lares, há também de ser levada em consideração a crítica moralista feita pelos jesuítas entre os séculos XVI e XVIII. Para o autor, houve, por parte dos inacianos, um furor rigorista caracterizado por uma intolerância moral em relação aos desvios da sociedade colonial, que foi extensivo ao clero da época[748].

Fernando Torres-Londoño corrobora essa análise, mas acrescenta que, além dos jesuítas, que não deixaram de acusar o clero português de viver em mancebias com as Índias, os relatos de viagem europeus também denunciam as amoralidades do clero luso-brasileiro, reforçando a construção negativa. Segundo o autor, essa imagem de devassidão e desordem do clero no Brasil vigorou até o século XIX e foi resgatada por alguns historiadores do século XX[749].

De acordo com Torres-Londoño, é evidente que a vida de muitos padres não era a esperada pelos bispos, o que era criticado nas cartas enviadas dos governadores aos reis. Porém, o autor enfatiza a existência de uma percepção descontextualizada acerca da atuação do clero na historiografia, pela ótica liberal contemporânea, na qual não se pode reforçar os discursos anticlericalistas do século XIX[750].

Torres-Londoño lembra que sua análise não pretende ser apologista, mas fazer o exercício de "enxergar através de uma outra lente"[751], a qual considere, por exemplo, que as transformações ocorridas no século XVIII constituíram um momento significativo de reformas para a Igreja colonial. Segundo o autor, nesse momento do Setecentos, o reforço de uma imagem negativa do clero colonial interessava a determinados setores sociais, como os bispos coloniais, por exemplo, os quais assim fundamentavam as suas ações de controle e disciplinarização do clero[752].

Na mesma perspectiva da análise da construção de um discurso de desqualificação da imagem do clero colonial, mas para além da hierarquia eclesial, Iris Kantor, ao estudar as ritualidades públicas na capitania de Minas Gerais, pontua que, principalmente nas memórias históricas dos funcionários da administração entre o fim do século XVIII e o início do XIX, está presente um paradoxo derivado das condições diferentes de

---

[748] Ibid., p. 40.
[749] TORRES-LONDOÑO, 1999, p. 76.
[750] Id., 1997, p. 86.
[751] Ibid., p. 86.
[752] Ibid., p. 127.

vigência do padroado sobre a região[753]. Para a historiadora, havia, nessa área de mineração, uma fluidez das fronteiras entre a administração civil e a eclesiástica, que aguçava a concorrência entre as diferentes esferas de mando, o que ocasionava tensões e conflitos[754]. Segundo a autora, esses conflitos colocavam em xeque os direitos e as prerrogativas de uma sociedade de feição estamental, os quais, em várias ocasiões, eram expressos nas cerimônias públicas e nas funções religiosas[755].

Desse modo, em conformidade com Iris Kantor, a construção da imagem negativa do clero mineiro colonial, o que também seria extensivo ao clero de regiões coloniais semelhantes, permite compreender a existência de um processo de politização no julgamento da conduta do clero enquanto segmento social[756].

Conforme Aldair Rodrigues e Fernanda Olival, para uma compreensão do clero colonial mais próxima de seu tempo, seria necessário aprofundamento em seu modo de vida, pois a maioria dos clérigos fez o que estava ao seu alcance para sobreviver em meio a um cenário de constante instabilidade[757]. Desse modo, com um olhar mais atento, verificar-se-á que essa instabilidade do mundo colonial foi mais evidente em regiões que apresentavam conjunturas de mudança político-institucional, como a fronteira oeste, que conjugou características de zona de fronteira e de mineração ao mesmo tempo[758], diferentemente das regiões litorâneas da América portuguesa, ocupadas desde o século XVI, assentadas na produção agrícola para exportação e no comércio ultramarino, cujas instituições civis e eclesiásticas já eram bem mais estruturadas e mais bem estabelecidas.

Assim sendo, diante da configuração social dessa parte da América portuguesa, no que se refere aos aspectos eclesiásticos, este capítulo analisará como aconteceram as práticas relacionais da clerezia em um ambiente caracterizado pela dimensão da fronteira, que, muitas vezes, foi marcado pela instabilidade, transitoriedade e precariedade dos aparelhos políticos-administrativos e das instituições que ainda estavam em processo de instalação. No conjunto dos interesses individuais e coletivos, somado às vicissitudes experimentadas no processo de conquista da região que veio

---

[753] *Cf.* KANTOR, 2004b, p. 230.

[754] *Ibid.*, p. 230-231.

[755] KANTOR, 2004b, p. 237.

[756] *Ibid.*, p. 238-239.

[757] *Cf.* RODRIGUES; OLIVAL, *op. cit.*

[758] *Cf.* ARAUJO, 2000; REZENDE, *op. cit.*; CARVALHO, *op. cit.*

a se tornar a capitania de Mato Grosso, serão observadas as atitudes e os procedimentos dos eclesiásticos para com as demandas locais, que, como a vida humana, constituíram-se em relações não só de solidariedade, mas também de contradições e conflitos, em maior ou menor intensidade[759].

4.1 A ação dos eclesiásticos em fases diferenciadas da construção da instituição eclesiástica na zona fronteiriça, no centro da América do Sul

A instalação da instituição eclesiástica na região que constituiu a capitania de Mato Grosso procedeu, concomitantemente, ao processo de conquista do território, que até então era de domínio espanhol. As inserções dos paulistas e dos reinóis no interior do continente no século XVII e XVIII abriram espaço para o acirramento da disputa entre as Coroas ibéricas por esta parte central da América do Sul. Nessa disputa, a Coroa portuguesa usou vários meios e estratégias para garantir sua posse e seu controle sobre a região, como a fundação de vilas, a ereção de freguesias e prelazias, a criação de capitanias, a edificação de fortalezas e os aldeamentos de nações indígenas em missões[760].

A região do lado hispânico vinha sendo ocupada por nações indígenas e aldeamentos administrados pelos jesuítas que formavam as províncias de Moxos e Chiquitos[761]. Como essa era uma área de domínio espanhol, conforme o antigo Tratado de Tordesilhas (1494), as missões castelhanas jesuíticas avançavam no sentido do oriente, formando povoados, denominados Missões de Chiquitos e Moxos. Para a década de 1760, calcula-se que, somados os habitantes das duas províncias hispânico-americanas, poder-se-ia chegar a um total de 36.622 indivíduos. Na região do lado da capitania de Mato Grosso, em suas povoações implantadas, chegar-se-ia a 11 mil habitantes[762]. Essa densidade demográfica desproporcional era causa de preocupação constante no lado português, onde se receava um ataque dos espanhóis, principalmente nas localidades das Minas do Cuiabá e do Mato Grosso[763].

Com o objetivo de consolidar a fronteira com os domínios hispano-americanos, a Coroa portuguesa empenhou-se em negociações que levaram

---

[759] ELIAS, *op. cit.*, p. 42.
[760] *Cf.* CORREA FILHO, *op. cit.*; CANAVARROS, *op. cit.*
[761] *Cf.* ANZAI, *op. cit.*
[762] ARAUJO, 2000, p. 125. v. 1.
[763] SILVA, 2015, p. 87. *Cf.* CARVALHO, *op. cit.*

aos Tratados de Limites, como o de Madrid (1750) e o de Santo Ildefonso (1777)[764]. Mas, enquanto na Europa as Coroas ibéricas entabulavam as convenções e as tratativas sobre os limites de suas possessões no além-mar, os representantes dos monarcas portugueses promoviam o processo de formação e desenvolvimento dos espaços de sua administração no território que reivindicavam como seus, como foi a fundação da Vila Real do Senhor Bom Jesus (1727), nas Minas do Cuiabá, e depois de Vila Bela da Santíssima Trindade (1752), nas Minas do Mato Grosso[765].

O processo de formação e desenvolvimento da administração metropolitana nesses espaços da fronteira oeste, marcado pela ação de diferentes segmentos sociais, aconteceu em momentos distintos, de acordo com os interesses da monarquia portuguesa e dos demais agentes sociais[766]. Desse modo, considerando-se o que já foi proposto por alguns historiadores de Mato Grosso em relação às etapas do processo de conquista e conformação das instâncias político-administrativas coloniais da capitania, propõem-se quatro fases do processo de instalação da instituição eclesiástica: a primeira fase ocorreu dos primeiros achados até a elevação do arraial à condição de vila real(1719-1726); a segunda fase, da fundação da Vila Real até a ereção da primeira capela nas novas Minas do Mato Grosso (1727-1736); a terceira, da expansão da malha eclesiástica para o oeste até a criação da capitania de Mato Grosso e a chegada do primeiro governador (1737-1751); e, por último, a quarta fase, da instalação do governo da capitania até a chegada do primeiro prelado a Cuiabá (1752-1808).

Na primeira fase (1719-1726), verificam-se os movimentos iniciais da ação de conquista do espaço interior do continente pelos paulistas sertanistas e mineradores com a presença de alguns clérigos, que garantiram a assistência religiosa aos conquistadores. Nessa época, a vida social nas minas configurava-se precariamente sob arranjos de poder local entre os membros do primeiro grupo de conquistadores. No entanto, houve a instalação da primeira freguesia em 1722, que constituiu um fator diferencial, uma vez que os dois primeiros párocos (encomendados) foram enviados nesse período pelo bispo e pelo cabido do Rio de Janeiro para serem também portadores do mandato de vigários da vara. Esses dois vigários tinham a missão de administrar os sacramentos, exercer a cura de almas e, também, de morigerar o comportamento dos fiéis nos arraiais e na vila que se for-

---

[764] *Cf.* CORTEZÃO, *op. cit.*
[765] *Cf.* CANAVARROS, *op. cit.*; JESUS, *op. cit.*
[766] *Cf.* CANAVARROS, *op. cit.*

mavam na região, aplicando-lhes as leis eclesiásticas. A priori, a vigararia seria a única instituição com poderes significativos na localidade. Todavia, a configuração eclesiástica e social que se formava era o reflexo de uma ação de conquista e de produção do espaço, marcada pelo embate de não índios com diferentes nações ameríndias[767].

O segundo momento (1726-1736) aconteceu quando as minas cuiabanas receberam a visita do então governador da capitania de São Paulo, o capitão-general Rodrigo César de Meneses (1676-1738), que elevou o Arraial do Senhor Bom Jesus à condição de vila real, ergueu o pelourinho e constituiu o Senado da Câmara. Somada a presença da freguesia, que já havia sido erigida, os órgãos básicos representativos do poder metropolitano estavam inicialmente estabelecidos. Assim, os poderes de governabilidade foram constituídos na região em aliança com os "primeiros da terra". Nesse período, com o avanço das zonas de mineração, a Igreja local deu seus primeiros sinais de expansão para o norte, até as cabeceiras da bacia do Rio Paraguai. Ocorre também a continuidade das investidas sobre o território, realizadas por sertanistas e mineradores que iam para o oeste. Os novos achados auríferos ocorreram nos afluentes do Rio Guaporé, no Rio Galera e próximo do Rio Sararé. Desses novos achados, surgiram, então, as Minas do Mato Grosso, que desencadearam outra vez um intenso fluxo de pessoas com o objetivo de se instalarem nas novas lavras. Enquanto isso, próximo da Vila Real do Senhor Bom Jesus, havia algumas terras que começaram a ser ocupadas com a atividade agrícola e também com a instalação de engenhos[768].

A terceira etapa (1736-1752) foi decisiva para os rumos da conquista da região e da implantação da circunscrição eclesiástica, uma vez que eventos importantes aconteceram, como a expressiva expansão da zona de mineração e a instalação de arraiais, com novas capelas. Mas, sobretudo, porque foi nessa fase que se deu a criação da prelazia de Cuiabá, em 1745, e a criação da capitania de Mato Grosso, em 1748.

Com a emissão da bula *Candor Lucis Aeternae* pelo Papa Bento XIV, Portugal ganhou reforço para reivindicar o território como seu. Entre os arraiais e as igrejas que foram instalados nas Minas do Mato Grosso, o Arraial de São Francisco Xavier, por ser o mais desenvolvido na região, não demorou a se tornar sede de uma nova freguesia (1743) e a ser a matriz das demais capelas das Minas do Mato Grosso, constituindo, assim, mais

---

[767] Cf. CORREA FILHO, *op. cit.*; CANAVARROS, *op. cit.*; ROSA, 2003.
[768] Cf. OLIVEIRA, 2012.

uma circunscrição eclesiástica[769]. Desse modo, a rede de capelas e igrejas estabelecidas nas Minas do Cuiabá e do Mato Grosso passou a ser formada por duas comarcas eclesiásticas, uma com sede no Arraial de São Francisco Xavier, e outra na Vila do Cuiabá. Porém, apesar do aumento das freguesias e do reconhecimento da circunscrição eclesiástica como prelazia, os vigários continuaram sendo encomendados. Quando muito, alguns clérigos que atuavam na região percebiam côngruas da Fazenda Real pelos serviços prestados, mas os que serviam em igrejas e capelas pertencentes à sua comarca eclesiástica continuavam sendo mantidos pelo esforço dos fiéis[770].

Por fim, a quarta fase, que ocorreu de 1752 a 1808. Nessa fase, na fronteira oeste, a Igreja ter ganhado o status de prelazia quase nada significou para a configuração da circunscrição eclesiástica do ponto de vista administrativo. Vale ressaltar que, de 1745 a 1803, a prelazia permaneceu com sede vacante. Entretanto, esse período foi marcado pela atuação dos governadores e dos capitães-generais da recém-criada capitania de Mato Grosso, os quais, na incumbência de implantar as deliberações da Coroa, desencadearam novas demandas aos clérigos da região, como a assistência aos indígenas e às populações presentes nas fortalezas e em seus entornos, ao longo da fronteira com o domínio espanhol[771].

Contudo, desde o primeiro até o último momento indicado para esse estudo sobre a instalação da instituição eclesiástica nesta parte da América portuguesa, foram diversas as práticas clericais possíveis de serem observadas nas relações estabelecidas pelos padres que estiveram à frente desse processo. Especificamente, entre os clérigos que administraram as freguesias da Vila Real e de Vila Bela, evidencia-se o traço marcante de relações conflitantes, principalmente da primeira à terceira etapa apontada, entre 1722 e 1752, em que os conflitos identificados não só se deram entre seus próprios pares, como também por interferências da esfera civil em suas jurisdições.

Na transição da terceira para a quarta etapa de instalação da instituição eclesiástica e do avanço do processo de conquista da região, implementado pelos luso-paulistas, os conflitos e as tensões passaram a ser motivados pela disputa de jurisdição entre as duas comarcas eclesiásticas da região, mas, logo em seguida, cessaram. Verificar-se-á, então, que novos embates passaram a ocorrer na etapa seguinte (1752-1808), somente entre os cléri-

---

[769] *Cf.* ANAIS [...], *op. cit.*; SILVA, 2015.
[770] SILVA, 2015, p. 98.
[771] *Ibid.*, p. 101.

gos e os grupos sociais ou indivíduos representativos do poder civil local, tanto na comarca eclesiástica de Vila Bela quanto na de Vila Real, como será apresentado na sequência.

4.1.1 As Minas do Cuiabá e do Mato Grosso como campo de batalha eclesiástica: os conflitos dos clérigos nas três primeiras décadas da conquista portuguesa (1719-1752)

Regiões de fronteira na América portuguesa foram marcadas pela instabilidade, e, no caso da fronteira oeste, essa característica era ainda mais acentuada, pois esta área se configurou também como zona de mineração. Desse modo, houve a imbricação de situações de sobrevivência experimentadas em seus limites, o que não ocorria em outras regiões coloniais[772]. Assim, essa característica, destacada por si só, já seria suficiente para influenciar qualquer configuração social, e, no caso desta parte mais central da América do Sul, ainda se somou ao distanciamento geográfico dos principais centros coloniais urbanos e às difíceis condições de acessibilidade à região, tanto pelas barreiras naturais enfrentadas nos caminhos quanto pela ação defensiva de nações indígenas de seus territórios[773].

Alguns historiadores já destacaram o ambiente de hostilidade vivido em sociedades que se formaram da extração mineradora, nas quais as paixões falaram mais alto que a razão ou, em outras palavras, o senso de moralidade. Para frear as ações consideradas "barbarizantes", instituições foram instaladas nessas regiões, como as igrejas, cujos objetivos deveriam ser civilizatórios, segundo a compreensão dos coevos[774].

No entanto, as tensões presentes nas relações estabelecidas por essas sociedades também se manifestaram entre os membros da instituição eclesiástica[775]. Nesse sentido, os párocos encomendados e os vigários da vara que estiveram nas Minas do Cuiabá e do Mato Grosso merecem atenção especial entre o corpo eclesiástico que passou pela região, pois pode ser

---

[772] *Cf.* MELLO E SOUZA, *op. cit.*; VOLPATO, *op. cit.*; HOLANDA, 2014; TAUNAY, *op. cit.*

[773] *Cf.* COSTA, 1999; CARVALHO, *op. cit.*

[774] Conforme Patrícia Ferreira dos Santos, as paróquias foram muito além da simples afirmação doutrinal de dimensão salvífica, configurando-se como centro normalizador, burocrático e coercitivo. "Entre algumas das tarefas de cariz burocrático, assumidas pelo pároco, incluíam-se os atos de registrar, computar e regular a vida social" (SANTOS, Patrícia Ferreira. A justiça eclesiástica e os mecanismos de busca de infratores: queixas, querelas e denúncias na segunda metade do século XVIII. **Boletim do Arquivo da Universidade de Coimbra**, Coimbra, XXVI, p. 137-160, [2013]. p. 141).

[775] Caio Prado Jr. destaca que, "no seu teor moral médio, a massa do clero não se destaca acima de seus colegas da administração leiga" (PRADO JR., 1978, p. 336).

observado que, nas três primeiras décadas de conquista e exploração aurífera na nova espacialidade em disputa, de modo especial, houve um ponto de tensão entre esse grupo social, principalmente nos momentos de sucessão dos empregos de vigários e párocos.

A conduta eclesiástica verificada nas novas minas nesse período inicial constituiu, praticamente, um padrão das práticas clericais, marcadas pelo rigor e pela hostilidade, ainda mais nas circunstâncias em que autoridades civis interferiam em suas alçadas, o que aumentou o problema e criou, assim, verdadeiros campos de batalha entre diferentes poderes locais.

Em meio a tensões e conflitos, a configuração social estabelecida nos espaços da fronteira oeste, assim como em outras partes da América portuguesa, também foi fortemente marcada pela miscigenação de sua população. Porém, era pequeno o número de brancos, tanto no meio rural quanto na zona urbana. Em geral, esse pequeno grupo era o mais abastado dessas sociedades. Notadamente, seus componentes formavam a elite local, a qual procurava estratégias para que pudessem se diferenciar dos demais segmentos sociais, como, por exemplo, a formação de irmandades que os representassem[776].

Outro espaço ocupado por essas organizações de cunho religioso na América portuguesa eram as câmaras municipais, nas quais atuavam como se fossem uma "nobreza da terra", sem necessariamente disporem de origem fidalga ou de comendas e títulos das Ordens Militares, por exemplo. A influência desses grupos poderia intervir no mercado local, no controle dos preços de serviços relacionados ao abastecimento da vila ou da cidade e no transporte de produtos para o reino[777].

Segundo Gilian E. F. Silva, esses indivíduos concorreram para a formação do grupo das elites locais e, ainda, desde os primeiros momentos da conquista, reivindicaram para si cargos e privilégios, diferenciando-se dos que se dirigiam para as lavras[778]. Desse modo, em meio ao processo de disputa pela detenção dos poderes econômicos e políticos desencadeado nas Minas do Cuiabá, observa-se, nas práticas sociais estabelecidas entre

---

[776] *Cf.* ROSA, 2003.; SILVA, 2015, p. 160. Essa diferenciação entre os grupos se percebia de modo sensível, na medida em que essas associações buscavam local privilegiado de atuação, como a igreja matriz das vilas, "localizada no centro do poder, próxima ao pelourinho, à cadeia e à câmara municipal, enquanto que as demais igrejas e capelas que abrigaram irmandades de africanos e seus descendentes livres, cativos e forros, estiveram espacializadas nos locais periféricos das vilas, nas entradas e saídas dessas localidades" (SILVA, 2015, p. 160).

[777] SILVA, 2015, p. 153.

[778] *Ibid.*, p. 153.

os eclesiásticos que ocupavam os cargos de vigário e pároco, um grau elevado de hostilidade até o fim da primeira metade do século XVIII. As relações foram caracterizadas pela tensão e pelos conflitos, principalmente as estabelecidas com seus pares. Verifica-se que, desde o início do mandato do primeiro vigário que chegou às Minas do Cuiabá (1722) até o fim do mandato do primeiro vigário das Minas do Mato Grosso (1754), os clérigos entraram em conflito entre si na sucessão de seus cargos[779].

Os cargos eclesiásticos de vigário da vara ou de pároco cujos ocupantes iam para as Minas do Cuiabá e, depois, para as Minas do Mato Grosso foram providos pelo bispado e pelo cabido do Rio de Janeiro[780]. Os sacerdotes desses cargos tinham a missão de desempenhar o ofício de vigários da vara e realizar a cura das almas. Às vezes, também exerciam a função de visitadores. Por determinação dos bispos do Rio de Janeiro, eles deveriam ser administradores da freguesia e também, como vigários da vara, juízes eclesiásticos. Acumulavam, assim, mais de uma função. Do ponto de vista dos fiéis, o acúmulo dessas funções causava muito transtorno, opressão e constrangimento para eles. A situação era delicada, tanto que os oficiais das Câmaras Municipais da Vila do Cuiabá e de Vila Bela da Santíssima Trindade chegaram a pedir aos bispos fluminenses que separassem as funções[781].

Os moradores compreendiam que o acúmulo dessas funções dava poderes excessivos aos clérigos, privando os leigos da possibilidade de recorrer à Justiça. Assim expressaram os leigos em carta enviada ao bispo em outubro de 1756: "pois, quando estes dous empregos andão juntos, não há recurso nas violências, e se padecem alguás intoleráveis"[782]. Foi nessa condição que os vigários chegaram à região das Minas do Cuiabá e depois às Minas do Mato Grosso e ficaram até a posse do primeiro prelado, em 1808[783].

---

[779] *Cf.* ANNAES..., *op. cit.*; BARBOSA DE SÁ, *op. cit.*

[780] Apenas o segundo vigário e pároco da freguesia do Senhor Bom Jesus foi encomendado pelo cabido do Rio de Janeiro em 1724, o Padre Manoel Teixeira Rabelo (BARBOSA DE SÁ, *op. cit.*, p. 17).

[781] CARTA..., 1756; OFÍCIO do governador e capitão-general Luís de Albuquerque de Melo Pereira e Cáceres ao secretário de estado da Marinha e Ultramar Martinho de Melo e Castro em que informa sobre a queixa apresentada pelo mestre de campo da Vila de Cuiabá Antônio José Pinto de Figueiredo contra os abusos dos eclesiásticos da vila. Vila Bela da Santíssima Trindade, 5 jul. 1779b. AHU-MT, Caixa 21, Doc. 1.242(1).

[782] CARTA..., 1756.

[783] Nas três novas freguesias criadas na segunda metade do século XVIII, Santana, São Luís e São José, os clérigos que as administravam tinham apenas a prerrogativa de cura e prestavam seus serviços religiosos principalmente aos índios que a compunham. Eram remunerados pela Fazenda Real (PARÓQUIAS da capitania de Mato Grosso e das contribuições Eclesiásticas propostas pelo governador e capitão-general Caetano Pinto de Mirando Montenegro. Lisboa, 9 jul. 1803. ANTT-PT, Secretaria da Mesa da Consciência e Ordens, Padroado do Brasil. Bispado do Rio de Janeiro, Maço 17, Caixa 17. Documentos avulsos).

Conforme estabelecido nas Constituições Primeiras, em alguns lugares de suas dioceses, o vigário da vara tinha poderes (faculdades) para exercer a justiça eclesiástica com o objetivo de auxiliar os bispos em seu "pastoral ofício"[784]. Quando possível, para serem escolhidos, os clérigos deveriam atender a algumas exigências, como as seguintes:

> [...] serão letrados, ou pelo menos pessoas de bom entendimento, prudência, virtude e bom exemplo, como é bem que tenham para o tal cargo, os quais, em sendo providos por nós e tendo provisão ou carta passada pela Chancelaria, jurarão perante nós ou nosso chanceler na forma costumada, e sem isso não // poderão servir, e somente servirão enquanto for nossa vontade.[785]

Desse modo, uma vez que os vigários eram representantes dos bispos, poderiam empreender muitas ações. No parágrafo 400 das Constituições Primeiras, são apresentados 16 artigos sobre o que poderiam fazer esses clérigos. Em resumo, eles poderiam tirar devassas; tomar conta de testamentos que pertenciam a seu juízo[786]; fazer monitórios e dar sentenças; dar andamento a processos matrimoniais, tanto para realizá-los quanto para anulá-los; aplicar censuras eclesiásticas aos casados do reino que estavam ausentes por mais de três anos; reconciliar igrejas de sua jurisdição; condenar, até um limite estabelecido, os que trabalhavam nos domingos e em dias santos de guarda; resolver os casos reservados aos bispos e dispensar do foro interno os casos de cópulas ilícitas; fazer autos aos que usurpassem a jurisdição eclesiástica; dar licenças a clérigos considerados aptos, entre outros poderes[787].

Tendo em vista que seria impraticável a ida do épíscopo até as distantes Minas do Cuiabá, o bispo do Rio de Janeiro encaminhou um vigário da vara e cura encomendado com a missão de instalar uma freguesia nas novas minas. Esse clérigo secular era o Padre Francisco Justo de São Tiago, que chegou à terceira monção tendo partido da capitania de São Paulo para Cuiabá em 1722[788]. Em sua chegada, o Padre Francisco Justo provavelmente encontrou pelo menos cinco clérigos já atuando nas minas. Sabe-se que

---

[784] REGIMENTO..., *op. cit.*

[785] *Ibid.*

[786] Os testamentos que seriam pertencentes ao Juízo Eclesiástico eram estabelecidos por meses, conforme concordata. No caso, eram considerados a partir do primeiro mês do ano e alternavam-se: janeiro, março, maio, julho, setembro e novembro (*Ibid.*, Título IX, Art. 2, § 400).

[787] *Ibid.*, p. 841-842, Título IX, Art. 400, itens 1-16.

[788] BARBOSA DESÁ, *op. cit.*, p. 15.

quatro deles não eram providos como vigários nem como párocos. Todavia, segundo consta nas informações coletadas das fichas biográficas dos clérigos do ACMSP, um deles, o Padre Manoel de Campos Bicudo, já teria sido provido pelo bispo anterior do Rio de Janeiro, D. Antônio de Guadalupe, o qual pertencia à jurisdição de São Paulo e, consequentemente, das Minas do Cuiabá. Sendo assim, instalou-se um clima de tensão entre os clérigos, pois o Padre Francisco Justo teria negado transferir a paróquia. O ambiente de tensão aumentou também porque, na ocasião, os irmãos João Leme e Lourenço Leme teriam causado problemas para o Padre Francisco Justo, pois decidiram se vingar dele apoiando o outro clérigo para que este assumisse o posto de vigário das minas[789]. A retaliação contra o vigário devia-se ao fato de o Padre Francisco Justo ter se oposto à questão e ter considerado nulo um casamento que havia sido celebrado no percurso para as minas, sem autorização para isso. Esse matrimônio foi celebrado pelo Padre André dos Santos Queiroz, por pressão dos ditos irmãos Leme[790].

Pouco se sabe sobre o Padre Francisco Justo, apenas há informação de que, depois de sua saída das Minas do Cuiabá, ele se dirigiu para o Rio de Janeiro, até mesmo levando consigo um bom "pé-de-meia", conforme elucidou em carta o governador Rodrigo Cesar de Meneses, como se pode conferir no seguinte trecho do documento:

> [...] nenhum impedim^{to}, pode V. M. ter p^a seguir a sua viagem p^a o Rio em respondo aquella importância, q' pedem os homes q' vierão do Cuyaba, da qual V.M. se acha embolçado como também a q' a sua consciência de V. M. julgar deve dos reaes q^{tos} do ouro q' trouxe das ditas minas, ocultando sem o registrar, q' hua, e parcela se devem depositar na mão do Prov^{or} da faz^a real dessa V^a [...] São Paulo, 10 de março de 1724. Servidor de V. M. – *Rodrigo Cezar de Menezes*.[791]

A conduta do Padre Justo apresentada na carta indica o objetivo de alguns clérigos ao se deslocarem até as Minas do Cuiabá. O tempo de estadia dos vigários encomendados era estabelecido por mandatos de dois

---

[789] Conforme Virgílio Correa Filho, esses dois irmãos paulistas, que eram gabados por uns e temidos por seus adversários, acabaram sofrendo um golpe mortal por parte do governador e capitão-general Rodrigo Cesar de Menezes (CORREA FILHO, *op. cit.*, p. 213).

[790] DOCUMENTOS interessantes para a história e costumes de São Paulo. v. 12. Bandos e portarias de Rodrigo Cesar de Menezes. São Paulo: Escola Typográphica Salesiana, 1901a. Archivo do Estado de São Paulo. p. 128.

[791] REGISTRO de hua carta q' se escreven a Villa de S^{tos} ao P^e Franc^{co} Justo de São Tiago em 10 de Mar^{co} de 1724. São Paulo. *In*: DOCUMENTOS interessantes para a história e costumes de São Paulo. Vol. XX. Correspondência interna do governador Rodrigo Cesar de Menezes: 1721-1728. São Paulo: Typographia Aurora, 1896a. Arquivo do Estado de São Paulo. p. 96-97.

a três anos, período em que, provavelmente, buscavam captar o máximo de recursos possíveis para si. Por esse comportamento clerical, muitos eram interpretados pelos coevos como "tomados pela cobiça". Todavia, passar por freguesias de regiões da mineração constituía-se em alternativa no escasso e disputado "mercado" das colações eclesiásticas coloniais[792].

Dois anos depois da vinda do Padre Francisco Justo, em 1724, chegou às Minas do Cuiabá, em uma *maloca* de canoas, o segundo vigário e pároco, também encomendado, o padre secular Manoel Teixeira Rabelo. Este clérigo foi encaminhado para desempenhar as mesmas funções do anterior, mas, desta vez, sua provisão foi dada pelo cabido do Rio de Janeiro, por estar o bispado com sede vacante devido ao falecimento de D. Francisco de S. Jerônimo[793].

Consta nas crônicas de José Barbosa de Sá que, ao tomar posse da Igreja das Minas do Cuiabá, o Padre Manoel Teixeira Rabelo teria entrado "a exercer seu pastoral oficio fazendo também justiça com força"[794]. Nessa expressão, o cronista poderia estar indicando o modo como o vigário antecessor (Padre Francisco Justo) também teria agido nas minas. Entretanto, o que chama atenção é, novamente, o acúmulo de funções atribuídas a esses clérigos, diferentemente de outras regiões coloniais, onde eram exercidas separadamente por mais de um sacerdote[795].

Os eclesiásticos enviados com mandato oficial nos primeiros períodos de existência das Minas do Cuiabá (e depois nas Minas do Mato Grosso) constituíram-se, praticamente, nas autoridades com maior relevância no local, apesar de estes não contarem com nenhuma estrutura para exercerem suas funções de forma plena. Somente a partir do terceiro vigário as minas passaram a ter mais instituições e novos agentes para compartilhar o poder local, pois, até então, apesar de estar sob o governo da capitania de São Paulo, a administração era realizada precariamente pelos líderes escolhidos entre os sertanistas eleitos pelos coevos na ocasião dos primeiros achados, em abril de 1719[796].

---

[792] CARTA..., 1756. Ver também: VEIGA, *op. cit.*, p. 36-37.
[793] BARBOSA DE SÁ, *op. cit.*, p. 17.
[794] *Ibid.*, p. 17, grifo nosso. Nas crônicas de Joaquim da Costa Siqueira, encontra-se a mesma notícia, mas omite-se a informação que faz referência ao exercício da "justiça com força" (SIQUEIRA, 2002b, p. 22).
[795] *Cf.* POLLETO, *op. cit.*
[796] "No mesmo dia [08], mez [abril] e anno atraz nomeados [1719] elegeu o povo em vóz alta o capitãomór Paschoal Moreira Cabral por seu guarda-mór regente até a ordem do senhor General para poder guardar todos os ribeiros de ouro, socavar, examinar, fazer composições com os mineiros e botar bandeiras, tanto aurinas como aos inimigos barbaros, e visto elegerem ao dito lhe acatarão o respeito que poderá tirar autos contra aquelles que forem regulos,

Em 1726, o Vigário Manoel Teixeira foi substituído pelo Padre Lourenço de Toledo Taques, que chegou às Minas do Cuiabá na mesma monção que trouxe o governador capitão-general Rodrigo Cesar de Meneses. A partir de então, a instituição eclesiástica em Cuiabá passou a compartilhar o gerenciamento da vida dos fiéis nas minas com outros agentes sociais, por exemplo, os vereadores[797]. O governador Rodrigo Cesar de Menezes foi para lá com o propósito de instalar os meios de controle fiscal na região pretendidos pela Coroa. Para isso, de início, elevou o pequeno arraial à condição de vila no primeiro dia do ano seguinte (1º de dezembro de 1727)[798].

O Padre Lourenço Taques, ao chegar e tomar posse da freguesia do Cuiabá, prendeu o Padre Manoel Teixeira Rabelo. Lourenço Taques provavelmente também estava na condição de visitador das minas, pois, segundo José Barbosa de Sá, logo entrou em visita[799]. A ação deste vigário não foi nada tranquila, pois, nas palavras do cronista, "formou muitos sumários prendeu o antecessor o Padre Manoel Teixeira Rabelo com tal extrepito e confusão que tremia a terra e abalavão se os montes temerosos de tanta justiça"[800]. Mas o Padre Manoel Teixeira Rabelo conseguiu sair das minas depois que fora solto pelo ouvidor doutor Antônio Alves Lanhas Peixoto[801].

Nessa segunda sucessão da direção da freguesia do Senhor Bom Jesus, além dos relacionamentos tensos que se sucediam até então, agora, em meio ao conflito instalado, acrescentou-se a interferência da justiça civil, como se pode conferir no relato do cronista.

---

como é amotinador e aleves, que expulsará, e perderá todos os seus direitos e mandará pagar dividas, e que nenhum se recolherá até que venha o nosso enviado, o capitão Antonio Antunes, o que todos levamos a bem hoje, 8 de Abril de 1719 annos, e eu Manoel dos Santos Coimbra, escrivão do arraial, que o escrevi. – Paschoal Moreira Cabral" (ANNAES..., *op. cit.*, p. 47; BARBOSA DE SÁ, *op. cit.*, p. 12).

[797] O capitão-general Rodrigo Cesar de Menezes, no primeiro dia do ano seguinte a sua chegada, elevou o arraial de mineração à condição de vila real, ergueu pelourinho, constituiu o Senado da Câmara e nomeou por ouvidor o doutor Antônio Alvares Lanhas Peixoto, que já exercia o cargo na Vila de Paranaguá, "mandado por sua Magestade para o acompanhar e instruir no que fosse necessário para a adeministração da justiça" (BARBOSA DE SÁ, *op. cit.*, p. 19).

[798] CORREA FILHO, *op. cit.*, p. 211-218.

[799] BARBOSA DE SÁ, *op. cit.*, p. 21.

[800] *Ibid.*, p. 21.

[801] Tempos depois, Padre Manoel encontrava-se no bispado do Maranhão, onde conseguiu uma das conezias do cabido de lá (CARTA de D. João V ao bispo do Maranhão, apresentando o Padre Manoel Teixeira Rebelo à uma conezia do cabido da Sé do Maranhão. Devendo ser provido na mesma forma que as côngruas eram pagas na Sé do Pará. Lisboa, 11 jul. 1745. ANTT-PT, Secretaria da Mesa da Consciência e Ordens, Chancelaria da Ordem de Cristo, Antiga, Livro 224, f. 14 v e 15).

> Vendo-se o prezo oprimido e vexado [padre Manoel Teixeira Rabelo] mais da soberba, e vaidade que da justiça agravou para o Juis dos feitos da Coroa, que era o Doutor Lanhas como Ouvidor desta Camarca tomando este conhecimento do cazo, o mandou soltar, ao que se seguio publicalo o Vigr.º por publico excomungado, vitandoo dos officios Divinos, e inpresso na Igreja, com o dictame de que o Ouvidor se intrometera a perturbar a jurisdição eclesiástica.[802]

Contudo, o Padre Lourenço de Toledo Taques reagiu como preconizavam as Constituições Primeiras, em que, sob a pena de excomunhão maior (*ipso facto incurrenda*) e de pagamento de 50cruzados para as despesas da justiça, previa-se que nenhuma pessoa, independentemente da dignidade, do grau e da condição que tivesse, por si nem por outrem, direta nem indiretamente, por nenhuma via ou modo, poderia fazer ou ordenar ação que prejudicasse a imunidade, a isenção e a liberdade das igrejas e das pessoas eclesiásticas[803].

Entretanto, o fato de o vigário fazer uso de seu poder previsto na legislação eclesiástica colonial não possibilita afirmar que era um fiel seguidor das regras. Nesse caso, ele apenas utilizou as armas de que dispunha para garantir sua autoridade. Depois do acontecido, as crônicas dizem que a população da Vila Real do Senhor Bom Jesus se via confusa e dividida entre aqueles que afirmavam que o ouvidor estava verdadeiramente excomungado e aqueles que diziam o contrário[804].

Em meio à confusão que se instalou, o capitão-general Rodrigo Cesar de Menezes manteve-se neutro, pois, segundo as crônicas da época, seria de seu interesse o conflito, uma vez que ele não estaria satisfeito com o desempenho do ouvidor por este não o ter atendido como esperava.

Segundo José Barboza de Sá, motivados por interesse, também se posicionavam "os principais do povo", que pretendiam alcançar vantagem junto de "S. Ex.ª e ter nome em Palacio, fomentavão mais o Vigr.º, fazendo lhe as partes e dando lhe a razão, para que de todo comsumisse o Ouvidor por que S. Exellencia assim gostava"[805]. O ouvidor teria cessado seu despacho, mas o vigário continuou com suas admoestações à comunidade local para que tratassem o ministro por excomungado[806].

---

[802] ANNAES..., *op. cit.*, p. 57.
[803] Livro IV, Título II, Art. 642. *In*: VIDE, *op. cit.*
[804] ANNAES..., *op. cit.*, p. 57.
[805] BARBOSA DE SÁ, *op. cit.*, p. 21.
[806] *Ibid.*, p. 21.

Conforme Otávio Canavarros, o ouvidor-geral tinha grande importância entre os oficiais do rei. Depois dos capitães-generais, era a principal autoridade na região. O cargo na América portuguesa era provido pelo rei por um triênio e acumulado por juízes de carreira. Em geral, era exercido por desembargadores, sempre doutores em leis, os quais recebiam tratamento de ministros e juízes dos feitos da Coroa e percebiam ordenados e ajuda de custo para as viagens[807]. Segundo o mesmo autor, pelo menos durante a primeira metade do século XVIII, a ouvidoria em Cuiabá "foi o principal foco de atritos entre as instituições [...] levando a pensar que o conflito pessoal e jurisdicional, era a forma padrão de funcionamento dos órgãos colônias"[808].

Depois de dois anos do desencontro entre o vigário e o ouvidor de Cuiabá, o Padre Lourenço Taques passou pela mesma situação que este impôs ao seu antecessor. Com a chegada do Padre Antônio Dutra de Quadros, o Padre Lourenço também foi preso, mas conseguiu fugir da prisão e viajou para a Vila de São Paulo com a ajuda de parentes e amigos[809]. Na versão de Barbosa de Sá, essa prisão novamente promoveu "grande estrondo pela violência e cautela com que foy feita e respeito com que se obstentava o preso"[810]. Contudo, mesmo fugindo, o Padre Lourenço Taques não ficou livre de acusações, pois ainda teve que enfrentar os processos abertos pelo Padre Antônio Dutra, os quais eram de investigação por concubinato e tentativa de homicídio de um escravo a seu mando, assim como denunciado no Tribunal do Santo Ofício[811].

O padre secular Antônio Dutra chegou à Vila Real do Senhor Bom Jesus em 1729, com a monção que trouxe o então novo ouvidor, Diogo de Lara e Morais. Ele foi o quarto vigário da vara da freguesia de Cuiabá, encomendado pelo bispo do Rio de Janeiro à época, D. Antônio de Guadalupe. Como já foi dito, esse clérigo entrou em conflito e prendeu seu antecessor,

---

[807] CANAVARROS, op. cit., p. 131. "A Ouvidoria era, antes de tudo, um tribunal de segunda instância: julgava recursos, avocava processos do 'juizado ordinário' e encaminhava apelações e agravos a Relações da Bahia e a Mesa de Consciência e Ordens, no caso de inventários de defuntos e ausentes, ou resíduos de fábrica (saldos disponíveis) de capelas e igrejas, ou testamentos para obras pias".

[808] Ibid., p. 132.

[809] BARBOSA DE SÁ, op. cit., p. 26.

[810] Ibid., p. 26.

[811] CARTA do envio das denúncias contra o padre Lourenço de Toledo Taques. ANTT-PT, Tribunal do Santo Ofício, Inquisição de Lisboa, Proc. 16.377; PROCESSO crime: Mato Grosso século XVIII e XIX (Pe. Lourenço de Toledo Taques). Cuiabá, 1727; PROCESSO crime: Mato Grosso século XVIII e XIX (Pe. Lourenço de Toledo Taques). Cuiabá, 1732. ACMSP-SP. Depois da saída das Minas do Cuiabá, Padre Lourenço de Toledo Taques foi vigário em Taubaté e findou seus dias em Guaratinguetá, em 1754, com mais de 70 anos de idade (FICHAS biográficas do clero – padre Lourenço de Toledo Taques. ACMSP-SP).

mas este conseguiu fugir da prisão por interferência de autoridades civis leigas, o que, segundo o cronista, deixou o Padre Antônio Dutra furioso, "bramindo como hum leão ferido fulminando excomunhoens contra todos os cumplices na fuga do preso que lhe havião dado favor e ajuda"[812].

Antes de terminar o seu triênio e mesmo sem ter chegado um novo vigário para lhe suceder em 1732, o Padre Antônio Dutra seguiu viagem para São Paulo junto a uma monção. Em seu lugar, o vigário deixou o Padre André dos Santos. Segundo Barbosa de Sá, Antônio Dutra tomou tal decisão por ter passado por conflitos com o ouvidor doutor José de Burgos Villa Lobos a ponto de chegarem a "descomposturas verbais"[813]. Em verdade, o Padre Antônio Dutra foi obrigado a deixar a freguesia por Ordem Régia, devido às cobranças exorbitantes que praticava em relação às taxas e aos emolumentos das desobrigas e por não querer obedecer às ordens do bispo[814].

Por quase dois anos, a matriz da freguesia do Senhor Bom Jesus ficou aos cuidados do Padre André dos Santos até que, em 1734, chegou o quinto vigário da vara encomendado, o Padre João Caetano de Azevedo, provido pelo bispo do Rio de Janeiro à época, D. Antônio de Guadalupe[815]. Quando chegou à Vila do Cuiabá, assim como os três vigários anteriores, ele prendeu o clérigo que estava cuidando da freguesia, o Padre André dos Santos[816].

A essa altura dos acontecimentos, novos arraiais surgiam na região, além de algumas capelas. Porém, foi no tempo em que o Padre João Caetano de Azevedo administrou a freguesia do Senhor Bom Jesus que ocorreu a primeira expansão da instituição eclesiástica em Mato Grosso colonial. Desse modo, assim que foram descobertas as Minas do Mato Grosso, na década de 1730, o padre logo enviou e proveu capelães para os novos achados. Em 1735, ele enviou o Padre André dos Santos e, em 1739, o Padre Pedro Leme[817]. Porém, essa iniciativa foi também motivo de tensão entre os clérigos, porque, logo após os encaminhamentos desses capelães, havia chegado um clérigo como capelão, encomendado por parte do bispo do Rio de Janeiro, o Padre Doutor José Pereira de Aranda, para os descobrimentos de Mato Grosso[818].

---

[812] BARBOSA DE SÁ, *op. cit.*, p. 26.
[813] BARBOSA DE SÁ, *op. cit.*, p. 32; SIQUEIRA, 2002b, p. 42.
[814] CARTA dos oficiais da Câmara da Vila de Cuiabá ao rei [d. João V] em que pedem providencia contra as exorbitâncias que cobra de desobriga o vigário da matriz das minas. Vila de Cuiabá, 29 jun. 1730. AHU-MT, Caixa 1, Doc. 42.
[815] BARBOSA DE SÁ, *op. cit.*, p. 35; SIQUEIRA, 2002b, p. 46.
[816] BARBOSA DE SÁ, *op. cit.*, p. 35.
[817] ANAIS..., *op. cit.*, p. 44.
[818] ANNAES..., *op. cit.*, p. 70.

O Padre João Caetano não quis cumprir a provisão enquanto não tivesse certeza da capacidade para se erigir freguesia à parte, e mandou outro clérigo por capelão, o Padre Manoel Antunes de Araújo[819]. Diante do encaminhamento, o capelão encomendado e provido pelo bispo do Rio de Janeiro, o doutor José Pereira de Aranda, obviamente, não concordou e, segundo Barboza de Sá, ficou "bramando, lançando rayos e coriscos contra o vigário da vara"[820]. Mas, ao fim, o Padre José Pereira acabou cedendo e sujeitou-se à decisão tomada pelo vigário da freguesia de Cuiabá, que parecia ter mais poderes que ele. Não se sabe se o Padre José Pereira de Arruda (ou Aranda) conseguiu assumir o emprego de capelão encomendado, mas, por ocasião da chegada do visitador Bartholomeu Gomes Pombo, em 1743, ele ainda estava na região e foi preso junto de outros clérigos[821].

Voltando ao processo de sucessão dos vigários da freguesia da Vila Real do Senhor Bom Jesus, depois de mais ou menos sete anos, em 1741, o Padre João Caetano foi substituído por outro clérigo secular, o Padre Antônio José Pereira. Este chegou junto a uma monção e também foi provido pelo novo bispo do Rio de Janeiro, D. João da Cruz, que governou a diocese por pouco tempo. São poucas as informações sobre esse clérigo, mas sabe-se que também rendeu seu antecessor[822]. Porém, em 1743, na posse do sétimo vigário da vara da Vila do Cuiabá, o Padre Manoel Bernardes Martins Pareyra (Pereira), não foi encontrada informação de que o Padre Antônio José Pereira tenha sido rendido por seu antecessor.

Contudo, não era ainda o fim dos conflitos entre os clérigos da região. O Padre Manoel Bernardes Pareyra, presbítero secular encomendado e provido pelo então bispo do Rio de Janeiro, Dom Frei Antônio do Desterro, entrou em conflito com o Padre Bartholomeu Gomes Pombo, primeiro vigário da recém-erigida freguesia das Minas do Mato Grosso. Assim, os conflitos passaram a ser entre as duas circunscrições eclesiásticas da região. Uma das maiores celeumas aconteceu em 1746, quando os dois vigários tentaram estabelecer jurisdição no descoberto das Minas do Arinos. Ao fim, porém, nem um nem outro teve sucesso, pois as minas não prosperaram[823].

---

[819] Ibid., p. 70.
[820] BARBOSA DE SÁ, op. cit., p. 36.
[821] Ibid., p. 42.
[822] Ibid., p. 40; SIQUEIRA, 2002b, p. 54.
[823] SIQUEIRA, 2002b, p. 57; BARBOSA DE SÁ, op. cit., p. 42. Consta nas crônicas que esse foi o primeiro vigário a vir para Cuiabá pelo caminho de terra.

O Padre Manoel Bernardes Martins terminou o seu mandato em 1747 e viajou, deixando em seu lugar o Padre João da Costa na direção da freguesia[824]. Entretanto, não demorou muito e, no fim do mesmo ano, a freguesia do Senhor Bom Jesus recebeu o Padre Fernando Baptista como vigário provido pelo bispo do Rio de Janeiro Dom Frei Antônio do Desterro. Logo que chegou à vila, o novo vigário prendeu o Padre João da Costa, que era o responsável interinamente, mas, em seguida, soltou-o, fazendo-o seu coadjutor[825].

Padre Fernando Batista teve uma estadia curta à frente da Igreja de Cuiabá. Em 1749, saiu da vila pelo caminho de terra junto ao ouvidor doutor João Nobre Pereira e, da mesma forma que seu antecessor, entregou a Igreja de Cuiabá a um clérigo coadjutor, o Padre João Alvares Torres[826]. Desse modo, verifica-se que essa prática de, antes de encerrar o mandato, deixar a freguesia aos cuidados de um coadjutor e partir da vila foi uma estratégia adotada por alguns vigários e párocos, provavelmente para evitar confrontos com seus sucessores.

O Padre João Alvares Torres não ficou por muito tempo à frente da freguesia do Senhor Bom Jesus. Assim que se soube da vacância da vigararia de Cuiabá, o vigário da freguesia das Minas do Mato Grosso (região do Vale do Guaporé) enviou seu parceiro de batina, o Padre Doutor Antônio dos Reys de Vasconcellos, para assumir a função[827]. Apesar de essa transferência de cargos ter sido, aparentemente, pacífica, pode-se afirmar que esse foi o início do segundo momento mais tenso que envolveu os clérigos das duas circunscrições eclesiásticas de Mato Grosso colonial — o primeiro foi em 1746, nas Minas do Arinos. Esse momento também encerrou a fase das tensões e dos conflitos observados entre os eclesiásticos. Depois dele, considerando-se os espaços das duas comarcas eclesiásticas da fronteira oeste, verificou-se uma nova fase estabelecida pelo modo de proceder dos eclesiásticos entre si, na qual a sucessão dos empregos de vigários se tornou mais amistosa[828].

---

[824] BARBOSA DE SÁ, *op. cit.*, p. 45.

[825] BARBOSA DE SÁ, *op. cit.*, p. 45; SIQUEIRA, 2002b, p. 61.

[826] SIQUEIRA, 2002b, p. 61; BARBOSA DE SÁ, *op. cit.*, p. 45. Esse clérigo trabalhou por muitos anos na freguesia do Senhor Bom Jesus de Cuiabá. Provavelmente esteve presente no local desde a fundação do arraial, em 1720. Aliás, foi dono de um sítio que antes era roça do sertanista Miguel Sutil, à beira do Rio Cuiabá (SIQUERA, 2002b, p. 18).

[827] BARBOSA DE SÁ, *op. cit.*, p. 45; SIQUEIRA, 2002b, p. 61.

[828] Em resumo, o Padre Antônio dos Reis Vasconcelos, que era coadjutor nas Minas do Mato Grosso, tomou posse da vigararia da Vila de Cuiabá, provido pelo vigário da freguesia das Minas do Mato Grosso, e causou grande conflito no momento da chegada do Padre João de Almeida Silva, presbítero secular, doutor, enviado pelo bispo do Rio de Janeiro D. Frei Antônio do Desterro em 1750. O acontecido perturbou a ordem pública e movimentou a vila de Cuiabá (BARBOSA DE SÁ, *op. cit.*, p. 45-46).

Nesse sentido, acredita-se que essa mudança nos procedimentos dos vigários e dos párocos, durante a transição da primeira para a segunda metade do século XVIII, tenha ocorrido pelos rearranjos na configuração dos poderes locais e da administração local, como, por exemplo, a instalação do governo da capitania e a presença do governador, que representava diretamente a Coroa. Mas, mais do que isso, vale lembrar que, concomitantemente, mudanças estavam ocorrendo no reino. Era o fim do período joanino. Em 1751, D. João V (1689-1751) veio a falecer, e seu filho D. José (1714-1777) ascendeu ao trono, o qual, tendo como mentor seu primeiro-ministro ilustrado, promoveu uma série de reformas regalistas, alterando significativamente a vida da instituição eclesiástica no reino e no ultramar[829].

Em relação à Igreja colonial, nota-se que a atenção dos bispos do Rio de Janeiro com a circunscrição eclesiástica da fronteira oeste parece ter aumentado na segunda metade do século XVIII, tendo em vista não só as constantes reclamações dos leigos e das autoridades em relação aos clérigos, como também o número de cartas e provisões emitidas para se regular a vida e os modos dos fiéis e dos eclesiásticos. Por fim, destaca-se o fato de a circunscrição eclesiástica das Minas do Cuiabá e do Mato Grosso ter sido elevada à condição de prelazia[830]. Esse último evento pode ter influenciado os bispos do Rio de Janeiro no momento da escolha dos vigários, ao elegerem indivíduos considerados com maior capacidade e melhor formação acadêmica[831].

No âmbito local, esse acontecimento foi significativo para a mudança do modo de agir dos vigários em relação a seus pares, apesar de esta parecer contraditória, devido à queda da atividade de mineração. Mas esse foi o período em que houve aumento no número de capelas da região e estruturação das irmandades, elementos que geraram fontes de renda importantes para a manutenção dos clérigos. Como será apresentado mais adiante, o número de capelas na segunda metade do século XVIII foi maior que o número de clérigos que atuavam na região. Notadamente, nas três primeiras décadas

---

[829] Na segunda metade do século XVIII, a expulsão dos jesuítas e as limitações impostas a ordens regulares, ou seja, ações regalistas, foram implementadas na vida eclesiástica colonial de modo decisivo e, mesmo depois da saída de Pombal da administração régia, os dois últimos monarcas do período aqui estudado, D. Maria I e seu filho, o príncipe D. João, também não deixaram de inferir no destino da Igreja ultramarina, até porque a Igreja continuava sob o regime de padroado régio (RUBERT, *op. cit.*, p. 244).

[830] Antes de 1750 não foram encontrados documentos dos bispos do Rio de Janeiro direcionados aos vigários de Cuiabá e de Mato grosso. De 1755 até 1779, computamos pouco mais de uma dezena de portarias e provisões.

[831] Dos 23 vigários que passaram pelas freguesias de Cuiabá e de Vila Bela, a contar de 1750, 9 eram doutores; destes, sete eram formados na Universidade de Coimbra (Fonte: BRASILIA: brasileiros que se formaram na Universidade de Coimbra; Certidões de idade para ordenação sacerdotal; Fichas de matrículas. Arquivo da Universidade de Coimbra - AUC).

da conquista da fronteira oeste, a quantidade de eclesiásticos era próxima ou equitativa à demanda de capelas, o que contribuiu para o acirramento das disputas por jurisdição entre os vigários das duas freguesias instaladas da região, como se verá a seguir.

4.1.2 Os clérigos das Minas do Mato Grosso e as disputas por jurisdições

No início da década de 1730, o movimento exploratório em busca de novas jazidas no sertão continuou partindo das Minas do Cuiabá e, com as descobertas de ouro no vale do Rio Guaporé, novos arraiais foram instalados, assim como suas capelas, na região denominada Mato Grosso[832]. O primeiro clérigo que chegou a essas novas minas foi o Padre José Manoel Leite, que, em 1734, arranchou no campo chamado Pilar com seu irmão, o sargento-mor Francisco Sales Xavier, e alguns camaradas[833].

Logo que a notícia chegou à Vila do Cuiabá, o então vigário da freguesia do Senhor Bom Jesus, o Padre João Caetano, providenciou e enviou clérigos que já atuavam na região para acompanhar o fluxo da população que se direcionava para as Minas do Mato Grosso. Por quase uma década, o vigário da Vila Real manteve a jurisdição eclesiástica sob as novas minas como se fossem extensão da freguesia do Cuiabá, até que, em 1743, chegou o primeiro vigário da vara para as Minas do Mato Grosso. Assim, o espaço da fronteira oeste foi dividido em duas comarcas eclesiásticas, cada qual com uma freguesia e sua sede.

Mais uma década adiante (1754), a sede da freguesia das Minas do Mato Grosso foi transferida do Arraial de São Francisco Xavier para a recém-fundada vila-capital (1752), Vila Bela da Santíssima Trindade. Antes da criação da freguesia, porém, mesmo a região sendo provida de clérigos da circunscrição do Cuiabá, pelo menos dois capelães foram encomendados pelo bispado do Rio de Janeiro[834].

---

[832] O termo "Mato Grosso" foi a denominação dada à região do vale do Rio Guaporé pelos sertanistas. A denominação faz referência aos aspectos da vegetação encontrada, que, na verdade, fazem parte do ecossistema amazônico, ou seja, adentram as grandes florestas para além do cerrado (ANAIS [...], *op. cit.*, p. 39).

[833] *Ibid.*, p. 40.

[834] Esses capelães foram os padres seculares José Pereira de Aranda — que não conseguiu assumir sua função — e o Padre Manoel da Silva Moura (Moreira). Esse último padre chegou em 1742 a Cuiabá, via monção, provido pelo bispo D. Frei João da Cruz, e depois seguiu viagem para render o Padre Manoel Antunes de Araújo (BARBOSA DE SÁ, *op. cit.*, p. 40; SIQUEIRA, 2002b, p. 54). Padre Manoel foi provido para três anos, mas não chegou a completar o mandato, porque veio a falecer no mesmo ano de sua chegada (ANAIS..., *op. cit.*, p. 44-45).

Os clérigos da circunscrição eclesiástica das Minas do Mato Grosso, ou seja, da freguesia de São Francisco Xavier, e, depois, de Vila Bela da Santíssima Trindade, não apresentaram o mesmo comportamento conflitante entre si, como apresentaram os clérigos da freguesia do Senhor Bom Jesus de Cuiabá em relação aos seus pares (pelo menos esse comportamento não foi registrado nas crônicas). Entretanto, no que se refere às comarcas de Cuiabá e de Mato Grosso, inicialmente, houve conflitos por disputa de jurisdição entre os vigários da vara.

O primeiro conflito ocorreu em 1745, quando o mestre de campo Antônio de Almeida Falcão e seus filhos, moradores das Minas do Mato Grosso, descobriram as Minas do Arinos[835]. Neste local, formaram uma povoação e levantaram uma capela, provavelmente dedicada a Santa Izabel. Segundo José Barbosa de Sá, os moradores do novo arraial começaram a lavrar as minas "tudo isto com mantimentos conduzidos de Matto Grosso e Cuyabá alqueire de farinha e des [dez] oitavas de ouro e feijoens pelo mesmo preço e o mais a este respeito"[836].

Essas novas minas eram muito importantes para a região naquele momento, uma vez que as Minas do Mato Grosso já vinham experimentando baixa na produção aurífera. Assim, a descoberta de uma jazida poderia reacender os ânimos dos mineiros/colonizadores. Além disso, o novo achado estava localizado em um lugar estratégico, considerando-se os interesses metropolitanos na região, o que, no entanto, poderia ser motivo de preocupação em relação ao contrabando, devido à possibilidade de o Rio Arinos se tornar mais uma via de acesso à região e de escoamento até Belém do Grão-Pará[837]. A potencialidade da nova via era tão alta que, em 1747, João de Souza Azevedo enviou informações detalhadas sobre a localização da região ao general do estado do Maranhão. Segundo João de Souza Azevedo:

> Ao Ill.mo e Ex.mo Snr' Gn.al do Estado do Maranham e Cid.e do Gran Pará [...] Forão descobertas pelos moradoresdas Minas do Matto grosso, foi cabo da bandr.a Paschoal de Arruda por ordem de seu Pay o M.e de Campo Ant.o de Almd.a Falcam, com varios companheyros q' o acompanharão cada hum asua custa; ficão as ditas Minas em distancia de 25 dias de viagem das do Matto Grosso e distante das Minas do Cuyabá 18 dias de viagem estão vertentes do Rio Almazonas e continuando

---

[835] ANNAES..., *op. cit.*, p. 74.
[836] BARBOSA DE SÁ, *op. cit.*, p. 44.
[837] Por essa razão, desde outubro de 1733, a navegação pelo Rio Madeira estava oficialmente proibida por decisão régia, que viria a ser abolida apenas em 1752, com a abertura do Rio Madeira para as relações comerciais com as outras capitanias (REZENDE, *op. cit.*, p. 168-169).

> a navegação do Rio the chegar a pra Fortalez do Rio Tapajoz serão 2[ou 5] dias de viagem de Rio abaixo e p^a sima se poderá navegar em três mezes em^o the coatro conforme as marchas esendo emtempo secoq' cheyo senão pode subir [...].[838]

O novo achado despertou o interesse por parte de todos na região, autoridades, moradores e eclesiásticos. Assim, no ano seguinte às descobertas, em 1746, o Padre Bartholomeu Gomes Pombo, que era vigário da vara da freguesia das Minas do Mato Grosso, enviou o clérigo secular Antônio dos Reis Vasconcelos para o novo arraial a fim de estabelecer sua jurisdição no lugar do descoberto[839].

Como o interesse no local era grande, o vigário da freguesia da Vila Real à época, Padre Manoel Bernardes, deixou em seu lugar um substituto cuidando da freguesia do Cuiabá, e ele mesmo se dirigiu às novas minas para também estabelecer sua jurisdição. No entanto, conforme os registros dos *Anais da Câmara de Cuiabá*, o Padre Manoel Bernardes encontrou já no local o Padre Antônio dos Reis de Vasconcelos. Os dois clérigos, então, começaram a disputa para estabelecer a qual deles pertencia aquela nova povoação. Diante da contenda eclesiástica instalada, ficou o impasse sem resolução, pois, como não havia ninguém que pudesse interferir e resolver o problema, os dois padres "pucharão pelas espadas das escomunhoés, o do Mato Grosso publicou excomunhão contra o do Cuyabá, e todos os do seo Sequito, e este contra aquele fés o mesmo"[840].

Segundo o cronista, os clérigos pregaram as excomunhões na porta da capela já erigida pelo povo na localidade, e, nesse momento, um fato surpreendente teria acontecido.

> Chegou hum cavallo magro de Antonio de Almeida Falcão com a boca tirou hum papel daqueles, que senão examinou qual era. Sumiusse ao mesmo tempo o ouro, que nem mostras delle Sevirão mais. Retirouse o Povo com notavel perdição deixando servissos, rossas, e cazas, que se havião feito com grandes empenhos, perda que chegou a mais de hum milhão, e pósestas Minas, e as do Mato Grosso em grande consternação.[841]

---

[838] BREVE informação, que dá João de Souza Azevedo ao general do Estado do Maranhão, do descobrimento das Minas de Santa Izabel no Arinoz. [Cópia]. Pará, 26 ago. 1747. BPE-PT, Manuscriptos, COD. CXV/2-13 (a fl. 334. 2 p. Fl. p. 30 ou 123).
[839] BARBOSA DE SÁ, *op. cit.*, p. 44; SIQUEIRA, 2002b, p. 59-60.
[840] ANNAES..., *op. cit.*, p. 74.
[841] *Ibid.*, p. 74-75.

Obviamente, não se pode comprovar que o que ocorreu entre os clérigos realmente tenha sido assim, ou se, de fato, a povoação das minas não tevê sucesso em razão do acontecido. Contudo, os registros dos *Anais de Vila Bela*— que não citam a disputa e o "duelo" entre os clérigos — informam que essa mina não foi boa coisa desde o início.

> E sem mais averiguação da verdade daquelas notícias, abalou todo o povo destas minas para aquele sonhado descoberto, com tal desacordo, que parecia fuga e não mudança. Apenas lá chegaram, e muitos ainda em caminho, tiveram o desengano de que, ou fora facilidadede quem os convocou, com as notícias que mandou, ou fora castigo de Deus, pois ouro nenhum chegaram a ver.[842]

Apesar de não citarem o episódio ocorrido entre os clérigos, os *Anais de Vila Bela* sugerem que também se acreditava que essa descoberta deixou de receber as "bênçãos dos céus", e o resultado teria sido, no mínimo, lastimoso.

> Foi essa mudança para o descoberto dos Arinos um total destroço destas minas, pelo muito que perderam os que para lá foram, e pelas muitas vidas que lá ficaram com a morte. Daqui começaram a ir estas minas de Mato Grosso em decadência, principalmente na diminuição dos moradores.[843]

Depois da contenda, os clérigos retornaram a suas respectivas freguesias, e a população dispersou-se novamente. Porém, segundo José Barbosa de Sá, na retirada, algumas pessoas se dirigiram para outra descoberta, "as Minas do Paragoay, para onde logo acudio muita gente, e formarão hum Arrayal com o titulo de Nossa Senhora do Parto, prometendo as Minas muitas grandezas"[844].

Depois de três anos, em 1749, os clérigos das duas freguesias voltaram a ter problemas entre si, devido ao fato de a freguesia do Cuiabá ter ficado vaga após o vigário ter deixado a sua função para outro clérigo e partido. Ao saber do fato, o vigário da vara da freguesia da comarca de Mato Grosso tomou logo providência e encaminhou o Padre Antônio dos Reis Vasconcelos para assumir a vigararia da freguesia de Cuiabá[845].

No entanto, não demorou muito (1750) para que chegasse à Vila do Cuiabá o clérigo presbítero secular e doutor João de Almeida Silva, que

---

[842] ANAIS..., *op. cit.*, p. 46-47.
[843] *Ibid.*, p. 47.
[844] BARBOSA DE SÁ, *op. cit.*, p. 75.
[845] *Ibid.*, p. 45, SIQUEIRA, 2002b, p. 61.

assumiu a posse da freguesia como vigário da vara e pároco visitador. O padre chegou pelo caminho de terra, enviado pelo bispo do Rio de Janeiro D. Frei Antônio do Desterro[846]. No relato de José Barbosa de Sá, sua chegada foi marcante, pois:

> [...] entrou a fazer justiça com força abrio vesita de que naó escapou bicho vivo prendeo o vigário o Doutor Antonio dos Reys de Vasconcellos [...] mettia o dito visitador todos os dias prezos na cadeia e tirava o que vendo o Ouvidor deo ordem a carcereiro naó recolhesse prezos sem ordem sua pelo que se fizerao inimigos e cessaraó as prisoens.[847]

Outro cronista da época, Joaquim da Costa Siqueira, acrescentou que esse visitador, o Padre João de Almeida, "entrou a fazer justiça com tanto furor que lhe não igualou de Minos, Rodomonte e Caco"[848]. Pelo que parece, esses foram momentos difíceis, principalmente para o Padre Antônio dos Reis, pois, "enquanto se este punha em livramento e pedia homenagem sahio da cadeya e foy andando para Matto Grosso"[849]. Contudo, voltando ao confronto dos eclesiásticos pela posse da freguesia de Cuiabá, segundo Joaquim da Costa Siqueira, o resultado foi que tudo acabou se tornando motivo de piada, porquanto: "ficando toda aquela tempestade servindo de galhofa ao povo, assim com as mesmas culpas que lhe arguiam que eram todas matérias de riso. Metia o dito visitador todos os dias presos na cadeia e tirava"[850].

Esse foi o último conflito registrado entre as duas comarcas eclesiásticas da fronteira oeste e, também, um dos últimos conflitos destacados entre os clérigos em toda a capitania. Obviamente, as tensões e os conflitos não se encerraram nessas contendas, apenas se mudou o foco. Os embates passaram a ser perceptíveis entre as esferas eclesiástica e civil, principalmente em relação às práticas econômicas estabelecidas pelos eclesiásticos na prestação dos serviços religiosos; ao serem questionados, os eclesiásticos consideravam-no intromissões de suas jurisdições.

---

[846] SIQUEIRA, 2002b, p. 61.
[847] BARBOSA DE SÁ, *op. cit.*, p. 45-46.
[848] SIQUEIRA, 2002b, p. 61.
[849] BARBOSA DE SÁ, *op. cit.*, p. 45. Antônio dos Reys de Vasconcellos era padre secular e doutor, foi capelão e coadjutor nas Minas do Mato Grosso e sempre representou o então vigário do Mato Grosso, padre doutor Bartholomeu Gomes Pombo, provavelmente pela sua capacidade e pela confiança que havia entre ambos. A última notícia sobre o Padre Antônio dos Reis Vasconcelos foi que, em 1757, ele estava dando assistência em Vila Bela, quando, na Missa de Ação de Graças celebrada por ocasião do "livramento" de Sua Majestade e sua família, registraram nas crônicas que o referido sacerdote cantou o Evangelho (ANAIS [...], *op. cit.*, p. 66).
[850] SIQUEIRA, 2002b, p. 61-62.

4.1.3 Os vigários a partir da segunda metade do século XVIII: do primeiro governador da capitania ao primeiro prelado

No que se refere às tensões e aos conflitos nas relações sociais, a partir da segunda metade do século XVIII, observa-se que os clérigos com funções de vigário e pároco das freguesias da fronteira oeste da América portuguesa não apresentaram mais a mesma postura de hostilidade com os seus pares; adotaram um comportamento até mais amistoso, porém os confrontos estavam aparentes em suas relações com agentes sociais pertencentes à esfera civil.

Na freguesia do Senhor Bom Jesus, a qual foi o maior palco das ações de rendições e prisões de clérigos por outros clérigos, entre o oitavo e o nono vigário, já não houve mais registro de situações conflitantes e violência. Em 1753, encerrou-se o prazo do Padre João de Almeida Silva, e assumiu a freguesia do Cuiabá o Padre Manoel Antônio Falcão Cota como vigário da vara, encomendado e provido pelo bispo do Rio de Janeiro D. Antônio do Desterro, sem muitos alardes[851]. A permanência do vigário foi até 1758, quando seu sucessor, José Mendes de Abreu, chegou à Vila Real[852].

O cenário político-social da capitania de Mato Grosso no início da segunda metade do século XVIII sofre grandes alterações, pois, desde o mês de janeiro de 1751, havia a presença de seu primeiro governador e capitão-general, Antônio Rolim de Moura Tavares (1751-1765), que atuava com a missão de estabelecer o governo da recém-criada capitania[853]. Para isso, em 1752, o governador seguia as determinações da Coroa: fundar a vila-capital, levantar seu pelourinho, criar a câmara municipal e nomear os oficiais de justiça. Na ocasião, também ordenou que fizessem uma capela dedicada a Santo Antônio, onde celebraria Missa provisoriamente, até que se edificasse a matriz dedicada à Santíssima Trindade em um lugar destinado no centro da nova vila[854].

Contudo, a Vila de Cuiabá continuaria sendo a referência para toda a circunscrição eclesiástica que já havia sido elevada ao status de prelazia, com sua sede, a freguesia do Senhor Bom Jesus. Porém, na prática, pouco ou quase nada teria mudado no cotidiano e na administração das freguesias, pois continuariam a depender das decisões e do cuidado dos bispos

---

[851] BARBOSA DE SÁ, *op. cit.*, p. 47.
[852] LEVANTAMENTO..., *op. cit.*
[853] *Cf.* CANOVA, *op. cit.*
[854] ANAIS..., *op. cit.*, p. 52-53.

do Rio de Janeiro. Entretanto, ocorreriam mudanças significativas para a instituição eclesiástica presente na fronteira oeste em função da ação regalista do Estado português, que elegeu novas demandas religiosas, como, por exemplo, a missionação das nações indígenas consideradas pacíficas, inicialmente em reduções e, depois, em povoações ao longo da fronteira, como forma de criar uma barreira demográfica[855].

Desse modo, a criação da prelazia e da capitania de Mato Grosso, no centro da América do Sul, veio ao encontro dos propósitos que a Coroa tinha para a região, que passava a ser vista como a "chave e o propugnáculo do sertão do Brasil"[856]. Para tanto, não obstante as restrições e as proibições régias à instalação de ordens regulares em regiões coloniais de mineração, foram escolhidos dois clérigos jesuítas para cuidar do trabalho junto aos indígenas, que acabou sendo relativamente breve, pois, em 1759, os padres jesuítas foram expulsos dos domínios portugueses[857].

No decorrer de seu governo, o capitão-general D. Antônio Rolim de Moura, em carta de 31 de janeiro de 1755, enviada ao secretário de estado Diogo de Mendonça Corte Real, já expunha sua preocupação com as missões e as dificuldades de encontrar clérigos que não fossem de ordens regulares para prestar assistência aos indígenas. Sobre os clérigos seculares da região, dizia não ter a melhor das notícias.

> Enquanto às missões, nestas minas não há clérigos a quem se possam encarregar; porque pela sua distancia e pouco lucro que lhe davam suas ordens, tendo falta até de atençōes; são pouco buscadas por eles [clérigos]; e assim os que aqui há são três acomodados em três capelas dos arraiais, um mais que é mineiro, [...] Além destes há outro que serviu aqui de vigário, já totalmente incapacitado pela idade. No Cuiabá além do vigário atual, não há senão um que assiste em uma capela, e outro que acabou de vigariar, e está esperando cobrar os seus direitos paroquiais para se ir embora. Além disto sempre devo dizer a Vossa Excelência que os clérigos pela maior parte são totalmente infiéis para este ministérios, [...] é muito mais dificultoso acha-los capazes, porque ordinariamente só a ambição é o que os move a buscarem paz [...].[858]

---

[855] CANAVARROS, op. cit., p. 305.
[856] Cf. CARVALHO, op. cit.
[857] CARTA (cópia) do [secretário de Estado da Marinha e Ultramar Tomé Joaquim da Costa Corte Real] ao [governador e capitão-general da capitania de Mato Grosso] Antônio Rolim de Moura Tavares sobre a ordem de expulsão dos jesuítas portugueses e espanhóis [...]. Lisboa, 22 ago. 1758. AHU-MT, Caixa 10, Doc. 580(1).
[858] CARTA..., 1982d.

Nessa carta, o governador caracterizou os clérigos presentes na região como acomodados, interesseiros e infiéis para esse tipo de ministério. A princípio, a preocupação do governador era com as missões indígenas, estrategicamente necessárias para seu governo. Mas ele também se refere ao trabalho dos eclesiásticos em geral. O governador dizia-se preocupado também quanto aos cuidados com o controle dos eclesiásticos devido às queixas provenientes de desordens promovidas por estes. Notadamente, a insatisfação de D. Antônio Rolim baseava-se na passagem de clérigos pela capitania, que lhe "deram trabalho"[859]. No entanto, essa visão negativa do primeiro governador da capitania de Mato Grosso em relação ao clero que estava nas freguesias de Cuiabá e de Vila Bela pode estar associada à admiração que D. Antônio Rolim tinha pelos inacianos e ao fato de ter sido influenciado pelas críticas jesuíticas em relação ao clero colonial[860].

Enquanto as mudanças ocorriam na conjuntura geopolítica da fronteira, no coração da América do Sul, a sucessão de vigários e párocos acontecia sem grandes alardes nas freguesias das duas comarcas eclesiásticas da região. Novos clérigos continuavam chegando, ainda encomendados pelo bispado do Rio de Janeiro, como foi o caso, em 1757, do padre secular José Mendes de Abreu, que veio em uma grande monção, com mandato de vigário da vara e igreja e pároco[861], provido pelo bispo do Rio de Janeiro Dom Frei Antônio do Desterro. Mas somente tomou posse no ano seguinte, depois que o Padre Manoel Antônio Falcão Cota viajou para o Povoado (Vila de São Paulo)[862].

Desse modo, para o momento inicial dessa fase, a incumbência principal dos clérigos que se dirigiam à fronteira oeste era ainda o atendimento aos fiéis que frequentavam as capelas de vilas, povoações e propriedades rurais da região. Esse quadro sofreu mudanças significativas (se não as principais), com a expulsão dos jesuítas em 1759, ao fim do governo do capitão-general Antônio Rolim de Moura, quando os eclesiásticos seculares passaram a ter que incorporar o trabalho de missionação indígena. Essas alterações foram

---

[859] Um dos casos mais significativos foi o do Padre José Ayres, que teve de ser "despejado" da capitania devido a tensões e conflitos que provocou enquanto estava em missão pela região (BARBOSA DE SÁ, *op. cit.*, p. 47-48).

[860] Em alguns momentos, nas correspondências, D. Antônio Rolim de Moura cita como modelo de trabalho eclesiástico os Padres Francisco Xavier, José de Anchieta e Antônio Vieira. *Cf.* CARTA a Francisco Xavier de Mendonça Furtado, 14/12/1758. *In*: UNIVERSIDADE FEDERAL DE MATO GROSSO. Núcleo de Documentação e Informação Histórica e Regional. **D. Antônio Rolim de Moura, primeiro conde de Azambuja; Correspondências**. Cuiabá: Imprensa Universitária, 1982a. v. 3. (Coleção Documentos Ibéricos; Série Capitães Generaes).

[861] SIQUEIRA, 2002b, p. 75.

[862] BARBOSA DE SÁ, *op. cit.*, p. 48.

resultado das reformas pombalinas empreendidas no reinado de D. José I, o que fez com que o trabalho missionário nas aldeias passasse a ser também mais uma demanda para o clero secular na fronteira oeste[863].

Essas reformas tinham por objetivo a secularização da administração das missões comandadas até então por clérigos regulares, e o papel dos eclesiásticos passaria a ser limitado à assistência religiosa, que, por sinal, também implicava novas exigências, pois o novo modelo metropolitano para os grupos indígenas preconizava a coabitação e o estímulo à mestiçagem[864]. Notadamente, seria um desafio nada fácil para os novos párocos, uma vez que os clérigos seculares já tinham dificuldade até mesmo com os fiéis não indígenas, inclusive os membros de sua hierarquia, de fazer com que vivessem adequadamente a prática dos sacramentos[865].

Enquanto a Igreja na capitania de Mato Grosso se expandia e se adequava às novas demandas religiosas, nas sedes das principais freguesias da região, a sucessão entre os vigários decorria sem muitos transtornos, diferentemente das três primeiras décadas da colonização. Na Vila do Cuiabá, por exemplo, em 1763, encerrou-se o mandato do Padre José Mendes, que foi substituído pelo Padre Manoel da Silva Martins[866], que chegou pelo caminho de terra para ser vigário da vara e pároco, encomendado e provido pelo bispo do Rio de Janeiro D. Frei Antônio do Desterro[867].

As maiores tensões ocorreram a partir de então quando os interesses dos grupos eclesiástico e secular se chocaram, principalmente por questões de ordem econômica, pois, para os eclesiásticos, esse tipo de reclamação era compreendido como uma forma de invasão de jurisprudência político-administrativa por parte do poder civil na esfera eclesiástica. Assim, da segunda metade do século XVIII até o início do século XIX, tensões passaram a ocorrer entre eclesiásticos e leigos e aumentaram à medida que novos agentes sociais se manifestaram, como, por exemplo, as irmandades e as autoridades seculares[868].

---

[863] CARTA..., 1758.

[864] CARVALHO, *op. cit.*, p. 110.

[865] *Cf.* TORRES-LONDOÑO, 1999; MELLO E SOUZA, Laura de. Formas provisórias de existência: a vida cotidiana nos caminhos, nas fronteiras e nas fortificações. *In*: MELLO E SOUZA, Laura (org.). **História da vida privada no Brasil**: cotidiano e vida privada na América Portuguesa. São Paulo: Companhia das Letras, 1997.

[866] O padre reinol Manoel da Silva Martins faleceu em Cuiabá, em 20 de maio de 1779. Antes, porém, deixou o pedido para que seu corpo fosse amortalhado no Hábito de São Francisco, se houvesse. Esse clérigo deixou uma imagem de Jesus Crucificado para a fábrica da igreja matriz da Vila de Cuiabá para ser colocada na sua sacristia (LEVANTAMENTO..., *op. cit.*).

[867] BARBOSA DE SÁ, *op. cit.*, p. 50.

[868] *Cf.* JESUS, *op. cit.*; SILVA, 2015.

Desde os tempos iniciais das minas da região, ainda às margens do Rio Coxipó, capelas foram erguidas por iniciativa e custeio dos fiéis. Com exceção da Matriz da Vila Real, da Matriz de Santana da Chapada e da Capela de Pilar na comarca de Mato Grosso, que contaram, ao longo do tempo, com a ajuda financeira de clérigos, as demais foram edificadas com o custeio e o trabalho dos leigos e suas associações religiosas[869]. Autoridades civis também foram responsáveis pela construção de igrejas em Mato Grosso colonial.

De acordo com as crônicas da época, oficiais régios foram caracterizados como grandes devotos e construtores de igrejas. Mas, como observou Gilian E. França Silva, esses gestos caritativos não só na fronteira oeste, senão em outras partes da América portuguesa, iam além dos aspectos devocionais, pois era prática comum nesse período o pedido de concessão de mercês e honras à Coroa, no qual estes préstimos eram, muitas vezes, alegados[870].

Contudo, interessa aqui destacar que essa iniciativa leiga também contribuiu para intensificar o ambiente das tensões, como aconteceu em Vila Bela da Santíssima Trindade, em 1753. Ocorreu que, por iniciativa do juiz de fora Teotônio da Silva Gusmão, além da obtenção de recursos (esmolas) oferecidos pela população, no governo de D. Antônio Rolim de Moura, em 7 de dezembro de 1753, iniciou-se a construção da segunda capela na vila-capital[871]. O novo templo, dedicado à Nossa Senhora Mãe dos Homens, ficou pronto no ano seguinte, quando foi abençoado, em 21 de novembro de 1754[872].

Segundo os *Anais de Vila Bela*, o juiz de fora Teotônio da Silva Gusmão conseguiu construir a referida capela em madeira utilizando a mão de obra de seus escravos e seus próprios emolumentos adquiridos na prestação dos serviços reais[873]. Além da construção em si, houve participação dos fregueses e das irmandades no custeio das partes interiores do templo, que eram muito importantes para as práticas litúrgicas, como as imagens, as alfaias e os ornamentos. Nesse caso, a Irmandade do Rosário dos Mulatos e Pretos que ali havia se instalado providenciou uma imagem de Nossa Senhora do Rosário no Maranhão[874].

---

[869] SILVA, 2015, p. 116.

[870] *Ibid.*, p. 116.

[871] ANAIS..., *op. cit.*, p. 54. *Cf.* AMADO, Janaina; ANZAI, Leny. **Luís de Albuquerque**: viagens e governo na capitania de Mato Grosso / 1771-1791. São Paulo: Versal, 2014.

[872] ANAIS..., *op. cit.*, p. 54.

[873] CARTA do juiz de fora Teotônio da Silva Gusmão ao rei [d. José] em que pede alvará para que os juízes de fora de Vila Bela sejam protetores e administradores da capela que mandou construir. Vila Bela, 27 jan. 1755. AHU-MT, Caixa 7, Doc. 468(1).

[874] ANAIS..., *op. cit.*, p. 56.

Para evitar possíveis disputas com os párocos da vila-capital pela administração do novo templo, o juiz de fora Teotônio da Silva Gusmão, em 1755, enviou ao rei D. José I uma carta que solicitava à mercê de um alvará no qual desse a seus sucessores a responsabilidade pela proteção e pela administração da capela de Nossa Senhora Mãe dos Homens da Vila Bela[875]. Na solicitação das autoridades civis leigas de Vila Bela, inclusive do próprio governador, fica evidente a preocupação com a ação dos clérigos, que, a seu ver, "tudo querem advogar a si"[876].

Nessa iniciativa do grupo dos leigos, não se trata apenas de limitar a jurisdição dos eclesiásticos sobre mais um espaço da vila. Barreiras como essa impediriam a livre arrecadação de emolumentos eclesiásticos e de direitos paroquiais, mas, provavelmente, constituiriam também ponto de tensão nas relações estabelecidas entre os clérigos e a comunidade dos fiéis, pois, como vem sendo apresentado aqui, os párocos das duas principais freguesias da malha eclesiástica implantada na fronteira oeste foram sempre encomendados e viviam dos emolumentos e dos direitos de pé de altar e da administração dos demais sacramentos católicos. Com exceção das freguesias de missionação indígena e das fortificações militares, o clero não era pago pelos recursos da Fazenda Real; mesmo os que eram pagos nem sempre recebiam suas côngruas em dia. Assim, quanto mais igrejas ou capelas para se administrar, maior seria a obtenção de rendimentos aos eclesiásticos[877].

A controvérsia sobre o controle de capelas na capitania de Mato Grosso não se restringiu à vila-capital. No último quartel do século XVIII, na Vila Real do Senhor Bom Jesus, a capela de São Gonçalo, localizada no Porto Geral da Vila Real, também foi ponto de tensão entre clérigos e leigos. Nessa capela, havia se formado a irmandade dedicada a São Gonçalo, ainda no período de inauguração, pelo juiz de fora José Carlos Pereira, antes de este ir embora da capitania, em 1782[878]. Em 1782, por ocasião do término da obra dessa capela, executada pelo religioso esmoler da Terra Santa Frei José da Conceição, aconteceu que as suas chaves acabaram indo para as mãos do vigário da vara da Vila do Cuiabá, que não quis devolvê-las ao então juiz da Irmandade de São Gonçalo, José Pereira Nunes. O vigário alegava que aquela igreja seria de sua jurisdição, portanto achava que deveria estar sob

---

[875] CARTA..., 1755.
[876] *Ibid.*
[877] SILVA, 2015, p. 105.
[878] *Ibid.*, p. 149.

o seu controle, e não nas mãos dos leigos. Infelizmente, não se sabe que fim teve a contenda, mas interessa notar que, de certo modo, essas relações fomentavam também as tensões entre os fiéis e os clérigos[879].

Além das tensões observadas entre clérigos e leigos na disputa pelo controle de alguns templos da região, é perceptível certo desconforto nas relações eclesiásticas com as irmandades dos leigos. Desse modo, a assistência eclesiástica dada aos membros das irmandades na segunda metade do século XVIII não foi totalmente pacífica, uma vez que as irmandades podiam ser consideradas como mais uma fonte de recursos para os eclesiásticos da capitania. Assim também ocorreu em outras regiões da América portuguesa, onde muitas dessas instituições tentaram esquivar-se do controle de párocos e vigários, buscando, para isso, garantir em seus estatutos a assistência só de capelães, pois estes cobravam preços menores e estariam sujeitos às suas determinações[880].

Em geral, para a reclamada exorbitância de valores que os clérigos cobravam pelos serviços eclesiásticos, principalmente párocos e vigários, os fregueses da Vila de Cuiabá e de Vila Bela viam na colação de seus pastores uma solução para o problema, bem como a possibilidade de separação das funções de vigário e pároco nas duas comarcas eclesiásticas da região[881]. Contudo, mesmo suplicando ao bispo do Rio de Janeiro, os fregueses não foram atendidos no que se referia à separação dos cargos eclesiásticos. Quanto à colação dos párocos, a Coroa tampouco atendeu ao pedido dos moradores de Vila Bela no fim da década de 1750; continuou, assim, a presença e a prestação de serviços de padres encomendados, ou seja, dos que necessitavam ser mantidos pelos fiéis, se estes quisessem receber o "pasto espiritual".

Desse modo, na sequência das sucessões paroquiais, em 1767, o Padre Manoel da Silva Martins passou a freguesia do Senhor Bom Jesus aos cuidados do Padre José Pereira Duarte, presbítero secular, doutor formado em Coimbra, que chegou provido pelo bispo do Rio de Janeiro D. Frei Antônio do Desterro, como visitador, vigário da vara e pároco da Vila de Cuiabá. Ao chegar, tomou posse e abriu visita no mesmo mês[882]. Curiosamente, algo novo

---

[879] CARTA do capitão de Ordenanças da Vila do Cuiabá José Pereira Nunes ao governador e capitão-general da capitania de Mato Grosso Luiz de Albuquerque de Melo Pereira e Cáceres. Vila Real do Senhor Bom Jesus do Cuiabá, 3 jul. 1782b. APEMT-MT, Fundo: Quartel Militar. Grupo: Tropa Militar. Série: Carta. Doc. 1.125. Caixa 17.
[880] HOORNAER, *op. cit.*, p. 281-285; SILVA, 2015, p. 245-248.
[881] CARTA..., 1756.
[882] BARBOSA DE SÁ, *op. cit.*, p. 51.

aconteceu na Vila Real com a chegada desse vigário, como relata Joaquim da Costa Siqueira em suas crônicas: "[O novo vigário] tomou posse com solenidade"[883]. Este é um detalhe que até então não aparecia em nenhuma das crônicas do período.

Celebrações solenes foram comuns no período em que o Padre José Pereira Duarte esteve na condução da freguesia de Cuiabá. Foram feitas as solenidades por ocasião da morte do Papa Clemente XIII (19/12/1769) e as exéquias pelo falecimento do bispo do Rio de Janeiro Dom Frei Antônio do Desterro (22/01/1774)[884]. No caso das exéquias do bispo, segundo o cronista, foi uma celebração "com bastante pompa, lembrando-se sem dúvida do benefício que lhe fizera de o prover na vara e igreja desta vila, em que enriqueceu bastantemente"[885].

Provavelmente, José Pereira Duarte também tenha se esforçado para receber bem os governadores da capitania, pois foi o vigário que recebeu pelo menos dois deles enquanto esteve à frente da freguesia do Senhor Bom Jesus. Teria então recebido os governadores Luís Pinto de Souza Coutinho, em 1769, e Luís de Albuquerque Pereira e Cáceres, em 1772[886].

O período da administração desses dois governadores e capitães-generais foi muito significativo para a instituição eclesiástica da fronteira oeste. Não obstante todo governador e capitão-general ter sido o representante máximo da Coroa na região, assim como o responsável pela execução das políticas metropolitanas para o extremo oeste, nessa fase evidenciou-se a ação regalista do Estado português.

O capitão-general Luís Pinto de Souza Coutinho foi o terceiro governador da capitania de Mato Grosso e governou de 1769 até 1772. Antes dele, o governador era João Pedro da Câmara, que substituíra o tio, Antônio Rolim de Moura[887]. Durante a administração de Luís Pinto de Souza Coutinho, pode-se perceber a clara intenção em reforçar o poder da monarquia em face do catolicismo. Como exemplo, destaca-se a mudança de diversos topônimos da capitania, que antes tinham invo-

---

[883] SIQUEIRA, 2002b, p. 87.
[884] BARBOSA DE SÁ, *op. cit.*, p. 51.
[885] SIQUEIRA, 2002b, p. 100.
[886] *Ibid.*, p. 97.
[887] O governador e capitão-general João Pedro da Câmara tomou posse em 1º de janeiro de 1765, governou até 1769. Segundo Virgílio Correa Filho, sua administração caracterizou-se pela "renitência das lutas provocadas pelos vizinhos, que forcejavam por desalojar os povoadores da margem direita do Guaporé" (CORREA FILHO, *op. cit.*, p. 376). Conforme Gilian E. F. Silva, é importante destacar também que, apesar das dificuldades, a capitania via surgir novas povoações nesse período graças à extração aurífera que ainda persistia (SILVA, 2015, p. 108).

cação religiosa, mas foram substituídos por nomes que faziam referência a lugares já existentes no reino[888].

Na administração do capitão-general Luís de Albuquerque de Mello Pereira e Cáceres, de 1772 a 1782, a circunscrição eclesiástica da fronteira oeste teve um aumento expressivo com a criação da freguesia de São Luís na Vila Maria do Paraguai e a criação de capelas nas fortificações militares, que, por sua vez, estavam de acordo com as estratégias de defesa orientadas pela política pombalina relativa à defesa da fronteira[889]. A fundação do Forte de Coimbra em setembro de 1775, o lançamento da primeira pedra do Forte Príncipe da Beira em maio de 1775, a fundação de Viseu ou Porto dos Guarajús em 1776, a fundação da Vila Maria do Paraguai em 1778, a povoação de Albuquerque em setembro de 1778, a povoação do Arraial de São Pedro Del Rei em 1781 e a povoação de Casalvasco em 1782 abriram novos postos para a ação do clero local, que era insuficiente para atender a todas essas localidades da região.

A essa altura, no último quartel do século XVIII, a prelazia de Cuiabá continuava com sua sé vacante. Suas comarcas eclesiásticas eram administradas pelos seus respectivos párocos e vigários da vara, mas ainda encomendados pelos bispos do Rio de Janeiro. Contudo, apesar de o vigário ainda ter esperanças de continuar no cargo por mais tempo devido aos bons rendimentos que obteve ao longo de sete anos, a entrega da administração da freguesia da Vila de Cuiabá para o sucessor do Padre José Pereira Duarte ocorreu pacificamente, cercada de gentilezas[890].

Assim, como se previu em carta que o Padre José Pereira Duarte recebeu, o novo vigário encomendado chegou à Vila Real na data pretendida, de modo que não restou alternativa ao pároco a não ser receber bem o seu conterrâneo. É provável que ambos já fossem amigos desde quando estavam na sé do bispado do Rio, pois já eram formados sacerdotes nesse tempo. Desse modo, a recepção do novo Vigário e Pároco José Correa Leitão, em 1775, também foi especial por parte de algumas das "principais pessoas da terra"[891].

---

[888] O Forte da Conceição passou a chamar-se Forte de Bragança; o Lugar de São João (aldeia dos índios) passou a chamar-se Lamego; o Lugar de São José (aldeia de índios), Leomil; o Lugar de Santa Ana (aldeia de índios, no distrito de Cuiabá), Guimarães; Sítio das Pedras — Destacamento de Palmela, Arraial dos Araés — Amarante. Cf. FERREIRA, op. cit., p. 51.

[889] Cf. AMADO; ANZAI, op. cit.

[890] SIQUEIRA, 2002b, p. 100.

[891] Ibid., p. 100.

> [...] o foram esperar no caminho, onovo vigário da vara e freguesia, o reverendo José Correa Leitão, patrício do antecessor por serem ambos do Rio de Janeiro, que se recolheu na casa do dito antecessor, onde esteve os dias de hóspedes e depois semudou para as casas que foram do defunto mestre de campo Francisco Lopes de Araújo, e tomou sua posse no dias dois de fevereiro, continuando a servir os ditos empregos até Fevereiro de 1781.[892]

O Padre José Correa Leitão tomou posse em fevereiro de 1775[893], e seu mandato (1775-1781) ocorreu praticamente de forma concomitante ao período albuquerquino do governo da capitania. Assim, ele participou de muitos avanços da circunscrição eclesiástica da capitania de Mato Grosso, como, por exemplo, a criação da freguesia de São Luís de Cáceres na Vila Maria do Paraguai, em 1781. Essa era considerada uma das freguesias de índios por ter sido constituída por mais de 60indígenas que fugiram da Missão de São João de Chiquitos, realizada nos domínios hispano-americanos. A sede da nova freguesia localizava-se na Vila Maria do Paraguai, que estrategicamente foi criada no caminho entre a Vila do Cuiabá e a Vila Bela, de modo que sua fundação tinha por objetivo facilitar e guarnecer o comércio entre as duas repartições da capitania[894].

Segundo Joaquim da Costa Siqueira, o Padre José Correa Leitão teria sido o pároco que mais trabalhou na Igreja do Cuiabá. Ele chegou a ter quatro coadjutores, aos quais pagava pensão para que o ajudassem: dois na Vila de Cuiabá, um no povoado localizado no Rio Cuiabá Acima e outro no bairro de Cocais. O padre vigário teria também gastado uma quantia considerável não só com obras e alfaias para a igreja matriz da vila[895], como também com a prestação de socorro aos mais pobres da freguesia. Ele sustentava "em sua casa a muitos necessitados todos os dias, e na cadeia o número de doze presos"[896]. Na avaliação do cronista, o Padre José Correa Leitão teria gastado com os pobres a terça parte dos réditos da igreja.

---

[892] SIQUEIRA, 2002b, p. 110.
[893] BARBOSA DE SÁ, *op. cit.*, p. 54.
[894] OFÍCIO do [governador e capitão-general da capitania de Mato Grosso] Luís de Albuquerque de Melo Pereira e Cáceres ao [secretário de Estado da Marinha e Ultramar] Martinho de Melo e Castro, sobre a fundação de Vila Maria do Paraguai, na margem esquerda do rio Paraguai com alguns casais e mais de 60 índios castelhanos que desertaram da missão de São João de Chiquitos [...]. Vila Bela, 20 nov. 1778. AHU-MT, Caixa 20, Doc. 1.215(1).
[895] Conforme Joaquim da Costa Siqueira, o cálice doado era dourado, feito ao moderno, também tinha uma caldeirinha de prata, dois dalmáticos brancos, véu de ombro da mesma cor e várias salvas (SIQUEIRA, 2002b, p. 101).
[896] *Ibid.*, p. 101.

Siqueira também descreveu um pouco da personalidade do Vigário Leitão, disse que tinha gênio arrebatado, mas muito flexível e nada odioso[897]. Nesse caso, porém, poderiam existir opiniões a respeito do virtuoso pároco contrárias à do cronista. De fato, é possível que o padre tenha realizado várias ações pela igreja da comarca de Cuiabá e até da capitania, mas a custo de um alto preço, pois, segundo o que está escrito em um documento emitido pelos oficiais da Câmara Municipal da Vila do Cuiabá, o Padre José Correa leitão poderia ser visto com outros olhos, como um eclesiástico muito interesseiro e pouco preocupado com as pessoas de poucas condições, características quase contrárias às apresentadas pelo cronista. Isso devido às suas exorbitantes cobranças de taxas dos direitos paroquiais[898].

Nesse caso do Padre José Correa Leitão, evidencia-se quanto o campo das relações e das práticas sociais se tornou complexo, na medida em que estão presentes diferentes interesses. Após retroceder algumas décadas, em um documento de 1740, encontram-se mais elementos que corroboram essa compreensão das relações estabelecidas entre o clero e os leigos de Mato Grosso colonial. Trata-se de uma carta do intendente e provedor das Minas do Cuiabá Manoel Rodrigues Torres, que, no dito ano, encontrava-se preso na cadeia da Vila do Cuiabá. Em um trecho da carta, o intendente relata que, certa vez, conversava com um dos vereadores da Vila Real sobre ir à câmara para falar aos oficiais a respeito de determinadas situações em que era mal compreendido, mas um senhor teria dado a seguinte "orientação":

> [...] disse tal se não havia de fazer por q' isso era hir contra as ordens de S. Mag.e e q' se eu [Manoel Rodrigues Torres] quizesse hir a Camera q' fazião elles em me mandar chamar ao q' responderão alguns q' já em outro tempo estes não quizerão receber hum vigr.º e q' o prenderão e prezo o mandarão por pello Rio abaixo m.tos dias de viagem fora das Minas he o mesmo me farião a mim senão obedecesse a Camara q' tinha a Regencia das Minas por ordem do Sr. Gn.l Rodrigo Cezar de Menezes [...].[899]

Nesse relato do intendente Manoel Rodrigues Torres, fica evidente como era importante estar mais ou menos alinhado aos grupos detentores do poder local para se evitarem conflitos. Nessa fase das Minas do Cuiabá

---

[897] SIQUEIRA, 2002b, p. 101.
[898] OFÍCIO..., 1779b.
[899] CARTA do intendente e provedor da Fazenda Manoel Rodrigues Torres ao rei [d. João V] sobre as injustiças feitas pelo ouvidor João Gonçalves Pereira e a maneira ilegal como foi preso. Vila de Cuiabá, 20 fev. 1740a. AHU-MT, Caixa 2, Doc. 131(1).

e do Mato Grosso, a Câmara Municipal da Vila do Cuiabá ainda seria a instituição capaz de rivalizar com outras instâncias do poder local. De acordo com Nauk Maria de Jesus, que estudou a atuação das câmaras municipais de Mato Grosso colonial, a Câmara Municipal da Vila Real tinha um poder considerável, pois conquistou "um espaço de representação e atuação no interior da vila e diretamente com o rei"[900].

Não foram poucas as reclamações em relação ao clero de Mato Grosso colonial, feitas principalmente pelas autoridades civis e, segundo a câmara, pelo "povo". Em cartas dirigidas ao reino, os vereadores queixavam-se dos clérigos que prestavam serviço religioso tanto na Vila Real do Senhor Bom Jesus como em Vila Bela[901].

Logo nos primeiros anos da conquista, em 1730, os oficiais da Câmara da Vila de Cuiabá mandaram uma carta ao rei D. João V, em que pediram providências quanto às taxas exorbitantes cobradas pelo vigário da época. Diziam assim:

> Os Officaes da Camara de Villa Real do Cuyaba em carta de vinte e nove de junho do anno de mil sette centos, e trinta, dão conta a V. Mag.ᵉ emesmo por carta de dezaseis de junho do anno antecedente representara aquelle Sennado a V. Mag.ᵉ estar o vigário da matriz daquellas minas levando de desobriga de cada pessoa sendo de comunhão hua outava de ouro e da que não comungava meya outava [...].[902]

Situação semelhante verificou-se nas Minas Gerais, onde, logo nos primeiros anos da conquista, os paulistas não se importavam em pagar pela administração dos sacramentos: até uma oitava de ouro para a desobriga e meia oitava por uma confissão[903]. Mas, segundo Claudia Damasceno Fonseca, da mesma forma que agiu a Câmara da Vila do Cuiabá, a Câmara da Vila de Ribeirão do Carmo já tinha solicitado, em 1713, que o rei "aliviasse os povos" e que, utilizando-se do dízimo recolhido, efetuasse o pagamento das côngruas aos párocos[904]. No entanto, no caso da Vila do Cuiabá, apesar de os oficiais da câmara considerarem exorbitante a taxa da "desobriga", a reclamação era feita também em relação ao vigário da época, que já havia sido proibido pelo bispo do Rio de Janeiro de obrigar os fiéis a pagarem as "conhecenças". Os vereadores alegavam que:

---

[900] JESUS, op. cit., p. 91.
[901] CARTA..., 1756.
[902] CARTA..., 1730.
[903] FONSECA, 2011, p. 434.
[904] Ibid., p. 435.

> [...] em doze de novembro do mesmo anno selhes aprezentara hua carta do Bispo D. Frey Antônio de Guadalupe; escrita ao mesmo vigário, na qual lhedezia: que na matéria de conhecenças não devia obrigar a ninguém a que lhe pagasse mais que os três totoens [sic], como nas Minas, e aseitar o que voluntariamente lhequizessem dar; cujo capitulo mandarão registrar naquella câmara, e que delle tinhão feito sabedor ao vigário atual Antônio Dutra Quadros a quaresma próxima passada por queixas, que lhes fizeram alguns moradores daquellas minas, [...] fizera tão pouco cazo, que continuara no mesmo abuso, sem delle querer dezestir [...].[905]

Além de as câmaras se queixarem dos valores cobrados na região pelos serviços eclesiásticos prestados, outras autoridades reclamavam dos clérigos, como os governadores da capitania de Mato Grosso. Para algumas dessas autoridades, os eclesiásticos eram desaprovados, tratados como "interesseiros" e, ao mesmo tempo, vistos como pouco aplicados no desempenho de seu ofício. O governador e capitão-general Luís de Albuquerque de Melo Pereira e Cáceres foi outro que, em geral, parecia também não estar muito satisfeito com a clerezia da capitania. Em documento de janeiro de 1779, o capitão-general Luís de Albuquerque reclamou dos eclesiásticos da capitania de Mato Grosso. A seu ver, eles precisavam ser mais bem escolhidos. Segundo o governador,

> Deveriam porem ser estes ecleziasticos destinados, e escolhidos com a mais escrupoloza circunspecção pelo que respeita ao gênio e costumes; por ser hum paiz esteaondequaisquer dos referidos a não serem solidamente dotados de hum fundo de boa morigeração, infalivelmente degeneram nos procedimentos mais escandalozos, e prejudiciais aos povos; como imagino que não terá deixado de constar na real prezença, não só por outras antecedentes cartas minhas; mas athe pelas do conde de Azambuja que tudo individual, e judiciozamente ponderou quando gouvernou esta capitania em que os ditos clérigos se acham do bispo diocezano, praticando por concequencia os maiores descuidos, e relaxaçoens nas suas obrigaçoens quazi impunemente; comoporque imbuídos de perniciozas ideyas da mayor independência, ambição, e vão orgulho que de ordinário, se arrogam; observo que não guardam a sugeição, e respeito que deveriam, nem ainda os mesmos vigários da vara em quem se acha delegada a jurisdição de rege-los, e de coibi-llos; o que não somente escandaliza, mas

---

[905] CARTA..., 1730.

tem concequencias bem prejudiciais ao serviço de Deos e ao mesmo de Sua Magestade sem que verdadeyramente seja fácil a correcção; muito mais sucedendo que algumas vezes são também reos os mesmos juízes.[906]

Ao fim do documento, o governador Luís de Albuquerque conclui afirmando que fazia tal comunicação por sentir ser sua a responsabilidade de manter "Sua Majestade" informada dos ditos acontecimentos.

Contudo, o fato de que as autoridades civis não se davam muito bem com o clero não pode ser entendido apenas como intrigas locais, pois o que se evidenciam são questões maiores, como, por exemplo, o fato de que essas autoridades não tinham jurisdição sobre os eclesiásticos e sua intervenção sobre estes estava limitada ao que se chamava de privilégios eclesiásticos[907]. Essa situação fica muito clara nos momentos em que as câmaras entraram em conflito com os padres, principalmente com os vigários da vara, tanto na Vila Real do Senhor Bom Jesus como em Vila Bela da Santíssima Trindade.

Entretanto, ao fim do século XVIII, autoridades eclesiásticas também se queixaram de seus próprios ministros. O bispo do Rio de Janeiro D. José Joaquim Justiniano Mascarenhas Castelo Branco, o último que administrou a circunscrição eclesiástica da capitania de Mato Grosso, reconhecia as dificuldades que tinha ao lidar com o clero dessa capitania, em específico, como expressou em uma carta de 1792:

> [...] posso segurar a V. Exª é, que nenhuma das Igr^{as} do extensíssimo território deste bispado me desse tantos cuidados, como as dessa cap^{nia} As informações, que tem chegado, e chegam aos meus ouvidos, são as mais lastimosas, que se podem considerar. [...]; e por mais que eu pense, não tenho podido aceitar nos meios de aplicar-lhe a providencia, de q' tantose necessita, como V. Exª m^{mo} de mais perto não pode deixar de conhecer.[908]

Para o bispo, a formação do clero seria a causa do problema, que, em geral, era muito precária. Mas também mencionava outros fatores, como as condições ambientais e climáticas, que, a seu ver, atormentavam os sentidos das pessoas. Havia, de fato, a crença de que o meio natural poderia

---

[906] OFICIO..., 1779a.
[907] Cf. MUNIZ, Pollyana Mendonça. Religião e política: o clero nos tempos de Pombal (Maranhão, século XVIII). **Almanack**. Guarulhos, n. 9, p. 153-165, abr. 2015.
[908] OFICIO..., 1792.

influenciar o comportamento dos indivíduos, tornando-os mais lascivos e "relaxados" em seus costumes. Porém, o bispo insiste em afirmar, pelo que lhe era informado, que os clérigos eram interesseiros e mal instruídos.

> Ouço que infelizmente para todo o sertão grassa a torpeza dos vícios contra a pureza da Nossa Santa Religião: que os infelizes pecadores resistem á Doutrina Santa, e se ensurdecem para a reforma dos seus costumes que os mesmos sacerdotes que há na Província e servem de Pastores não são bem instruídos, e por conseqüência pensão mais nos seus interesses, que nos de seu próximo [...].[909]

Se as notícias a que o bispo tinha acesso eram dadas somente por autoridades civis, obviamente não se poderia esperar outra visão do clero que atuava na capitania de Mato Grosso, a não ser a que foi apresentada pelo diocesano. Para amenizar os problemas com os eclesiásticos, D. José Joaquim Justiniano Mascarenhas Castelo Branco entendia que a Igreja da capitania necessitava da presença de um bispo na região. Ele se manifestou sobre o assunto em ofício emitido em 1792:

> V. Exª conhece muito bem os embaraços insuperáveis, que ocorrem, para o Bispo do Rvº mandar bons operários aos vastos sertões de Mato Grosso, [...] Só um Bispo mais virtuoso, e mais discreto, que conferisse com V. Exª de viva vós nesse mesmoTerritório me lembra seria o mais útil para fazer frutificar nesse clima os saudáveis Dogmas da Santa Religião Católica. Eu o representei já a S. MajestadeFidelíssima e com ofício se nomeou um Bispo para Prelado do Cuiabá, e a muitos anos; mas não me consta tenha saído da Vossa Corte. Deus V. Senhor provera de vem e diz a sua Igreja [...].[910]

Desse modo, as declarações desse bispo e mais ainda as reclamações feitas pelos capitães-generais não seriam apenas causa para explicar o comportamento indesejado dos eclesiásticos. É apontada a má formação do clero, a falta de uma autoridade eclesiástica e até as condições ambientais ou naturais da região. No entanto, no que se refere à questão formativa do clero, ao considerar o grupo dos padres portadores de maior autoridade na região — vigários da vara e párocos —, verifica-se que os bispos escolheram indivíduos mais bem preparados para essas funções, principalmente na segunda metade do século XVIII. Assim, foi nessa fase que se encontravam

---

[909] *Ibid.*
[910] OFICIO..., 1792.

os melhores quadros eclesiásticos em termos de formação para a época, pois muitos foram formados no reino, na Universidade de Coimbra. Contudo, tal fato não os isentava de terem entrado em conflito ou de terem sido acusados de alguma prática considerada desviante no modo de proceder com a comunidade local.

O Padre José Correa Leitão, por exemplo, não tinha o título de doutor, mas era um clérigo bem formado, tanto que, por ordem do bispo do Rio de Janeiro D. José Joaquim Justiniano Mascarenhas Castel-Branco, ele passou de Cuiabá para a capitania de Goiás, onde ocupou não só o cargo de vigário da vara e igreja na freguesia de Meia Ponte, como também de vigário-geral e visitador de toda aquela capitania[911]. Segundo Pedro Cometti, depois de ter passado alguns anos em Goiás, o padre voltou a Cuiabá[912]. Em 31 de julho de 1779, ele benzeu a nova igreja matriz da freguesia de Santa Ana na Chapada, na qual celebrou a primeira Missa[913]; participou da criação da freguesia de São Luiz de Cáceres, na Vila Maria do Paraguai, em 1779[914]; e, em 1780, presidiu a Missa e o ritual de lançamento da pedra fundamental com toda solenidade para construção da igreja [capela] dedicada a São Gonçalo, no Porto-Geral da Vila do Cuiabá[915].

O Padre José Correa Leitão foi sucedido pelo padre secular Luís de Sousa Correa, que chegou a Cuiabá em fevereiro de 1781, pelo caminho de terra, com uma procuração do reverendo doutor Manoel Bruno Pina para tomar posse da igreja e vara da Vila Real. Foi provido pelo bispo do Rio de Janeiro. Ao tomar posse da freguesia, exerceu as suas funções até o mês de julho, quando chegou o Padre Manoel Bruno Pina. Após a chegada deste, Padre Luís de Sousa Correa continuou auxiliando na freguesia como coadjutor[916].

Padre Manoel Bruno de Pina também veio encomendado pelo bispo do Rio de Janeiro com o emprego de visitador de toda a capitania de Mato Grosso. No entanto, para a comarca de Vila Bela da Santíssima Trindade, nomeou o padre secular José Pais de Almeida como subdelegado para abrir visita eclesiástica na dita região, em junho de 1785[917]. Da visita eclesiástica

---

[911] SIQUEIRA, 2002b, p. 101.
[912] COMETTI, *op. cit.*, p. 52.
[913] SIQUEIRA, 2002b, p. 116.
[914] *Ibid.*, p. 120-121.
[915] *Ibid.*, p. 123.
[916] *Ibid.*, p. 126.
[917] ANAIS..., *op. cit.*, p. 252.

do Padre Manoel Bruno Pina, produziu-se um importante documento sobre a Igreja e a sociedade na capitania de Mato Grosso daquele período, único registro encontrado até hoje, o qual está depositado no Arquivo da Cúria do Rio de Janeiro. Depois de ter encerrado seus trabalhos na capitania de Mato Grosso, o Padre Manoel Bruno Pina voltou para o Rio de Janeiro, onde conseguiu ser provido no cabido da sé do bispado[918].

Assim como o seu antecessor, o padre visitador Pina também foi alvo de críticas e de conflitos com os fiéis. Ambos foram "denunciados" por excessos de ordem econômica que teriam sido cometidos durante suas administrações[919]. Em novembro de 1782, os oficiais da Câmara da Vila do Cuiabá enviaram uma representação à Coroa para tratar do custeio das festas reais que haviam realizado. No documento, reclamavam dos valores que o Vigário Manoel Bruno Pina queria que a câmara pagasse para as funções eclesiásticas e a Missa Cantada, em que os ditos clérigos já eram obrigados a participar. Segundo os vereadores, o vigário pedia o pagamento de 1libra de cera destinado a cada um dos eclesiásticos, valor que era considerado pelos camarários muito elevado para os padrões da região. Informavam também que o mesmo reverendo vigário havia devolvido a cera que a câmara pagara na Festa da Visitação de Nossa Senhora, alegando que a cera passada a cada um dos clérigos não era de libra[920].

Além das dúvidas suscitadas pelo vigário em relação aos valores exigidos por ele para pagamento da assistência eclesiástica que deveria prestar à câmara durante as festividades, há, nesse episódio, outro ponto a ser destacado. Nesse ocorrido, possivelmente, o Padre Manoel Bruno Pina também teria razão ao exigir mais da câmara, mas o que se percebe é que o problema maior estava no fato de ele ter realizado a desfeita aos oficiais publicamente. Configurava-se uma ofensa pública o ato de devolver os pagamentos, ainda mais porque as câmaras se consideravam representantes diretas dos interesses da Coroa no ultramar[921].

Assim, enquanto aguardavam por um parecer vindo do reino, os oficiais camarários decidiram que, provisoriamente, suspenderiam as cele-

---

[918] PROVIMENTOS de igrejas e outros objetos = Sobre a proposta que faz o R[do] Bispo do Rio de Janeiro para aprovimento de hua cadeira Canocical de Prebenda inteira, vaga na sé do mesmo bispado. 26 abr. 1786. ANTT-PT, Secretaria da Mesa da Consciência e Ordens, Padroados do Brasil, Bispado do Rio de Janeiro, Maço 15.
[919] CARTA dos oficiais da Câmara da Vila de Cuiabá à rainha d. Maria em que expõem o diferindo com o vigário Manoel Bruno Pina acerca do seu pedido de uma libra de cera para as festividades por cada um dos do seu clero. Vila Real do Senhor Bom Jesus do Cuiabá, 12 nov. 1782a. AHU-MT, Caixa 23, Doc. 1.384.
[920] Ibid.
[921] Cf. JESUS, op. cit.

brações das festas, das quais eram obrigados a participar, e promoveriam apenas Missa rezada[922]. Conforme Iris Kantor, que analisou os sistemas cerimoniais portugueses na capitania de Minas Gerais, as cerimônias de caráter público e as funções religiosas na América portuguesa aconteciam em momentos privilegiados de explicitação das tensões[923].

Dois anos depois, a rainha D. Maria (1734-1816) enviou uma resposta à representação dos vereadores da Vila do Cuiabá. Atendendo aos seus vassalos, recomendou ao bispo de "Cuiabá" (do Rio de Janeiro) que buscasse saber os motivos que levaram o dito vigário a elevar as taxas e as propinas sem a permissão régia e que o Padre Manoel Bruno Pina não só continuasse assistindo ao senado pela esmola que lhe era dada de costume, como também explicasse por qual motivo não aceitou a cera dada pela câmara na citada festividade[924].

De como foi o desenrolar do caso não há informações, pois não foram encontrados mais documentos sobre esses despachos. Contudo, o Padre Manoel Bruno Pina concluiu o seu mandato à frente da administração e retornou ao Rio de Janeiro, onde conseguiu ocupar um lugar no cabido. Em seu lugar, continuou na vigararia da freguesia do Senhor Bom Jesus o padre secular Vicente José da Gama Leal, também doutor formado na Universidade de Coimbra. Encomendado pelo bispo do Rio de Janeiro, esse padre ficou à frente da freguesia do Cuiabá até o seu falecimento, em primeiro de janeiro de 1795[925].

Depois da morte do Padre Vicente J. da G. Leal, mais dois clérigos assumiram a freguesia da Vila do Cuiabá. Por um breve período, quem assumiu foi o padre secular José Gomes da Silva, nascido em Cuiabá[926]. Sua atuação deu-se até a chegada do último vigário da vara, encomendado pelo bispado do Rio de Janeiro, o padre secular Agostinho Luiz Gularte Pereira, que tomou posse da freguesia em 29 de fevereiro de 1796. Este último ficou no cargo até 8 de dezembro de 1807, quando, por procuração do prelado nomeado, tomou posse da prelazia de Cuiabá[927]. Este padre foi o responsável pelos preparativos de recepção na chegada de D. Luiz de Castro Pereira, em 1808.

---

[922] CARTA..., 1782a.
[923] KANTOR, 2004b, p. 237.
[924] PROVISÕES (minutas) da rainha d. Maria ao governador de Mato Grosso, ao bispo da Vila de Cuiabá sobre a nomeação de um ouvidor para a Vila de Cuiabá e os excessos do vigário Manuel Bruno Pina. Lisboa, 2 mar. 1784. AHU-MT, Caixa 24, Doc. 1.438.
[925] SIQUEIRA, 2002a, p. 31.
[926] ANNAES..., *op. cit.*, p. 128-129.
[927] LEVANTAMENTO..., *op. cit.*

Em relação aos três últimos vigários da vara da freguesia do Senhor Bom Jesus, não se observou nenhum tipo de relação conflitante deles com os poderes locais e os fregueses. Ao contrário, nas crônicas aparecem cercados de estima pública. Padre Agostinho Luiz Gularte, por exemplo, chegou a ser indicado pelas autoridades locais como possível candidato à sé vacante da prelazia de Cuiabá[928].

Nesse sentido, verifica-se que as práticas dos vigários da freguesia do Cuiabá não se diferenciavam muito das práticas dos clérigos de Vila Bela. Porém, no fim do século XVIII, o Senado da Câmara da Vila-Capital também reagiu contra o seu vigário. Nesse caso, as tensões e os conflitos expostos deram-se em função de imbricações das fronteiras internas entre os poderes vigentes na sociedade colonial ainda mal estabelecidas, como apontou a historiadora Iris Kantor[929]. Assim, em 1800, o Padre Antônio Cardoso de Meneses Montenegro, apesar de ser primo do então governador da capitania de Mato Grosso, decidiu deixar a paróquia de Vila Bela da Santíssima Trindade devido a desentendimentos com a câmara municipal. O problema deu-se em torno de questões que envolviam a festa de *Corpus Christi* daquele ano[930].

Segundo o próprio Padre Antônio Cardoso, o seu relacionamento com a Câmara de Vila Bela era harmonioso e respeitoso até que, em certa ocasião, durante os preparativos da festividade, ele percebeu, nas cartas da câmara, a mudança de tratamento. Como disse o clérigo, os pronomes de tratamento utilizados para sua pessoa já não eram mais os mesmos, e as correspondências passaram a ser assinadas apenas pelo escrivão, e não mais pelos oficiais. Seguindo ainda a narrativa do vigário, o então procurador da câmara, Caetano da Costa Araújo, teria o procurado para combinar os procedimentos da Festa do Corpo de Deus daquele ano. Conforme lhe expôs o procurador, a câmara decidira fazer a procissão, mas sem a Missa Can-

---

[928] OFÍCIO do [governador e capitão-general da capitania de Mato Grosso] Caetano Pinto de Miranda Montenegro para o [secretário de estado da Marinha e Ultramar], visconde de Anadia, [João Rodrigues de Sá e Melo], informando das qualidades do vigário da Vila Bela, padre Agostinho Luís Gularte Pereira, e que a câmara e o povo pedem a permanência do referido vigário como colado ou prelado. Vila de Cuiabá, 18 fev. 1804a. AHU-MT, Caixa 41, Doc. 2.026; OFÍCIO do [governador e capitão-general da capitania de Mato Grosso] Manoel Carlos de Abreu de Meneses ao [secretário de estado da Marinha e Ultramar], visconde de Anadia, [João Rodrigues de Sá e Melo] em que pede a condescendência real para as súplicas do povo de Vila de Cuiabá para que se conserve o atual vigário da vara e da igreja matriz ou como vigário colado na mesma igreja ou como prelado. Vila Bela, 20 ago. 1804b. AHU-MT, Caixa 43, Doc. 2.104.

[929] *Cf.* KANTOR, 2004b.

[930] OFÍCIO de Antônio Cardoso de Meneses Montenegro a Antônio Filipe da Cunha Ponte, coronel ajudante de ordens de Vila Bela, discorrendo sobre as acusações feitas pela Câmara de Vila Bela ao vigário, no que tange a festa de Corpus Christis. Vila Bela, 10 jul. 1800. ACBM-IPDAC, Pasta 69, Doc. 1.412.

tada e o "Senhor Exposto"[931]. Nesse comunicado, o Padre Antônio Cardoso entendeu que a simplificação da festividade seria uma afronta a sua pessoa. Segundo ele, mesmo sem a magnificência do costume, foi acertado com o procurador da câmara o percurso que teria a procissão[932].

Contudo, o estopim deu-se logo depois, quando o clérigo recebeu uma carta da câmara que sucintamente o convidava para a referida procissão, o que, segundo o vigário, deixou-o confuso e incerto sobre as circunstâncias adicionais que ocorreriam na festa. Ainda alterado por reconhecer que os oficiais da câmara não o "contemplavam bem" e com o decoro devido, o clérigo foi até a igreja para a realização da trezena de Santo Antônio, mas, no caminho, deparou-se com um dos vereadores, o capitão José da Silva Portilho, com o qual acabou tirando satisfações publicamente. O encontro não teria sido nada bom, pois, conforme a carta do padre, o dito vereador tratou o vigário com desdém, e, diante das respostas dadas pelo capitão, o padre, ainda mais exaltado, tirou as cartas que havia recebido de seu bolso, rasgou-as e pisoteou os pedaços no chão[933].

A contenda não parou por aí. Depois desse episódio, o Padre Antônio Cardoso foi procurado pelo cadete Alexandre Bueno, a mando de seu superior, para saber a que horas pela manhã do outro dia deveria mandar a tropa à porta da igreja matriz para a Procissão do Corpo de Deus. Como o vigário havia sido informado que não haveria a Missa Cantada nem o "Senhor Exposto", não fazia sentido tal consulta, o que deixou o clérigo confuso e surpreso. Ele também foi interpelado pelo procurador Caetano da Costa para saber se não havia recebido outra correspondência da câmara. Optou, assim, pela realização da Missa Cantada e do "Senhor Exposto"[934].

Em resumo, o que estava ocorrendo era que a câmara não só havia mudado os planos da festividade, como também excluíra o vigário do evento e convidara para as funções litúrgicas outros dois clérigos seculares, o Cônego Padre Jose Ribeiro e o Padre Francisco Luís Garcia. Encolerizado, Padre Antônio Cardoso disse ter reagido com palavras "descompostas" e ameaçou dar uns "bofetões" na cara do procurador por ser questionado, sem esperar nenhuma explicação por parte da câmara[935].

---

[931] "Senhor Exposto" referia-se à exposição do sacramento da Eucaristia, geralmente em custódia ou em ostensório para adoração e bênção dos fiéis. Esse sempre foi um ato de muita solenidade feito nos momentos de maior festividade, dado o grau de dignidade atribuído à hóstia consagrada pela Igreja Católica (CUVA, Armando. Alfaias/vasos e objetos/paramentos. *In*: DICIONÁRIO de liturgia. São Paulo: Paulinas; Paulistas, 1992. p. 14-20).
[932] CARTA..., 1800.
[933] CARTA..., 1800.
[934] *Id.*
[935] *Id.*

Contudo, apesar da longa descrição do caso, verifica-se que, na base de todo esse conflito entre o vigário de Vila Bela e os oficiais camarários, estariam presentes, além de questões de honra, questões de interesses que o próprio Padre Antônio Cardoso denunciou em seu pedido de demissão. Para o clérigo, o problema começou, verdadeiramente, porque se haviam retirado recursos do cofre do Juizado dos Defuntos e Ausentes, com autorização do governador e capitão-general Caetano Pinto de Miranda Montenegro, seu parente. Dizia o vigário que:

> Havendo porem à tempos huma reciproca desconfiança entre mim, e alguns dos sugeitos que prezentem^{e}sucede serem membros da dita honrada Camara, originado dos descontentam^{to} que tiveram, por efeito da Rezolução que V. Exª foi servido tomar a requerim^{to}meu, defazer sahir do Cofre do Juizo dos defuntos, e auz^{tes} a herança de Joaquim da Fonseca, e passando des de então a referida Camara a escreverme com variedade, dando-me tratam^{tos}incompetentes e algumas vezes com de negação dos que mepertencem como por exemplo, o de Emenentissimo, o de Illmo; o dese= O de Senhor sem ajuntar aeste o de Reverendo, que he o tratam^{to}Ecclesiastico [...].[936]

Desse modo, o conflito estabeleceu-se a partir de um possível favorecimento econômico ao vigário da Vila Bela, possivelmente motivado pelos laços de parentesco entre o clérigo e o governador. Como o impasse gerou imensa discussão e desavenças públicas, principalmente por parte do vigário, estese viu obrigado a fazer o pedido de demissão do cargo de vigário da vara e da igreja ao governador e capitão-general Caetano Pinto de Miranda Montenegro, antes que o expulsassem da capitania[937].

Além dos vigários, outros clérigos entraram em conflitos com autoridade civis, o que talvez justificasse as queixas dos governadores. Entretanto, verifica-se que, por todo o período em questão, de 1720 a 1808, todos os clérigos envolvidos em situações de conflitos, sem exceção, foram vigários e párocos encomendados pelo bispado do Rio de Janeiro. Inicialmente, esses clérigos que detinham prerrogativa de representantes do bispado foram implacáveis, até mesmo com seus próprios pares. Com o passar do tempo e com a instalação de outros agentes que compartilhavam da esfera do poder na fronteira oeste, práticas sociais foram sendo diferenciadas, mas

---

[936] CARTA..., 1800.
[937] Id.

não menos tensas e conflituosas. Notadamente, os dois momentos poderiam ser reflexos tanto das mudanças ocorridas no contexto geral do império português como das transformações nas configurações sociais da região fronteiriça. Assim, percebe-se que foram presentes os reflexos das políticas metropolitanas para a América portuguesa no processo de instalação da Igreja Católica, principalmente com a ação regalista do Estado português.

4.2 Os clérigos e suas práticas econômicas na fronteira oeste da América portuguesa

Limitar a análise das práticas relacionais estabelecidas pelo segmento eclesiástico ao interesse de ordem material poderia ofuscar parte do entendimento do processo de instalação da instituição eclesiástica na fronteira oeste da América portuguesa, uma vez que a clerezia integrava uma sociedade fortemente marcada por um sentimento religioso, que conferia aos eclesiásticos o papel importantíssimo junto ao restante da coletividade. Porém, como todo agente histórico está exposto a acertos e desacertos, os clérigos estiveram suscetíveis às contradições da própria sociedade de que faziam parte[938].

Desse modo, verifica-se que os aspectos econômicos considerados na conformação da capitania de Mato Grosso foram preponderantes não só na configuração social fronteiriça, como também no *modus operandi* do segmento eclesiástico. As práticas eclesiásticas que envolviam recursos materiais, como cobranças de taxas e de valores, evidenciam uma das características do corpo eclesiástico atuante em Mato Grosso, pois a questão da sobrevivência e da captação de recursos para o custeio da atividade eclesiástica esteve presente o tempo todo nesse período e esteve fora do controle por parte das autoridades civis e eclesiásticas. Provisões, ordens régias, pastorais foram emitidas para tentar estabelecer um equitativo, pelo menos entre as freguesias de regiões de mineração. Contudo, a reclamação foi constante e constituiu-se embase e fomento dos conflitos e tensões entre os grupos sociais das esferas civil e eclesiástica.

Em 1742, por exemplo, depois de inúmeras reclamações que chegavam à sé do episcopal do Rio de Janeiro, o bispo orientou os dois clérigos que tomariam posse das freguesias das Minas do Cuiabá e do Mato Grosso (a segunda seria erigida no ano seguinte) como deveriam proceder em relação

---

[938] *Cf.* MILAGRE, *op. cit.*; VEIGA, *op. cit.*; TORRES-LONDOÑO, 1997.

aos salários a que tinham direito. Para o bispo, os valores da remuneração eclesiástica que se percebiam no princípio do descobrimento das minas poderiam "parecer" exorbitantes para a região naquele momento, mas não poderiam deixar de ser considerados "sempre" que as despesas dos víveres também fossem excessivas em relação ao que se era praticado em outras minas coloniais, dadas as dificuldades das condições de acessibilidade da região. Desse modo, o bispo deu a seguinte ordem:

> Ordenamos ao R^{do} D^{or} Bertholomeu Domingos [outro] nosso vizitador do Cuyabá vigr° da vara e nova Igr. do Mato Grosso e ao R^{do} Dr M^{el} Bernardo Mir'. Praque mandamos por vigr° da vara da Igreja antiga do Cuyabá que ouvindo as pessoas experientes e de sam consciência q' lhes parecer Regulem o Regimento dos Salários que se devem levar da q [ilegível] emdiante assim p^{la}que Respt^{a}ajust^{a}como as Igrejas seguindo a forma dos das Minas gerais [ilegível] lhe mandamos, o qual poderão diminuir, ou acrecentar com amoderação devida procurando no q for possível e adaptável, confo[rmidade] com o regim^{to}, ou estatutos digo ou estilos nesta p^{te}dos justos [ilegível] [seculares] dos se [danificado] d^{as} minas [...].[939]

Apesar de o encaminhamento do bispo parecer até razoável, não foi suficiente para resolver o problema. O clero da circunscrição eclesiástica de Mato Grosso continuou a receber críticas por suas práticas econômicas, que continuavam sendo consideradas exorbitantes pelos fregueses. Outro bispo fluminense, D. Frei Antônio do Desterro, em carta ao rei D. José I, explicitou que, mesmo tendo o cuidado de escolher aqueles que julgava mais capazes "pela experiência de outros e semelhantes empregos", receava que a ambição do ouro poderia mudar o gênio dos eclesiásticos[940].

Para o Monsenhor Eugenio de Andrade Veiga, os abusos e excessos praticados pelos clérigos eram favorecidos pela deficiência das côngruas e pelos atrasos nos seus pagamentos, o que afastava, assim, qualquer solução imediata para a questão[941]. Nesse caso, o autor está se referindo aos clérigos remunerados pela Fazenda Real, que poderiam ser colados. E quanto aos encomendados que não contavam com esses recursos?

---

[939] PASTORAIS e editais. Ano: 1742-1838. Livro n° 1, F8. Ordem que S. Exª foy servido mandar passar aos R.R. vigr^{os} da Vara do Cuyabá e Mato Grosso a respeito dos salários q' hão de levar daquelles dos direitos. ACMRJ-RJ.
[940] Cartado Bispo do Rio de Janeiro, D. Fr. Antônio do Desterro, a Sua Majestade D. José I, a 10 de janeiro de 1756. IHGL. 117, m. 2050*apud* VEIGA, *op. cit.*, p. 121-122.
[941] Cartado Bispo do Rio de Janeiro, D. Fr. Antônio do Desterro, a Sua Majestade D. José I, a 10 de janeiro de 1756. IHGL. 117, m. 2050*apud* VEIGA, *op. cit.*, p. 121.

A manutenção do clero, assim como de toda a estrutura eclesiástica no ultramar, era uma das prerrogativas da monarquia portuguesa estabelecidas pelo regime de padroado régio[942]. Entretanto, o padroado nunca foi regular nas colônias, o que fez com que os bispos coloniais buscassem alternativas para o atendimento dos fiéis provendo párocos encomendados, como ocorreu na fronteira oeste da América portuguesa[943].

Além das provisões episcopais, os párocos encomendados, por não receberem côngruas, deveriam ser sustentados pela comunidade dos fiéis enquanto estivessem na administração da freguesia, pois eram nomeados temporariamente, *quer ad tempus*. Assim, nessas paróquias passou a ser normal a prática que ficou conhecida como "pé de altar", além das chamadas "conhecenças", que eram taxas pagas no tempo da Quaresma. O "pé de altar" era o pagamento dos emolumentos, principalmente pela administração dos sacramentos e pelos enterros[944].

Segundo Caio C. Boschi, principalmente nas Minas Gerais, o clero mostrou-se insaciável na cobrança de taxas e espórtulas para se realizarem casamentos, batizados, enterros e sepultamentos, acompanhamentos, encomendações, Missa cantada, rezada, festiva ou de defuntos. Além disso, os fiéis tinham ainda que pagar emolumentos para a tramitação de processos e recursos às câmaras e às chancelarias episcopais e ao juízo eclesiástico[945].

Todavia, na visão oficial da Igreja colonial, mesmo que em parte se admitisse a mudança de costume, ainda se caracterizavam as "conhecenças" como uma forma de devolução de dízimo pessoal, conforme estava previsto nas Constituições Primeiras:

> [...] em observância dele [do costume já praticado], pague cada cabeça de casal quatro vinténs, e cada pessoa solteira, sendo de comunhão, dois vinténs, e sendo somente de confissão, um vintém de conhecença, a que vulgarmente se chama aleluia, por se costumar pagar pela Páscoa da Ressurreição, e se pagará no tempo da des//obrigação à igreja paroquial onde cada um receber os eclesiásticos sacramentos e for ouvir os ofícios divinos, por ser morador na mesma paroquia, ainda que o ganho seja fora dela.[946]

De qualquer forma, o recebimento dessas taxas acabava se constituindo em um tipo de tributação paralela, conforme foi indicado por

---

[942] *Cf.* BOXER, 2002; BOSCHI, 1986; HOORNAERT, *op. cit.*
[943] VEIGA, *op. cit.*, p. 125-126.
[944] TORRES-LONDOÑO, 1997, p. 59.
[945] BOSCHI, 1986, p. 73.
[946] Livro II, Título XXV, Art.425. *In*: VIDE, *op. cit.*, p. 306.

Boschi[947]. Em regiões de mineração, a arrecadação por meio de cobranças das ditas "conhecenças" extrapolava o que estava previsto nas constituições, ainda mais onde os párocos eram encomendados. Em 1775, na freguesia de Cuiabá, por exemplo, o cronista Joaquim da Costa Siqueira informou que o Padre José Pereira Duarte tinha esperanças de que seu sucessor chegaria pelo menos depois da Páscoa e, assim, retardaria a entrega da vigararia de Cuiabá, pois, dessa forma, ainda haveria de lucrar uns "caídos [conhecenças] que eram nada menos de dez mil cruzados mais para o bolsinho"[948]. Não há dúvida de que se tratava de uma boa quantia para a época o que o padre esperava receber e, mesmo que o cronista estivesse exagerando, seriam valores possíveis, conforme verificado em um documento coevo.

Em 1780, moradores do Arraial de São Pedro del Rei e do Arraial de Nossa Senhora do Rosário do Rio Acima encaminharam uma representação à rainha D. Maria I, que pedia auxílio para a edificação de suas igrejas e o envio de padres para atendê-los. No documento, informavam que a freguesia de que faziam parte (do Senhor Bom Jesus) rendia anualmente mais de 9mil cruzados, que, segundo os moradores, poderiam manter mais de um vigário[949]. Assim, pode-se imaginar, então, quão lucrativas eram as desobrigas no auge da mineração na região. Em um único ano nas minas, um vigário poderia arrecadar o equivalente ao que receberia em quase uma vida inteira, se estivesse trabalhando numa paróquia colada, em que as côngruas não passavam de 200 mil réis anuais[950].

Outra fonte de recursos significativa para a sobrevivência dos eclesiásticos em Mato Grosso foi a assistência dada por coadjutores e capelães tanto na rede de igrejas (capelas e matrizes) das povoações e das fortificações como na prestação de serviços religiosos às câmaras municipais e às irmandades.

De acordo com estudos que também adentraram o processo de formação da instituição eclesiástica de Mato Grosso colonial, pode-se perceber que, mesmo com reclamações constantes por parte dos leigos e das autoridades, sempre houve demanda por parte das populações pelo que se pode denominar bens religiosos[951]. Um caso exemplar, já citado, foi o dos moradores do Arraial de São Pedro del Rei e do Arraial de Nossa Senhora

---

[947] BOSCHI, 1986, p. 73.
[948] SIQUEIRA, 2002b, p. 100.
[949] REPRESENTAÇÃO dos moradores dos arraiais de São Pedro Del Rey e Rio Acima, do distrito de Cuiabá à rainha [d. Maria] em que pedem capelas e capelões para os ditos lugares. Post. a 3 nov. 1782. AHU-MT, Caixa 23, Doc. 1.380(1).
[950] RUBERT, *op. cit.*, p. 333-334.
[951] SILVA, 2015, p. 119.

do Rosário do Rio Acima, que, na década de 1780, pediram à rainha auxílio para a edificação de suas igrejas e envio de padres para atendê-los[952].

A justificativa dos moradores fundamentava-se em uma série de questões a serem atendidas, como, por exemplo, a dificuldade de assistirem aos ofícios divinos e de terem acesso aos sacramentos com regularidade e, principalmente, na ocasião da morte de alguma pessoa desses locais. As próprias desobrigas, que, a princípio, deveriam ser feitas no tempo da Quaresma, acabavam sendo realizadas em outros meses do ano. Também diziam eles que, devido à distância desses arraiais em relação à Vila do Cuiabá, o deslocamento para frequentar a Missa era difícil tanto para os moradores como para os próprios padres da freguesia. Na representação, os moradores informavam ainda que já haviam pedido ao bispado do Rio de Janeiro a devida assistência, mas, até então, não tinham recebido resposta. Alegavam também que a arrecadação da freguesia com as desobrigas era o suficiente para a manutenção e o sustento de três ou quatro párocos[953].

Desse modo, observa-se que, ao fim do século XVIII, aumentou a demanda por clérigos e, possivelmente, as fontes para a sustentação deles, diferentemente dos anos iniciais da mineração, em que a arrecadação dos eclesiásticos se limitava a um número reduzido de igrejas[954]. Com o avanço das descobertas auríferas mais para o oeste e o aumento da zona de mineração, novos arraiais formaram-se e, com eles, mais igrejas foram edificadas. Dessa forma, nota-se que a atuação dos eclesiásticos na fronteira oeste acontecia associada à instalação das matrizes e das capelas[955].

Na segunda metade da centúria do Setecentos, após a criação da capitania de Mato Grosso, a Coroa portuguesa buscou meios para defender o território de seu domínio. Para isso, fortificações foram construídas ao longo da fronteira e nelas foram instituídas as capelanias militares, mantidas pela Fazenda Real. Desse modo, verifica-se que mais uma frente de trabalho se abria aos clérigos. Porém, esse novo espaço de atuação eclesiástica parecia não ser muito atrativo, pois as côngruas eram sempre insuficientes e o pagamento, irregular. Além disso, exigia-se bastante dos eclesiásticos, que deveriam atender aos destacamentos militares, além de assistirem às populações das adjacências, que, em geral, eram formadas por indígenas[956].

---

[952] REPRESENTAÇÃO..., *op. cit.*
[953] REPRESENTAÇÃO..., *op. cit.*
[954] *Cf.* CORBALAN, *op. cit.*
[955] *Cf.* SILVA, 2015, *passim.*
[956] PARÓQUIAS..., *op. cit.*

Da mesma forma que as capelas militares, as freguesias criadas para atender aos indígenas das antigas missões jesuítas da capitania de Mato Grosso, assim como a freguesia de São Luís da Vila Maria do Paraguai, eram mantidas pelo erário régio. Entretanto, à exceção de um único pároco da freguesia de Santana na Chapada, nenhum outro eclesiástico foi colado[957].

Na última década do século XVIII, pelo relato enviado ao reino do então governador e capitão-general Caetano Pinto de Miranda Montenegro (1796-1803), pode-se compor o quadro da circunscrição eclesiástica da fronteira oeste colonial e de seus postos eclesiásticos[958]. Praticamente, esse foi o quadro que se manteve até a chegada do primeiro prelado, em 1808.

Quadro 21 – Freguesias e capelanias das comarcas eclesiásticas da capitania de Mato Grosso (1803)

Comarca eclesiástica de Mato Grosso		Comarca eclesiástica de Cuiabá	
Vila Bela da Santíssima Trindade	Vigararia	Vila Maria do Paraguai	Paróquia
Forte do Príncipe da Beira e Casalvasco	Capelão militar compartilhado	Chapada ou Lugar de Guimarães	Paróquia
Arraiais de São Vicente, Nossa Senhora do Pilar, Santa Ana, São Francisco Xavier da Chapada e Ouro Fino	Cada arraial tinha seu respectivo capelão	Vila Real do Senhor Bom Jesus da Vila do Cuiabá	Vigararia
		Arraiais de São Pedro del Rey e de Nossa Senhora do Livramento	Cada arraial tinha seu respectivo capelão
Arraiais de Lavrinhas, Aguapeí e Jaurú	Apenas recebiam assistência	Arraiais de Santo Antônio de Rio Abaixo e de Nossa Senhora do Rosário do Rio Acima	Apenas recebiam assistência

Fonte: *Paróquias...* (1803)

---

[957] CARTA de Sandro [ilegível] a d. Antônio Rolim de Moura agradecendo ter sido informado da nomeação do Pe. Simão de Toledo Rodovalho como pároco da aldeia de Santana, bem como apoiar a decisão de d. Antônio Rolim de Moura para construir no Pará e no Maranhão dois seminários para educação e instrução dos clérigos da terra e outro no Rio de Janeiro. Palácio de Nossa Senhora da Ajuda, 18 jun. 1761b. ACBM-IPDAC, Pasta 24, Doc. 609-A.
[958] OFÍCIO..., 1798.

Considerando as informações presentes no quadro, observa-se que a circunscrição eclesiástica da região de Mato Grosso colonial apresentou um crescimento considerável até esse período. Porém, apesar do possível atrativo econômico observado até aqui, o número de clérigos ainda não era suficiente para atender à demanda dos serviços eclesiásticos na região, como aparece no relatório do governador da capitania de Mato Grosso Caetano Pinto de Miranda Montenegro.

Nesse sentido, traçando um paralelo entre o número de clérigos disponíveis identificados e a quantidade de capelas edificadas ao longo do período aqui estudado, pode-se observar mais um elemento na compreensão das práticas sociais dos eclesiásticos, principalmente das que foram estabelecidas pelos primeiros vigários das Minas do Cuiabá e do Mato Grosso. Os integrantes desse grupo de clérigos agiam uns com outros com elevado espírito de hostilidade durante as duas primeiras etapas delimitadas neste trabalho, referentes à instalação da instituição eclesiástica na fronteira oeste. Essas informações estão expressas no gráfico seguinte:

Gráfico 11 – Vigararias, capelanias e clérigos na fronteira oeste da América portuguesa (1720-1808)

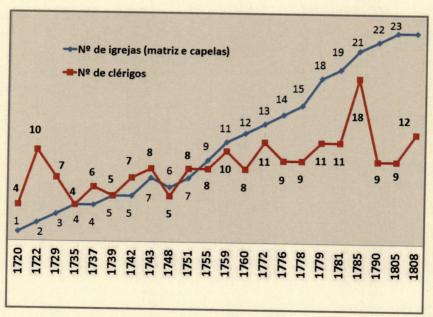

Fonte: *Annaes...* (2007), *Anais...* (2006) e Barbosa de Sá (1975) (os dados referentes ao clero são aproximados)

Desse modo, considerando a evolução do número de igrejas (matrizes e capelas) instaladas na região da fronteira oeste, paralelamente ao número de eclesiásticos com possibilidade de serem identificados, verifica-se que, no momento em que as linhas do gráfico se cruzam e invertem sua posição (1751-1755), podem ser observadas alterações nas práticas sociais estabelecidas entre os clérigos que ocupavam as funções de vigário da vara e pároco. A partir de então, deixa-se de apresentar as demonstrações de força e hostilidade nas sucessões dos cargos de comando das freguesias[959]. Desse modo, em termos materiais, com a ampliação do número de igrejas, que supera o número de clérigos, evidencia-se também o aumento da possibilidade de arrecadação para os eclesiásticos na região. Consequentemente, é observado que se diminuíram as tensões e os conflitos, pelo menos entre eles. Esse aumento do número de igrejas na região seria reflexo ainda do aumento da população, decorrente do avanço da conquista e da implantação das diretrizes metropolitanas para a consolidação dos acordos entre as Coroas ibéricas que disputavam a região.

Ao mesmo tempo que se ampliava o número dos postos eclesiásticos em consequência da instalação de mais arraiais e de suas capelas, a população de fiéis, principal responsável pela construção dos templos religiosos, estruturava e criava suas irmandades. Assim, além das capelanias exercidas em igrejas, os clérigos da capitania de Mato Grosso encontraram nas irmandades outra importante fonte de recursos para sua sustentação[960].

Os irmãos reunidos nas irmandades tinham, entre seus compromissos, a obrigação expressa de angariar fundos para a manutenção e a sustentação de suas funções e atividades. O custeio dos serviços eclesiásticos estava entre as despesas, que deveriam ser acompanhadas de perto por representantes da Igreja, um capelão ou um padre que, no seu corpo constitutivo, tinha direitos e deveres a serem cumpridos para com essas associações[961].

Desse modo, quanto aos eclesiásticos, Gilian E. F. Silva levantou dados referentes aos compromissos das irmandades mato-grossenses, às suas relações e às suas práticas organizacionais e econômicas, que deveriam ser seguidas pelos irmãos e pelos clérigos, como, por exemplo: o capelão ter que aguardar ser chamado pelo "andador", quem o avisaria quando houvesse a necessidade de se administrar algum dos sacramentos, como a eucaristia

---

[959] *Cf.* ANNAES..., *op. cit.*; ANAIS..., *op. cit.*; BARBOSA DESÁ, *op. cit.*
[960] SILVA, 2015, p. 184.
[961] *Cf.* BOSCHI, 1986.

ou a extrema unção; ou ainda, caso encontrasse o irmão muito enfermo ou moribundo, ter que fazer a encomendação de alma ou o acompanhamento dos defuntos às sepulturas das irmandades[962].

Por ocasião das eleições anuais para novos mandatos de mesa diretora da irmandade, os irmãos contavam com a assistência do pároco e, no dia seguinte, na realização da Missa, publicavam o resultado, fixando-o nas portas da igreja[963]. Algumas irmandades faziam as suas eleições no último dia do ano para divulgar o resultado no dia seguinte, no novo ano; já outras realizavam as eleições durante as festividades de seus padroeiros, como as irmandades de Nossa Senhora do Rosário, tanto da Vila do Cuiabá como de Vila Bela (outubro e dezembro), cujo processo era sempre acompanhado pelo reverendo vigário[964]. Porém, vale lembrar que as irmandades faziam de tudo para preservar seus recursos. Negociavam com os clérigos sempre os valores mais baixos para escapar das taxas paroquiais, consideradas exorbitantes[965].

De acordo com Gilian E. F. Silva, no espaço mato-grossense, por serem os vigários sempre encomendados, a relação entre o clero secular e os irmãos teria ganhado contornos próprios. Segundo o autor, a discussão em torno da prática adotada pelos clérigos de cobrar valores excessivos pelos bens da salvação, além dos excessos cometidos pelos capelães e pelos vigários, seria significativa para se compreender o clero secular enquanto grupo social e sua relação com outros grupos do campo religioso local[966].

Segundo Caio C. Boschi, os problemas da "cobiça desenfreada" dos eclesiásticos em relação aos direitos paroquiais e da cobrança excessiva de taxas eclesiásticas estariam associados à falta de uma política religiosa por parte da Coroa[967]. De acordo com a percepção do autor, existia, por parte da Coroa, a crença de que os eclesiásticos que exercem o ministério sacerdotal poderiam sobreviver da forma como as coisas eram conduzidas, ou seja, sustentando-se de "conhecenças", "benesses" e "pés-de-altar"[968]. Se não, que vivessem unicamente pela virtude da caridade, modo que foi algumas poucas vezes exaltado entre os coevos, segundo algumas crônicas da época.

---

[962] SILVA, 2015, p. 191.
[963] Ibid., p. 196.
[964] Ibid., p. 203-204.
[965] HOORNAERT, op. cit., p. 283; RUBERT, op. cit., p. 221.
[966] SILVA, 2015, p. 184.
[967] BOSCHI, 1986, p. 73.
[968] Ibid., p. 73.

4.3 Os clérigos "bem falados": virtudes apreciadas

A Igreja Católica, pós-Concílio de Trento, colocou a vida sacramental no centro da vivência eclesial, reforçando, assim, o papel do sacerdócio e supervalorizando a hierarquia eclesiástica. Para Fernando Torres-Londoño, os bispos coloniais no século XVIII entenderam que "a afirmação da Igreja passava também por um ordenamento do que deveria ser a sua principal atividade: administração dos sacramentos"[969]. Essa postura eclesiástica leva, necessariamente, ao entendimento de que a ação da Igreja na América portuguesa passaria pela atuação dos bispos com seus sacerdotes e, em específico, por aqueles que serviam como párocos[970].

As Constituições Primeiras, depositárias de Trento, deixavam em evidência o sacramento da ordem na Igreja Católica, pois a administração dos demais sacramentos e sua validade dependiam, necessariamente, dos ministros ordenados[971]. Desse modo, entende-se que, para a época, viver a vida de acordo com os parâmetros estabelecidos como corretos ou mais adequados para a garantia da salvação da alma inevitavelmente corroborava o papel dos clérigos, que, na lógica do sistema cristão/católico, ocupavam a função de intermediários entre o mundo terreno e o espiritual[972].

Além desses aspectos ressaltados, a sociedade colonial foi marcada por um sentimento religioso que ia das práticas religiosas oficiais às crendices e às superstições[973]. Em seus estudos sobre as monções, Sérgio Buarque de Holanda destacou a importância que tinham certos rituais religiosos para os navegantes, como, por exemplo, a bênção das canoas antes de partirem rumo aos sertões do Cuiabá. Além disso, o autor ressaltou que os monçoeiros sempre estavam cercados de um arsenal de objetos considerados protetores, como medalhas, terços, bentinhos, entre outros; quando não, levavam algum clérigo secular ou religioso junto de suas expedições[974].

Ao contrário de como era em outras regiões coloniais na fronteira oeste, a carência de clérigos foi reclamação quase constante. Desse modo, é possível perceber que os habitantes consideravam a presença dos clérigos muito importante, mesmo quando estes apresentavam comportamentos

---

[969] TORRES-LONDOÑO, 1999, p. 79.
[970] *Ibid.*, p. 79.
[971] TORRES-LONDOÑO, 1999, p. 216.
[972] Livro I, Título XLIX, Art.206 *In*: VIDE, *op. cit.*, p. 216.
[973] MELLO E SOUZA, *op. cit.*, p. 57, 67.
[974] HOLANDA, 2014, p. 105.

discrepantes dos esperados para seu estilo de vida[975]. Segundo Vainfas, em relação a esse comportamento dos clérigos, até mesmo a Justiça inquisitorial praticada pela Igreja colonial fez "vista grossa", possivelmente procurando resguardar os seus quadros, pois, do contrário, talvez ficasse sem ministros[976].

Para o historiador católico Arlindo Rubert, em suas análises sobre o modo de se comportar do clero colonial, a população muitas vezes compreendia e relevava as fraquezas dos eclesiásticos, desde que estas não fossem acompanhadas de outras "atitudes escandalosas"[977]. Nessa mesma direção, Fernando Torres-Londoño considera que, apesar de muitas vezes terem se sobressaídos os traços relacionados à devassidão moral, é verdade que os clérigos foram capazes de apresentar gestos significativos, além do convencional[978].

Nesse sentido, desde as primeiras décadas da conquista e do descobrimento das Minas do Cuiabá e do Mato Grosso, é possível observar que vários vigários foram elogiados por seu trabalho e por sua dedicação aos fiéis. Alguns clérigos chegaram a fazer doações de seus patrimônios depois de falecidos, e, provavelmente, muitos outros também apresentaram gestos de solidariedade que, no convívio cotidiano, passaram despercebidos pelos fiéis, assim como pelos cronistas da época. Porém, alguns nomes foram lembrados.

Um desses casos foi o do padre secular João Caetano Leite Cezar de Azevedo, que chegou à Vila do Cuiabá em 1734[979]. Segundo o cronista, ele foi um vigário que, durante o seu período de administração da freguesia do Senhor Bom Jesus de Cuiabá, demonstrou estar preocupado com sua missão, pois deu atenção para o espaço do culto divino a ponto de liderar campanhas para a edificação de um novo templo[980].

A atuação do padre João Caetano foi significativa na medida em que realizou obras importantes para a época. Em 1739, por exemplo, ele incitou o povo da Vila Real a contribuir com o que pudesse para edificar uma nova igreja matriz. Vale destacar que a igreja que os fiéis cuiabanos frequentavam até então era ainda a mesma que existia desde os tempos dos primeiros conquistadores, "feita de pao a pique coberta de palha que

---

[975] Em Salvador, Bahia, em 1774, o Arcebispo D. Joaquim Borges de Figueiroa dizia em ofício ter encontrado tantos clérigos naquela cidade que achava ser desnecessário ordenar novos clérigos por um bom tempo (ARAUJO, Emanuel. **O teatro dos vícios**: transgressão e transigências na sociedade urbana colonial. Brasília: UnB; José Olympio, 1993. p. 249).

[976] VAINFAS, *op. cit.*, p. 170.

[977] RUBERT, *op. cit.*, p. 174.

[978] TORRES-LONDOÑO, 1999, p. 84-86.

[979] BARBOSA DE SÁ, *op. cit.*, p. 35; SIQUEIRA, 2002b, p. 46.

[980] BARBOSA DE SÁ, *op. cit.*, p. 38; SIQUEIRA, 2002b, p. 50.

a sua custa havia feito o Capitão Mor Jacinto Barboza Lopes no principio da povoação que já naó condizia com o aumento da Villa"[981]. O Padre João Caetano teria conseguido seu objetivo e, com a ajuda da população, levantou uma capela-mor, em cujo interior cabia a antiga capela. Mas, depois de coberta, a nova edificação não resistiu e acabou vindo abaixo. Ainda sobre a construção da igreja matriz da Vila do Cuiabá, no ano seguinte ao acontecimento, em 1740, o Vigário João Caetano novamente "incitou" cada "pessoa de confiança" da vila a contribuir com 12 vinténs de ouro para que, assim, fosse reiniciada a obra da igreja, como foi feito, pois a população atendeu novamente o seu pedido[982].

Segundo Barbosa de Sá, o Padre João Caetano, em sua argumentação para convencimento dos fiéis, assumiu o compromisso de suprir, com recursos de sua própria "fazenda", tudo que viesse a faltar para completar a obra daquela igreja[983]. Obviamente, havia também o interesse, por parte dos fiéis, para que se erigisse uma igreja maior, que comportasse todos ou, pelo menos, mais pessoas e que também estivesse à altura do que se considerava na época ser uma matriz[984]. Contudo, o que se evidencia nesse caso, conforme o cronista, é o estabelecimento de uma parceria entre o clérigo e os fiéis. Porém, esse fato não foi a regra, pois a maioria das igrejas das duas comarcas eclesiásticas da capitania de Mato Grosso foi edificada por iniciativa de autoridades civis e pelos próprios fiéis[985].

Para tanto, ao garantir que se completariam os recursos para a construção da outra matriz da Vila do Cuiabá, caso necessário, o Padre João Caetano demonstrava ser bem-sucedido do ponto de vista material, tanto que, um ano antes, em novembro de 1739, ele se prontificou a acudir o intendente da Vila Real Manoel Rodrigues Torres, quando este, após balanço feito na

---

[981] BARBOSA DE SÁ, op. cit., p. 38; SIQUEIRA, 2002b, p. 50.
[982] BARBOSA DE SÁ, op. cit., p. 38.
[983] Ibid., p. 38.
[984] Nesse período, já existiam irmandades na Vila Real do Senhor Bom Jesus que, provavelmente, tinham muito interesse em construir uma igreja maior para que pudessem dedicar altares aos seus padroeiros, como assim o fizeram as irmandades de São Miguel e Almas, do Senhor Bom Jesus e do Santíssimo Sacramento. Essas irmandades compartilham o mesmo espaço dentro da igreja matriz da freguesia de Cuiabá. Cf. SILVA, 2015; SIQUEIRA, Elizabeth Madureira. A Irmandade do Senhor Bom Jesus do Cuiabá: devoção, resistência e poder (1821-1857). **Revista do IHGMT**, Cuiabá, ano 67, t. 143, 1995; SILVA, Cristiane dos Santos. **Irmãos de fé, irmãos no poder**: a Irmandade de Nossa Senhora do Rosário dos Pretos na Vila Real do Senhor Bom Jesus do Cuiabá (1751-1819). 2001. Dissertação (Mestrado) – UFMT, Cuiabá, 2001.
[985] Dessa maneira ocorreu com a edificação da igreja matriz da freguesia de Santana da Chapada, custeada pelo procurador José Carlos Pereira, e com a igreja de Nossa Mãe dos Homens em Vila Bela, custeada, em sua maior parte, pelo ouvidor Teotônio da Silva Gusmão. Na Vila Real, a igreja Nossa Senhora do Rosário foi edificada pelos irmãos de suas irmandades e outros fiéis. Cf. ANAIS..., op. cit.; BARBOSA DE SÁ, op. cit.

Fazenda Real, foi acusado pela falta de meia arrouba de ouro. Segundo Barboza de Sá, o padre propôs-se a repô-la, mas o ouvidor que acusava o intendente não admitiu a reposição[986].

O Padre João Caetano ainda era vigário e pároco da freguesia de Cuiabá quando houve os descobrimentos auríferos na região do vale do Rio Guaporé. Foi ele que proveu, por sua conta, os capelães que acompanharam a população nos novos achados[987].

No geral, poder-se-ia afirmar que o Padre João Caetano se encaixa na observação feita por Arlindo Rubert. Este estudioso considerou que, desde que fossem solícitos e caridosos com os mais necessitados e que cuidassem dos templos e de seu embelezamento, alguns clérigos conseguiriam manter a estima dos seus paroquianos e, ao mesmo tempo, possuir bens materiais, como: fazendas, currais de gado, lavouras e até engenho de cana-de-açúcar[988].

Outro clérigo que também foi bem referendado já na segunda metade do século XVIII foi o padre secular Vicente José da Gama Leal, doutor e vigário da vara da freguesia do Senhor Bom Jesus. O padre secular Manoel Bruno Pina fez as seguintes considerações sobre o Padre Vicente José da Gama Leal por ocasião de sua visita eclesiástica:

> [...] cujas letras, virtudes e capacidade he asás comitante a Sª Exª Rma, e nesta Freguesia [da Vila Real] tem desmerecido o alto conceitoque se fez do seu saber, e proceder, vive bem com o principal do povo, suceso ordinário que tem os vigários que principião a paroquiar nestas situasoens.[989]

O visitador possivelmente se referiu à capacidade de lidar com as diferentes camadas que formavam aquela sociedade, tanto a da elite como a dos mais humildes. É provável que o visitador não tenha exagerado, pois foi um dos poucos clérigos que tiveram, até a hora de seu falecimento, lembrado o dia 1º de janeiro de 1795, pelas 10horas da noite. Segundo Joaquim da Costa Siqueira, o falecimento do Padre Vicente José da Gama Leal foi "com geral sentimento de todo este povo terminou os seus dias repentinamente [...], o seu nome estará sempre lembrado pela virtude da caridade, que muito exercitava"[990].

---

[986] BARBOSA DE SÁ, *op. cit.*, p. 38.
[987] ANAIS..., *op. cit.*, p. 40, 44.
[988] RUBERT, *op. cit.*, p. 174.
[989] VISITAS..., *op. cit.*, p. 157.
[990] SIQUEIRA, 2002a, p. 31.

O padre também tinha outras qualidades, era talentoso com as artes. Por ocasião dos festejos do nascimento da "sereníssima Princesa da Beira", em novembro de 1794, segundo Joaquim da Costa Siqueira, entre as iluminações que se faziam nas noites para se comemorar o acontecimento, a do Padre Vicente foi a que fez mais sucesso, tanto que o cronista setecentista fez questão de destacá-la[991].

Encerrando o século XVIII e abrindo o XIX, encontra-se mais um clérigo que também foi estimado pela comunidade local, o padre secular Agostinho Luiz Gularte Pereira, último vigário da vara encomendada da Igreja da Vila Real antes da chegada do primeiro prelado da prelazia do Cuiabá, D. Luiz de Castro Pereira. Agostinho Pereira foi o vigário que ficou mais tempo na administração da freguesia, pelo menos 11anos. Tomou posse como pároco da freguesia em 29 de fevereiro de 1796 e deixou o cargo em 8 de dezembro de 1807, quando, por procuração do prelado, tomou posse da prelazia de Cuiabá, representando o futuro bispo[992], o que leva a crer que, de fato, o clérigo foi bem quisto pela comunidade, a ponto de os vereadores da Câmara da Vila Real pedirem ao governador e capitão-general Caetano Pinto e Montenegro que intervisse e conseguisse colação do religioso na freguesia ou, até mesmo, que o indicasse ao posto de prelado em Cuiabá[993].

Outros clérigos que estiveram nas Minas do Cuiabá também tiveram registro nas memórias da época por gestos de generosidade, como os padres seculares João Alvares Torres e Manoel da Silva Martins. Provavelmente, o Padre João Alvares Torres esteve em Cuiabá desde o início do arraial. Natural da cidade de São Paulo, ele faleceu em abril de 1781, e seu corpo foi sepultado na sacristia da Igreja da Missão de Santa Ana da Chapada, onde havia sido pároco encomendado.

Segundo os cronistas, em seu testamento, o Padre João Alvares Torres deixou esmola de 64 oitavas de ouro para a dita igreja de Santa Ana. O montante da doação foi usado, em 1781, para o pagamento do serviço prestado na mesma igreja pelo dourador e pintor da capitania de Goiás João Marcos Ferreira[994]. Para o cronista Joaquim da Costa Siqueira, o padre foi um bom clérigo, pois, em sua opinião, considerava que:

---

[991] SIQUEIRA, 2002a, p. 31.
[992] LEVANTAMENTO..., *op. cit.*
[993] OFÍCIO..., 1804a; OFÍCIO..., 1804b.
[994] SIQUEIRA, 2002a, p. 127.

> [...] piamente devemos crer que está gozando da vida eterna porque foi sempre de bons costumes, muito devoto da Mãe de Deus, caritativo e esmoler em eterno, e para as obras desta mesma igreja deu sua vida de esmolas 400 oitavas de ouro [...].[995]

Essas considerações feitas pelo cronista evidenciam o que, a seu ver, seriam as virtudes apreciadas para uma vida sacerdotal. Ele sintetiza os valores demonstrados durante a vida do Padre João Torres enquanto este prestou seus serviços na região: de bons costumes; devoto da Mãe de Deus; e caritativo.

Outro eclesiástico da Vila Real que também foi destacado por seu gesto de generosidade foi o Padre Manoel da Silva Martins, que doou para a matriz da freguesia do Senhor Bom Jesus uma imagem de Jesus crucificado para ser colocada na sacristia[996]. A princípio, parecia ser uma doação modesta, porém, nas encomendações, na Missa de corpo presente e no acompanhamento dos funerais, a utilização de crucifixo implicava o recebimento de mais recursos[997].

Na comarca de Vila Bela, também se encontravam nomes bem referenciados, como o do Padre Amaro Barbosa Lima. Segundo os *Anais de Vila Bela*, esse clérigo foi um dos moradores mais antigos, ainda no tempo do descoberto das primeiras minas onde deu origem aos arraiais de São Francisco Xavier, Pilar e Santa Rosa, segundo os anais: "A louvável caridade com que havia socorrido a sua família do Reino faz presumir que não foi considerável a sua herança"[998].

Nota-se que, novamente, a caridade ganha destaque entre os cronistas da época, bem como a solicitude às autoridades, atributos que outro clérigo também apresentava, o Padre Estevão Ferreira Ferro, vigário da freguesia de Vila Bela. Esse clérigo tinha disponibilidade para prestar assistência tanto às autoridades como à população. O padre serviu por muitos anos à região como capelão e, depois, como vigário. Foi um fiel companheiro do primeiro governador, o capitão-general Antônio Rolim de Moura, e durante o seu governo auxiliou-o em várias expedições e serviu-o como capelão militar, atendendo a várias capelas da região da comarca eclesiástica de Mato Grosso[999].

---

[995] *Ibid.*, p. 127.
[996] LEVANTAMENTO..., *op. cit.*
[997] Pelo acompanhamento feito nos funerais utilizando-se a cruz da fábrica e outros usos, era cobrado o valor de uma oitava de ouro (SILVA, 2015, p. 237).
[998] ANAIS..., *op. cit.*, p. 209-210.
[999] *Ibid.*, p. 275.

Em geral, observa-se que os atos praticados pelos clérigos que ganharam destaques nas crônicas da época foram notadamente aqueles que caracterizavam gestos de doação e desprendimento e que foram destacados e valorizados mais de uma vez nos registros da época. É provável que muitos outros clérigos também se dedicassem com muito esmero ao trabalho de assistência religiosa aos fiéis da região e de seus sertões. Porém, nem todos foram registrados ou ganharam destaque. Além disso, vale lembrar que essas memórias do século XVIII foram registros oficiais ou serviram de base para documentos oficiais da época. Portanto, tinham que, necessariamente, passar pelo crivo do corpo de vereadores das câmaras e, assim, ter seu conteúdo selecionado; ou seja, a escolha do que foi registrado nesses anais refletia a maneira pela qual determinados grupo sociais enxergavam os acontecimentos constituintes de sua própria história; nesse caso, relativos à elite local. Em outras ocasiões, essas autoridades locais reclamaram de clérigos que julgavam ser interesseiros e que, para eles, eram indivíduos que só pensavam em arrecadar bens materiais e se enriquecer. Assim, a avaliação positiva ou negativa de um clérigo poderia estar condicionada ao seu maior ou menor interesse por bens materiais, e não necessariamente a atos de natureza ilícita ou moral que praticava, ou, ainda, à ação de se sujeitarem ou não aos interesses das autoridades.

4.4 Os clérigos denunciados: concubinos, nefandos, desertores e degredados na fronteira oeste

Apesar de serem poucos, clérigos que passaram pela fronteira oeste da América portuguesa também foram denunciados por comportamentos considerados discrepantes na época. De acordo com Arlindo Rubert, analisar as práticas menos convencionais dos clérigos não necessariamente significa estigmatizar o segmento clerical, pois não quer dizer que aqueles que "não tiveram forças" para vencer as tentações de sua época eram deficientes de virtudes. Aliás, muitos não "deixaram de ter zelo e compostura, cumprindo assaz bem os seus deveres ministeriais"[1000]. Como bem lembrou a historiadora Marcela Soares Milagre em sua pesquisa sobre a atuação do clero setecentista nas Minas de Pitangui, é preciso considerar que esses homens eram filhos de seu tempo, eram eles imbuídos de valores e ideias daquele contexto histórico[1001]. Conforme a autora, a vida deles não é invenção

---

[1000] RUBERT, *op. cit.*, p. 173.
[1001] MILAGRE, *op. cit.*, p. 129.

ficcional, embora possa renascer por meio de um olhar historiográfico de outra época, que, por sua vez, também estaria imbuído de marcas de seu próprio tempo, por se tratar de uma releitura do passado feita no presente[1002].

Desse modo, em toda a América portuguesa, houve clérigos que se entregaram aos chamados vícios e descumpriram as normas e os votos concernentes a sua condição vocacional. De fato, não foram poucos no mundo colonial[1003]. Muitos foram denunciados ou autodenunciaram-se, alguns foram julgados, condenados, admoestados e até executados por suas práticas consideradas irregulares.

Segundo Patrícia Ferreira dos Santos, na América portuguesa, as denúncias eram um mecanismo de busca dos pecadores públicos, e, uma vez levadas ao promotor, estese encarregaria de apontar ao tribunal os culpados ou suspeitos de delitos. Conforme a autora, também seria possível apresentar denúncias dos delitos ao vigário da vara, que procederia contra o réu aplicando alguma penalidade pecuniária. Contudo, de acordo com o valor da causa, o processo seria remetido para a sede do juízo eclesiástico e para o despacho do vigário-geral[1004].

As denúncias eram estimuladas durante as visitas eclesiásticas e por meio de éditos lidos e afixados às portas das igrejas. Segundo Patrícia dos Santos, os fregueses eram incentivados a denunciarem os demais, os quais eram infamados publicamente por algum erro cometido, e quem acusava não necessariamente precisava de provas ou de ter presenciado o delito, bastava ter ouvido dizer que alguém cometera um pecado público escandaloso[1005]. Conforme a historiadora, em resumo, o processo desenvolvia-se da seguinte forma: os depoimentos, os ditos das testemunhas denunciantes, geralmente eram apresentados ao promotor ou ao procurador da mitra pelo fiel "em sua própria pessoa" ou por um solicitador de causas. A partir dessas informações, proceder-se-ia à abertura de um processo no qual se apresentava a solicitação do vigário-geral para a condenação do delito denunciado e a penalidade proporcional[1006].

[1002] Ibid., p. 129.
[1003] Cf. VAINFAS, Ronaldo. Moralidades brasílicas. In: MELLO E SOUZA, Laura (org.). **História da vida privada no Brasil**: cotidiano e vida privada na América Portuguesa. São Paulo: Companhia das Letras, 1997a; MOTT, Luiz. Cotidiano e vivência religiosa: entre a capela e o Calundu. In: MELLO E SOUZA, Laura (org.). **História da vida privada no Brasil**: cotidiano e vida privada na América Portuguesa. São Paulo: Companhia das Letras, 1997; ARAUJO, 1993, p. 243-251.
[1004] SANTOS, [2013], p. 152.
[1005] Ibid., p. 152.
[1006] Ibid., p. 152.

Alguns clérigos que passaram pela fronteira oeste foram acusados de cometer delitos por seus próprios pares, por estarem vivendo em condição de concubinato ou por estarem praticando sodomia ou crime de solicitação. Outros eclesiásticos chegaram a ser presos por terem cometido injúria e praticado possível atividade de contrabando. No entanto, esses tipos de reclamação ou denúncia de comportamentos irregulares ou de escândalo público de ordem moral ou religiosa praticamente não aparecem nas narrativas da época, como, por exemplo, nas crônicas já citadas. O que se observa nelas, no máximo, são situações conflitantes em que se envolvia disputa por jurisdição ou casos relacionados às questões materiais de arrecadação ou cobrança de taxas[1007]. Com isso, pode-se observar que esses clérigos estavam longe de ser mais regrados em seu modo de agir do que os de outras regiões. Possivelmente existia maior tolerância por parte da sociedade colonial mato-grossense com a conduta de seu clero quanto a algumas práticas[1008].

Em levantamento feito no Arquivo da Cúria Metropolitana de São Paulo, por exemplo, há um conjunto de fichas de processos de crimes, do qual foram identificados um total de 109 processos movidos contra clérigos no século XVIII e no início do século XIX. Apenas dois processos se referem a clérigos que estiveram nas freguesias das Minas do Cuiabá e do Mato Grosso: um contra o Padre Lourenço de Toledo Taques e outro contra o frade mercedário Antônio de Madureira. Os demais envolvem clérigos de uma vasta região territorial de freguesias da capital e do interior da capitania de São Paulo, da Vila de Curitiba e da região de Minas Gerais.

Em geral, as acusações encontradas nos processos contra os eclesiásticos são de concubinato, defloramento de virgens, uso indevido de esmolas e usurpação de jurisdição, usura, jogos, rapto, incesto, dança, ofensa a fregueses, uso de armas, uso de ordens sem licenças, desobediência, injúria, furto em casas de doentes, brigas, agressão, assassinato, entre outras. Mas a maior parte das denúncias deve-se à falta de sacramento, ou seja, à indisposição ou à recusa por parte dos clérigos em administrar os sacramentos aos fiéis[1009].

Entretanto, voltando a tratar das crônicas setecentistas citadas neste trabalho, no que se refere às duas principais vilas da região, notadamente

---

[1007] *Cf.* BARBOSA DE SÁ, *op. cit.*; ANAIS..., *op. cit.*; ANNAES..., *op. cit.*

[1008] *Cf.* TORRES-LONDOÑO, 1999.

[1009] FICHAS de processos crimes. ACMSP-SP. Lamentavelmente, parte considerável da documentação eclesiástica referente à Igreja em Mato Grosso pode ter sido perdida com o passar do tempo, e o que ainda é encontrado sobre as freguesias de Mato Grosso no Arquivo da Arquidiocese do Rio de Janeiro, que a administrou por todo o século XVIII, é pouco e indisponível, devido ao estado de conservação em que se encontra.

se verifica que não havia interesse em registrar certas práticas ou certos acontecimentos que, provavelmente, poderiam passar adiante a imagem de uma sociedade devassa, corrompida por vícios, ou então de relatar os problemas que existiam na época, os que se referiam à clerezia. Esses eram, possivelmente, considerados os menores. De acordo com Fernando Torres-Londoño, na capitania de Mato Grosso, área de fronteira e de grande mobilidade, houve certo relaxamento nos costumes[1010]. Para tanto, em um período de oito décadas consultadas na documentação disponível referente à região da fronteira oeste, foram identificados os seguintes casos de práticas clericais consideradas irregulares e que foram denunciadas:

Quadro 22 – Denúncias feitas contra os clérigos em Mato Grosso colonial, 1729-1790

Nº de ordem	Clérigo	Ocupação	Acusação	Denunciante	Ano
01	Lourenço de Toledo Taques	Vigário da vara	Concubinato	Pe. Antônio Dutra de Quadros	1729/ 1733
02	Antônio de Madureira	Coadjutor	Sodomia e uso indevido de esmolas	Autodenúncia	1736
03	João da Costa	Coadjutor	Sodomia	Pe. Fernando Alvares Batista	1748
04	José Ramos Morais Marcelo	Vigário	Solicitação	Ten. dos dragões Manuel da Ponte Pedreira	1757
05	Bento de Andrade Vieira	Coadjutor	Desacato à pessoa do rei	Licenciado Francisco Xavier Correa dos Reis	1774
06	Antônio da Costa Teixeira		Contrabandista	Capitão-general Luís de Albuquerque	1785
07	Domingos da Silva Xavier	Advogado	Contrabando de diamantes	Credores	1790

Fonte: ACMSP-SP, AHU-PT e ANTT-PT

[1010] Cf. TORRES-LONDOÑO, 1999.

Acredita-se que possa ter sido maior o número de denunciados. Com certeza, foi maior ainda o número de delitos cometidos que nem chegaram a ser denunciados, pois, além do que já foi apresentado como possível explicação para um número diminuto de denúncias contra o clero na fronteira oeste, houve mais um fator que não pode ser descartado da análise. Trata-se do acúmulo de cargos eclesiásticos assumidos pelos párocos das duas principais freguesias da região.

Os párocos providos para a Vila do Cuiabá e para a Vila Bela quase sempre ocuparam, ao mesmo tempo, a função de vigário da vara e cura de almas, o que tornava quase impraticável as denúncias por parte dos fiéis, pois cabia aos vigários da vara, como juízes eclesiásticos, encaminhá-las aos tribunais competentes. Essa situação perdurou por todo o período observado neste estudo e pode ser considerada de fato um problema, relatado pelos moradores das duas vilas, chegando ao ponto de as autoridades locais pedirem na época a separação das funções eclesiásticas[1011].

A solicitação dos moradores das comarcas eclesiásticas da capitania de Mato Grosso não foi atendida pelos bispos do Rio de Janeiro, que continuaram a encaminhar um único clérigo para exercer os dois empregos. Provavelmente, o pedido não era atendido devido à constante dificuldade apontada pelos bispos em conseguir candidatos que quisessem assumir o posto na circunscrição eclesiástica de Mato Grosso.

Contudo, mesmo sendo poucos os casos de clérigos denunciados encontrados na documentação, verificam-se semelhanças nos tipos de denúncias em relação a outras regiões da América portuguesa. A denúncia contra o padre secular Lourenço de Toledo Taques em 1729, por exemplo, foi a primeira de que se tem notícia contra clérigos da região. O processo foi aberto por seu sucessor na direção da freguesia do Senhor Bom Jesus, o Padre Antônio Dutra. O caso estendeu-se por um longo tempo até chegar ao reino no Tribunal do Santo Ofício[1012]. Segundo a acusação, o Padre Lourenço Taques teria mandado dar umas cutiladas em um escravo de nome Mathias Soares, de outrem; além disso, o clérigo vivia em concubinato. O processo teve continuidade em 1732, e uma nova peça foi apresentada pelo mesmo padre, Antônio Dutra. Na denúncia dizia que:

[1011] CARTA..., 1730.
[1012] CARTA do envio das denúncias contra o padre Lourenço de Toledo Taques. ANTT-PT, Tribunal do Santo Ofício, Inquisição de Lisboa, Proc. 16.377.

> [...] mandara oditto Reverendo Vigario Lourenço de Tolledo Taquis dar por huns negros huas cotiladas a Mathias Soares defarias decuja feridas ficara este aleixado nobraso dereito ebem asim denuncia do dito Reverendo Padre por estas amais dedous annos pública esandeloza mente concobinado com huma preta forra por nome Antonia deque resulta notavel Roina esperitual aos seos fregueses [...].[1013]

A observação de que o comportamento do Padre Lourenço Taques seria uma "ruína" para os fregueses era do ponto de vista do padre denunciante, ou seja, do clérigo que teria sido seu sucessor ao chegar à Vila do Cuiabá e que abrira processo contra o padre logo depois de sua saída da freguesia. Vale lembrar que o Padre Antônio Dutra, na sua posse, prendeu o Padre Lourenço, da mesma forma que havia feito com o seu antecessor, que depois conseguiu fugir da Vila do Cuiabá[1014].

No processo do crime movido contra o Padre Lourenço Taques, há ainda uma informação dada por uma testemunha de 1729 que evidencia certas tolerâncias em relação ao comportamento dos clérigos. Diz a sexta testemunha, Manoel Montheiro da Silva, natural da cidade de Lisboa, assistente nas minas do Cuiabá, que ouvira algumas pessoas dizerem que o padre teria pedido a Manoel Pinto de Oliveira que desse as cutiladas ao dito escravo e que, nesse ocorrido, houve a participação de um filho bastardo do padre denunciado. Sobre a segunda acusação, afirma que era fama pública que "o dito Reverendo denunciado estava atualmente concubinado com uma preta por nome de Antônia pública eiscandeloza mente"[1015].

Casos como o do Padre Lourenço se encaixam no que a historiografia verificou nas últimas décadas. Conforme Torres-Londoño, foi permanente a existência desses tipos de relações, comumente chamadas de concubinato, com maior ou menor evidência, a depender da região e da época. Como constatado em sua pesquisa sobre o antigo bispado do Rio de Janeiro, essa prática não só era realizada pelos clérigos, como também pelos leigos[1016]. Segundo o autor, no que se refere às áreas de fronteira da capitania de Mato Grosso e da capitania de São Paulo, às áreas de mineração (Minas Gerais), às áreas de trânsito para as minas, às vilas de Minas, do Vale do Paraíba e de

---

[1013] PROCESSO crime: Mato Grosso século XVIII e XIX (Pe. Lourenço de Toledo Taques). Cuiabá, 1732. ACMSP-SP.
[1014] BARBOSA DE SÁ, *op. cit.*, p. 26.
[1015] PROCESSO crime: Mato Grosso século XVIII e XIX (Pe. Lourenço de Toledo Taques). Cuiabá, 1727. ACMSP-SP.
[1016] TORRES-LONDOÑO, 1999, p. 14.

São Paulo, os registros mostram alta ilegitimidade de mobilidade espacial e de "fluidez social", de modo que eram causa de preocupação para os bispos do Rio de Janeiro[1017].

De fato, verifica-se, na documentação emitida pelos bispos do Rio de Janeiro para a região da Igreja de Mato Grosso, preocupação quase que constante dos bispos quanto à regularização da vida matrimonial dos moradores das freguesias da fronteira oeste. De um total de 23 portarias e pastorais destinadas aos vigários das freguesias da comarca eclesiástica de Mato Grosso e de Cuiabá, durante o período de 1755 a 1779, pelo menos 13 delas davam poderes para que os vigários e os párocos administrassem o sacramento do matrimônio da melhor forma possível, sem muitos embaraços burocráticos. Nessas pastorais, as faculdades atribuídas aos clérigos deveriam, de certo modo, "facilitar" os casamentos e, assim, estimulá-los[1018].

De acordo com Fernando Torres-Londoño, lugares como a capitania de Mato Grosso, ou seja, locais de mineração distante do litoral, com casarios em torno de presídios de fronteiras e vilas atravessadas pelos caminhos, tinham como característica uma população livre, sem vínculos muito permanentes, racial e socialmente complexa[1019]. Para Torres-Londoño, o conjunto dessas características, somado ao que ele chama de situação de precariedade geral da Igreja colonial, fez com que os controles emanados do Concílio de Trento e presentes nas Constituições Primeiras tivessem pouca eficácia. Ainda segundo o mesmo historiador, no que se refere à quebra de celibato vivida por alguns eclesiásticos, havia o que ele chamou de pano de fundo no qual essa situação seria facilitada em função da liberdade dada pela soma de alguns fatores, como: a grande distância entre os padres e o bispo, a vida autônoma que muitos levavam ao buscar seu sustento como capelão ou tomar conta de bens familiares[1020].

Segundo Torres-Londoño, nas freguesias onde houve casos de padre chamados de amancebados, as pessoas acabavam se acostumando com o fato de estarem vinculados a mulheres que viviam ou não com eles e levarem uma

---

[1017] Ibid., p. 58-59.
[1018] PORTARIAS, ordem e editais. Livro 238. ACMRJ-RJ; PORTARIAS, ordem e editais. Livro E-239. ACMRJ-RJ.
[1019] Na capitania de Mato Grosso, é identificado ainda por Fernando Torres-Londoño. Outra característica que as mulheres, assim como os homens, afirmavam que ele tinha era sua fidelidade aos parceiros de relações não permitidas, e, ainda, elas "não hesitavam em correr riscos ao expor seus maridos à desonra do adultério". Era também comum que "Homens e mulheres participavam da vida das vilas e dos arraiais transitando juntos em plena luz do dia, participando nos dias de festa e assistindo a missa como os demais fregueses". Cf. TORRES-LONDOÑO, 1999, p. 59, 65, 67.
[1020] Ibid., p. 82-83.

vida discreta e regrada como padres casados, chegando até a formar famílias com numerosos filhos conhecidos por muitos fregueses, inclusive alguns que poderiam chegar a ser sacerdotes como eles[1021]. Assim ocorreu com o Padre Brás Luís Pina, que teve um filho com Joana da Costa Aranha, natural de Itu.

Nesse caso, não há informação se o referido padre teria vivido em mancebia enquanto passou pela capitania de Mato Grosso na segunda metade do século XVIII, mas seu filho, Brás L. Pina [filho], que nasceu na freguesia do Senhor Bom Jesus de Cuiabá em 1785, decidiu entrar também para a vida sacerdotal. Segundo consta em seu processo de habilitação sacerdotal, depositado no Arquivo da Cúria Metropolitana de São Paulo, o jovem fora criado na Vila de Itú pelos avós maternos, que eram agricultores e negociantes. Nos registros, Brás Luís Pina [Filho] foi declarado filho de pai "incógnito", mas uma das testemunhas ouvidas no processo de habilitação sacerdotal, também da Vila de Itú, Custódio Ferreira da Silva, declarou que ouviu dizer que o pai do habilitando se chamava Braz Luiz de Pina, padre secular, e que não sabia de onde este era natural. Foi verificado que o nome do jovem era igual ao de seu progenitor, o qual também teria nascido no mesmo ano em que seu pai trabalhou na capitania[1022].

O Padre Brás Luís de Pina [pai] era natural do Rio de Janeiro, irmão do padre visitador Manoel Bruno Pina. Aliás, consta no termo de batismo de Brás Luís Pina [filho] a assinatura de Manoel Bruno Pina, seu tio paterno, quando ele esteve em visita eclesiástica na região[1023]. Para o visitador Manoel Bruno Pina, seu irmão, o padre tinha um "lindo" procedimento com os seus fregueses, inclusive com os indígenas, o que poderia ser verdadeiro[1024].

Esse caso, em específico, pode levar a duas conclusões: ou o visitador de fato não sabia o que estava acontecendo, ou deixou prevalecer certo "corporativismo" clerical. A segunda opção parece ser a mais verdadeira tendo em vista que, no documento produzido pela visita eclesiástica, outros clérigos foram acusados de fazer "vista grossa" a comportamentos considerados inadequados de seus fiéis, que, simplesmente, nem foram advertidos pelo visitador. Segundo consta em depoimento da *devassa*, o próprio Padre Brás L. Pina era conivente com o concubinato de alguns moradores da freguesia de Santana da Chapada, onde trabalhava[1025]. Desse modo, de acordo com

---

[1021] *Ibid.*, p. 82-83.
[1022] PROCESSO de habilitação de genere et moribus (1808) – 2/21/885. Braz Luís Pina [filho]. ACMSP-SP.
[1023] *Id.*
[1024] VISITAS..., *op. cit.*, p. 154-155.
[1025] *Ibid.*, p. 70-71.

Torres-Londoño, a quebra do celibato pode ser entendida como a forma pela qual muitos sacerdotes buscaram para se manter em sua posição eclesiástica, pois muitos dos casos verificados de quebra do celibato sacerdotal não impediram os padres de continuarem morando onde estavam e administrando os sacramentos em contato com seus fregueses[1026].

Ainda em relação à vivência do celibato dos clérigos em Mato Grosso colonial, são verificáveis mais três nomes que chegaram a render denúncias ao Tribunal do Santo Ofício[1027]. Conforme foi apresentado pelo historiador Luiz Mott, os clérigos Antônio Madureira, João da Costa e José Ramos Morais Marcelo também colaboraram para colocar o nome da capitania de Mato Grosso nos registros do Tribunal do Santo Ofício[1028].

O primeiro caso foi o do clérigo Antônio de Madureira, frade da Ordem de Nossa Senhora das Mercês. Lisboeta, ele tinha 30 anos de idade e diploma de pregador e confessor, obtido quando esteve nas Minas do Cuiabá. Foi acusado de sodomia em agosto de 1736. Conforme declarado no processo, quando esteve morando na Vila Real do Senhor Bom Jesus, o frade mercedário disse ter realizado duas tentativas de sodomia (*connatus*) com um rapaz. O religioso também declarou que tentou praticar o mesmo "pecado" com o piloto de canoas Francisco Xavier e com um índio pareci não batizado. Mas foi apenas com um rapaz pardo de 13 anos que completou o ato venéreo, ou seja, chegou à "sodomia perfeita"[1029].

O padre secular João da Costa contribuiu para o segundo caso, que, segundo Luiz Mott, seria o segundo e o último caso conhecido de homossexualidade masculina que envolveu sacerdotes ocorrido na capitania de Mato Grosso. Esse caso foi denunciado em 1748 por outro clérigo, o padre secular Fernando Álvares Batista, que, em confissão, ouvira de certa pessoa que o Padre João da Costa, residente em Cuiabá, era useiro em cometer sodomia e outros atos imorais com seus penitentes do sexo masculino[1030].

Contudo, nenhuma dessas denúncias redundou em processo formal, pois, conforme Luiz Mott, essas "culpas foram consideradas corriqueiras

---

[1026] TORRES-LONDOÑO, 1999, p. 82.
[1027] O Padre Lourenço de Toledo Taques também foi denunciado ao Tribunal do Santo Ofício pelo Padre Antônio Dutra de Quadros por crime de solicitação em confessionário cometido contra Josefa Maria, mulher livre, e Thereza Pedroza. *Cf.* CARTA do envio das denúncias contra o padre Lourenço de Toledo Taques. ANTT-PT, Tribunal do Santo Ofício, Inquisição de Lisboa, Proc. 16.377.
[1028] MOTT, 1994, p. 2.
[1029] *Ibid.*, p. 2; CADERNO..., *op. cit.*
[1030] CADERNO..., *op. cit.*

demais e pouco freqüentes, para justificar a prisão dos faltosos"[1031]. Foi também verificado o terceiro caso apontado pelo historiador, sobre o padre secular José Ramos de Morais Marcelo, desta vez por seus deslizes no confessionário, que envolveu mulheres. Seu delator foi o tenente dos dragões Manuel da Ponte Pedreira, morador em Vila Bela da Santíssima Trindade[1032].

Segundo a denúncia, o Padre José Marcelo teria se aproveitado da confissão de uma preta forra, Joana da Conceição, que, ao ficar doente, procurou-o para contar-lhe que havia pecado contra a castidade. Na ocasião, o clérigo teria se aproveitado da situação e, em termos atuais, assediado a referida mulher para que também fizesse o mesmo com ele. Esse episódio aconteceu no Arraial da Chapada de São Francisco Xavier, comarca de Mato Grosso. A fama da imoralidade do Padre José Marcelo espalhou-se a ponto de muitos homens casados não quererem que suas respectivas mulheres e filhas se confessassem mais com ele[1033].

Além do caso que envolveu a mulher no confessionário, segundo Luiz Mott, houve outras situações escandalosas em que o Padre José Marcelo teria se envolvido. Certa vez, refugiou em sua casa uma esposa adúltera, que pedia socorro para reconciliar-se com o marido traído. O sacerdote, porém, fez com que o esposo suspeitasse do tipo de relação entre aquele e a mulher, pois, conforme o autor, em vez de chamar rapidamente o marido ultrajado, o religioso teria permanecido horas a fio sozinho com ela[1034]. Diante do ocorrido, era notório que o referido padre solicitava a presença de mulheres solteiras e casadas no confessionário. Porém, segundo Mott, os "pecados" do padre carioca "não foram considerados suficientemente graves para merecer a abertura de um processo formal"[1035].

Além dos casos apresentados anteriormente, o extremo oeste colonial foi lugar de refúgio e degredo para eclesiásticos com problemas com o poder. Ao todo, encontram-se quatro casos que envolveram clérigos seculares: o caso do Padre Bento de Andrade Vieira; o caso do Padre Domingos Xavier da Silva, irmão mais velho do alferes Joaquim José da Silva Xavier (o Tiradentes); o caso do Padre José Ribeiro de Almeida, "exterminado" do Pará; e o caso do Padre Claudio Joaquim Monteiro de Faria, que foi considerado desertor.

[1031] MOTT, 1994, p. 2.
[1032] *Ibid.*, p. 2.
[1033] MOTT, 1994, p. 2.
[1034] *Ibid.*, p. 3.
[1035] *Ibid.*, p. 2-3.

O primeiro caso identificado foi o do Padre Bento de Andrade Vieira, que teve que enfrentar um longo processo para se livrar da prisão. Esse clérigo, residente na Vila Real, era paulista, nascido em 1723 e ordenado no bispado de São Paulo; provavelmente também era doutor[1036]. Esteve preso em Cuiabá por denúncia de ter proferido "palavras sacrílegas" contra o rei. Segundo o denunciante, em 1773, quando o licenciado Francisco Xavier Correa dos Reis e outras testemunhas estavam, com mais pessoas, reunidos à noite na casa do capitão Miguel José Rodrigues, o Padre Bento Vieira teria iniciado uma "disputa de palavras" por não concordar com o procedimento realizado naquela ocasião. Entre os presentes, havia decidido que poderia ser tomado o cavalo de um certo Pedro Gonçalves para que o cirurgião da vila fosse examinar um cadáver, o que seria correto por esse ser um serviço de interesse de Sua Majestade, tal como se procedia no reino. O Padre Bento Vieira teria discordado da decisão, proferindo uma frase inesperada diante de todos, que, segundo o denunciante, ficaram atônitos. O padre teria dito o seguinte: "Sim também la no Reino se dá em El Rey com hum pau"[1037].

A frase que o clérigo teria dito caiu muito mal, pois não significava apenas uma simples demonstração de insatisfação individual com o que se havia decidido naquela noite. Não se tratava apenas de achar injusto "tomar" o animal, pois, para o grupo reunido, as palavras proferidas pelo clérigo também transpareciam certo sentimento de contestação às ações praticadas pelo monarca, o que poderia ser entendido como ofensivo e conspiratório. Vale lembrar que, nesse período, já circulavam ideias de conjuração em terras coloniais e, poucos anos depois, como ocorreu nas Minas Gerais, vários padres estiveram ativamente envolvidos no movimento de Inconfidência[1038]. Muitos clérigos da América portuguesa do século XVIII passaram a participar diretamente da política, principalmente os que eram formados na Universidade de Coimbra, onde, conforme a historiadora Lana Lage, o processo formativo eclesiástico se "traduziu pela difusão das ideias iluministas e liberais entre seus membros, envolvidos cada vez mais na vida política nacional"[1039].

[1036] FICHAS biográficas do clero – padre Bento de Andrade Vieira. ACMSP-SP.

[1037] OFICIO do [governador e capitão-general da capitania de Mato Grosso] Luís de Albuquerque de Melo Pereira e Cáceres ao [secretario de estado da Marinha e Ultramar] Martinho de Melo e Castro sobre a prisão, na Vila de Cuiabá, do padre Bento de Andrade Vieira que proferiu as mais sacrílegas palavras a pessoas do rei. Vila Bela, set. 1774. AHU-MT, Caixa 17, Doc. 1.086.

[1038] Arlindo Rubert cita como padres inconfidentes os Clérigos Carlos Correa Toledo, o Padre Jose da Silva Oliveira Rolim, o Padre Manoel Rodrigues da Costa, o Padre Jose Lopes de Oliveira e o Cônego Luiz Vieira da Silva (RUBERT, *op. cit.*, p. 304).

[1039] LAGE, Lana. As Constituições da Bahia e a reforma tridentina do clero no Brasil. *In*: FEITLER, Bruno; SOUZA, Evergton Sales (org.). **A Igreja no Brasil**: normas e práticas durante a vigência das Constituições Primeiras do arcebispado da Bahia. São Paulo: Unifesp, 2011. p. 176.

Voltando ao caso do Padre Bento de Andrade Vieira, os seus "companheiros" logo o denunciaram, e, por quatro anos, ele ficou preso em Cuiabá. O clérigo pediu a sua liberdade alegando não ser um inconfidente e não ter cometido tal crime, mas sim vítima de uma perseguição. O Padre Bento só conseguiu sua liberdade em 1777, com o indulto da rainha D. Maria I[1040]. Depois, o clérigo voltou à coadjutoria paroquial, como consta nas crônicas da época: em 25 de março de 1778, ele foi orador nas celebrações das exéquias reais feitas na igreja matriz da Vila Real, a ponto de "fazer a ação mais fúnebre porque recitou a oração com lágrimas"[1041]. O padre também foi o pregador, em 1º de agosto do mesmo ano, da Missa cantada na nova matriz da freguesia de Santa Ana da Chapada[1042].

Outro caso que pode ter acontecido por questões políticas foi o do Padre Domingos da Silva Xavier, que buscou a capitania de Mato Grosso como refúgio. Esse clérigo, aos 45 ou 46 anos de idade, teria ido para a Vila do Cuiabá. Antes, porém, até setembro de 1783, permaneceu na capitania de Minas Gerais, onde atuou como vigário e advogado[1043]. Mas, conforme o historiador Carlos Alberto Rosa, em Cuiabá, o Padre Domingos seria "outro", pois era, a princípio, conhecido como o advogado Joaquim José Ferreira. Para o mesmo autor, o uso dessa falsa identidade pressupõe que alguma coisa o clérigo teria feito nas Minas Gerais e que não poderia ser revelada na Vila do Cuiabá. Assim como mudou de nome, mudou sua origem, pois dizia ser natural da cidade do Rio de Janeiro, e não de Ouro Preto, onde realmente tinha nascido[1044].

Enquanto esteve na Vila do Cuiabá sob o uso da falsa identidade, Padre Domingos Xavier tornou-se "homem de negócios", e, apesar do bom desempenho que por lá obteve, as suas dívidas também cresceram, de modo que acabou sendo preso por denúncia de seus credores[1045]. Foi nessa ocasião que se declarou como sacerdote e, assim, revelou sua verdadeira identidade, como consta nos *Anais do Senado da Câmara de Cuiabá*:

[1040] OFÍCIO do [governador e capitão-general da capitania de Mato Grosso] Luís de Albuquerque de Melo Pereira e Cáceres ao [secretario de estado da Marinha e Ultramar] Martinho de Melo e Castro com que comunica que, segundo as ordens que recebeu, mandou libertar o padre Bento de Andrade Vieira. Vila Bela, nov. 1777. AHU-MT, Caixa 19, Doc. 1.171.

[1041] SIQUEIRA, 2002b, p. 112-113.

[1042] *Ibid.*, p. 118.

[1043] MILAGRE, *op. cit.*, p. 123-125.

[1044] ROSA, 2000, p. 47-48.

[1045] *Ibid.*, p. 53.

> Em Março deste anno [1783] se declarou Sacerdote o Reverendo Dom.os da Silva Xavier denominado antes Joaq.m Jozé Ferr.a, debaixo de cujo nome negociou, e adevogou m.tos annos nesta V.a tendo chegado a ella pela via dos Rios cuja mudança para o verdadeiro, estado sacerdotal fez achando-se, e havia poucos dias prezo na cadea p.r ordem do Ex.mo General da Capitania o S.r João de Albuquerq.e de Mello Per.a e Cáceres a Requerim.to dos Seus a credores os quaes insenderão-se com a d.ª declaração, e fizerão que fosse metido na enchovia onde, exestio algum tempo.[1046]

Segundo Carlos Rosa, o Padre Domingos declarou sua verdadeira identidade para poder invocar seus privilégios de sacerdote[1047]. Como estava doente e como foram comprovadas as suas afirmações, conseguiu ter a prisão reduzida. O padre tinha muitos apoios na Vila de Cuiabá e acabou conseguindo tornar-se capelão em Santo Antônio do Rio Abaixo, distrito distante, a poucas léguas da Vila do Cuiabá. Conforme o historiador, possivelmente foi ali que o padre recebeu a notícia da morte do irmão Joaquim José da Silva Xavier[1048]. O Padre Domingos ainda foi preso mais duas vezes, depois foi levado para a Vila Bela por Ordem Régia e de lá seguiu para Lisboa, passando ainda pelo Forte Príncipe da Beira e pela cidade de Belém do Pará. No reino, conseguiu a sua liberdade e, aos 61 anos de idade, conseguiu ainda autorização para advogar pelo resto de sua vida[1049].

O que o Padre Domingos tentava esconder e por que escolhera Mato Grosso para refúgio não se sabe ao certo. Mas o fato de ser natural das Minas Gerais e ser irmão mais velho do alferes Joaquim José da Silva Xavier, por alcunha, o Tiradentes, pode levar a algumas conjecturas. Além disso, na Vila do Cuiabá, o padre havia se aproximado do juiz de fora Diogo de Toledo, o qual foi suspeito de "favorecimento de seus parentes e discriminação de emboabas", ou seja, havia fortes indícios de ares de inconfidência, mas, ao fim, nada foi provado[1050].

O terceiro caso que envolveu clérigos e as esferas do poder foi o do Padre José Ribeiro de Almeida, que veio para a capitania de Mato Grosso, coercitivamente, em 1799. Esse padre, antes de ser degredado, fazia parte do alto clero da diocese do Pará, ocupava o canonicato da Ordem Presbi-

---

[1046] ANNAES..., op. cit., p. 138.
[1047] ROSA, 2000, p. 53.
[1048] ROSA, 2000, p. 58.
[1049] Ibid., p. 60-61.
[1050] Ibid., p. 51.

teral do Cabido de Belém. A sentença recebida pelo clérigo foi de degredo perpétuo. Consta que o "extermínio" desse eclesiástico "se deu por Ordem de V. A. R [...] em pena de hua desobediência commettida contra o respeito devido a Real Junta da Coroa"[1051]. Esse foi o único caso de um eclesiástico em degredo identificado na região da fronteira oeste.

Por último, o Padre Claudio Joaquim Monteiro de Faria teria buscado refugiar-se na capitania de Mato Grosso, pois, do contrário, tudo indica que ele poderia ter sido preso por ter sido considerado um desertor. Assim o clérigo se caracterizaria, porque, antes de tomar ordens sacras, foi furriel da companhia de Nazareth, em São Paulo, na qual não havia dado baixa, como escreveu a esse propósito o governador da capitania de São Paulo Antônio Manoel de Mello Castro ao bispo diocesano de São Paulo:

> [...] vejo agora com admiração minha que, sem eu ser sabedor e creio bem que nem V. Exi Revma. Principian a tomar ordens os milicianos, como o fez Claudio Joaquim Monteiro, furriel da companhia de Nazareth, do regimento do coronel José Arouche de Toledo [...] Como creio que este [rasurado] furriel ocultou a V. Ex. a sua occupação, e como desertor se faz indigno de servir a Igreja, vou rogar a V. Ex. Revma. o queira mandar prender pala[para] exemplo dos mais, e não o admitir por ora aos mais graus.[1052]

Se o pedido do governador de São Paulo foi atendido pelo bispo não se sabe, mas tudo indica que não, pois o Padre Claudio continuou atuando como clérigo na região de Cuiabá, pelo menos até abril de 1809, quando foi orador na celebração da Páscoa na Vila Real do Senhor Bom Jesus[1053]. Sua permanência foi longa, veio a falecer em 1827, já na Vila de Nossa Senhora do Alto Paraguai Diamantino[1054].

Há ainda outro fato a ser ressaltado na trajetória desse clérigo antes do sacerdócio. O Padre Claudio Joaquim Monteiro de Faria era natural da freguesia da Candelária, do Rio de Janeiro, e filho legítimo de Pedro José Roza, de Portugal, e de Thereza Maria, do Rio de Janeiro. Em 28 de maio de 1798, o padre foi matriculado para ordens menores e para o subdia-

---

[1051] ANTT-PT, Secretaria da Mesa da Consciência e Ordens, Padroados do Brasil, Bispado do Pará, Maço9. Documentos avulsos.

[1052] DOCUMENTOS interessantes para a história e costumes de São Paulo. v. 39. Correspondências do capitão-general Antônio Manoel de Mello Castro e Mendonça: 1797-1803. São Paulo: Typographia do "Diário Official", 1902a. Arquivo do Estado de São Paulo. p. 10.

[1053] SIQUEIRA, 2002b, p. 72.

[1054] SILVA, 2011, p. 53.

conato. Tinha posses e apresentou patrimônio suficiente para se ordenar sacerdote[1055]. Assim, a possível explicação para sua deserção e entrada no estado eclesiástico foi de ordem pessoal. O caso do Padre Claudio de Faria foi um dos dois casos identificados de viúvos que se tornaram clérigos (o outro foi o do Padre Antônio Antunes Maciel)[1056]. O padre foi casado na freguesia de Nazaré, na capitania de São Paulo, onde também ficou viúvo[1057].

Enfim, observa-se que foram poucos os casos identificados de denúncias que envolveram clérigos na fronteira oeste. Com base nessa breve coletânea de casos citados, pode-se dizer que os pontos de tensão e conflitos mais frequentes observados nas práticas eclesiásticas aqui analisadas não se deram simplesmente por questões de ordem moral ou religiosa. Os casos de quebra dos votos de celibato podem ter causado certo escândalo para a sociedade da Vila do Cuiabá e de Vila Bela, mas, com certeza, causaram menos repercussão que os conflitos e as tensões presentes nas práticas de ordem política ou econômica. De acordo com Arlindo Rubert, na América portuguesa o que mais causava repugnância aos fiéis "era ver o pastor, em lugar de alimentar as ovelhas, as extorquir sem piedade, mostrando-se ganancioso e avarento"[1058]. Assim, para o autor, aqueles que faziam algo por seus fiéis poderiam ser poupados por estes mesmos até conseguirem ser estimados[1059].

Portanto, em meio ao universo de relações sociais vividas pelos eclesiásticos na fronteira oeste da América portuguesa, evidenciaram-se algumas situações mais tensas e conflitivas estabelecidas entre grupos que compartilharam o poder na região. Como ocorreu em outras regiões coloniais de mineração, nessa região foi observado que houve uma fluidez entre as fronteiras da administração civil e da administração eclesiástica, o que resultou na concorrência entre as diversas esferas de mando, principalmente nos primeiros momentos da conquista da região, e influenciou a implantação da instituição eclesiástica, assim como o *modus operandi* dos eclesiásticos[1060].

[1055] PROCESSO de habilitação de genere et moribus – 1/78/625. Claudio Joaquim Monteiro de Faria. 1798. ACMSP-SP. Claudio J. Monteiro dizia ser possuidor de uma chácara e de terras declaradas, localizadas no subúrbio da cidade de São Paulo, com casas de três lanços de taipa de pilão, cobertas por telhas, com todas as devidas confrontações a doação, sem dolo ou simulado. O valor era de mais de 400 mil réis e poderia render anualmente 2 mil, ou seja, o necessário para ser aceito e ordenado — apesar de muitos candidatos serem dispensados pelos bispos de apresentar patrimônio e eram ordenados a "título de diocese".

[1056] HABILITAÇÕES sacerdotais, H.S. 176, Cx. 318. Antônio Antunes Maciel. ACMRJ-RJ.

[1057] PROCESSO de habilitação de genere et moribus – 1/78/625. Claudio Joaquim Monteiro de Faria. 1798. ACMSP-SP.

[1058] RUBERT, *op. cit.*, p. 174.

[1059] *Ibid.*, p. 174-175.

[1060] KANTOR, 2004b, p. 231.

5

CONSIDERAÇÕES FINAIS

Neste livro, buscou-se descrever as condições de atuação do clero na fronteira ocidental da América Portuguesa em meio ao processo de enraizamento da instituição eclesiástica na região. Intentou-se também evidenciar sua estreita relação com o processo de conquista portuguesa do território desde o momento em que se iniciou a exploração aurífera e depois, durante a efetivação das políticas regalistas metropolitanas nessa porção do Império português, motivada pelo desenrolar da demarcação dos limites fronteiriços, que foram sendo delineados pelos tratados luso-castelhanos.

Procuramos indicar os diferentes momentos: uma fase de precariedade, com o estabelecimento dos primeiros arraiais e de suas capelas, ao sabor das atividades mineradoras desencadeadas pelos paulistas; e, depois, com os sinais de estabilidade da conquista. Iniciou-se o segundo momento com a criação da capitania de Mato Grosso e de seu governo em função da defesa do território almejado pelos portugueses.

As políticas restritivas determinadas pela Coroa portuguesa para as regiões mineradoras constituíram uma condicionante desse processo inicial. A metrópole esteve constantemente atenta a possíveis desvios de suas riquezas minerais por parte dos coloniais, mas, principalmente, às ações dos eclesiásticos. Entre as medidas restritivas tomadas, proibiu-se que ordens regulares se instalassem na região das minas.

No entanto, apesar de todo o cuidado que se teve, especificamente proibindo o estabelecimento de ordens religiosas, no caso das minas da fronteira oeste não se configurou uma total ausência dos indivíduos, mas sim dos conventos. Foi constatada a presença de vários clérigos regulares, como franciscanos, carmelitas, jesuítas, beneditinos, entre outros que lá estiveram. As regiões de mineração caracterizavam-se como atrativo aos clérigos que buscavam angariar recursos, tanto para projetos individuais como para as coletividades de que faziam parte.

O número de clérigos regulares que passaram pela fronteira oeste deve ter sido superior ao que foi apresentado neste trabalho, tanto que, na própria documentação consultada, é possível encontrar referências a outros eclesiásticos que também estiveram na região, mas sem a devida identificação. Contudo, a amostragem é significativa para se compreender a configuração da instituição eclesiástica nessa parte da América portuguesa.

Em relação ao controle exercido sobre a mobilidade da clerezia colonial na região, soma-se a configuração de um cenário em que as dificuldades de acesso às minas e o acompanhamento mais próximo das autoridades civis não favoreceram os eclesiásticos que desejavam acessar a região. Esse contexto contribuiu, portanto, para que houvesse maior fiscalização na entrada da capitania e permanência de possíveis clérigos "desocupados" no local, o que evidencia, assim, a interferência do poder metropolitano na dinâmica da formação da instituição eclesiástica da capitania de Mato Grosso, justamente por se tratar de uma zona de mineração.

Desse modo, constatou-se um notório desequilíbrio entre o número de clérigos regulares e o número de clérigos seculares. Predominou a presença de clérigos seculares, principalmente daqueles que se encarregavam de atender às demandas classificadas neste estudo como oficiais, fosse nas atividades exercidas nas freguesias, fosse no atendimento prestado em capelanias ou em tarefas específicas determinadas por autoridades civis ou eclesiásticas. Em alguns casos, os clérigos prestavam serviços aos fiéis da região sob a autorização de outros eclesiásticos, que tinham a função de superior imediato, como foi o caso dos vigários da vara e dos párocos das duas principais freguesias de Vila Bela e da Vila Real do Senhor Bom Jesus. Das atividades ou funções oficiais conferidas aos clérigos, coadjutorias e capelanias foram as que mais ocuparam a clerezia, seguidas apenas de vigários da vara e párocos.

Houve também um número pequeno de clérigos que estiveram na região servindo como capelães em missões indígenas e em fortificações da capitania ou prestando serviços eclesiásticos como esmoleres da Terra Santa (coletores de esmola). Houve, ainda, os que acompanharam expedições oficiais, como: comissões demarcatórias, missões científicas, expedições de guerra e comitivas de viagem, como as monções.

Entre as freguesias instaladas na capitania de Mato Grosso até o início do século XIX, a do Senhor Bom Jesus do Cuiabá foi a mais frequentada pela clerezia. Isso pode ser explicado pelo fato de não só as demais serem menos atrativas do ponto de vista econômico, como também apresentarem mais dificuldades por incorporarem o trabalho com as populações indígenas. Nem mesmo a freguesia de Vila Bela despertava tanto o interesse dos eclesiásticos como a Vila do Cuiabá, que, de certo modo, apresentou maior estabilidade urbana, pois, com o passar do tempo, havia deixado de ser apenas uma vila de mineradores, e modestamente conseguiu desenvolver outras atividades econômicas, principalmente o comércio.

Contudo, destaca-se que o número de clérigos sempre ficou aquém do número necessário para atendimento das necessidades da capitania de Mato Grosso. Os bispos do Rio de Janeiro reclamavam da falta de candidatos para o local. De fato, não era fácil atender à região da fronteira, uma vez que, nas escolhas dos vigários, por exemplo, os antístites tinham que levar em consideração o fato de que o clérigo escolhido deveria comutar várias tarefas e responsabilidades. Para tanto, observa-se que a freguesia do Senhor Bom Jesus foi onde se identificou um dos melhores quadros de párocos em termos de formação eclesiástica entre as cinco freguesias criadas na região.

A dificuldade para conseguir clérigos candidatos ao trabalho nas freguesias da fronteira estava associada à falta de interesse por parte da Coroa portuguesa em instituir benefícios eclesiásticos para o trabalho na região e também à sustentação das atividades eclesiásticas, como era previsto pelo regime do padroado. No que se refere às igrejas coloniais de Mato Grosso, apesar de ter sido constante no Império português, nem mesmo nas duas principais freguesias da região houve colação de párocos. Assim, pode-se afirmar que a circunscrição eclesiástica de Mato Grosso foi constituída e administrada, por todo o período colonial, exclusivamente por párocos encomendados. Consequentemente, essa configuração eclesiástica da fronteira oeste, resultante da política religiosa estabelecida pela Coroa, acabou impondo aos cuidados de seus habitantes e dos bispos fluminenses a manutenção da instituição eclesiástica e de seu clero. Porém, apesar desse estatuto precário (uma vez que não eram padres colados), ainda assim o clero serviu direta e indiretamente aos objetivos do poder metropolitano para a conformação da sociedade colonial na fronteira e a manutenção da posse do território de seus domínios, principalmente quando o monarca português determinou a criação da prelazia de Cuiabá, pois passou, assim, a contar também com o diploma papal no estabelecimento das fronteiras de seu império.

Desse modo, a circunscrição eclesiástica constituída na parte central da América do Sul pode ter apresentado semelhanças com a de outras capitanias, mas diferenciou-se na medida em que se configurou em uma zona de expansão interimperial. Foi demonstrado interesse do poder metropolitano em relação a essa circunscrição eclesiástica no tocante aos anseios da geopolítica e das práticas regalistas, principalmente na segunda metade do século XVIII.

Os reflexos dessa ação do Estado português foram percebidos no segmento do clero secular, quando este passou a ter que incorporar, entre suas demandas eclesiásticas, o trabalho específico feito com os povos indígenas da região, que, inicialmente, esteve sob a responsabilidade de clérigos regulares. A partir da década de 1760, em consequência da expulsão dos jesuítas e da maior regulação da ação das ordens regulares, determinadas pela Coroa portuguesa, as missões indígenas na capitania de Mato Grosso tornaram-se freguesias e foram assumidas pelos clérigos seculares.

Na segunda metade do século XVIII, com o declínio da mineração, tornou-se uma necessidade remunerar os clérigos pelos serviços prestados na fronteira oeste. Enquanto havia prosperidade das lavras, os padres não necessitavam das côngruas, pois os emolumentos e as taxas eclesiásticas eram suficientes para mantê-los, de modo que, até então, a região era vista como atrativa para se fazer o chamado "pé-de-meia" dos eclesiásticos. Essa foi uma realidade observada, em que, muitos clérigos, mesmo diante do enfrentamento de vários obstáculos, que poderia custar a própria vida, chegaram às Minas do Cuiabá e do Mato Grosso.

Em relação ao número de clérigos que atuaram por Mato Grosso durante o período colonial, verifica-se, por exemplo, que foi muito menor em comparação com o número de clérigos da região mais próxima, a capitania de Goiás. No entanto, identifica-se que, no conjunto, mesmo tendo apresentado quantidade reduzida de clérigos ao longo do período de abordagem deste estudo, a região apresentou diversos perfis, formando uma heterogeneidade considerável no grupo. Nota-se, portanto, que a composição do perfil dos clérigos da região teve influência de fatores já apontados, como o controle das autoridades civis e a pouca acessibilidade à região, mas estava presente o anseio de obter bons rendimentos materiais como os dos demais aventureiros leigos. Nesse sentido, são percebidos traços comuns entre os clérigos e os grupos sociais oriundos de outras partes da colônia e do reino, principalmente pelos vínculos familiares, observados em vários casos.

Em relação ao quadro eclesiástico, observou-se que houve um cuidado maior por parte dos bispos na escolha de candidatos que, potencialmente, seriam os mais preparados para atuar na Igreja de Mato Grosso. Essa atenção dos bispos do Rio de Janeiro com a circunscrição eclesiástica da fronteira oeste aumentou na segunda metade do século XVIII, tendo em vista o número de cartas e provisões do episcopado emitidas para se regular a vida e o modo dos fiéis e dos eclesiásticos. O fato de a circunscrição eclesiástica das Minas do Cuiabá e das Minas do Mato Grosso ter sido elevada à condição de prelazia em 1746 pode ter influenciado ainda mais os bispos do Rio de Janeiro no momento da escolha dos vigários. Porém, como somente houve nomeação e posse de um prelado para a prelazia de Cuiabá no início do século XIX, os bispos fluminenses que continuaram a administrar a Igreja da fronteira oeste elegeram indivíduos com melhor capacitação, pois estes tinham a missão de os representar na administração das freguesias.

Contudo, foi o modo de agir dos clérigos, principalmente dos vigários e dos párocos, que teve destaque neste estudo. No conjunto dos interesses, individuais e coletivos, somado às vicissitudes experimentadas no processo de conquista da região que veio a se tornar a capitania de Mato Grosso, verificou-se que as práticas sociais estabelecidas pelos eclesiásticos nas comunidades locais por eles atendidas se constituíram não só em relações de solidariedade, mas também em contradições e conflitos, de maior ou menor intensidade ao longo do período estudado, até mesmo entre os próprios clérigos. Nesse caso, entre os eclesiásticos das freguesias das Minas do Cuiabá e das Minas do Mato Grosso, observa-se a existência de um confronto acirrado durante as três primeiras décadas da conquista da região.

Na segunda metade do século XVIII, as tensões e os conflitos mudaram de foco. Os embates passaram a acontecer entre as esferas eclesiástica e civil, principalmente em relação às práticas econômicas estabelecidas pelos clérigos na prestação dos serviços eclesiásticos, que, para os representantes da sociedade civil, constituíam-se em exploração dos fiéis. Para os párocos, as constantes reclamações eram entendidas como intromissões em suas jurisdições. Esse foi um problema que, possivelmente, poderia ter sido amenizado, se houvesse uma efetiva política de manutenção do clero por parte da Coroa, de modo que seu custeio não ficasse sob a responsabilidade da comunidade dos fiéis e de suas irmandades.

Os párocos que atenderam às freguesias da circunscrição eclesiástica colonial de Mato Grosso formaram um grupo majoritário de encomendados pelo bispado do Rio de Janeiro. Essa postura tomada pela Coroa com relação à circunscrição eclesiástica da fronteira oeste evidencia que havia a crença de que os eclesiásticos poderiam sobreviver da forma como as coisas foram conduzidas, ou seja, que poderiam se sustentar de "conhecenças", "benesses" e "pés-de-altar", ou, então, viver unicamente pela virtude da caridade.

Nesse sentido, observou-se que a construção dos templos e a criação das irmandades leigas influenciaram significativamente o procedimento dos clérigos com seus pares e com os fiéis. Considerando-se que as igrejas e as irmandades eram fontes potenciais de renda para os eclesiásticos, ocorreu que, nas primeiras décadas da conquista, o número delas não era suficiente para o sustento do clero, o que acirrou a disputa entre eles. Já na segunda metade do século XVIII, a quantidade de capelas passou a ser maior que o número de eclesiásticos que atuavam na região. Notadamente, foi o período em que cessaram as disputas por jurisdição entre os vigários das duas principais freguesias da capitania de Mato Grosso.

Contudo, em meio a questões de ordem econômica, identificou-se que ganharam destaque positivo nas crônicas da época os atos praticados pelos clérigos que caracterizavam claramente gestos de doação e desprendimento material. Estes foram destacados e valorizados mais de uma vez nos registros da época, que, em geral, representavam a visão do grupo social formado pela elite local e que, em várias ocasiões, reclamava da "cobiça" dos eclesiásticos.

Para os governadores da capitania de Mato Grosso, a maioria dos clérigos só pensavam em arrecadar bens materiais e enriquecer. Essa era uma avaliação condicionada ao maior ou menor interesse por bens materiais, e não necessariamente às práticas ilícitas ou que ferissem a moral e que causassem escândalo público.

De fato, as tensões e os conflitos sociais dessa parte da América Portuguesa, assim como as pouquíssimas denúncias identificadas que envolveram clérigos da região, em sua maioria, não se deram por questões de ordem moral ou religiosa, como os casos de quebra do voto de celibato ou de recusa à prestação dos serviços eclesiásticos que ocorriam em outras regiões coloniais, onde muitos clérigos não queriam nem mesmo celebrar Missa. Os poucos casos encontrados de denúncia na região da capitania de Mato Grosso podem até ter causado certo escândalo na sociedade da Vila do Cuiabá e de Vila Bela, porém causaram menos repercussão que os conflitos e as tensões motivados por práticas de ordem econômica.

Em meio ao contexto relacional vivido pelos eclesiásticos na fronteira oeste, evidenciam-se ainda práticas sociais conflitivas entre grupos que compartilhavam o poder na região. Desse modo, como ocorreu em outras regiões de mineração da colônia, também pode ser observado que, na região de Mato Grosso, houve fluidez dos limites entre a administração civil e a eclesiástica, o que provocou concorrência entre as diversas esferas de mando, principalmente nos primeiros momentos da conquista da região, nos quais os papéis sociais de cada grupo ainda estavam sendo estabelecidos.

Desse modo, são observados pelo menos dois momentos distintos das práticas eclesiásticas, vinculados não só às mudanças ocorridas no contexto geral do império português como às transformações nas configurações sociais da região fronteiriça, principalmente no que se refere à execução das políticas metropolitanas que determinaram a implantação da instituição eclesiástica local, assim como o *modus operandi* dos eclesiásticos.

Enfim, na análise do processo de implantação da Igreja Católica no território que veio a compor a capitania de Mato Grosso, o clero colonial foi marcado por condicionantes característicos de uma região fronteiriça e mineradora. Os eclesiásticos, como participantes do processo de devassamento e conquista da região, agiram e reagiram às ações regalistas da Coroa portuguesa, mas também se adaptaram a uma circunscrição eclesiástica administrada apenas por párocos encomendados, diferentemente de outras regiões da América Portuguesa, onde prevalecia a primazia do clero colado.

FONTES

Fontes documentais

Documentação impressa

ALINCOURT, Luís d'. **Memórias sobre a viagem do porto de Santos à cidade de Cuiabá**. Brasília: Senado Federal: Conselho Editoria, 2006.

ANAIS de Vila Bela 1734-1789. Organização de Janaina Amado e Leny Caselli Anzai. Cuiabá: Carlini & Caniato; UFMT, 2006. (Coleção Documentos Preciosos).

ANNAES do Senado da Câmara do Cuyabá: 1719-1830. Transcrição e organização de Yumiko Takamoto Suzuki. Cuiabá: Entrelinhas; Arquivo Público de Mato Grosso, 2007.

ANTONIL, André João. **Cultura e opulência do Brasil pelas Minas do Ouro**. São Paulo: Obelisco, 1964.

BARBOSA DE SÁ, José. **Relações das povoações do Cuiabá e do Mato Grosso de seus princípios até os tempos presentes**. Cuiabá: UFMT, 1975.

BLUTEAU, Raphael. **Vocabulario portuguez & latino**: aulico, anatomico, architectonico... Coimbra: Collegio das Artes da Companhia de Jesus, 1712-1728. 8 v.

BREVE notícia que dá o capitão Antônio Pires de Campo do gentio bárbaro que há na derrota da viagem das minas do Cuiabá e seu recôncavo [...] até o dia 20 de maio de 1723. *In:* TAUNAY, Afonso de E. **Relatos sertanistas**. São Paulo: Martins Fontes, 1976. (Biblioteca Histórica Paulista).

CANAVARROS, Otávio. **O poder metropolitano em Cuiabá (1727-1752)**. Cuiabá: UFMT, 2004.

CARTA a Francisco Xavier de Mendonça Furtado, 14/12/1758. *In*: UNIVERSIDADE FEDERAL DE MATO GROSSO. Núcleo de Documentação e Informação Histórica e Regional. **D. Antônio Rolim de Moura, primeiro conde de Azambuja; Correspondências**. Cuiabá: Imprensa Universitária, 1982a. v. 3. (Coleção Documentos Ibéricos; Série Capitães Generaes).

CARTA a Francisco Xavier de Mendonça Furtado, 15/11/1758. *In*: UNIVERSIDADE FEDERAL DE MATO GROSSO. Núcleo de Documentação e Informação

Histórica e Regional. **D. Antônio Rolim de Moura, primeiro conde de Azambuja; Correspondências**. Cuiabá: Imprensa Universitária, 1982b. v. 3. (Coleção Documentos Ibéricos; Série Capitães Generaes).

CARTA de Marcos Antônio de Azevedo Coutinho a Gomes Freire de Andrade sobre a navegação do rio Madeira. Lisboa, 15 de setembro de 1748. *In*: CÓDICE Gosta Matoso. Coleção das notícias dos primeiros descobrimentos das minas na América quê fez o doutor Caetano da Costa Matoso sendo ouvi dor-geral das do Ouro Preto, cie que tomou posse cm fevereiro de 1749, & vários papéis. Belo Horizonte: Fundação João Pinheiro/Centro de Estudos Históricos e Culturais, 1999. 2 v., il. (Coleção Mineiriana; Série Obras de Referência).

CARTA de Rolin de Moura a Diogo de Mendonça Corte Real, 12/05/1755. *In*: UNIVERSIDADE FEDERAL DE MATO GROSSO. Núcleo de Documentação e Informação Histórica e Regional. **D. Antônio Rolim de Moura, primeiro conde de Azambuja; Correspondências**. Cuiabá: Imprensa Universitária, 1982c. v. 2. (Coleção Documentos Ibéricos; Série Capitães Generaes).

CARTA de Rolin de Moura a Diogo de Mendonça Corte Real, 31/01/1755. *In*: UNIVERSIDADE FEDERAL DE MATO GROSSO. Núcleo de Documentação e Informação Histórica e Regional. **D. Antônio Rolim de Moura, primeiro conde de Azambuja; Correspondências**. Cuiabá: Imprensa Universitária, 1982d. v. 1. (Coleção Documentos Ibéricos; Série Capitães Generaes). v. 1.

CARTA do governador e capitão-general Antônio Rolim de Moura a Diogo de Mendonça Corte Real, 31/01/1755. *In:* UNIVERSIDADE FEDERAL DE MATO GROSSO. Núcleo de Documentação e Informação Histórica e Regional. **D. Antônio Rolim de Moura, primeiro conde de Azambuja; Correspondências**. Cuiabá: Imprensa Universitária, 1982e. v. 2. (Coleção Documentos Ibéricos; Série Capitães Generaes).

CARTA do secretário de Estado, Antônio Guedez Pereira, de 28 de [abril] de 1746 – sobre haver Sua Majestade concedido permissão aos religiosos do Carmo para mandar pedir esmolas para a reedificação do hospício que têm em Lisboa. *In*: DOCUMENTOS régios: 1702-1748: Códice n. 1 da Superintendência de Arquivo Público de Mato Grosso. Estudo introdutório de Maria de Fátima Costa. Transcrição paleográfica de Luzinete Xavier de Lima. Cuiabá: Entrelinhas, 2013.

COMETTI, Pedro. **Apontamentos da história eclesiástica de Mato Grosso**: paróquia e prelazia. Cuiabá: Instituto Histórico e Geográfico de Mato Grosso; Academia Mato-Grossense de Letras, 1996. v. 1.

DIRECTORIO, que se deve observar nas povoaçoens dos indios do Pará, e Maranhão: em quanto Sua Magestade naõ mandar o contrario. Lisboa: Na Officina de Miguel Rodrigues, Impressor do Eminentíssimo Senhor Cardeal Patriarca, 1758. Disponível em: http://bd.camara.gov.br/bd/handle/bdcamara/1929. Acesso em: 15 jul. 2018.

DOCUMENTOS interessantes para a história e costumes de São Paulo. São Paulo: Typographia Andrade & Mello, 1901. v. 32. p. 341. Disponível em: http://bibdig.biblioteca.unesp.br/bd/bfr/or/10.5016_10-ORDCISP-72-32_volume_32.

DOCUMENTOS interessantes para a história e costumes de São Paulo. v. 12. Bandos e portarias de Rodrigo Cesar de Menezes. São Paulo: Escola Typográphica Salesiana, 1901a. Archivo do Estado de São Paulo.

DOCUMENTOS interessantes para a história e costumes de São Paulo. v. 39. Correspondências do capitão-general Antônio Manoel de Mello Castro e Mendonça: 1797-1803. São Paulo: Typographia do "Diário Official", 1902a. Arquivo do Estado de São Paulo.

DOCUMENTOS interessantes para a história e costumes de São Paulo. v. 12. Bandos e portarias de Rodrigo Cesar de Menezes. São Paulo: Escola Typográphica Salesiana, 1901b. Archivo do Estado de São Paulo.

ELLEBRACHT, Frei Sebastião. **Religiosos franciscanos da província da Imaculada Conceição do Brasil na colônia** e no Império. São Paulo: Vozes, 1989.

ESTUDO crítico de um documento colonial anônimo: notícia do Arraial do São Gonçalo Velho, Forquilha e Minas do Cuiabá. Apresentação e análise de Paulo Pitaluga Costa e Silva. Cuiabá: Carlini & Caniato, 2005.

FONSECA, J. G. da. **Navegação feita da cidade do Gram Pará até à bocca do Rio da Madeira pela escolta que por este rio subio às Minas do Mato Grosso por ordem mui recommendada de Sua Magestade Fidelissima no anno de 1749, escripta por Jose Gonsalves da Fonseca no mesmo anno [1749]**. Lisboa: Academia Real das Sciencias, 1826. v. 4, n. 1 (Collecção de noticias para a historia e geografia das nações ultramarinas, que vivem nos dominios portuguezes, ou lhe são vizinhas).

MEMÓRIA Q' J.e M.el de Seqra Presbo secular professor real da Filosofia Rac.al e moral da Va do Cuyabá Academico da R. Academia das Sciencias de Lx.aenviou a M.ma Academia sobre a decadência atual das três Cap.nias de Minnas e meios d' a reparar; no anno de (1802).*In*: HOLANDA, S. B. de. **Monções e capítulos**

de expansão paulista. Organização de Laura de Mello e Souza e André Sekkel Cerqueira. Notas de André Sekkel Cerqueira. 4. ed. São Paulo: Companhia das Letras, 2014. Anexo D.

OBSERVAÇÕES sobre a propriedade da quina do Brasil, por André Comparetti P.P.P. Traduzidas do italiano por ordem de S. Alteza Real o príncipe regente nosso Senhor. Por José Ferreira da Silva [...]. Lisboa: Typographia Chaecographica e Literaria do Arco do Cego, 1801.

PRADO JR., Caio. **Formação do Brasil contemporâneo, colônia**. 6. ed. São Paulo: Brasiliense, 1961.

PROVISÃO de 30 de janeiro de 1728 – ao governador e capitão-general, sobre fazer despejar da capitania todos os regulares, que nela estiverem sem ordem de Sua Majestade, especialmente frei João de São Domingos, sequestrando-lhe, e vendendo os bens que se acharem, e para não consentir [ilegível], [ilegível] outras pessoas das que andam publicamente pedindo esmolas para os lugares [pios]. *In*: DOCUMENTOS régios: 1702-1748: Códice n. 1 da Superintendência de Arquivo Público de Mato Grosso. Estudo introdutório de Maria de Fátima Costa. Transcrição paleográfica de Luzinete Xavier de Lima. Cuiabá: Entrelinhas, 2013a.

PROVISÃO de d. João V ao governador da capitania de São Paulo, Luiz de Mascarenhas, 1746. Mss., Lisboa, 05-07-1746, Arquivo Histórico Ultramarino, Mato Grosso, Caixa 40, Doc. 1.998. Transcrição de Carlos Alberto Rosa. *In*: ROSA, C. A.; JESUS, Nauk M. de (org.). **Terra da conquista**: história de Mato grosso colonial. Cuiabá: Adriana, 2003.

PROVISÃO expedida pelo Conselho Ultramarino ao governador Rodrigo Cezar de Menezes, em 30 de novembro de 1723 [sobre a expulsão dos estrangeiros religiosos]. *In*: DOCUMENTOS régios: 1702-1748: Códice n. 1 da Superintendência de Arquivo Público de Mato Grosso. Estudo introdutório de Maria de Fátima Costa. Transcrição paleográfica de Luzinete Xavier de Lima. Cuiabá: Entrelinhas, 2013b.

REGIMENTO do Auditório Eclesiástico do Arcebispado da Bahia, metrópole do Brasil e da sua relação e oficiais da Justiça Eclesiástica e mais coisas que tocam ao bom governo do dito arcebispado. Título IX, artigo 399. *In*: VIDE, Sebastião Monteiro da. **Constituiçoes primeiras do arcebispado da Bahia**. Estudo introdutório e edição de Bruno Feitler e Evergton Sales Souza. São Paulo: Universidade de São Paulo, 2010. (Documenta Uspiana; 4).

REGISTRO de hua carta q' se escreven a Villa de S^{tos} ao P^e Fran^{co} Justo de São Tiago em 10 de Mar^{co} de 1724. São Paulo. *In*: DOCUMENTOS interessantes para a história e costumes de São Paulo. Vol. XX. Correspondência interna do governador Rodrigo Cesar de Menezes: 1721-1728. São Paulo: Typographia Aurora, 1896a. Arquivo do Estado de São Paulo.

REGISTRO de uma carta escrita [do governador Rodrigo Cesar de Menezes] ao Exmo Sr. V. Rey. São Paulo, 20 de novembro de 1724. *In*: DOCUMENTOS interessantes para a história e costumes de São Paulo. Vol. XX. Correspondências interna do governador Rodrigo Cesar de Menezes. São Paulo: Typographia Aurora, 1896b. p. 136. Disponível em: http://bibdig.biblioteca.unesp.br/bd/bfr/or/10.5016_10-ORDCISP-09-20_volume_20/#/216/. Acesso em: 18 jul. 2018.

SILVA, Antônio Moraes. **Diccionario da lingua portugueza**: recompilado dos vocabularios impressos ate agora, e nesta segunda edição novamente emendado e muito acrescentado, por Antonio de Moraes Silva. Lisboa: Typographia Lacerdina, 1813.

SIQUEIRA, Joaquim da Costa. **Compêndio histórico cronológico das notícias de Cuiabá**. Cuiabá: Instituto Histórico e Geográfico de Mato Grosso, 2002a.

SIQUEIRA, Joaquim da Costa. **Crônicas do Cuiabá**. Cuiabá: Instituto Histórico e Geográfico de Mato Grosso, 2002b.

UNIVERSIDADE FEDERAL DE MATO GROSSO (UFMT). Núcleo de Documentação e Informação Histórica e Regional. **D. Antônio Rolim de Moura, primeiro conde de Azambuja; Correspondências**. Cuiabá: Imprensa Universitária, 1982. v. 3. (Coleção Documentos Ibéricos; Série Capitães Generaes).

VEIGA, Mons. Eugênio de Andrade. **Os párocos no Brasil no período colonial, 1500-1822**. Salvador: Beneditina, 1977. (Coleção Cardeal Brandão Vilela).

VIDE, Sebastião Monteiro da. **Constituiçoes primeiras do arcebispado da Bahia**. Estudo introdutório e edição de Bruno Feitler e Evergton Sales Souza. São Paulo: Universidade de São Paulo, 2010. (Documenta Uspiana; 4).

VISITAS pastorais. *In*: DEVASSAS. Cuiabá, 1875. Livro 2. Arquivo da Cúria Metropolitana do Rio de Janeiro. Datilografado.

VON ESCHWEGE, W. L. **Pluto brasiliensis**. Prefácio de Mario G. Ferri. Tradução de Domício de Figueiredo Murta. Belo Horizonte; São Paulo: Itatiaia; Universidade de São Paulo, 1979. v. 1. (Reconquista do Brasil; v. 58-59).

Documentação manuscrita

ARQUIVO HISTÓRICO ULTRAMARINO (AHU)

Fundo Conselho Ultramarino

Série Brasil – Mato Grosso

AUTO (treslado) sumário que mandou fazer o ouvidor João Gonçalves Pereira para averiguar as mortes e roubos que o gentio paiaguá fez na ultima tropa que chegou ao povoado. Vila Real, 12 abr. 1736. AHU-MT, Caixa 1, Doc. 84(1).

CARTA (cópia) do [secretário de Estado da Marinha e Ultramar Tomé Joaquim da Costa Corte Real] ao [governador e capitão-general da capitania de Mato Grosso] Antônio Rolim de Moura Tavares sobre a ordem de expulsão dos jesuítas portugueses e espanhóis [...]. Lisboa, 22 ago. 1758. AHU-MT, Caixa 10, Doc. 580(1).

CARTA do intendente e provedor da Fazenda Manoel Rodrigues Torres ao rei [d. João V] sobre as injustiças feitas pelo ouvidor João Gonçalves Pereira e a maneira ilegal como foi preso. Vila de Cuiabá, 20 fev. 1740a. AHU-MT, Caixa 2, Doc. 131(1).

CARTA do juiz de fora Teotônio da Silva Gusmão ao rei [d. José] em que pede alvará para que os juízes de fora de Vila Bela sejam protetores e administradores da capela que mandou construir. Vila Bela, 27 jan. 1755. AHU-MT, Caixa 7, Doc. 468(1).

CARTA do ouvidor João Gonçalves Pereira ao rei [d. João V] sobre os salários dos oficiais de Justiça. Vila do Cuiabá, 8 set. 1739. AHU-MT, Caixa 2, Doc. 127(1).

CARTA do ouvidor João Gonçalves Pereira ao rei [d. João V] sobre o pedido dos moradores da vila de Cuiabá do estabelecimento de uma Igreja da Misericórdia que sirva de hospital e que lhe seja atribuído parte dos dízimos da comarca e pede ainda o envio de missionários. Vila de Cuiabá, 20 set. 1740b. AHU-MT, Caixa 3, Doc. 139.

CARTA dos oficiais da câmara ao rei [d. João V] sobre as despesas que fez para a guerra com o gentio paiaguá e a perseguição que fazem os sertanistas aos pareci, a quem escravizam e matam. Vila de Cuiabá, 10 abr. 1731. AHU-MT, Caixa 1, Doc. 42.

CARTA dos oficiais da Câmara da Vila de Cuiabá à rainha d. Maria em que expõem o diferindo com o vigário Manoel Bruno Pina acerca do seu pedido de uma libra de cera para as festividades por cada um dos do seu clero. Vila Real do Senhor Bom Jesus do Cuiabá, 12 nov. 1782a. AHU-MT, Caixa 23, Doc. 1.384.

O CLERO CATÓLICO NA FRONTEIRA OCIDENTAL DA AMÉRICA PORTUGUESA
(MATO GROSSO COLONIAL, 1720-1808)

CARTA dos oficiais da Câmara da Vila de Cuiabá ao rei [d. João V] em que pedem providencia contra as exorbitâncias que cobra de desobriga o vigário da matriz das minas. Vila de Cuiabá, 29 jun. 1730. AHU-MT, Caixa 1, Doc. 42.

CARTA dos oficiais da Câmara de Vila Bela ao rei [d. José] sobre a vida viciosa e estragada do clérigo José Aires. Vila Bela, 22 maio 1755. AHU-MT, Caixa 8, Doc. 496(1).

CARTA dos oficiais da Câmara de Vila Bela ao rei d. José I em que reclamam da exorbitância dos salários e emolumentos eclesiásticos, dos que pertencem ao judicial e dos direitos paroquiais. Vila Bela da Santíssima Trindade, 4 out. 1756. AHU-MT, Caixa 9, Doc. 532(1).

CERTIDÕES passadas pelo ajudante de escrivão da Provedoria da Fazenda de Vila Bela por provisão do governador e capitão general da capitania de Mato Grosso João de Albuquerque de Melo Pereira e Cáceres em que constam o registro das entradas dos negociantes e suas cargas na Vila Bela. Vila Bela, 20 jul. 1795. AHU-MT, Caixa 31, Doc. 1.695(1).

CONSULTA do Conselho Ultramarino à rainha d. Maria sobre o pedido de 8 mil cruzados para a construção da Igreja Matriz de Vila Bela. Lisboa, 24 jul. 1794. AHU-MT, Caixa 30, Doc. 1.684 (1).

CONSULTA do Conselho Ultramarino ao rei d. João V sobre as respostas que deram o governador do Rio de Janeiro, bispo e governador de São Paulo às ordens que lhes foram sobre as missões para o gentio pareci e acerca da vigararia da Vila de Cuiabá. Lisboa, 18 nov. 1734a. AHU-MT, Caixa 1, Doc. 70(1).

CONSULTA do Conselho Ultramarino ao rei d. João V sobre as respostas que deram o governador do Rio de Janeiro, bispo e governador de São Paulo às ordens que lhes foram sobre as missões para o gentio Pareci e acerca da vigararia da Vila de Cuiabá. Lisboa, 18 nov. 1734b. AHU-MT, Caixa 1, Doc. 52.

CÓPIA de alguns de huma carta do tenente de dragoens Antonio Pinto Guedes do Rego, destacado em Villa Maria do Paraguay com algumas noticias respectivas a mesma povoação. Vila Maria, 1 jan. 1779.AHU-MT, Caixa 20, Doc. 1.229(1).

OFICIO do [governador e capitão general da capitania de Mato Grosso] Luís de Albuquerque de Melo Pereira e Cáceres ao [secretario de estado da Marinha e Ultramar] Martinho de Melo e Castro em que informa sobre a povoação de Vila Maria do Paraguai e pede clérigos, que devem ser escolhidos com escrupulosa circunspeção pelo que respeita ao gentio e costumes. Vila Bela, 13 jan. 1779a. AHU-MT, Caixa 20, Doc. 1.229(1).

OFÍCIO do [governador e capitão general da capitania de Mato Grosso] Luís de Albuquerque de Melo Pereira e Cáceres ao [secretario de estado da Marinha e Ultramar] Martinho de Melo e Castro sobre a prisão, na Vila de Cuiabá, do padre Bento de Andrade Vieira que proferiu as mais sacrílegas palavras a pessoas do rei. Vila Bela, set. 1774. AHU-MT, Caixa 17, Doc. 1.086.

OFÍCIO do [governador e capitão general da capitania de Mato Grosso] Luís de Albuquerque de Melo Pereira e Cáceres ao [secretario de estado da Marinha e Ultramar] Martinho de Melo e Castro com que comunica que, segundo as ordens que recebeu, mandou libertar o padre Bento de Andrade Vieira. Vila Bela, nov. 1777. AHU-MT, Caixa 19, Doc. 1.171.

OFÍCIO do [governador e capitão general da capitania de Mato Grosso] João Pedro da Câmara Coutinho ao [secretário de estado da Marinha e Ultramar] Francisco Xavier de Mendonça sobre o frei Jose de Nossa Senhora a Conceição, que substituirá o lugar de esmoler da Terra Santa na Vila de Cuiabá e o despejo de cinco religiosos de São Francisco e do Carmo. Nossa Sra. Da Conceição, 14 dez. 1765. AHU-MT, Caixa 13, Doc. 760.

OFÍCIO do [governador e capitão general da capitania de Mato Grosso] Caetano Pinto de Miranda Montenegro para o [secretário de estado da Marinha e Ultramar], visconde de Anadia, [João Rodrigues de Sá e Melo], informando das qualidades do vigário da Vila Bela, padre Agostinho Luís Gularte Pereira, e que a câmara e o povo pedem a permanência do referido vigário como colado ou prelado. Vila de Cuiabá, 18 fev. 1804a. AHU-MT, Caixa 41, Doc. 2.026.

OFÍCIO do [governador e capitão general da capitania de Mato Grosso] Manoel Carlos de Abreu de Meneses ao [secretário de estado da Marinha e Ultramar], visconde de Anadia, [João Rodrigues de Sá e Melo] em que pede a condescendência real para as súplicas do povo de Vila de Cuiabá para que se conserve o atual vigário da vara e da igreja matriz ou como vigário colado na mesma igreja ou como prelado. Vila Bela, 20 ago. 1804b. AHU-MT, Caixa 43, Doc. 2.104.

OFÍCIO do [governador e capitão-general da capitania de Mato Grosso] Luís de Albuquerque de Melo Pereira e Cáceres ao [secretário de Estado da Marinha e Ultramar] Martinho de Melo e Castro, sobre a fundação de Vila Maria do Paraguai, na margem esquerda do rio Paraguai com alguns casais e mais de 60 índios castelhanos que desertaram da missão de São João de Chiquitos [...]. Vila Bela, 20 nov. 1778. AHU-MT, Caixa 20, Doc. 1.215(1).

OFÍCIO do [governador e capitão-general da capitania de Mato Grosso] Caetano Pinto de Miranda Montenegro ao [secretário de Estado da Marinha e Ultramar] Rodrigo de Sousa Coutinho, informando que não existem na capitania nem Ordens Monásticas, nem as Mendicantes. Vila Bela, 12 jun. 1798. AHU-MT, Caixa 34, Doc. 1.787.

OFICIO do governador e capitão-general da capitania de Mato Grosso, João Pedro da Câmara Coutinho, ao secretario de Estado da Marinha e Ultramar Francisco Xavier de Mendonça Furtado sobre a falta que há na capitania de sacerdotes. Vila Bela da Santíssima Trindade, 12 fev. 1765. AHU-MT, Caixa 12, Doc. 733(1).

OFÍCIO do governador e capitão-general Luís de Albuquerque de Melo Pereira e Cáceres ao secretário de estado da Marinha e Ultramar Martinho de Melo e Castro em que informa sobre a queixa apresentada pelo mestre de campo da Vila de Cuiabá Antônio José Pinto de Figueiredo contra os abusos dos eclesiásticos da vila. Vila Bela da Santíssima Trindade, 5 jul. 1779b. AHU-MT, Caixa 21, Doc. 1.242(1).

PROVISÕES (minutas) da rainha d. Maria ao governador de Mato Grosso, ao bispo da Vila de Cuiabá sobre a nomeação de um ouvidor para a Vila de Cuiabá e os excessos do vigário Manuel Bruno Pina. Lisboa, 2 mar. 1784. AHU-MT, Caixa 24, Doc. 1.438.

REPRESENTAÇÃO dos moradores dos arraiais de São Pedro Del Rey e Rio Acima, do distrito de Cuiabá à rainha [d. Maria] em que pedem capelas e capelões para os ditos lugares. Post. a 3 nov. 1782. AHU-MT, Caixa 23, Doc. 1.380(1).

REQUERIMENTO do padre José dos Anjos, religioso da reforma de São Francisco da província da Conceição do Rio de Janeiro, ao rei [d. João V] em que pede licença para fundar uma missão no campo dos pareci ou no rio Aporé. [S. l.], ant. a 29 abr. 1750. AHU-MT, Caixa 5, Doc. 320.

Série Reino

REQUERIMENTO da Madre Prioresa do Mosteiro das Donas de Corpus Christi de Vila Nova de Gaia ao rei [d. José I] solicitando permissão para efectuar peditórios no Estado da América pelo espaço de dez anos, a fim de reformarem-se as ruinas do Mosteiro. Lisboa, 8 jan. 1753. AHU. Reino-Mç 40, Doc. s/n.

Série Ultramar

INFORMAÇÂO sobre ser desnecessário um bispado em cabo verde, bastando apenas um prelado, bem como para são Tomé e Príncipe, Goiás, e Cuiabá. Post. maio 1746. AHU. Ultramar, Caixa 3, Doc. 235.

BIBLIOTECA PÚBLICA DE ÉVORA (BPE)

Fundo Manuscriptos

BREVE informação, que dá João de Souza Azevedo ao general do Estado do Maranhão, do descobrimento das Minas de Santa Izabel no Arinoz. [Cópia]. Pará, 26 ago. 1747.BPE-PT, Manuscriptos, COD. CXV/2-13 (a fl. 334. 2 p. Fl. p. 30 ou 123).

DIÁLOGO entre o Exm° e Rm° Sn' Bispo do Rio de Janr° D. Fr. Ant° do Desterro; Pastor vigilantiss°; eos R^dos PP Ill [ou M.M]. Ill Seos Consultores; sobre aquestam das sico Igr^as sitas além do Rio-grande, como – Exm° e Prim° Sn' Bispo de S. Paulo; tendo hum mappa, e o[M]otuproprio a vista. [17--?]. BPE-PT, Manuscriptos, COD. CXVI/2-13, n. 19 (f. 154-157).

BIBLIOTECA DA AJUDA (BA)

CARTA de Manuel Pereira de Sampaio, Ministro em Roma, a João Baptista Carbone, enviando uma relação das importâncias das ereções e expedições das bulas dos bispados do Rio de Janeiro, S. Paulo, Maranhão, Mariana e Prelatura dos de Goiás e Cuiabá. Roma, 25 dez. 1745. (orig.). BA-PT, 49-VII-34, f. 615.

ARQUIVO NACIONAL DA TORRE DO TOMBO (ANTT)

ANTT-PT, Secretaria da Mesa da Consciência e Ordens, Chancelaria da Ordem de Cristo, Liv. 274. f. 727v 428 e 428v.

ANTT-PT, Secretaria da Mesa da Consciência e Ordens, Ordem de Cristo, Padroados do Brasil-Rio de Janeiro, Maço 16.

ANTT-PT, Secretaria da Mesa da Consciência e Ordens, Padroados do Brasil, Bispado do Pará, Maço 9. Documentos avulsos.

ANTT-PT, Tribunal do Santo Ofício, Conselho Geral, Habilitações, Maço 59, Doc. 1.123.

CADERNO 19º de Nefandos. Lisboa, 9 ago. 1736. ANTT-PT, Tribunal do Santo Ofício, Inquisição de Lisboa, Processo 0144.

CARTA de concessão de sesmaria de meia légua de terra ao padre Francisco Ribeiro na capitania das Minas Geraes e Rio de Janeiro no ano de 1764. 1764. ANTT-PT, Chancelaria de D. Maria I, Livro 5, f. 334v.

CARTA de D. João V ao bispo do Maranhão, apresentando o Padre Manoel Teixeira Rebelo à uma conezia do cabido da Sé do Maranhão. Devendo ser provido na mesma forma que as côngruas eram pagas na Sé do Pará. Lisboa, 11 jul. 1745. ANTT-PT, Secretaria da Mesa da Consciência e Ordens, Chancelaria da Ordem de Cristo, Antiga, Livro 224, f. 14 v e 15.

CARTA do envio das denúncias contra o padre Lourenço de Toledo Taques. ANTT-PT, Tribunal do Santo Ofício, Inquisição de Lisboa, Proc. 16.377.

CARTA do rei concedendo sesmaria de meia légua ao padre Manoel de Sequeira na capitania das Minas Gerais no juízo da Vila de Pitangui. 5 jul. 1766.ANTT-PT, Chancelaria de D. Jose I, Livro 6, f.257v.

DILIGÊNCIA de habilitação de Fernando Vieira da Silva (padre). ANTT-PT, Tribunal do Santo Ofício, Conselho Geral, Habilitações, Fernando, Maço3, Doc. 132.

DILIGÊNCIA de habilitação de Gaspar Leite César. ANTT-PT, Tribunal do Santo Ofício, Conselho Geral, Habilitações, Maço 7, Doc. 152.

PADRE Jose Pereira Duarte nomeado para canonicato de meia prebenda. 26 de abril de 1786. Opositores, Pe de Goiás e Vicente Joze da Gama Leal, visitador do Norte daquelle Bispado e outro. Maço = 1º Ordem De Christo Bispado do Rio de Janeiro. Provimtos de igrejas e outros objetos = desde 1756- a 1798 1795. ANTT-PT, Secretaria da Mesa da Consciência e Ordens. Ordem de Christo, Padroados do Brasil, Rio de Janeiro, Maço 15.

PARÓQUIAS da capitania de Mato Grosso e das contribuições Eclesiásticas propostas pelo governador e capitão-general Caetano Pinto de Mirando Montenegro. Lisboa, 9 jul. 1803. ANTT-PT, Secretaria da Mesa da Consciência e Ordens, Padroado do Brasil. Bispado do Rio de Janeiro, Maço 17, Caixa 17. Documentos avulsos.

PROVIMENTOS de igrejas e outros objetos = Sobre a proposta que faz o R^{do} Bispo do Rio de Janeiro para aprovimento de hua cadeira Canocical de Prebenda inteira, vaga na sé do mesmo bispado. 26 abr. 1786. ANTT-PT, Secretaria da Mesa da Consciência e Ordens, Padroados do Brasil, Bispado do Rio de Janeiro, Maço 15.

PROVIMENTOS de igrejas e outros objetos = Vista ao Dezor Provor Gl da Ordem C. [Meza]. 26 ago. 1795. ANTT-PT, Secretaria da Mesa da Consciência e Ordens, Padroado do Brasil, Bispado do Rio de Janeiro, Maço15.

PROVIMENTOS de Igrejas e outros objetos 1801 a 1822. ANTT-PT, Secretaria da Mesa da Consciência e Ordens, Padroados do Brasil, Bispado do Rio de Janeiro, Maço 17.

RELAÇÃO das povoaçoens do Cuiabá, e Matto Groço desde os seos princípios até ao pres^te tempo. José Barboza de Sá. [S. l.], s/d. ANTT-Papéis do Brasil, Maço 3, n. 10.

RELAÇÃO dos ecclesiasticos que presentemente existem na capitania de Matto Grosso apresentada pelo governador e capitão general Caetano Pinto de Miranda Montenegro. Vila Bela, 2 maio 1801. ANTT-PT, Secretaria da Mesa da Consciência e Ordens, Padroado do Brasil. Rio de Janeiro, Maço 17.

RELAÇÃO dos ecclesiasticos que presentemente existem na capitania de Matto Grosso. Paróquias da capitania de Mato Grosso e das contribuições eclesiásticas propostas pelo governador e capitão-general Caetano Pinto de Miranda Montenegro. Lisboa, 9 jul. 1803. ANTT-PT, Secretaria da Mesa da Consciência e Ordens, Padroado do Brasil. Bispado do Rio de Janeiro. Maço 17, Caixa 17. Documentos avulsos.

SOBRE A JURISDIÇÃO dos eclesiásticos na América, de Marcelino Pereira Cleto. S/d. ANTT-PT, Papéis do Brasil, Mf. 304, Códice 15.

BIBLIOTECA NACIONAL DO RIO DE JANIERO (BN/RJ)

CAPITANIA de São Paulo, Luís Antônio de Sousa Botelho Mourão, pedindo que lhe desse posto em qualquer das igrejas daquela capitania, e que amparasse o portador Miguel Alvares Vieira. Anta, GO, 6 jan. 1770. 1 p. Original. BN-RJ, Coleção Morgado de Mateus, I-30, 09, 18 n. 3.

CARTA do padre Francisco Xavier Leite de Almeida ao governador da capitania de São Paulo, Luis Antônio de Sousa Botelho Mourão, pedindo que lhe desse posto em qualquer das igrejas daquela capitania, e que amparasse o portador Miguel Alvares Vieira. Anta, GO, 6 jan. 1770. 1 p. Original. BN-RJ, Coleção Morgado de Mateus, I-30, 09, 18, n. 3.

CARTA do padre Francisco Xavier Leite de Almeida ao governador da capitania de São Paulo, Luís Antônio de Sousa Botelho Mourão, pedindo que o nomeasse para vigário da igreja de Mato Grosso. Vila Real do Cuiabá, 17 fev. 1772. 1 p. Original. BN-RJ, Coleção Morgado de Mateus. I-30, 09, 18 n. 5. 1772_Doc 57_5. MS-553 (17).

MAPAS estatísticos da prelazia de Cuiabá, MT 1809 – 1826. BN-RJ, Manuscritos, I-31.19.13.

ARQUIVO DA CASA BARÃO DE MEGALÇO (ACBM) e

INSTITUTO DE PESQUISA DOM AQUINO CORREA (IPDAC)

CARTA de Antônio Cardoso de Meneses Montenegro para o governador da capitania, solicitando sua demissão como vigário da vara e igreja matriz de Vila Bela da Santíssima Trindade. Vila Bela, 12 jul. 1800. ACBM-IPDAC, Pasta 74, Doc. 1.447.

CARTA de Francisco Xavier de Mendonça Furtado a d. Antônio Rolim de Moura discorrendo sobre a visita do frei Joaquim de S.a José a Mato Grosso. Palácio de Nossa Senhora da Ajuda, 12 nov. 1761a. ACBM-IPDAC, Caixa 08, Pasta 23, Doc. 1.461.

CARTA de Sandro [ilegível] a d. Antônio Rolim de Moura agradecendo ter sido informado da nomeação do Pe. Simão de Toledo Rodovalho como pároco da aldeia de Santana, bem como apoiar a decisão de d. Antônio Rolim de Moura para construir no Pará e no Maranhão dois seminários para educação e instrução dos clérigos da terra e outro no Rio de Janeiro. Palácio de Nossa Senhora da Ajuda, 18 jun. 1761b. ACBM-IPDAC, Pasta 24, Doc. 609-A.

CORREÇÔES ao diário da jornada as missões de Castela feitas pelo jesuíta Agostinho Lourenço apresentada ao capitão general Antônio Rolim de Moura. 1752. ACBM-IPDAC, Pasta 166, Doc. 2.149.

LEVANTAMENTO bibliográfico referente à Igreja de Mato Grosso. Anônimo. Cuiabá, s/d. ACBM-IPDAC, Caixa 02, Pasta 09, Doc. 1.951.

OFICIO de Antônio Cardoso de Meneses Montenegro a Antônio Filipe da Cunha Ponte, coronel ajudante de ordens de Vila Bela, discorrendo sobre as acusações feitas pela Câmara de Vila Bela ao vigário, no que tange a festa de Corpus Christis. Vila Bela, 10 jul. 1800. ACBM-IPDAC, Pasta 69, Doc. 1.412.

OFICIO de José Pereira ao Cap. Luiz Pinto de Souza Cordeiro discorrendo sobre a extração mineral da capitania e os achados diamantíferos. Vila Bela, 24 set. 1769. ACBM-IPDAC, Caixa 45, Pasta 166, Doc. 2.221-B.

OFÍCIO do bispo do Rio de Janeiro a João de Albuquerque de M. P. e Cáceres. Rio de Janeiro, 20 mar. 1792.ACBM-IPDAC, Caixa 17, Pasta 57, Doc. 1.999.

OFICIO do frei José da Conceição do governo de Mato Grosso relatando acusações por ele sofridas. Cuiabá, 18 abr. 1782. ACBM-IPDAC, Caixa 16, Pasta 52, Doc. 1.445.

ARQUIVO PÚBLICO DO ESTADO DE MATO GROSSO (APEMT)

CARTA do capitão de Ordenanças da Vila do Cuiabá José Pereira Nunes ao governador e capitão-general da capitania de Mato Grosso Luiz de Albuquerque de Melo Pereira e Cáceres. Vila Real do Senhor Bom Jesus do Cuiabá, 3 jul. 1782b. APEMT-MT, Fundo: Quartel Militar. Grupo: Tropa Militar. Série: Carta. Doc. 1.125. Caixa 17.

CORRESPONDÊNCIA referente à ereção da freguesia de Vila Maria do Paraguai e recusa do frei Francisco Xavier Leite em dirigir a freguesia. Cuiabá, 18 abr. 1779. APEMT-MT Mss, Lata 1787/A.

EDITAL de criação da freguesia de São Luís da Vila Maria do Paraguai. 4 abr. 1780. APEMT-MT, Mss.

ARQUIVO DA CÚRIA METROPOLITANA DE SÃO PAULO (ACMSP)

FICHAS biográficas do clero – Maximiano de Jesus. ACMSP-SP, C.

FICHAS biográficas do clero –padre André dos Santos Queiroz. ACMSP-SP.

FICHAS biográficas do clero – padre Bento de Andrade Vieira. ACMSP-SP.

FICHAS biográficas do clero – padre João Caetano Leite Cesar de Azevedo. ACMSP-SP.

FICHAS biográficas do clero – padre José de Barros Penteado. ACMSP-SP.

FICHAS biográficas do clero – padre Lourenço de Toledo Taques. ACMSP-SP.

FICHAS biográficas do clero – padre Manuel de Campos. ACMSP-SP.

FICHAS biográficas do clero – padre Vitor Antônio de Madureira. ACMSP-SP.

FICHAS de processos crimes. ACMSP-SP.

PROCESSO crime: Mato Grosso século XVIII e XIX (Pe. Lourenço de Toledo Taques). Cuiabá, 1727. ACMSP-SP.

PROCESSO crime: Mato Grosso século XVIII e XIX (Pe. Lourenço de Toledo Taques). Cuiabá, 1732. ACMSP-SP.

PROCESSO de habilitação de genere et moribus – 1/78/625. Claudio Joaquim Monteiro de Faria. 1798. ACMSP-SP.

PROCESSO de habilitação de genere et moribus (1808) – 2/21/885. Braz Luís Pina [filho]. ACMSP-SP.

ARQUIVO DA CÚRIA DO RIO DE JANEIRO (ACRJ)

HABILITAÇÕES sacerdotais, H.S. 1.330, Caixa426. Francisco Lopes de Sá. 1796. ACMRJ-RJ.

HABILITAÇÕES sacerdotais, H.S. 176, Caixa 318. Antônio Antunes Maciel. ACMRJ-RJ.

HABILITAÇÕES sacerdotais, H.S. 3633, Caixa 602. José Manoel de Siqueira. 1775. ACMRJ-RJ.

HABILITAÇÕES sacerdotais, H.S. 3.960, Caixa 639. Joaquim José Gomes da Silva Santos. ACMRJ-RJ.

HABILITAÇÕES sacerdotais, H.S. 680, Caixa363. Constantino José Pinto de Figueiredo dos Santos. ACMRJ-RJ.

HABILITAÇÕES sacerdotais. H.S. 281, Caixa 335. Antônio Ferreira Machado. ACMRJ-RJ.

HABILITAÇÕES sacerdotais. H.S. 2.235, Caixa 490. Manoel Bruno Pina. ACMRJ-RJ.

PASTORAIS e editais. Ano: 1742-1838. Livro nº 1, F8. Ordem que S. Exª foy servido mandar passar aos R.R. vigr^{os} da Vara do Cuyabá e Mato Grosso a respeito dos salários q' hão de levar daquelles dos direitos. ACMRJ-RJ.

PASTORAIS e editais. Livro 1. 1742-1838. ACMRJ-RJ.

PORTARIAS, ordem e editais, Livro 238, f. 53. Registro de huma portaria que Sua Exª Rm^a mandou passar ao Ver. Vigário da vara de Matto Grosso na qual lhe concede varias faculdades e são as seguintes. Rio de Janeiro, 1755. D. Antonio do Desterro. ACMRJ-RJ.

PORTARIAS, ordem e editais. Livro 238, f. 114v. Portaria da Sua Exª Rm^a pela qual erige em Paróquia a Igr^a da Aldea de Santa Anna da Chapada da comarca do Cuyabá e nomea em parocho encomendado della o Pe Simão de Toledo Rodovalho por enq^{to} não mandar o contr°. 21 fev. 1760. ACMRJ-RJ.

PORTARIAS, ordem e editais. Livro 238, f. 76. Registro de hua portaria de Sua Exª Rm^a em que concede varias faculdades ao R. Vigr° da vara do Cuiabá. Rio de Janeiro, 20 jun. 1758. ACMRJ-RJ.

PORTARIAS, ordem e editais. Livro 238. ACMRJ-RJ.

PORTARIAS, ordem e editais. Livro E-239, f. 142. Pastoral pela qual hé Sua Exa Rema Servido asmoestar, emanda debaixo das penas em direito estabelecidas aos ecclesiasticos de Matto Grosso, e Cuyabá se obstenham de fazer commercios, e negociações illicitas, nem por si, nem por interpostas pessoas, e aos moradores dos referidos lugares, que sabendo o denunciem perante o R.R. Vigros da Vara respectivos na fra abaixo. Rio de Janeiro, 1770a. ACMRJ-RJ.

PORTARIAS, ordem e editais. Livro E-239, f. 153v. Portaria de faculd[es] concedidas ao R. Vigr° da Vara que em qualquer tempo for da comarca do Matto Grosso deste bispado enquanto Sua Ex[a] Rm[a] não mandar o contrario na fr[a] abaixo. Rio de Janeiro, 27 set. 1770b. ACMRJ-RJ.

PORTARIAS, ordem e editais. Livro E-239, f. 182. Portaria de faculdades concedidas ao Rdo Pe Fr. Antono de Sta Thereza Mello Monge de S. Bento, vizitador nomeado da comarca de Villa Bella do Matto Grosso pa usar dellas dentro do território desa comarcae durante o tempo de sua vizitação na forma abaixo. Rio de Janeiro, 6 maio 1772. ACMRJ-RJ.

PORTARIAS, ordem e editais. Livro E-239, f. 200 v. Pastoral de faculdades que S. Ex[a] Rma foi servido m[dar] passar, e conceder ao P[e] José Correa Leitão Vigr° da Vara da Comarca do Cuyabá, passada na forma abaixo. Rio de Janeiro, 25 ago. 1774. ACMRJ-RJ.

PORTARIAS, ordem e editais. Livro E-239, f. 224. Portaria de licença ao R. Franco Pinto Guedes para usar das suas ordens, pregar, e confessar geralme na jornada que fizer de S. Paulo pa a freguesia de Cuyabá e na fazenda de Camapuam na fra abaixo. Rio de Janeiro, 16 jul. 1779. ACMRJ-RJ.

PORTARIAS, ordem e editais. Livro E-239, f. 2v. Portaria por ql S. Exa Rma foi servido erigir em parochia e vigara a Igra da Alda de S. Joseph do Rio abaixo da comca de Matto Grosso, e prover nella por parocho encomdo enqto não mandar o contr° ao R. Pe. Domgos Gomes da Costa. 1761a. ACMRJ-RJ.

PORTARIAS, ordem e editais. Livro E-239, f. 53. Portaria pella qual he S. Ex[cia] Rm[a] servido conceder faculdade ao R. Vizitador do Cuyaba e Matto. M[el] da S[a] [Ther] p[a] mandar por outro visitar a com[ca] do Matto Grosso e aesse q mandar conceder S. Ex[cia] R[ma] as mesmas faculdades q a elle tem concedido. 1761b. ACMRJ-RJ.

PORTARIAS, ordem e editais. Livro E-239, f. 8. Portaria porq'. S. Exa" Rma" fe servido ampliar ajurisdição do Rdo' Vigr° da Vara da Comarca do Matto Grosso acctual, e [rasurado] q' para aodiante servirem esse emprego, concedendo-lhe vários poderes da sua jurisdicção ordinária como na mesma Portaria secontem. 12 jun. 1761c. ACMRJ-RJ.

PORTARIAS, ordem e editais. Livro E-239, f. 89. Portaria de faculdadez concedidas por S. Exa Ema ao Rdo Simão de Toledo Rodovalho, vigário da Vara da Comca do Mato Grosso na forma abaixo. Rio de Janeiro, 23 abr. 1767. ACMRJ-RJ.

PORTARIAS, ordem e editais. Livro E-239, f. 9. Portaria, porq' S. Exca" Rma" he servido conceder ao Rdo' Vigr° da Vara da Com^{ca} do Matto Grosso faculdade p^a chrismar, eoutraz mais das q' tem da Sta Sé Ap^{ca} por tempo de três annoz. 12 jun. 1761d. ACMRJ-RJ.

PORTARIAS, ordem e editais. Livro E-239. ACMRJ-RJ.

ARQUIVO DA ARQUIDIOCESE DE CUIABÁ (AAC)

LIVRO de assento de batismo. Freguesia do Senhor Bom Jesus, 1749. AAC-MT.

REGISTRO de batismos. 1780-1787. AAC-MT, Rolo 01A.

REGISTRO de batismos. 1782-1787. AAC-MT, Rolo 01A.

FAMILY SEARCH

FAMILY SEARCH. *Registros da Igreja Católica, 1640-2012, paróquias católicas, Itu, São Paulo – BR*. Freguesia de Nossa Senhora da Candelária, Livro de Batismos 1712-1730, Imagem 1 de 202. Disponível em: https://familysearch.org/ark:/61903/3:1:939N-F638-2D?cc=2177299&wc=M5VZ-VZ9%3A371872701%-2C371872702%2C372109101. Acesso em: 22 maio 2014.

REFERÊNCIAS

AFONSO, Eduardo José. **A Guerra dos Emboabas**. São Paulo: Ática, 1998.

ALEIXO, L. H. G. O Seminário da Conceição: um projeto de educação. **Cadernos de Publicações**, Várzea Grande, n. 4, p. 16-30, 2007 Disponível em: www.periodicos.univag.com.br/index.php/caderno/article/download/288/528. Acesso em: 18 abr. 2018.

ALENCASTRO, Aníbal. **Freguesia de Nossa Senhora da Guia**. Várzea Grande: Fundação Júlio Campos, 1993.

ALMEIDA, Cândido Mendes de. **Direito civil ecclesiástico brasileiro**: antigo e moderno em suas relações com o direito canônico. Rio de Janeiro: B. L. Garnier, 1866. t. 1.

ALMEIDA, Fortunato de. **História da Igreja em Portugal**. Coimbra: Imprensa Acadêmica, 1910. T. 3, Parte I, Livro 3.

ALVES, Gilberto Luís. **Educação e história em Mato Grosso**: 1719-1864. Campo Grande: UFMS, 1996.

AMADO, Janaina; ANZAI, Leny. **Luís de Albuquerque**: viagens e governo na capitania de Mato Grosso / 1771-1791. São Paulo: Versal, 2014.

ANZAI, Leny Casteli. **A capitania de Mato Grosso e suas relações com as missões jesuíticas de Chiquitos no século XVIII**. Trabalho apresentado ao ANPUH – Simpósio Nacional de História, 23., 2005, Londrina.

ANZAI, Leny Casteli; LUCIDIO, João A. B. Missões jesuíticas nas fronteiras luso-espanholas do alto Paraguai e Guaporé. *In*: MARTINS, Maria Cristina Bohn; ANZAI, Leny Caselli (org.). **Pescadores de almas**: jesuítas no Ocidente e Oriente. São Leopoldo; Cuiabá: Oikos; Unisinos; UFMT, 2012.

ARAUJO, Emanuel. **O teatro dos vícios**: transgressão e transigências na sociedade urbana colonial. Brasília: UnB; José Olympio, 1993.

ARAUJO, Renata Malcher de. **A urbanização do Mato Grosso no século XVIII**: discurso e método. 2000. Dissertação (Doutoramento em História da Arte) – Universidade Nova de Lisboa, 2000. v. 1-2.

ÁVILA, Affonso. **O lúdico e as projeções do mundo barroco**. São Paulo: Perspectiva, 1980.

AZEVEDO, Carlos Moreira (dir.). **Dicionário de história religiosa de Portugal**. Lisboa: [s. n.], 2000.

AZZI, Riolando. Segundo período: a instituição eclesiástica durante a primeira época colonial. *In*: HOORNAERT, Eduardo. **História da Igreja no Brasil**: ensaio de interpretação a partir do povo. São Paulo: Paulinas; Vozes, 1977. t. 2/1.

BIENNÈS, D. Máximo. **Uma Igreja na fronteira**. São Paulo: [s. n.], 1987.

BOAVENTURA, Deusa Maria Rodrigues. Construção de igrejas e capelas em Vila Boa de Goiás no século XVIII: relações entre condicionantes sociais e institucionais. *In*: FRAGMENTOS de cultura. Goiânia: IFITEG, 1991. v. 1.

BOSCHI, Caio César. "Como os filhos de Israel no deserto"? (Ou: a expulsão de eclesiásticos em Minas Gerais na 1ª metade do século XVIII). **Vária História**, Belo Horizonte, n. 21, 2000.

BOSCHI, Caio César. As visitas diocesanas e a Inquisição na colônia. **Revista Brasileira de História**, São Paulo, v. 7, n. 14, p. 151-184, 1987.

BOSCHI, Caio César. **Os leigos e o poder**: irmandades leigas e política colonizadora em Minas Gerais. São Paulo: Ática, 1986.

BOXER, Charles R. **A Igreja e a expansão ibérica**. Rio de Janeiro: Edições 70, 1978.

BOXER, Charles R. **O Império marítimo português 1415-1825**. São Paulo: Companhia das Letras, 2002.

BRETAS, Márcia M. Miranda. Ler, escrever e contar: considerações sobre as práticas de ensino na capitania de Mato Grosso. *In*: ROSA, C. A.; JESUS, Nauk M. de (org.). **Terra da conquista**: história de Mato grosso colonial. Cuiabá: Adriana, 2003.

BROW, Larissa W. Economia. *In*: SILVA, Maria Beatriz Nizza da (coord.). **Dicionário da história da colonização portuguesa no Brasil**. Lisboa; São Paulo: Verbo, 1994.

CAMARGO, Mons. Paulo Florêncio da Silveira. **História eclesiástica do Brasil**. Rio de Janeiro; São Paulo: Vozes, 1955.

CANAVARROS, Otávio. **O poder metropolitano em Cuiabá (1727-1752)**. Cuiabá: UFMT, 2004.

CANOVA, Loiva. **Antônio Rolim de Moura e as representações da paisagem no interior da colônia portuguesa na América (1751-1764)**. 2011. Tese (Doutorado em História) – Universidade Federal do Paraná, Curitiba, 2011.

CARRATO, José Ferreira. **As Minas Gerais e os primórdios do Caraça**. São Paulo: Editora Nacional, 1963. (Brasiliana, v. 317).

CARVALHO, Francismar Alex Lopes de. **Lealdades negociadas**: povos indígenas e a expansão dos Impérios nas regiões centrais da América do Sul (segunda metade do século XVIII). 2012. Tese (Doutorado em História) – USP, São Paulo, 2012. v. 1-2.

CAVALCANTE, Paulo. **Caminhos e descaminhos na América Portuguesa (1700-1750)**. São Paulo: Hucitec: Fapesp, 2006. (Coleção Estudos Históricos).

CERTEAU, Michel de. **A escrita da história**. Rio de Janeiro: Forense Universitária, 2002.

COMETTI, Pedro. **Apontamentos da história eclesiástica de Mato Grosso**: paróquiae prelazia. Cuiabá: Instituto Histórico e Geográfico de Mato Grosso; Academia Mato-Grossense de Letras, 1996. v. 1.

CORBALAN, Kleber R. L. **A Igreja Católica na Cuiabá colonial**: da primeira capela à chegada do primeiro bispo (1722 - 1808). 2006. Dissertação (Mestrado em História) – Universidade Federal de Mato Grosso, 2006.

CORREA FILHO, Virgílio. **História de Mato Grosso**. Várzea Grande: Fundação Júlio Campos, 1994.

CORTEZÂO, Jaime Zuzarte. **O Tratado de Madrid**. Brasília: Senado Federal, 2001. 2 v. (Coleção Memoria Brasileira). De. fac-similar.

COSTA, Maria de Fátima. **A história de um país inexistente**: Pantanal entre os séculos XVI e XVIII. São Paulo: Estação Liberdade: Kosmos, 1999.

COSTA, Maria de Fátima. Alexandre Rodrigues Ferreira e a capitania de Mato Grosso: imagens do interior. **História, Ciências, Saúde-Manguinhos**, Rio de Janeiro, v. 8, 2001. Suplemento, p. 993-1.014. Disponível em: http://www.scielo.br/pdf/hcsm/v8s0/a11v08s0.pdf. Acesso em: 20 jul. 2018.

CUVA, Armando. Alfaias/vasos e objetos/paramentos. *In*: DICIONÁRIO de liturgia. São Paulo: Paulinas; Paulistas, 1992.

DOURADO, Nileide Souza. **Práticas educativas culturais e escolarização na capitania de Mato Grosso 1748-1822**. 2014. Tese (Doutorado em Educação) – Universidade Federal de Mato Grosso, Cuiabá, 2014.

DUARTE, Josimar Faria. **Sacrum Convívium**: clérigos seculares e suas redes de sociabilidades e solidariedades em Mariana (1745-1765). 2015. Dissertação (Mestrado em História) – UFF, Niterói, 2015.

ELIAS, Norbert. **A sociedade dos indivíduos**. Organização de Michel Schröter. Tradução de Vera Ribeiro. Revisão técnica e notas de Renato Janine Ribeiro. Rio de Janeiro: Jorge Zahar, 1994.

ELLEBRACHT, Frei Sebastião. **Religiosos franciscanos da província da Imaculada Conceição do Brasil na colônia e no Império**. São Paulo: Vozes, 1989.

FEITLER, Bruno; SOUZA, Evergton Sales. Estudo introdutório. *In*: VIDE, Sebastião Monteiro da. **Constituiçoes primeiras do arcebispado da Bahia**. Estudo introdutório e edição de Bruno Feitler e Evergton Sales Souza. São Paulo: Universidade de São Paulo, 2010. (Documenta Uspiana;4).

FERREIRA, Maria Delfina do Rio. **Das Minas Gerais a Mato Grosso**: gênese, evolução e consolidação de uma capitania. A acção de Caetano Pinto de Miranda Montenegro. 1996. Dissertação (Mestrado em História) – Universidade do Porto, Porto, 1996.

FONSECA, Claudia Damasceno. Freguesias e capelas: instituição e provimento de igrejas em Minas Gerais. *In*: FEITLER, Bruno; SOUZA, Evergton Sales (org.). **A Igreja no Brasil**: normas e práticas durante a vigência das Constituições Primeiras do arcebispado da Bahia. São Paulo: Unifesp, 2011.

FRANÇA, Anna Laura Teixeira de. **Santas normas**: o comportamento do clero pernambucano sob a vigilância das Constituições Primeiras do arcebispado da Bahia, 1707. 2002. Dissertação (Mestrado em História) – UFPE, Recife, 2002.

FURTADO, Celso. **Formação econômica do Brasil**. 32. ed. São Paulo: Editora Nacional, 2003.

GUIMARAES, Maria Gabriela Araújo. **A América Portuguesa vista de Mato Grosso**: os diálogos de José Barbosa de Sá (2ª metade do século XVIII). 2013. Dissertação (Mestrado em História) – Universidade Portucalense, Porto, 2013.

HERMANN, Jacqueline. História das religiões e religiosidades. *In*: CARDOSO, C. Flamarion; VAINFAS, Ronaldo (org.). **Domínios da história**: ensaios de teoria e metodologia. Rio de Janeiro: Campus, 1997.

HOLANDA, Sérgio Buarque de. **Monções e capítulos de expansão paulista**. Organização de Laura de Mello e Souza e André Sekkel Cerqueira. 4. ed. São Paulo: Companhia das Letras, 2014.

HOLANDA, Sérgio Buarque de. **Raízes do Brasil**. São Paulo: Companhia das Letras, 1995.

HOLANDA, Sérgio Buarque de. **Visão do paraíso**: os motivos edênicos no descobrimento e colonização do Brasil. 5. ed. São Paulo: Brasiliense, 1992.

HOORNAERT, Eduardo. **História da Igreja no Brasil**: ensaio de interpretação a partir do povo. São Paulo: Paulinas: Vozes, 1977. t. 2/1.

JESUS, Nauk Maria de. **O governo local na fronteira oeste**: a rivalidade entre Cuiabá e Vila Bela no século XVIII. Dourados: UFGD, 2011.

JULIA, Dominique. A religião: história religiosa. *In*: LE GOFF, J. **História**: novas abordagens. Rio de Janeiro: F. Alves, 1995.

KANTOR, Iris. **Esquecidos e renascidos**: historiografia acadêmica luso-americana, 1724-1759. São Paulo; Salvador: Hucitec: Centro de Estudos Baianos/UFBA, 2004a.

KANTOR, Iris. **Pacto festivo em Minas colonial**: a entrada triunfal do primeiro bispo na sé de Mariana. 1996. Dissertação (Mestrado em História) – USP, São Paulo, 1996.

KANTOR, Iris. Ritualidade pública no processo de implantação do bispado de Mariana (Minas Gerais – 1745-1748). **Projeto História**: festas, ritos, celebrações [Revista do Programa de Estudos Pós-Graduados em História e do Departamento de História da Pontifícia Universidade Católica de São Paulo], São Paulo, p. 1-495, jan./jun. 2004b. CNPq, n. 28.

KNOB, Frei Pedro. **A missão franciscana do Mato Grosso**. Campo Grande: Custódia Franciscana das Sete alegrias de Nossa Senhora de MT, 1988.

LAGE, Lana. As Constituições da Bahia e a reforma tridentina do clero no Brasil. *In*: FEITLER, Bruno; SOUZA, Evergton Sales (org.). **A Igreja no Brasil**: normas e práticas durante a vigência das Constituições Primeiras do arcebispado da Bahia. São Paulo: Unifesp, 2011.

LEITE, Serafim. **História da Companhia de Jesus no Brasil**. Rio de Janeiro; Lisboa: Instituto Nacional do Livro; Portugália, 1946. t. 6.

LIMA, Lana Lage da Gama. O padroado e a sustentação do clero no Brasil colonial. **Saeculum**: Revista de História, João Pessoa, 30, jan./jun.2014. Disponível em: http://periodicos.ufpb.br/index.php/srh/article/viewFile/22231/12328. Acesso em: 20 jul. 2018.

MELLO E SOUZA, Laura de. **Desclassificados do ouro**: a pobreza mineira no século XVIII. 2. ed. Rio de Janeiro: Graal, 1986.

MELLO E SOUZA, Laura de. Formas provisórias de existência: a vida cotidiana nos caminhos, nas fronteiras e nas fortificações. *In*: MELLO E SOUZA, Laura (org.). **História da vida privada no Brasil**: cotidiano e vida privada na América Portuguesa. São Paulo: Companhia das Letras, 1997.

MENDONÇA, Estevão de. **Datas mato-grossenses**. Cuiabá: [s. n.], 1973. v. 1.

MENDONÇA, Estevão. **Datas mato-grossenses**. [S. l.]: Typographia Salesiana, 1919. v. 2.

MENDONÇA, Pollyanna Gouvea. **Parochos imperfeitos**: Justiça Eclesiástica e desvios do clero no Maranhão colonial. 2011. Tese (Doutorado em História) – UFF, Niterói, 2011.

MESQUITA, José de. **Gentes e coisas de antanho**. Cuiabá: Prefeitura Municipal de Cuiabá/Secretaria municipal de Educação e Cultura, 1978. (Cadernos Cuiabanos; 4).

MILAGRE, Marcela Soares. **Entre a bolsa e o púlpito**: eclesiásticos e homens do século nas Minas de Pitangui (1745-1793). 2011. Dissertação (Mestrado em História) – UFSJ, São João del Rey, 2011.

MOTT, Luiz. Cotidiano e vivência religiosa: entre a capela e o Calundu. *In*: MELLO E SOUZA, Laura (org.). **História da vida privada no Brasil**: cotidiano e vida privada na América Portuguesa. São Paulo: Companhia das Letras, 1997.

MOTT, Luiz. **Inquisição em Mato Grosso**. São Paulo: [s. n.], 1994. Disponível em: https://luizmottblog.wordpress.com/inquisicao-em-mato-gross/. Acesso em: 12 fev. 2017.

MUNIZ, Pollyana Mendonça. Religião e política: o clero nos tempos de Pombal (Maranhão, século XVIII). **Almanack**. Guarulhos, n. 9, p. 153-165, abr. 2015. Disponível em: http://www.scielo.br/pdf/alm/n9/2236-4633-alm-9-00153.pdf. Acesso em: 25 jul. 2018.

NEVES, Guilherme Pereira das. O clero secular. *In*: SILVA, Maria Beatriz Nizza da (coord.). **Dicionário da história da colonização portuguesa no Brasil**. Lisboa; São Paulo: Verbo, 1994a.

NEVES, Guilherme Pereira das. Padroado. *In*: SILVA, Maria Beatriz Nizza da (coord.). **Dicionário da história da colonização portuguesa no Brasil**. Lisboa; São Paulo: Verbo, 1994b.

NOVAIS, Fernando A. Condições da privacidade na colônia. *In*: MELLO E SOUZA, Laura (org.). **História da vida privada no Brasil**: cotidiano e vida privada na América Portuguesa. São Paulo: Companhia das Letras, 1997.

NOVAIS, Fernando A. **Portugal e Brasil na crise do antigo sistema colonial (1777-1808)**. São Paulo: Hucitec, 1979. (Coleção Estudos Históricos).

OLIVAL, Fernanda. Clero e família: os notários e comissários do Santo Ofício no Sul de Portugal (o caso de Beja na primeira metade do século XVIII). **Nuevo Mundo Mundos Nuevos**, Aubervilliers, Colóquios, 2008. Disponível em: http://nuevomundo.revues.org/index28712.html. Acesso em: 12 nov. 2017.

OLIVEIRA, Anderson José Machado de. Os processos de habilitação sacerdotal dos homens de cor: perspectiva metodológicas para uma história social do catolicismo na América portuguesa. *In*: FRAGOSO, João; GUEDES, Roberto; SAMPAIO,

Antonio Carlos Jucá de (org.). **Arquivos paroquiais e história social na América lusa, séculos XVII e XVIII**: métodos e técnicas de pesquisa na reinvenção de um corpus documental. Rio de Janeiro: Mauad X, 2014.

OLIVEIRA, Tiago Kramer de. **Desconstruindo velhos mapas, revelando espacializações**: a economia colonial no centro da América do Sul (primeira metade do século XVIII). 2012. Tese (Doutorado em História) – USP, São Paulo, 2012.

PAIVA, José Pedro. **Os bispos de Portugal e do Império, 1495-1777**. Coimbra: Imprensa da Universidade de Coimbra, 2006.

POLLETO, Lizandro. **Pastoreio de almas em terras brasilis**: a Igreja Católica no "Paraná" até a criação da diocese de Curitiba (XVII-XIX). 2010. Dissertação (Mestrado em História) – UFPR, Curitiba, 2010.

PRADO JR., Caio. **Formação do Brasil contemporâneo, colônia**. 6. ed. São Paulo: Brasiliense, 1961.

PRADO JR., Caio. **História econômica do Brasil**. 21. ed. São Paulo: Brasiliense, 1978.

RAMOS, Donald. Do Minho a Minas. **Ensaio**: Revista do Arquivo Público Mineiro, Belo Horizonte, v. 44, jan./jun. 2008. Fasc. 1, p. 133-153. Disponível em: http://www.siaapm.cultura.mg.gov.br/acervo/rapm_pdf/RAPM%2006%202008_do%20minho%20a%20minas.pdf. Acesso em: 20 maio 2018.

RAMOS, Donald. Mineração. *In*: SILVA, Maria Beatriz Nizza da (coord.). **Dicionário da história da colonização portuguesa no Brasil**. Lisboa; São Paulo: Verbo, 1994.

REZENDE, Tadeu Valdir Freitas. **A conquista e a ocupação da Amazônia brasileira no período colonial**: a definição das fronteiras. 2006. Tese (Doutorado em História) – USP, São Paulo, 2006.

RICARDO, Cassiano. **Marcha para oeste**. Rio de Janeiro: Universidade de São Paulo, 1970. v. 1.

RICARDO, Maria Manuel Branco Calvet de Magalhaes Gomes. **As fronteiras do ouro**: paralelismo e diversidade na corrida ao ouro, no Brasil e nos Estados Unidos da América, e as respectivas imagens culturais nos romances O ouro de Cuiabá, de Paulo Setúbal, e Roughing it, de Mark Twain. 1994. Dissertação (Mestrado em Letras) – Universidade Nova de Lisboa, Lisboa, dez. 1994.

RODRIGUES, Aldair Carlos. **Poder eclesiástico e Inquisição no século XVIII luso-brasileiro**: agentes, carreiras e mecanismos de promoção social. 2012. Tese (Doutorado em História) – USP, São Paulo, 2012.

RODRIGUES, Aldair Carlos; OLIVAL, Fernanda. Reinóis versus naturais nas disputas pelos lugares eclesiásticos do atlântico português: aspectos sociais e políticos (século XVIII). **Rev. Hist.**, São Paulo, n. 175, p. 25-67, jul./dez. 2016. Disponível em: http://www.scielo.br/pdf/rh/n175/2316-9141-rh-175-00025.pdf. Acesso em: 25 jul. 2018.

RODRIGUES, José Damião. Família e clero em Portugal. *In*: CUNHA, Mafalda Soares da; FRANCO, Juan Hernandez (org.). **Sociedade, família e poder na Península Ibérica**: elementos para uma história comparativa. Lisboa: Colibri; CIDEHUS/Universidade de Évora; Universidade de Murcia, 2010. (Biblioteca Estudos & Colóquios; 21).

ROSA, Carlos Alberto. Confidências mineiras na parte mais central da América do Sul. **Territórios & Fronteiras**: Revista do Programa de Pós-Graduação em História da Universidade Federal de Mato Grosso, Cuiabá, v. 1, n. 1, jul./dez. 2000.

ROSA, Carlos Alberto. O urbano colonial na terra da conquista. *In*: ROSA, C. A.; JESUS, Nauk M. de (org.). **Terra da conquista**: história de Mato grosso colonial. Cuiabá: Adriana, 2003.

ROWER, Basílio. **O convento Santo Antônio do Rio de Janeiro**: sua história, memórias, tradições. Rio de Janeiro: Jorge Zahar, 2008.

RUBERT, Arlindo. **A Igreja no Brasil**: expansão territorial e o absolutismo estatal (1700-1822). Santa Maria: Palloti, 1988. v. 3.

RUSSEL-WOOD, A. J. R. A emigração: fluxos e destinos. *In*: BETHENCOURT, Francisco; CHAUDHURI, Kirti (dir.). **História da expansão portuguesa**. Navarra: Círculo de Leitores, 1998. v. 3.

SANTOS, Gustavo Augusto Mendonça dos. **Transgressão e cotidiano**: a vida dos clérigos do Hábito de São Pedro nas freguesias do açúcar em Pernambuco na segunda metade do século XVIII (1750-1800). 2013. Dissertação (Mestrado em História) – UFRPE, Recife, 2013.

SANTOS, Patrícia Ferreira dos. **Carentes de justiça**: juízes seculares e eclesiásticos na "confusão de latrocínios" em Minas Gerais (1748-1793). 2013. Tese (Doutorado em História) – USP, São Paulo, 2013.

SANTOS, Patrícia Ferreira. A justiça eclesiástica e os mecanismos de busca de infratores: queixas, querelas e denúncias na segunda metade do século XVIII. **Boletim do Arquivo da Universidade de Coimbra**, Coimbra, XXVI, p. 137-160, [2013]. Disponível em: https://digitalis.uc.pt/en/node/83750. Acesso em: 20 jul. 2018.

SENA, Divino M. Camarada. *In:* JESUS,Nauk Maria de (org.). **Dicionário de história de Mato Grosso**: período colonial. Cuiabá: Carlini & Caniato, 2011.

SILVA, Cristiane dos Santos. **Irmãos de fé, irmãos no poder**: a Irmandade de Nossa Senhora do Rosário dos Pretos na Vila Real do Senhor Bom Jesus do Cuiabá (1751-1819). 2001. Dissertação (Mestrado em História) – UFMT, Cuiabá, 2001.

SILVA, Gilian Evaristo França. **Espaço, poder e devoção**: as irmandades religiosas da fronteira oeste da América portuguesa (1745-1803). 2015. Tese (Doutorado em História) – Universidade Federal do Paraná, Curitiba, 2015.

SILVA, João Bosco da. **Vila Bela à época de Luís de Albuquerque**: (1772-1789). Cuiabá: UFMT, 2017.

SILVA, José de Moura e. **Diamantino**: 283 anos. Cuiabá: Entrelinhas, 2011.

SILVA, Leandro Ferreira Lima da. **Regalismo no Brasil colonial**: a coroa portuguesa e a província de Nossa Senhora do Carmo do Rio de Janeiro (1750-1808). 2013. Dissertação (Mestrado em História) – USP, São Paulo, 2013.

SIQUEIRA, Elizabeth Madureira. A Irmandade do Senhor Bom Jesus do Cuiabá: devoção, resistência e poder (1821-1857). **Revista do IHGMT**, Cuiabá, ano 67, t. 143, 1995.

SIQUEIRA, Elizabeth Madureira. **História de Mato Grosso**: da ancestralidade aos dias atuais. Cuiabá: Entrelinhas, 2002.

TAUNAY, Afonso de E. **Relatos monçoeiros**. São Paulo: Martins Fontes, 1976a. (Biblioteca Histórica Paulista).

TAUNAY, Afonso de E. **Relatos sertanistas**. São Paulo: Martins Fontes, 1976b. (Biblioteca Histórica Paulista).

TORRES-LONDOÑO, Fernando (org.). **Paróquia e comunidade no Brasil**: perspectiva histórica. São Paulo: Paulus, 1997.

TORRES-LONDOÑO, Fernando. **A outra família**: concubinato, Igreja e escândalo na colônia. São Paulo: Loyola, 1999.

TORRES-LONDOÑO, Fernando. Sob a autoridade do pastor e a sujeição da escrita: os bispos do sudeste do Brasil do século XVIII na documentação pastoral. **História**: Questões e Debates, Curitiba, v. 1, n. 36, p. 161-188, 2002. Disponível em: ojs.c3sl.ufpr.br/ojs/index.php/historia/article/viewFile/2692/2229. Acesso em: 17 jun. 2018.

VAINFAS, Ronaldo. Moralidades brasílicas. *In*: MELLO E SOUZA, Laura (org.). **História da vida privada no Brasil**: cotidiano e vida privada na América Portuguesa. São Paulo: Companhia das Letras, 1997a.

VAINFAS, Ronaldo. **Trópicos dos pecados**: moral, sexualidade e Inquisição no Brasil. Rio de Janeiro: Nova Fronteira, 1997b.

VEIGA, Mons. Eugenio de Andrade. **Os párocos no Brasil no período colonial**: 1500-1822. Salvador: UCsal, 1977. (Coleção Cardeal Brandão Vilela).

VILELA DA SILVA, Jovam. Instruções régias: a política populacional e de povoamento na capitania de Mato Grosso no século XVIII. **Territórios e Fronteiras**: Revista do Programa de Pós-Graduação em História da Universidade Federal do Mato Grosso, Cuiabá, v. 2, n. 1, jan./jun. 2001.

VILLELA, Clarisse Martins. **Hospícios da Terra Santa no Brasil**. 2015. Tese (Doutorado em Arquitetura e Urbanismo) – USP, São Paulo, 2015.

VOLPATO, Luiza Rios Ricci. **A conquista da terra no universo da pobreza**: formação da fronteira oeste do Brasil, 1719-1819. São Paulo; Brasília: Hucitec; INL, 1987. (Estudos Históricos).

Obras de referência

AS FREGUESIAS do distrito de Vila Real nas Memórias Paroquiais de 1758. Memórias, história e património. Coordenação de José Viriato Capela. Estudo introdutório de José Viriato Capela, com a colaboração de Rogério Borralheiro e Henrique Matos. Braga: Barbosa & Xavier, 2006. Disponível em: https://repositorium.sdum.uminho.pt/bitstream/1822/11897/1/VILA%20REAL%20Livro%20Mem%20Paroq.pdf. Acesso em: 23 jun. 2018.

BRASILIA: brasileiros que se formaram na Universidade de Coimbra; Certidões de idade para ordenação sacerdotal; Fichas de matriculas. Arquivo da Universidade de Coimbra (AUC).

CATÁLOGO de verbetes dos documentos manuscritos avulsos referentes à capitania de Mato Grosso existentes no Arquivo Histórico Ultramarino - Lisboa: fontes primárias para a história da capitania de Mato-Grosso. Campo Grande: CMAEF, 1999.

CATÁLOGO dos manuscriptos da Biblioteca Pública de Évora: ordenado pelo bibliotecário Joaquim Heliodo da Cunha Rivara. Lisboa: Imprensa Nacional, 1850. t. 1. (Viagens, Roteiros, e Artes de Navegação).

CATÁLOGO dos manuscriptos da Biblioteca Pública de Évora: ordenado pelo bibliotecário Joaquim Heliodo da Cunha Rivara e com outras propriaa por Joaquim Antonio de Sousa Telles de Matos. Lisboa: Imprensa Nacional, 1868. t. 2.

CATÁLOGO dos manuscriptos da Biblioteca Pública de Évora: ordenado pelo bibliotecário Joaquim Heliodo da Cunha Rivara. Lisboa: Imprensa Nacional, 1870. t. 3.

CATÁLOGO dos manuscriptos da Biblioteca Pública de Évora: ordenado pelo bibliotecário Joaquim Heliodo da Cunha Rivara. Lisboa: Imprensa Nacional, 1871. t. 4.

CATÁLOGO dos manuscritos ultramarinos da Biblioteca Pública Municipal do Porto. reprodução fac-similada da primeira edição publicada em Lisboa em 1938 na altura do I Congresso da História da Expansão portuguesa no mundo. Exemplar da BPM do Porto, com uma nota introdutória. Por Luís Antônio de Oliveira Ramos (professor catedrático da Universidade do Porto). Porto, 1988.

DICIONÁRIO de liturgia. São Paulo: Paulinas; Paulistas, 1992.

DICIONÁRIO teológico da vida consagrada. São Paulo: Paulus, 1994.

GUIA de fontes portuguesas para a história da América Latina. Lisboa: Comissão Nacional para as Comemorações dos Descobrimentos Portugueses; Fundação Oriente; Imprensa Nacional-Casa da Moeda, 1997. (Guia de Fontes para a História das Nações. América Latina: I). Originalmente publicada em 1977.

MANUSCRITOS Manizola. [Nota]: Catálogo, "Listagem feita, provavelmente em Lisboa e que acompanhou os manuscritos para conferencia, quando vieram para a BPE". PP. [127-228, s/d, cópia].

PERARO, Maria Adenir (coord.); SIQUEIRA, Elizabeth M (org.). **Memória da Igreja em Mato Grosso**: o Arquivo da Cúria Metropolitana de Cuiabá. Catálogo de documentos. Cuiabá: Entrelinhas, 2002.

SIQUEIRA, Elizabeth M. (org.). **Arquivo da Casa Barão de Melgaço**: coleção de documentos do Instituto de Pesquisas Dom Aquino Correa. Cuiabá: IHGMT, 2001.

SOARES, José Carlos de Macedo. **Fontes da História da Igreja Católica no Brasil**. Rio de Janeiro: IHGB, jul./set. 1953. v. 220.

UNIVERSIDADE DE SÃO PAULO (USP). Sistema Integrado de Bibliotecas da USP. **Diretrizes para apresentação de dissertações e teses da USP**: documento eletrônico e impresso. Coordenação de Vânia Martins Bueno de Oliveira Funaro*et al.* 2. ed. rev. ampl. São Paulo: Sistema Integrado de Bibliotecas da USP, 2009. Parte 1.

Pesquisa virtual

BIBLIOTECA DIGITAL DA UNESP. Disponível em: https://bibdig.biblioteca.unesp.br/handle/10/57.

DIGITARQ. Disponível em: http://digitarq.arquivos.pt/details?id=1379965.

FAMILY SEARCH. Disponível em: https://familysearch.org/.

PROJETO RESGATE - BIBLIOTECA LUSO-BRASILEIRA. Disponível em: http://resgate.bn.br/docreader/docmulti.aspx?bib=resgate&Pesq=.

WIKIPÉDIA. Disponível em: https://pt.wikipedia.org/wiki/Beirapt.wikipedia.org/wiki/Distrito_de_Viseu